KB065101

선인들의 산수 인식과
동천구곡 문화

선인들의 산수 인식과 동천구곡 문화

최석기

보고사
BOGOSA

나는 선인들의 유적을 답사하게 되면 대체로 역사나 문학을 공부하는 사람들과 함께 하였다. 그리하여 문학의 현장성, 또는 사건이 일어난 현장으로서의 의미를 찾는 데 시선을 두었다. 그러다 우연한 기회에 지리학자들과 답사를 하게 되었는데, 내가 사물을 보는 시각과는 상당히 다른 것을 느꼈다. 나는 나의 고정된 시선으로 대상을 보고 있다는 사실을 깨달았다. 그래서 그들의 말에 귀를 기울이고 귀동냥을 하였는데, 어언 10여 년이 훌쩍 넘고 말았다.

나는 처음 지리학자들과 전통명승에 대해 조사를 하였고, 나중에는 동천구곡에 대해 집중적으로 조사를 하였다. 내가 맡은 역할은 주로 고문헌을 통해 장소적 의미를 정리하는 것이었는데 자료를 찾아 정리하면서 모르는 사실을 많이 알게 되었다. 그리하여 내 부전공의 영역이 하나 더 늘어나 우리나라 선인들의 산수 인식과 산수 문화, 즉 산수에 투영된 선인들의 사유와 명승에 깃든 의미를 찾는 작업을 하고 싶었다.

이런 나의 관심에 의해 눈에 띄는 대로 논문으로 작성할 수 있는 것은 논문으로 쓰고, 그렇지 않은 것들은 자료를 모아 정리했다. 그러다 보니, 어느 덧 책을 한 권 만들어 보고 싶은 욕구가 생겨났다. 이 책은 이렇게 하여 탄생하게 된 것이다.

이 책은 목차를 통해 알 수 있듯이, 전반부는 선인들의 산수 인식과 산수문화에 대해 전체적으로 논한 글을 실었고, 후반부는 도산구곡 및 도산구곡시, 덕산구곡 및 덕산구곡시 및 선유동·우복동·안의삼동 등 이름 난 몇몇 동천구곡의 문화를 수록하였다.

전반부에 수록한 글은 동아시아 산수 인식의 전통과 우리나라 선비들의 산수문화에 대해 논한 글, 조선 시대 선비들의 구곡문화와 구곡에 깃든 정신세계를 논한 글, 전통 명승의 인문학적 의미에 대해 논한 글, 주자의 「무이도가(武夷櫂歌)」를 조선 선비들이 수용하면서 나타난 서로 다른 인식을 추적하여 쓴 글, 퇴계 이황의 도산구곡시의 성향을 논한 글을 논한 것들이다.

후반부에 수록한 글은 도산구곡의 정립과정과 도산구곡시의 창작배경에 대해 논한 글, 진주 출신 하범운(河範運)이 이야순(李野淳)의 요청을 받고 쓴 삼산구곡시(三山九曲詩)에 대해 논한 글, 남명 조식의 만년 은거지에 덕산구곡을 설정할 필요성을 제기하며 덕산구곡을 설정하면서 쓴 글, 기호학파의 대표 구곡으로 송시열이 은거했던 곳에 만들어진 화양구곡에 대해 논한 글, 백두대간 자락의 두 신선세계인 서선유동과 동선유동에 대해 논한 글, 세상과 동떨어진 동천복지인 상주 우복동에 대해 논한 글, 조선시대 사람들이 영호남 제일의 명승으로 꼽았던 안의삼동에 대해 논한 것들이다.

우리나라 구곡문화에 대해 연구자들이 개별 구곡에 대해 연구하거나 조사 보고한 것들은 많지만, 구곡문화의 원류에 해당하는 동아시아 산수 인식의 전통에 대해서는 논의한 것이 별로 없다. 나는 전통 명승에 해당하는 구곡과 동천을 답사하면서 산수에 투영된 우리 조상들의 정신적 지향에 매료되었다.

　그분들이 산림에 은거하여 성명(性命)을 온전히 보전하는 삶이 왜 의
미 있고 가치 있는지를 몸으로 느꼈다. 그래서 그런 정신지향이 오늘날
얼마나 필요하고, 우리의 정신문화에 토대가 될 수 있는지를 절감하였
다. 이 책을 굳이 만들고자 한 이유가 바로 여기에 있다.

　아무쪼록 이 책을 통해 우리나라 산수에 투영된 그 많은 선인들의 정
신문화가 우리의 삶을 살찌우고, 막말이나 일삼는 타락한 문화풍토를
새롭게 변화시킬 수 있는 계기가 되기를 기대해 본다.

　어려운 출판환경 속에서도 이 책을 흔쾌히 내주신 보고사 김흥국 사
장님 및 노고를 아끼지 않으신 직원 여러분들에게 감사하다는 말씀을
드린다.

2020년 3월 1일

경상대학교 남명학관 산해실에서 최석기가 쓰다.

책머리에 / 5

제1장 _ 동아시아 산수 인식의 전통과 조선 선비의 산수문화 ················ 13
  Ⅰ. 문제의 소재 ·· 13
  Ⅱ. 동아시아 산수 인식의 전통 ·· 16
  Ⅲ. 조선 선비의 산수 인식과 산수문화 ·· 25
  Ⅳ. 맺음말 ·· 45

제2장 _ 조선 선비의 구곡문화와 정신세계 ······································· 49
  – 현실에 구현한 천인합일의 세계
  Ⅰ. 머리말 ·· 49
  Ⅱ. 조선시대 구곡문화의 전개양상 ·· 51
  Ⅲ. 조선시대 구곡문화의 정신세계 ·· 60
  Ⅳ. 맺음말 – 구곡문화의 의의를 겸하여 ·· 73

제3장 _ 전통 명승의 인문학적 의미 ·· 77
  Ⅰ. 머리말 ··· 77
  Ⅱ. 명승의 개념·구분 및 범주 ··· 78
  Ⅲ. 전통 명승의 성립 ·· 85
  Ⅳ. 산수에 대한 동아시아의 전통적 심미관 ··· 93
  Ⅴ. 한국 전통 명승에 내재된 정신세계 ·· 110
  Ⅵ. 맺음말 ·· 130

제4장 _ 「무이도가」 수용양상과 도산구곡시의 성향 ····················· 133
  Ⅰ. 문제의 소재 ··· 133
  Ⅱ. 조선시대 「무이도가」 수용의 양대 관점 ·· 137
  Ⅲ. 이황의 관점과 그에 대한 논변 ·· 143
  Ⅳ. 도산구곡시에 나타난 수용 성향 ·· 152
  Ⅴ. 맺음말 ·· 160

제5장 _ 도산구곡 정립과정과 도산구곡시 창작배경 ····················· 163
  Ⅰ. 문제의 소재 ··· 163
  Ⅱ. 도산구곡 정립 이전 제설 변증 ·· 165
  Ⅲ. 19세기 초 도산구곡 정립과정 ··· 172
  Ⅳ. 도산구곡시 창작배경 ··· 186
  Ⅴ. 맺음말 ·· 194

제6장 _ 하범운의 삼산구곡시 창작과 그 의미 197

  Ⅰ. 머리말 197

  Ⅱ. 하범운의 생애 및 학문성향 200

  Ⅲ. 삼산구곡시 창작 배경 208

  Ⅳ. 덕산구곡시의 내용과 의미 217

  Ⅴ. 맺음말 229

제7장 _ 덕산구곡 설정의 필요성과 의의 232

  Ⅰ. 문제의 소재 232

  Ⅱ. 동아시아 산수인식의 전통과 구곡문화 235

  Ⅲ. 덕산구곡 설정의 필요성과 의의 256

  Ⅳ. 맺음말 267

  ※ 부록: 필자의 덕산구곡시(德山九曲詩) 268

  ※ 부록: 이호신 화백의 덕산구곡도(德山九曲圖) 271

제8장 _ 기호학파의 대표 구곡, 화양구곡 276

  Ⅰ. 동천구곡(洞天九曲) 문화의 이해 276

  Ⅱ. 화양구곡 283

  Ⅲ. 화양구곡 관련 시문 306

제9장 _ 백두대간 자락의 신선세계, 선유동 319

  Ⅰ. 선유동 개관 319

  Ⅱ. 서선유동 326

  Ⅲ. 동선유동 339

제10장 _ 세상과 동떨어진 별천지, 우복동 ·· 366

   Ⅰ. 우복동 개요 ·· 366

   Ⅱ. 용유동 ·· 371

   Ⅲ. 우복동 ·· 410

   Ⅳ. 장암동과 장각동 ·· 426

제11장 _ 영호남 제일의 명승, 안의삼동 ·· 432

   Ⅰ. 안의삼동 ·· 432

   Ⅱ. 안의삼동의 지리와 문화 ··· 438

   Ⅲ. 안의삼동의 주요 명승과 의미 ·· 453

참고문헌 / 485

찾아보기 / 491

제1장

동아시아 산수 인식의 전통과
조선 선비의 산수문화

I. 문제의 소재

우리 역사상 16세기는 여러 차례의 사화(士禍)로 인해 학자들이 출사(出仕)를 단념하고 초야에서 학문에 전념하던 시기이다. 정치사회적으로는 경색된 국면이 오래 지속되었지만, 학자들이 송대(宋代) 신유학(新儒學)에 침잠함으로써 성리학(性理學)이 꽃을 피우기 시작하였다. 그리하여 사림정치가 열리는 선조(宣祖) 대에 이르러 목릉성세(穆陵盛世)라 일컬어지는 문화융성기를 맞이하였다.

이러한 사실은 실학자 이익(李瀷)이 "중세 이후 퇴계(退溪 : 李滉)는 소백산(小白山) 밑에서 태어났고, 남명(南冥 : 曺植)은 두류산(頭流山 : 지리산) 동쪽에서 태어났는데 모두 영남 지역이다. 북도는 인(仁)을 숭상하고, 남도는 의(義)를 주로 하였다. 그리하여 유교의 교화와 기절(氣節)을 숭상함이 바다처럼 넓고 산처럼 우뚝하게 되었다. 우리나라의 문명이 이 두

분에 이르러 절정에 달했다."[1]라고 한 언급을 통해 확인할 수 있다.

이를 통해 볼 때, 우리는 이제 성리학이 개화하여 고도의 문명을 이룩한 16세기의 문화현상에 대해 시선을 돌려 주목할 필요가 있다. 기실 한국학은 조선 후기 실학에 집중되고, 실학자 가운데서도 실학을 집대성한 정약용(丁若鏞)에 집중되어 연구가 이루어졌다. 그러다 보니, 그 외의 중요한 인물 및 여타의 중요한 문화현상에 대해 시선을 돌리지 못하였다. 이제는 시각을 다변화할 필요가 있다.

16세기는 사화로 얼룩진 시기였기에 학자들은 이상과 현실의 괴리에 갈등하였고, 그런 분위기 속에서 자신의 존재방식을 고민하지 않을 수 없었다. 학자는 현실세계의 백성을 요순시대의 백성으로 만드는 것을 이상으로 삼는다. 그런데 사화기의 학자들은 그런 이상을 펼 수 없게 되었다. 그리하여 그들은 자신만을 홀로 선하게 하는 독선기신(獨善其身)의 방법을 택할 수밖에 없었고, 또 도(道)를 구해 자신의 몸에 간직하는 일을 선무로 여기지 않을 수 없었다.

예컨대 조식(曺植, 1501~1572)이 25세 때 『성리대전(性理大全)』을 읽다가 원나라 유학자 허형(許衡)이 "이윤(伊尹)의 지향에 뜻을 두거나 안연(顔淵)의 학문을 배워 세상에 나아가면 태평성대를 이룩함이 있고, 나아가지 않으면 자신을 지킴이 있어야 한다."라는 문구를 접하고서, 과거를 포기하고 안회(顔回)의 길을 걸었던 것[2]이 이를 단적으로 말해준다. 안회

---

1 李瀷, 『星湖僿說』, 天地門, 「東方人文」. "中世以後 退溪生於小白之下 南冥生於頭流之東 皆嶺南之地 上道尙仁 下道主義 儒化氣節 如海濶山高 於是乎 文明之極矣"

2 金宇顒, 『東岡集』 권17, 「南冥先生行狀」. "年二十五 借友人肄擧業於山寺 讀性理大全 至魯齋許氏語 有曰 志伊尹之志 學顔淵之學 出則有爲 處則有守 丈夫當如此 先生於是惕然警發 惘然自失 始悟從前所趣之非 而古人所謂爲己之學者 蓋如此也 遂喟然發憤 竟夜不就席 遲明 揖友人而歸"

는 공자 문하의 수제자로 안빈낙도하며 극기복례(克己復禮)를 통해 성인의 학문을 한 인물이다.

사화로 점철된 16세기에는 벼슬길에 나아갈 것인가, 나가지 않고 초야에서 학문에 잠심할 것인가 하는 출처(出處)에 대해 학자들은 고심하지 않을 수 없었고, 그런 시대인식을 통해 출처에 대한 인식이 고조되었다. 그리하여 조식처럼 조정에서 여러 차례 벼슬을 내렸지만 끝내 나아가지 않은 인물이 있었다.

이처럼 출사를 단념하고 퇴처(退處)를 택한 인물들은 공자의 요산요수(樂山樂水)와 주자의 산림은거 등을 본받아 산수 속에서 심성을 수양하며 천인합일(天人合一)을 지향하였다. 즉 조선의 선비들은 주자가 무이정사(武夷精舍)를 경영한 것을 본받아 주거지 인근의 산림에 정사를 경영하고 은거한 것이다.

이러한 일을 본격적으로 착수한 인물이 이황(李滉, 1501~1570)이다. 이황은 문인 이담(李湛)의 집에 보관 중이던 「무이구곡도(武夷九曲圖)」를 보고 발문을 지었고, 『무이지(武夷志)』를 읽다가 「무이도가(武夷櫂歌)」에 차운하였으며, 주자의 「무이정사잡영(武夷精舍雜詠)」을 본떠 「도산잡영(陶山雜詠)」을 지었고, 주자의 정사 경영을 본떠 도산서당을 짓고 산림에 은거하였다. 이후 주자의 산림은거와 정사경영, 무이구곡과 「무이도가」에 대한 관심은 더욱 증폭되었다.

이 글은 이런 점에 착안하여 16세기 도학자들의 산수에 대한 인식 및 산림에 은거하여 천리(天理)를 체찰(體察)하고자 한 점에 초점을 맞추어, 그들이 산수와 어떻게 소통하고 무엇을 추구하였는지를 밝히는 것을 목적으로 한다. 다만 논의의 번다함을 피하기 위하여 산수자연을 대하며 느끼는 여러 가지 정회(情懷) 가운데 천인합일을 지향한 점에 중점을 두어 논의하고자 한다.

이러한 목표에 도달하기 위해 먼저 공자·자사·맹자·주자 등의 산수인식을 통해 동아시아 산수문화의 전통을 살펴보고, 이를 바탕으로 16세기 조선 학자들이 이런 전통을 계승하여 산수를 어떻게 인식하고 산림에 은거하여 어떻게 천인합일을 지향하였는지를 구체적으로 고찰하고자 한다.

이 글에서 논의를 16세기로 한정한 것은, 조선시대 전체로 범위를 넓힐 경우 자료가 방대하고 논의할 내용이 허다하여 단일 주제로 다 거론할 수 없기 때문이다. 또한 16세기는 조선성리학이 개화하는 시기로 조선시대 학자들의 산수 인식이 가장 첨예하게 나타나는 시기이게 때문에 조선 학자들의 산수 인식을 가장 잘 보여줄 수 있다고 여겨서이다.

II. 동아시아 산수 인식의 전통

1. 공맹(孔孟)의 산수 인식

공자는 사람이 추구해야 할 보편적 가치로 인(仁)을 내세웠는데, 주자는 이 인(仁)을 천지(天地)가 만물을 낳는 마음으로 인간의 본성 속에 갖추어진 덕목이라고 해석하였다.[3] 천지생물지심(天地生物之心)인 이 인(仁)은 인간의 본성에 내재한 것이어서 감각기관으로 인지할 수가 없다. 그래서 공자는 이 인(仁)을 산(山)의 덕을 통해 설명하였다. 『논어』에는 공자의 다음과 같은 말이 있다.

---

3 朱熹, 『朱子大全』 권67, 잡저, 「仁說」. "仁者 天地生物之心 而人之所得以爲心者也"

지혜로운 자는 물을 좋아하고, 어진 자는 산을 좋아한다. 지혜로운
자는 동적이고, 어진 자는 정적이다. 지혜로운 자는 즐거워하고, 어진
자는 오래도록 제자리를 지킨다.[4]

산수는 인간의 생활터전이기 때문에 고대에는 치용(致用)의 관점에서
만 바라보았다. 그러다 문화가 발달하면서 실용적(實用的) 대상에서 심
미적(審美的) 대상이 되기 시작했다. 공자는 산수의 속성을 관찰해 인간
의 덕목에 비유했는데, 산에서 인(仁)을 물에서 지(智)를 읽어냈다. 이것
이 곧 유가미학(儒家美學)의 특징으로 일컬어지는 비덕(比德)이다.

공자의 이런 담론 이후, 동아시아에서의 산수는 자연 그대로의 대상
물이 아니라, 인간의 정신적 가치를 비추어 보는 심미적 상관물(相關物)
이 되었다. 그래서 요산요수는 단순히 산수를 좋아한다는 말이 아니고,
산수를 통해 자신의 인지(仁智)를 체찰(體察)하는 의미로 인식되었다.
또 『논어』에는 다음과 같은 일화가 있다.

자로(子路 : 仲由)·증석(曾晳 : 曾點)·염유(冉有 : 冉求)·공서화(公西
華 : 公西赤)가 공자를 모시고 앉아 있었다. 공자께서 말씀하시기를 "내
가 너희들보다 몇 살 더 많으나 나에게 나이가 많다는 것으로 대하지
말라. 평소 너희들은 '나를 알아주지 않는다.'라고 말하니, 만약 너희들
을 알아준다면 세상에 나아가 어떻게 해 볼 생각이냐?"라고 하였다. -중
략- 증점(曾點)이 말하기를 "저는 늦은 봄날 봄옷이 완성되면 관을 쓴
어른 5~6인과 동자 6~7인과 함께 기수(沂水)에 가서 목욕하고 무우(舞
雩)에서 바람을 쏘이고 시를 읊조리며 돌아오고 싶습니다."라고 하자,
공자께서 탄식을 하시며 말씀하시기를 "나는 증점의 뜻을 허여한다."라

---

4 朱熹, 『論語集註』, 「雍也」 제23장. "知者樂水 仁者樂山 知者動 仁者靜 知者樂 仁者壽"

고 하였다.[5]

　여기서 증점(曾點)이 말한 내용은 세상에 나아가 정치·사회적 포부를
펴는 것보다 초야에서 자연의 이치에 동화되는 삶을 지향한 것이다. 이러
한 증점의 가치관을 대변하는 '욕호기 풍호무우 영이귀(浴乎沂 風乎舞雩
詠而歸)'라고 한 말에 대해, 후인들은 자연의 이치에 순응하며 사는 삶의
원형으로 인식하였고, 그러한 취향을 '풍영지취(風詠之趣)'라 하였다.

　송대 주자는 공자가 말한 '요산요수(樂山樂水)'를 해석하면서 "지혜로
운 자는 사리(事理)에 통달해 두루 흐르며 정체하지 않아 물과 유사한
점이 있기 때문에 물을 좋아한다. 어진 자는 의리(義理)에 편안해 후중(厚
重)해서 옮기지 않아 산과 유사한 점이 있기 때문에 산을 좋아한다.[6]"라고
하였으며, 증점의 '욕호기 풍호무우 영이귀'에 대해서는 "증점의 학문은
인욕(人欲)이 다한 곳에서 천리(天理)가 유행하는 것을 보고서 곳에 따라
충만하게 하여 조금도 흠결이 없는 점이 있다. 그러므로 그는 움직일
때나 가만히 있을 때나 이와 같은 점이 있었던 것이다.[7]"라고 해석하였다.

　전자는 자연의 원리를 꿰뚫어 보고 그것을 인간의 도덕적 가치로 환원
한 말이며, 후자는 그런 가치를 지향해 자신의 삶을 그와 일치시키고자
한 점을 말한 것이다. 즉 전자는 산수를 통해 자신의 본성을 체찰하는

5　朱熹, 『論語集註』 「先進」 제25장. "子路曾晳冉有公西華侍坐 子曰 以吾一日長乎爾
　　毋吾以也 居則曰不吾知也 如或知爾 則何以哉 子路率爾而對曰……曰 莫春者 春服旣
　　成 冠者五六人 童子六七人 浴乎沂 風乎舞雩 詠而歸 夫子喟然歎曰 吾與點也"
6　朱熹, 『論語集註』 「雍也」 제23장. "知者 達於事理 而周流無滯 有似於水 故樂水 仁者
　　安於義理 而厚重不遷 有似於山 故樂山"
7　朱熹, 『論語集註』 「先進」 제25장. "曾點之學 蓋有以見夫人欲盡處 天理流行 隨處充滿
　　無少欠缺 故其動靜之際 從容如此"

것을 의미하고, 후자는 산수를 통해 존천리(存天理)·알인욕(遏人欲)하는
천인합일(天人合一)의 지향을 의미한다. 후대에는 요산요수를 '산수지락
(山水之樂)' 또는 '인지지락(仁智之樂)'이라 하였는데, 이는 인(仁)·지(智)
의 도덕적 가치만을 일컫는 것이 아니라, 그런 가치를 체득하고자 하는
천인합일의 지향을 드러낸 것이다.

공자는 또 시냇가에서 흘러가는 물을 보고 "흘러가는 것은 이와 같구
나. 밤낮으로 쉬지 않고 흐르는구나."라고 하여, 물을 보고 자주 탄식하
였다.[8] 이에 대해 서자(徐子)가 맹자(孟子)에게 "공자께서는 물을 보고 자
주 '물이여, 물이여.'라고 하셨는데, 물에서 무엇을 취하신 것입니까?"라
고 묻자, 맹자는 "근원이 있는 샘물은 끊임없이 흘러나와 밤낮으로 쉬지
않고 흘러서 웅덩이를 채운 뒤에 흘러내려 사해(四海)에까지 이르니, 근
본이 있는 것은 이와 같습니다. 공자께서는 바로 이 점을 취하신 것입니
다."라고 대답하였다.[9]

이러한 맹자의 해석에 따르면, 공자가 물을 보고 탄식한 것은 눈에
보이는 현상, 즉 흘러가는 시냇물을 통해 그 물의 근원을 생각한 것이다.
우리는 감각기관을 통해 현상을 인식하는데, 거기서 그치지 말고 그 근
원까지 살펴보라는 말이다. 그것이 바로 공자가 산을 보고서 인(仁)을
읽어내고, 물을 보고서 지(智)를 읽어낸 사유이다.

그래서 맹자는 "물을 보는 데에는 방법이 있으니, 반드시 그 물결을
보아야 한다."[10]라고 하였다. 주자는 이 문구에 대해 "물결이 이는 여울

---

8 朱熹, 『論語集註』 「子罕」 제17장. "子在川上曰 逝者如斯夫 不舍晝夜"
9 朱熹, 『孟子集註』 「離婁下」 제18장. "徐子曰 仲尼亟稱水曰 水哉水哉 何取於水也 孟
   子曰 原泉混混 不舍晝夜 盈科而後進 放乎四海 有本者如是 是之取爾"
10 朱熹, 『孟子集註』 「盡心上」 제24장. "觀水有術 必觀其瀾"

을 보면, 그 근원에 근본이 있는 것을 알 수 있다."[11]라고 해석하였다.

　사람이 눈으로 보는 물결은 현상이고 작용이다. 현상을 통해 원두처(源頭處)를 인식하고, 작용을 통해 본체(本體)를 꿰뚫어보는 것이 바로 맹자가 말한 물을 보는 방법이다. 이를 인간에 비유하면 여울은 감정(感情)이고 근원은 본성(本性)이다. 이는 대상을 접하여 일어나는 감정에 이끌리지 말고 존재의 근원인 본성을 인지하고 그와 하나가 되는 삶을 지향하라는 것이니, 바로 천인합일을 가리킨다. 이것이 바로 인간이 산수와 소통한 전통적 사유 방식이다.

　이처럼 공자는 산수를 자연의 대상물로만 보지 않고 그 속에서 인간의 도덕적 근본인 인(仁)·지(智)를 읽어냈고, 그런 본성과 하나가 되는 삶을 지향하라고 가르쳤다. 이것이 곧 본성을 거역하지 않고 순응하며 사는 인간의 길이다.[12] 그래서 자사(子思)가 기록해 놓은 『중용』을 보면, 인간 존재에 대해 알고[知人], 존재의 근원인 하늘에 대해 알고[知天], 인도(人道)를 닦아 천도(天道)에 배합하는 것[配天]을 천인합일의 길로 제시하고 있다. 이것이 공자로부터 전해온 구도의 길이다.

2. 주자(朱子)의 산수 인식과 산수문화

　주자는 이런 공자와 맹자의 산수 인식을 계승해 산수를 통해 천리를 체찰하고자 하였고, 산림에 은거하여 자연을 노래하면서 천인합일을 지향하였다. 주자는 41세 때인 1170년 한천오(寒泉塢)에 한천정사(寒泉精舍) 경영하고, 건양(建陽) 노산(蘆山) 운곡(雲谷)에 회암(晦庵)을 조성하였으

11　朱熹, 『孟子集註』 「盡心上」 註. "觀水之瀾 則知其源之有本矣"
12　朱熹, 『中庸章句』 제1장. "天命之謂性 率性之謂道"

며, 54세 때인 1183년에는 무이산(武夷山)에 무이정사(武夷精舍)를 경영하
였으며, 65세 때인 1194년에는 건양 고정(考亭)에 죽림정사(竹林精舍 : 滄
洲精舍)를 경영하였다.

이처럼 주자는 41세 이후 산림에 정사를 경영하고 은거하는 삶을 지향
하였는데, 무이정사의 당명(堂名)을 인지당(仁智堂)이라고 붙인 데에서
공자가 말한 요산요수(樂山樂水)의 정신을 계승해 인지지락(仁智之樂)을
추구한 것을 확인할 수 있다.[13]

주자가 무이정사의 주변을 노래한 대표적 시는 「무이칠영(武夷七詠)」,
「정사잡영십이수(精舍雜詠十二首)」, 「순희갑진중춘정사한거희작무이도가
십운정제동유상여일소(淳熙甲辰中春精舍閑居戲作武夷櫂歌十首呈諸同遊相
與一笑)」 등이 있는데, 이런 시 속에는 산수와 천리(哲理)가 묘하게 결합되
어 현상을 통해 천리를 체득하며, 천리를 보존하고 인욕을 억제하는 의경
(意境)이 농축되어 있다. 그 대표적인 시가 「수구행주(水口行舟)」이다.

어젯밤 조각배에서 도롱이 하나로 비를 맞았는데, 　昨夜扁舟雨一蓑
온 강에 풍랑이 일어 밤새도록 얼마나 심했던가. 　滿江風浪夜如何
오늘 아침에 조그만 장막을 열고 밖을 내다보니, 　今朝試捲孤篷看
청산은 그대로이고 푸른 나무도 짙푸르기만 하네. 　依舊青山綠樹多[14]

이 시에 대해 남송 말기의 웅강대(熊剛大)는 "이 시는 인욕의 파도가
절로 일어나지만 천리는 항상 밝게 드러나 있음을 형용한 것이다."[15]라고

13　董天工, 『武夷山志』, 「武夷精舍記」. "吾今營其地 果盡有山中之樂矣"

14　朱熹, 『晦庵集』 권10, 「水口行舟」.

15　熊剛大, 『性理群書句解』 권4, 「水口行舟」의 註. "此篇形容人慾之波 自在泛溢 天理常
　　常昭著"

논평하였다. 웅강대는 '풍랑'을 인욕에 '청산'을 천리에 비유하여 주자가
노래한 것으로 본 것이다. 곧 산수를 통해 본원을 돌아보고 존천리·알인
욕한 것을 작가의 의경으로 파악한 것이다.

주자는 인욕을 제거하고 천리를 보전하기 위해 무엇보다 본원을 중시
하였다. 그는 「관서유감(觀書有感)」이라는 시에서 다음과 같이 노래했다.

<blockquote>

반 이랑 네모난 못에 거울 하나 만들어졌는데,　　　半畝方塘一鑑開
그 속에 천광과 운영이 함께 배회를 하는구나.　　　天光雲影共徘徊
너에게 묻노니 어찌하여 그처럼 맑단 말인가,　　　問渠那得淸如許
원두에서 활수가 흘러내림이 있기 때문이라네.　　　爲有源頭活水來[16]

</blockquote>

주자는 자신이 살고 있는 집 근처에 못을 만들어 놓고 그 물 속에 비친
천광(天光)과 운영(雲影)을 보며 천리가 유행하는 것을 늘 인식하였다.
즉 거울처럼 맑은 연못의 물을 깨끗한 마음에 비유한 것이다. 그리고
다시 그 연못이 그처럼 청정한 것은 원두(源頭)에서 흘러내리는 활수(活
水)가 있기 때문이라고 생각하였다. 즉 마음이 늘 근원과 연결되어 허령
불매(虛靈不昧)하다는 것이다.

주자의 이 시는 본원을 잊지 않고 늘 보전하고자 하는 의경을 노래한
것으로, 근원에서 활수가 항상 흘러내려야 인욕을 막고 천리를 보전할
수 있다는 내용이다. 이는 인간에게 성(性)을 부여한 존재의 근원인 천
(天)과 늘 하나가 되고자 하는 천인합일을 지향한 것이다.

이처럼 주자는 본원을 잊지 않아야 한다는 생각을 잠시도 느슨하게
하지 않았는데, 「우제삼수(偶題三首)」의 제3수에서 다음과 같이 노래하

---

16 朱熹, 『晦庵集』 권2, 「觀書有感」.

고 있다.

> 물길 따라 오르며 시내 근원 찾아 나섰는데,　　　步隨流水覓溪源
> 걸음이 원두에 이르니 도리어 멍해지는구나.　　　行到源頭却惘然
> 진원은 걸어 도달할 곳 아님을 비로소 깨닫고,　　　始悟眞源行不到
> 곳곳에서 지팡이 들고 하얀 물방울 튀겨보네.　　　倚筇隨處弄潺湲[17]

　주자는 시내의 근원을 찾아 나섰지만 그 근원을 눈으로 확인할 수 없었
다. 그래서 그는 참된 근원은 눈으로 볼 수 없다는 사실을 깨달았다.
그것은 감각을 통해 인지할 수 있는 것이 아님을 느낀 것이다. 『중용』
첫머리에 '하늘이 명한 것을 성(性)이라 하고, 그 성을 거역하지 않고 순응
하는 것을 도(道)라고 한다.[天命之謂性 率性之謂道]'라고 했으니, 인간의
진원(眞源)은 바로 심(心) 속에 내재해 있는 천명(天命)의 본성(本性)임을
자각한 것이다. 이것이 주자가 마음의 본원을 천(天)으로 이해한 것이며,
그것은 곧 『중용』에 보이는 지천(知天)의 사유와 닿아 있다.
　주자는 무이산에 은거할 적에 「무이정사잡영(武夷精舍雜詠)」 12수, 「무
이도가(武夷櫂歌)」 10수 등 수십 편의 시를 지었는데, 「무이정사잡영」은
자신이 살고 있던 무이정사 주변의 건물이나 장소에 대해 읊은 것이다.
그 중에 무이정사의 인지당(仁智堂)을 읊은 시는 다음과 같다.

> 나는 인지(仁智)의 마음을 부끄러워했는데,　　　我慙仁知心
> 우연히 절로 산수를 사랑하게 되었네.　　　偶自愛山水
> 푸른 절벽은 예나 지금이나 변함없고,　　　蒼崖無古今

17　朱熹, 『晦庵集』 권2, 「偶題三首」.

푸른 시내는 날마다 천리를 흘러가네.   碧澗日千里[18]

이 시를 보면, 앞의 2구에서는 공자가 말한 요산요수(樂山樂水)의 인지지락(仁智之樂)을 추구하고자 하는 마음을 읽을 수 있으며, 뒤의 2구에서는 산수 속에 내재한 본원(本源)의 천리(天理)를 체인(體認)하고자 하는 정신을 읽을 수 있다. 이 시의 '푸른 절벽'은 인(仁)을 상징하는 산(山)이고, '푸른 시내'는 지(智)를 상징하는 수(水)이다. 주자는 이어 무이정사의 은구재(隱求齋)를 다음과 같이 노래했다.

새벽 창가엔 숲의 그림자가 보이고,   晨窓林影開
밤중 머리맡엔 산속 샘물소리 들리네.   夜枕山泉響
은거하러 왔으니 다시 무엇을 구할까,   隱去復何求
아무 말 없는 중에 구도심이 장구하네.   無言道心長[19]

이 시를 보면, 주자가 산림에 은거한 것은 구도(求道)를 위함이고, 그것은 천리(天理)를 체득하여 본원에 도달하려 한 것임을 알 수 있다. 새벽 창가로 보이는 숲의 그림자, 밤중 머리맡에 들리는 산골짜기의 물 흐르는 소리, 그것은 천리가 유행하는 것을 말한다. 숲의 그림자를 보고, 물소리를 들으면서 천리를 체인하고 있으니, 그것이 바로 천리와 하나가 되는 구도이다.

이런 정신이 곧 주자가 무이산에 은거한 이유이다. 이러한 구도심은 「무이도가」에서 무이정사가 있는 제5곡을 노래한 시에 "어여라, 뱃노래

---

18   李光地 等編, 『御纂朱子全書』 권66, 「武夷精舍雜詠－仁智堂」.

19   李光地 等編, 『御纂朱子全書』 권66, 「武夷精舍雜詠－隱求齋」.

속에 만고로 치닫는 마음.[欵乃聲中萬古心]"으로 나타난다.

주자가 추구하는 도는 공자를 비롯한 옛 성인들의 마음과 하나가 되는
것인데, 그런 마음을 주자는 「재거감흥이십수(齋居感興二十首)」 중 제10
수에서 다음과 같이 노래했다.

공손히 천 년 전 성인들 마음 생각하니, 恭惟千載心
밝은 가을달이 차가운 물에 비춘 것 같네. 秋月照寒水
노나라 선생 어찌 일정한 스승이 있었던가, 魯叟何常師
산삭하고 기술해 성인들 자취를 보존하셨네. 刪述存聖軌[20]

이 시의 '추월(秋月)'은 밝음을 상징하고, '한수(寒水)'는 맑음을 상징한
다. 즉 마음이 그처럼 밝고 맑다는 뜻이니, 본원을 회복한 성인의 마음이
다. 이를 달리 말하면 극기복례(克己復禮)하여 복기초(復其初)한 상태이
다. 이것이 주자가 추구한 도로, 본원을 회복한 상태를 의미한다. 여기에
이르면 천인합일의 경지에 이른 것이고, 천도와 하나가 된 것이다.

Ⅲ. 조선 선비의 산수 인식과 산수문화

1. 산수 인식과 천인합일의 지향

1) 산수를 통한 인지(仁智)의 체득

우리나라 선인들의 산수에 대한 인식은, 『논어』가 유입된 뒤로 싹트
기 시작했을 것이다. 그러나 문헌기록상으로는 고려시대 임춘(林椿)에

---

20 朱熹, 『晦庵集』 권4, 「齋居感興二十首」.

이르러 '인지지락(仁智之樂)'이라는 말이 보이기 시작하며[21], 이곡(李穀)에 이르러 '풍영지취(風詠之趣)'라는 말도 나타난다.[22] 그런데 공맹(孔孟)의 산수 인식을 계승해 그 속에서 천리를 체찰하고 천인합일을 지향한 것은 주자의 해석이 유입되고 난 뒤부터이다.

앞에서 언급했듯이, 16세기 학자들은 출사(出仕)를 꺼리며 산수에 묻혀 천리를 체찰하고 성명(性命)을 온전히 보존하는 삶을 지향하였다. 이러한 인식은 도처에서 발견된다. 임억령(林億齡, 1496~1568)은 성수침(成守琛)에게 보낸 시에서 "항상 생각하기를 산수의 한 구역을 빌어, 일신을 수양하기를 취했을 뿐이네."[23]라고 하였으며, 성운(成運, 1497~1579)은 박영(朴英)을 제사한 제문에서 "산수를 좋아하여 사물을 완미하며 천리를 관찰하셨네."[24]라고 하였으며, 조욱(趙昱, 1498~1557)은 "곤새와 붕새는 소요의 즐거움을 깨달았는데, 사람들은 산수에서 동정심(動靜心)을 누가 아는지."[25]라고 하였다.

이런 언급을 보면, 이들은 산수에 은거해 일신의 주재자인 마음[心]을 보존하고 본성을 기르며, 사물을 완상하면서 천리를 관찰하며, 마음의 동정(動靜)을 살펴 존양(存養)·성찰(省察)하는 구도적 삶을 지향한 것을 알 수 있다.

이런 사유에서 한 걸음 더 나아가 임훈(林薰, 1500~1584)은 학자들이

---

21 林椿, 『西河集』 권6, 「上李學士啓」. "眞寂寞之濱 具仁智之樂"

22 李穀, 『稼亭集』 권2, 「春軒記」. "余知主人胸次悠然 凡持己接物 積中發外者 無非和氣 也 盖浴沂風詠之流乎"

23 林億齡, 『石川集』 권1, 「寄聽松」. "常懷山水乞 只取一身養"

24 朴英, 『松堂集』 권3, 부록, 成運 撰 祭文. "二樂山水 玩物觀理"

25 趙昱, 『龍門集』 권3, 「德孚卜築于楮子島上游 作三律呈似」. "鯤鵬已悟逍遙樂 山水誰 知動靜心"

산수를 찾아나서는 것에 대해 다음과 같이 언급하였다.

산수는 천지간의 하나의 무정물(無情物)이다. 그렇지만 산에는 후중(厚重)한 덕이 있고 물에는 주류(周流)하는 덕이 있으니 실로 사람의 인지지락(仁智之樂)에 근본이 되는 점이 있다. 그러므로 도를 구하는 세상 사람들은 요순(堯舜)과 공자(孔子)에게서만 도를 구할 뿐만 아니라, 산수(山水)에 나아가서 도를 구하지 않은 적이 없다.[26]

임훈은 책 속에서만 도를 구하지 말고, 산수에 나아가 도를 구해야 한다는 점을 말하고 있다. 즉 산수를 통해 천리를 체득하는 것이 중요하다는 점을 언급한 것이다. 산의 후중한 덕용(德容)과 물의 주류하는 덕용을 통해 나의 본성의 인지(仁智)를 체득하는 것이 바로 도를 구하는 길이라는 것이다.

이이(李珥)도 이런 관점에서 다음과 같이 말하였다.

천지간에는 사물마다 각기 리(理)가 있다. 위로는 일월성신으로부터 아래로는 초목산천에 이르기까지 그리고 미미하여 술의 지게미나 불에 타다 남은 것에 이르기까지 모두 도체(道體)가 깃들어 있어서 지극한 가르침 아닌 것이 없다. 사람들이 아침저녁으로 보면서 그 이치를 알지 못하면 보지 않은 것과 무엇이 다르겠는가. 금강산을 유람하는 사인(士人)들도 눈으로 산수를 보는 것일 뿐이니, 산수의 지취(志趣)를 깊이 알지 않으면 일반인들이 일상에서 보면서도 모르는 것과 다를 것이 없다. 홍장(洪丈)과 같은 이는 산수의 지취를 깊이 알았다고 할 수 있을 것이다.

---

26 林薰, 『葛川集』 권3, 「書兪子玉遊頭流錄後」, "山水者 天地間一無情之物 而厚重周流 實有資於仁智之樂矣 是以 世之求道者 不特於堯舜孔氏 而未嘗不之此焉"

그렇지만 산수의 지취만 알고 도체를 알지 않았다면 또한 산수를 안 것을 귀히 여길 것이 없다. 홍장이 안 것이 어찌 이런 데에서 그쳤겠는가.[27]

이 인용문의 '홍장(洪丈)'은 홍인우(洪仁祐, 1515~1554)를 가리킨다. 아마도 이이는 홍인우가 금강산 및 관동 지방을 유람하고 쓴 「관동록(關東錄)」을 보고서 산수 유람의 본질이 인지(仁智)를 체득하는 데 있다는 점을 깊이 인식한 듯하다.

이 인용문을 통해 알 수 있듯이, 이이가 생각하는 산수지취(山水之趣)는 산수에 깃들어 있는 도체를 깊이 터득하는 것이니, 이는 감각기관으로 산수를 즐기는 것이 아니라 마음으로 천리를 체득하는 것이다.

이이는 「우음(偶吟)」이라는 시에서도 "산수의 흥취를 찾아서가 아니라, 나의 참된 본원을 온전히 하려는 것. 사물과 내가 하나의 본체로 합하면, 누가 주인이 되고 누가 객이 되리."[28]라고 하여, 산수를 찾는 의미를 자신의 참된 본원을 찾는 것이라 말하고 있다. 이를 보면, 그가 말하는 '참된 근원'은 곧 인지(仁智)의 본성임을 알 수 있다.

한편 최운우(崔雲遇, 1532~1605)는 금강산을 유람할 때 사찰에서 달 밝은 밤 산의 청명한 기상을 보면서 느낀 소회를 "만약 이런 청명한 기상을 길러 얻는다면, 인욕이 다 정화되고 천리가 유행하는 경계가 반드시 내 발밑에 있을 것이다."[29]라고 술회하였다. 이는 산수를 통해 인지(仁智)

를 체득하는 것과는 다소 거리가 있지만, 산이라는 자연의 대상물을 통해 도체를 체득하고자 하는 정신은 다르지 않다.

이처럼 16세기 학자들은 산수를 심미적인 관점으로만 보지 않고 도체를 체득하여 내 본성의 인지(仁智)를 관조하는 대상으로 보았다. 따라서 이들이 말하는 산수지취(山水之趣)·인지지락(仁智之樂)은 산수를 통해 도(道)와 리(理)를 체득하여 내 본성으로 돌이키는 것이었다. 요컨대 16세기 학자들은 산수를 통해 인지(仁智)를 체득하는 것을 학문의 본질로 생각한 것이다.

2) 천리체찰(天理體察)의 전통 계승과 확장

가) 요산요수(樂山樂水)를 통한 본성인지(本性認知)

앞에서 살펴본 것처럼 공자는 후중불천(厚重不遷)의 덕용을 지닌 산과 주류불체(周流不滯)의 덕용을 지닌 물을 통해 인간의 본성인 인(仁)·지(智)도 그와 같음을 간파하여 '인자(仁者)는 산을 좋아하고, 지자(智者)는 물을 좋아한다.'는 요산요수(樂山樂水)를 말하였다.

그 후 맹자는 공자가 시냇물을 보고 자주 탄식한 것을 해석하면서 물을 보는 방법을 정리하여, 눈에 보이는 현상이나 작용에 머물지 말고 그 이면의 본원이나 본체를 보아야 함을 역설하였다. 이러한 언설을 종합해 보면, 요산요수에는 현상만 보지 말고 본원까지 보아야 한다는 심오한 내용이 담겨 있다.

이 요산요수에 대한 인식은 16세기 조선 학자들에게도 그대로 나타난

---

29 崔雲遇, 『香湖集』 권1, 「金剛山錄」. "若養得這樣淸明之氣 人欲淨盡天理流行底境界 必有脚踏地矣"

다. 이황(李滉)은 요산요수를 지향하는 사람들이 산수의 아름다움만 보
고 자신의 심성을 돌이켜 보지 못할까 염려하여 다음과 같이 말하였다.

> 그러므로 나는 생각건대, 인지지락(仁智之樂)의 본지(本旨)를 알고
> 자 하면 인자(仁者)·지자(智者)의 기상(氣象)·의사(意思)를 구해야 하
> 고, 인자·지자의 기상·의사를 구하고자 하면 또한 어찌 다른 데서 구
> 하겠는가. 내 마음에 돌이켜서 그 실질을 터득할 따름이다. 내 마음에
> 인지(仁智)의 실상을 소유하여 마음속에 충만히 해서 밖으로 발양하게
> 하면, 절실히 구하기를 기다리지 않더라도 저절로 그런 즐거움이 있을
> 것이다.[30]

이황은 산수의 아름다움만 보고 인지(仁智)의 덕을 내 마음속에서 찾
아 충만하게 확충해 나가지 않으면 그것은 외양을 구하는 데 불과하다는
점을 지적하고 있다. 그리하여 그는 인자·지자의 기상과 의사를 자기
마음속에서 구하여 충만히 하는 것이 인지지락의 본지라 말하고 있다.
이는 산수를 통해 인지의 덕을 닦지 않아서는 안 된다는 점을 환기시킨
것이니, 인지지락이 곧 요산요수의 본질임을 말한 것이다.

또한 최운우(崔雲遇)는 금강산을 유람하면서 "사물을 보는 데는 방법
이 있으니, 외면만을 보아서는 불가하고, 그 이면을 알아야 한다. 그러
면 그 속에 무한히 신이한 경계가 있는 줄을 어찌 알겠는가."[31]라고 하고
서, 동행한 승려 도응(道凝)에게 다음과 같이 말하였다.

---

30 李滉, 『退溪集』 권37, 「答權章仲好文 丙辰」. "故吾以爲欲知二樂之旨 當求仁智者之
氣象意思 欲求仁智者之氣象意思 亦何以他求哉 反諸吾心而得其實而已 苟吾心有仁
智之實 充諸中而暢於外 則樂山樂水 不待切然求 而自有其樂矣"

31 崔雲遇, 『香湖集』 권1, 「金剛山錄」. "夫觀物有術 不可只見外面 便知裏面 安知有無限
異境乎"

우뚝한 것은 산일세. 한 산을 보면 그 후중불천(厚重不遷)의 본체를 수립하여 나의 인(仁)을 충만히 할 수 있네. 흘러가는 것은 물일세. 한 줄기 시냇물을 유람하면 주류불체(周流不滯)의 작용을 미루어 나의 지(智)를 확충할 수 있네. 그대의 말이 그렇기는 하네. 그러나 맹자께서 "물을 보는 데 방법이 있다."라고 하셨으니, 산을 유람하는 데에도 어찌 방법이 없겠는가. 그러므로 오묘한 것을 좋아하여 기이하고 빼어난 곳을 찾는 사인(士人)은 산에서는 그 산맥을 반드시 궁구할 것이고, 물에서는 그 물의 근원을 반드시 궁구할 것이네. 하물며 높은 곳에 오르려면 낮은 데로부터 말미암아야 한다는 이치를 그대가 어찌 그 뜻을 알겠는가.[32]

최운우의 이러한 언급은 공자의 요산요수와 맹자의 관수유술을 종합해서 산수를 유람하는 본질이 천리를 체찰하여 도체를 체득하는 데 있음을 천명한 것이다. '높은 곳에 오르려면 낮은 데로부터 말미암아야 한다.[登高自卑]'는 것은 『중용』에 보이는 말로 낮을 데로부터 높은 곳으로, 가까운 데로부터 먼 곳으로 나아가는 이치를 말한 것이니, 작용을 통해 본체를 인지해야 한다는 의미를 담고 있다.

이러한 인식이 바로 감각기관 통해 산수를 보고 즐기는 데서 그치지 않고 그 본원을 꿰뚫어 보고자 하는 정신이다. 이러한 인식을 16세기 학자들은 인지지락(仁智之樂)이라 하였다. 곧 산수를 통해 나의 본성을 인지하는 것을 요산요수의 본질로 파악한 것이다.

---

32 上同. "峙然者山 見一山 則足以立其厚重不遷之體而充吾之仁 流行者水 遊一水 則足以推其周流不滯之用而擴吾之智 凝之言 然則然矣 孟子曰 觀水有術 遊山亦豈無術乎 是以士之悅奧妙探奇勝者 於山則必窮其脊脈 於水則必究其源委 而況登高自卑 渠得知之乎" 이와 유사한 내용이 洪仁祐의 『恥齋遺稿』 권3 「關東錄」에도 실려 있는데, 최운우가 홍인우의 「관동록」을 보고 약간 변용하여 말한 것으로 여겨진다.

나) 연비어약(鳶飛魚躍)을 통한 천리체찰(天理體察)

『중용장구』제12장(費隱章)에 "『시경』의 시에 말하기를 '솔개는 날아서 허공에 떠 있고, 물고기는 연못에서 뛰노네.'라고 하였으니, 이는 천리가 상하에 드러난 것을 말한 것이다.[詩云 鳶飛戾天 魚躍于淵 言其上下察也]"라고 하였다.

이 비은장의 첫머리에 "군자의 도는 비(費)하면서도 은(隱)하다.[君子之道 費而隱]"라고 하였는데, 주자는 이를 해석하면서 "비(費)는 작용이 넓은 것이고, 은(隱)은 본체가 은미한 것이다."라고 해석하였다.

비(費)는 이 세상 만물의 작용이다. 이는 우리가 눈으로 볼 수 있고 귀로 들을 수 있는 현상이다. 은(隱)은 그것의 그러한 까닭[所以然]으로, 우리가 보고 들을 수 있는 것이 아니다. 즉 작용은 드러나지만, 본체는 은미하여 감지할 수 없고 현상을 통해 그 이치를 미루어 알 수 있을 뿐이다. 허공에 떠 있는 솔개와 연못에서 헤엄치는 물고기는 눈으로 볼 수 있는 현상이다. 그런데 그것들이 허공에 떠 있고 연못에서 자유롭게 헤엄치는 것은 소이연(所以然)의 이치가 있기 때문이다. 그러므로 군자는 현상만 보지 말고 현상을 통해 그 이면의 이치까지 보아야 한다는 것이다.

이는 보고 들을 수 있는 현상을 통해 그 이면의 원리를 생각하는 것이다. 자사(子思)는 『중용』을 지으면서 『시경』에 있는 이 문구를 인용하여 형이하(形而下)의 작용을 통해 형이상(形而上)의 본체를 인지하는 사유를 거론하였다. 그리하여 후대 학자들은 '연비려천 어약우연(鳶飛戾天 魚躍于淵)'을 현상을 통해 그 이면의 원리를 체찰하는 말로 인식하였는데, 이를 줄여 흔히 '연비어약(鳶飛魚躍)'이라고 한다.

안동 도산서원에서 정면을 바라볼 때, 왼쪽에 천연대(天淵臺)가 있고, 오른쪽에 천광운영대(天光雲影臺)가 있다. 천연대는 바로 '연비려천 어약

우연(鳶飛戾天 魚躍于淵)'에서 취한 명칭으로, 허공에 떠 있는 솔개와 못
에서 뛰노는 물고기를 통해 천리가 드러난 것을 인지하고 천리를 체찰하
고자 하는 사유를 드러낸 것이다.

이황은 「천연대(天淵臺)」를 다음과 같이 노래했다.

> 솔개 날고 물고기 뛰노는 것 누가 그렇게 시켰는가,　　縱翼揚鱗孰使然
> 천지에 활발히 유행하는 이치 하늘과 못에 묘하구나.　流行活潑妙天淵
> 강가 언덕에서 온종일 마음의 눈을 열어놓고 보며,　　江臺盡日開心眼
> 명성(明誠)을 말한『중용』한 편 두세 번 외워보네.　　三復明誠一巨編[33]

이 시에 보이는 '솔개'와 '물고기'는『중용』비은장에 보이는 '연비려천
어약우연'을 말한다. 또한 '명성(明誠)'은『중용장구』제20장(哀公問政章)
에 보이는 '명선(明善)'과 '성신(誠身)'을 말한다. 명선은 선을 밝히는 것으
로 진리탐구를 의미하고, 성신은 그것을 통해 자신의 마음을 진실무망(眞
實無妄)하게 하는 수신(修身)을 말한다.『중용』에 의하면 '명선(明善)을
말미암아 성신(誠身)하는 것[自明而誠]'은 학자의 길이니, 이는 인도(人道)
의 입장에서 천도(天道)에 합하는 공부를 말한 것이다.『중용』은 공자의
도가 없어질 것을 염려한 자사가 지은 책으로, 그 핵심은 인도를 닦아
천도에 합하는 천인합일에 있다.

위의 시를 보면, 이황은 이 대의 이름을 천연대라 하고서, 그 언덕에
서 하루 종일 심안(心眼)을 열어놓고 유행하는 천리를 체찰하면서 명선
을 말미암아 성신하는 내용의『중용』을 읊조리고 있다. 이는 곧 이황이
천인합일을 지향한 것을 의미한다.

---

33 李滉,『退溪集』권3,「陶山雜詠幷記-天淵臺」.

이를 통해 알 수 있듯이, 16세기 학자들은『중용』의 '연비어약(鳶飛魚躍)'을 통해 감각기관으로 인지할 수 있는 현상을 넘어 이면의 본체인 천리를 체찰하는 데 중점을 두었다.

다) 천광운영(天光雲影)을 통한 원두처 인식(源頭處認識)

16세기 학자들은 주자의 산림은거를 본받아 산수에 묻혀 천리를 체득하여 성명(性命)을 온전히 하는 삶을 선호하였다. 이를 상징적으로 보여주는 것이 주거 공간 속에 만든 연못과 주거지 인근 계곡에 경영한 구곡(九曲)이다. 전자는 주자의 「관서유감(觀書有感)」의 의미를 취하여 주거 공간에 연못을 파 놓고 그 못에 비친 천광(天光)·운영(雲影)을 보면서 천리가 유행하는 것을 관찰하는 것이며, 후자는 주자의 「무이도가(武夷櫂歌)」를 입도차제(入道次第)로 해석하여[34] 주거지 가까운 계곡에 나아가 구곡을 경영하고서 그곳에서 구도적 삶을 희구한 것이다.

이황은 「천광운영대(天光雲影臺)」에서 다음과 같이 노래하였다.

> 근원에서 활수 흘러내려 천광운영이 못에 비추니,　活水天雲鑑影光
> 책을 보다가 깊은 깨달음이 네모난 못에 있었다네.　觀書深喻在方塘
> 내 이제 맑은 연못가에서 그 뜻을 터득하였으니,　我今得在淸潭上
> 주자께서 그 당시 길이 감탄하신 것과 흡사하구나.　恰似當年感歎長[35]

이 시는 주자의 「관서유감」에 보이는 '천광운영(天光雲影)'을 취해 노

---

34 崔錫起, 「무이도가 수용양상과 도산구곡시의 성향」, 『퇴계학논총』 제23집, 퇴계학부산연구원, 2014, 92~96쪽 참조.

35 李滉, 『退溪集』 권3, 「陶山雜詠幷記-天光雲影臺」.

래한 것인데, 천광운영처럼 눈으로 볼 수 있는 현상을 통해 도체(道體)를 지각하고자 하는 사유를 드러내고 있다. 그러니까 이황은 도산서당을 지으면서 왼쪽 천연대는 연비어약(鳶飛魚躍)을 통해 천리를 체찰하는 공간으로, 오른쪽 천광운영대는 천광운영을 통해 천리를 체찰하는 공간으로 설정하여, 일상에서 천리를 체찰해 천인합일의 지향을 추구한 것이다. 이것이 곧 원두처(源頭處)를 인식하는 사유이다.

또한 이황은 「무이도가」 제9곡시에 차운하면서 처음에는 제9곡을 극처(極處)로 보는 시를 지었다가, 뒤에 생각을 바꾸어 제9곡에서 다시 묘처(妙處)를 생각한 것이라고 개작하였다. 이황은 『논어』 「자한(子罕)」에 안회가 자신의 공부과정에 대해 술회한 "선생께서 차례차례 제자들을 잘 인도하여 문으로써 나를 넓혀 주시고, 예로써 나를 단속해 주었다. 내가 공부를 그만두고자 해도 그만둘 수 없어서 나의 재주를 이미 다했더니 우뚝하게 서 있는 것이 있는 듯하였다.[夫子循循然善誘人 博我以文 約我以禮 欲罷不能 旣竭吾才 如有所立卓爾]"라고 한 말을 가지고 이를 비유하면서, '욕파불능(欲罷不能)'은 극처(極處)로, '소립탁이(所立卓爾)'는 별유천(別有天)의 의사(意思)가 있는 묘처(妙處)로서 백척간두진일보(百千竿頭進一步)한 경지라고 하였다.[36] 이황이 「무이도가」 제9곡시에 차운한 개작시는 아래와 같다.

구곡이라 산세 열려 단지 드넓기만 한데,　　　九曲山開只曠然
연기 나는 언덕 촌락이 긴 시내 굽어보네.　　　人烟墟落俯長川
권하노니 이곳이 유람의 극처라 하지 마소,　　　勸君莫道斯遊極

---

36 崔錫起, 「무이도가 수용양상과 도산구곡시의 성향」, 『퇴계학논총』 제23집, 퇴계학부 산연구원, 2014, 98~100쪽 참조.

묘처는 오히려 별유천을 기다려야 하리니.   妙處猶須別有天[37]

이 시의 묘처(妙處)는 바로 주자가 말한 원두처(源頭處)를 의미한다. 따라서 이황의 제9곡시 역시 원두처를 지향한 것이다. 이는『중용』에서 말한 '솔성지위도(率性之謂道)'의 인도의 경지에 머물지 않고, 그 도체에 해당하는 천(天)과 하나가 되고자 하는 정신이다.

이런 관점에 의해 이황은 주자의「관서유감」을 해석하면서 '반묘방당 일감개(半畝方塘一鑑開)'는 심(心)의 전체(全體)가 담연허명(湛然虛明)한 기상을 말한 것으로, '천광운영공배회(天光雲影共徘徊)'는 심(心)의 대용(大用)이 사물에 산재한 것을 말한 것으로, '문거나득청여허(問渠那得淸如許)'는 그 체용을 온전히 말한 것으로, '위유원두활수래(爲有源頭活水來)'는 천리의 본연을 밝힌 것으로 풀이하였다.[38]

이처럼 원두처를 인식하고 지향하는 정신은 천리를 체득하여 나의 본성을 온전히 하는 심성수양론으로 나타난다. 조식(曺植)은 은거할 적에 경의검(敬義劒)과 성성자(惺惺子)라는 도구를 만들어 지니고 다니면서 존양(存養)하고 성찰(省察)하다가 사욕의 기미가 발견되면 즉석에서 물리쳐 본원을 회복하는 심성수양에 진력하였다. 그는 이런 공부의 결정체를 「신명사도(神明舍圖)」라는 그림으로 남겼는데, 존양(存養) · 성찰(省察) · 극치(克治)를 통해 천인합일을 지향하는 것이 핵심이다.

조식은 주거지 인근 공간에 구곡(九曲)을 경영하지는 않았지만, 천왕

37 李滉,『退溪集』권1,「閒居讀武夷志次九曲櫂歌韻 十首」.

38 李德弘,『艮齋集』권5,「溪山記善錄上」. "德洪問觀書一絶 先生曰 半畝方塘一鑑開 言心之全體湛然虛明底氣象 天光雲影共徘徊 言心之大用散在事物底氣象 問渠那得淸如許 全言其體用 爲有源頭活水來 以明天理之本然矣"

봉 밑 덕산(德山)에 은거할 때 동구의 이름을 '입덕문(入德門)'이라 하고, 하늘에 닿은 천왕봉을 도의 근원으로 보아 그 경지에 이르기를 희구하였다.[39] 따라서 조식도 도의 본원인 원두처(源頭處)에 이르기를 지향하였음을 알 수 있다.

라) 산색계성(山色溪聲)을 통한 천리체찰(天理體察)로 외연 확장

공자가 말한 요산요수(樂山樂水)는 우리나라 지형으로는 가능한 일이지만, 평지만 있고 산이 없는 곳에서는 일상에서 체험할 수 있는 일이 아니다. 곧 공자와 맹자가 살던 지역에서는 가능한 일이지만, 그렇지 않은 지역에서는 실감할 수 없는 일이다.

또 자사가 말한 연비어약(鳶飛魚躍)은 일상에서 쉽게 만날 수 있는 것이 아니다. 솔개가 허공에 높이 떠 있는 것은 쉽게 만날 수 있는 현상이 아니며, 물고기가 연못에서 뛰노는 것도 연못과 물고기가 있어야 가능하다.

그리고 주자가 「관서유감」에서 말한 천광운영(天光雲影)은 생활공간에 연못을 파놓고 원두처에서 활수(活水)를 끌어들여야 가능한 일이다.

이러한 요산요수·연비어약·천광운영은 우리나라 어느 지역에서든지 거의 가능하다. 그래서인지 산수유람록이나 산수기행시를 보면 요산요수의 인지지락(仁智之樂)을 언급한 것이 자주 눈에 띈다. 또한 산수가 좋은 명승지에 가보면 요산요수·연비어약·천광운영 및 증점(曾點)이 말한 '욕호기 풍호무우 영이귀(浴乎沂 風乎舞雩 詠而歸)'와 맹자가 말한 '관수유술(觀水有術)'에서 취하여 붙인 이요정(二樂亭)·요수정(樂水亭)·천연대(天淵

---

39 이는 조식의 시 「德山卜居」에 "春山底處無芳草 只愛天王近帝居"라고 노래한 데서 확인할 수 있다.

臺) · 운영담(雲影潭) · 욕기암(浴沂巖) · 무우대(舞雩臺) · 영귀대(詠歸臺) 등의
명칭을 쉽게 발견할 수 있다. 이 모두 공자 · 증점 · 자사 · 맹자 · 주자로 내려
오는 천리를 체득하여 천인합일을 지향하는 인식을 반영한 것이다.

그런데 16세기 학자들은 이런 산수문화의 전통에서 그 외연을 더 확장
하여 산색(山色)과 계성(溪聲)을 통해 언제 어디서나 천리를 체찰하고자
하였다. 그것이 바로 소수서원(紹修書院) 경렴정(景濂亭)을 노래한 주세
붕(周世鵬, 1495~1554)의 시이다. 기실 요산요수 · 연비어약 · 천광운영은
모두 눈으로 보는 현상이다. 그런데 주세붕의 시를 보면 눈뿐만이 아니
라 귀를 통해서도 천리를 체찰하는 의경이 드러나 있다. 주세붕의 경렴
정시는 다음과 같다.

산은 우뚝 서 있는데 공경하고 공경한 빛깔,　　　　　山立祗祗色
시내는 밤새 흐르는데 똘똘거리는 소리.　　　　　　溪行亹亹聲
은거한 이도 마음으로 이런 이치 알아서,　　　　　　幽人心有會
한 밤중에 깨어 외로운 정자에 기대 있네.　　　　　夜半倚孤亭[40]

경렴정은 주돈이(周敦頤)를 경모(景慕)한다는 뜻으로 붙여진 이름이다.
북송 때 주돈이는 「태극도설(太極圖說)」을 지어 신유학의 우주론을 정립
한 인물이다. 위의 시를 보면, 제1구는 산색(山色)을 노래하고, 제2구는
계성(溪聲)을 노래하고 있다. 그리고 그런 산의 빛과 물의 소리를 통해
자연의 이치를 터득하여 천인합일을 지향하는 의경을 노래하고 있다.

이황이 지은 경렴정시는 주세붕의 시에 차운한 것이지만 산색과 계성
을 소재로 삼지 않았기[41] 때문에 생략하고, 이황의 문인 조목(趙穆, 1524~

---

40 周世鵬, 『武陵雜稿』 권2, 別集, 「景濂亭」.

1606)의 경렴정시를 살펴보기로 한다.

산은 천고의 가을빛을 띠고 있으며,	山擁千秋色
시내는 만고의 소리를 머금고 있네.	溪含萬古聲
은거하는 사람이 달 밝은 밤에,	幽人明月夜
한 정자에 기대 길게 읊조리네.	長嘯倚孤亭[42]

이 시는 주세붕의 시와 마찬가지로 산색과 계성을 소재로 택하여 유행하는 천리가 드러난 것으로 보고서, 그 자연의 이치를 인지하고 체득하고자 하는 정신지향을 드러내고 있다. 후대 주세붕의 시에 차운한 시에는 이러한 의경을 노래한 것이 매우 많다.

이를 통해 볼 때, 16세기 주세붕을 비롯한 여러 학자들이 경렴정을 노래하면서 산색·계성을 말한 것은 분명 눈으로 현상을 보는 데에서 머물지 않고 귀로 현상의 작용을 듣는 데로 그 외연을 확장한 것을 알 수 있다. 이는 그들이 일상의 언제 어디서나 천리를 체찰하고자 하는 의식을 드러낸 것이니, 산수를 통해 본성을 인식하고 산수 속에서 천리를 체찰하고자 하는 의식이 보다 외연을 넓혀 생활 속에서 한 순간도 이탈하지 않으려 한 것이다.

이처럼 산수를 통해 본원을 인식하고 도체와 하나가 되기를 지향하되, 그것을 관찰하고 체득하는 대상이 언제 어디서나 늘 접하는 산색과 계성으로 일상의 생활 속에 보다 가까이 다가와 있다. 이것이 16세기 조선

---

41 李滉, 『退溪集』別集, 권1, 「景濂亭-亭在白雲洞-」. "草有一般意 溪含不盡聲 遊人如未信 蕭洒一虛亭"

42 趙穆, 『月川集』 권1, 「向小白 宿白雲洞書院 夜坐景濂亭」.

학자들에게서 나타나는 천리체찰의 외연이 확장되어 나타나는 특징적
인 성향이다.

2. 산림은거와 산수문화

1519년 기묘사화가 일어난 뒤로는 사기(士氣)가 위축되어 성리서(性理
書)를 기피하기까지 하였다.[43] 그런 분위기 속에서 사림파 학자들은 출사
를 기피하며 초야에서 위기지학(爲己之學)에 전념하였다. 그 대표적인
인물이 명종 때 유일(遺逸)로 천거된 성수침(成守琛)·이항(李恒)·성운(成
運)·조식(曺植)·조욱(趙昱)·김범(金範) 등이다. 또 과거를 통해 환로에 나
갔던 인물 중에서도 낙향하여 학문에 전념하는 사람이 늘어났다.

이들은 주자가 정사를 경영하여 산림에 은거한 삶의 방식을 본받아
깊고 조용한 산림에 정사를 짓고 은거하였다. 이황이 도산서당 다락의
이름을 암서헌(巖棲軒)이라 붙인 데에서 그런 마음을 알 수 있다. 암서헌
은 주자의 「운곡이십육영(雲谷二十六詠)」 중 「회암(晦庵)」에서 연유한 것
이다.

> 생각나는구나, 그 옛날 병산옹(屛山翁)께서,　　　　　憶昔屛山翁
> 나에게 일러주신 한 마디 그 가르침.　　　　　　　　示我一言教
> 오래 그 가르침을 자신할 수 없었는데,　　　　　　　自信久未能

---

43 曺植은 『南冥集』 권2 「題李君所贈心經後」에서 당시 한창 유행하던 『心經』을 기묘사
화 이후 사람들이 기피하는 현상에 대해 "이 책은 바로 한낮의 북적대는 시장 속의
平天冠과 같다. 평천관은 사람들이 사지 않을 뿐만 아니라, 혹 이를 머리 위에 써보기
라도 하면 참람하다고 주벌을 받는다. 이 때문에 사람들이 이 책을 싫어하여 평천관
정도로 보는 데서 그치지 않고, 자신을 죽이는 도구로까지 보고 있다."라고 하였다.

이제 바위틈에 깃들어 작은 효험 바라네.   巖棲冀微效[44]

병산옹(屛山翁)은 주자의 스승 유자휘(劉子翬)를 가리킨다. 그는 주자
에게 '원회(元晦)'라는 자(字)를 지어주었는데, 그 자사(字詞)에 "나무는
뿌리에 영양분을 축적해야 봄날의 모습이 화창하게 피어나고, 사람은
몸에 덕을 축적해야 신명이 내적으로 충만해 지네.[木晦於根 春容曄敷 人
晦於身 神明內腴]"라고 하였다. 나무가 뿌리에 정기를 간직해야 봄날 화
창하게 피어나듯, 사람도 은거해 덕을 닦아야 정신이 내면에서 충만해진
다는 의미이다.

주자는 이런 스승의 가르침을 한 동안 실천하지 못했다. 그러다 40세
가 넘어 그 가르침을 따르기 위해 회암(晦庵)을 짓고 위와 같이 노래한
것이다. 이것이 주자가 산림에 은거하여 심성을 수양해 성명을 온전히
하고자 한 정신이다. 그리고 이황은 그 정신을 그대로 따라 실천하고자
암서헌이란 이름을 붙인 것이다.

16세기 도학자들은 사화(士禍)를 경험하면서 출처(出處)의 문제를 심각
하게 고심하였다. 그 대표적인 인물이 조식(曺植)이다. 그는 천거로 여러
차례 관직에 제수되었지만 한 번도 부임하지 않고 처사(處士)의 지조(志
操)를 보임으로써 출처대절(出處大節)의 상징적 존재가 되었다. 조식은
퇴처(退處)를 택하였기 때문에 깊은 산중에 은거하여 심성을 수양해 성현
의 경지에 도달하는 것을 학문의 목표로 삼았다. 그는 은거지를 찾으려고
여러 차례 지리산을 유람하였는데, 깊은 산속에서 생을 마칠 각오를 하였
다.[45] 그리하여 마침내 61세 때 지리산 천왕봉 밑으로 들어가 산천재(山天

---

44 朱熹, 『晦庵集』 권6, 「雲谷二十六詠-晦庵」.
45 曺植, 『南冥集』 권2, 「遊頭流錄」. "豈直爲貪山貪水 而往來不憚煩也 百年齋計 唯欲借

齋)를 짓고 은거하였는데, 산천재란 명칭은 『주역』 대축괘(大畜卦)에서
취한 것으로, 깊이 은거하여 그 덕을 날마다 새롭게 한다는 의미이다.
　조식은 덕산으로 거처를 옮기면서 「덕산복거(德山卜居)」라는 시를 지었
는데, 그 시에 "봄 산 어느 곳엔들 향기로운 풀이 없겠는가만, 〈내가 이곳
으로 거처를 옮겨온 것은〉 천왕봉이 상제가 사는 하늘에 가까이 다가간
것을 사랑하기 때문."[46]이라고 하였으니, 천왕봉을 도반으로 삼아 천도(天
道)에 도달하기를 희구한 것이다. 조식은 시를 구도적 지향을 해치는 완물
상지(玩物喪志)로 보아 많이 짓지 않았기에 이황처럼 잡영시(雜詠詩)를 남
기지 않았다. 그러나 그가 김해에 산해정(山海亭)을 경영하고, 삼가(三嘉)
에 뇌룡정(雷龍亭)·계부당(鷄伏堂)을 경영하고, 덕산(德山)에 산천재를 경
영한 것을 보면, 그 의도는 주자가 무이정사(武夷精舍)·회암(晦庵)·고정
정사(考亭精舍)를 경영한 것과 크게 다르지 않다. 따라서 조식도 주자의
정사경영과 산림은거를 본받아 실천한 인물임에 틀림없다.
　이처럼 16세기 사화기에 학자들이 명산에 은거하여 학문을 강론하고
심성을 수양하는 풍조가 생겨났는데, 이는 주자가 무이정사·고정정사
등을 짓고 산림에 은거한 정신을 그대로 계승한 것이다. 이들이 산림에
은거한 것은 앞에서 살펴본 공자의 인지지락(仁智之樂)과 증점의 풍영지
취(風詠之趣), 그리고 주자가 은거하여 본원을 지향하고자 한 정신을 본받
아 실천하고자 한 것이다.
　이황은 가장 먼저 「무이도가」에 차운시를 짓고, 「무이정사잡영(武夷精
舍雜詠)」을 본떠 「도산잡영(陶山雜詠)」을 지었다. 「도산잡영」 가운데 천

　　得華山一半 以作終老之地已"
46　曹植, 『南冥集』 권1, 「德山卜居」. "春山底處無芳草 只愛天王近帝居"

리를 체찰하는 삶을 노래한 대표적인 시가 「관란헌(觀瀾軒)」·「천연대(天淵臺)」·「천광운영대(天光雲影臺)」이다. 이 3편의 시는 공자 - 맹자 - 주자로 내려오는 산수 전통에 대한 인식을 그대로 보여주고 있다. 이 가운데 「관란헌」은 다음과 같다.

> 천리는 광대하고 심원하니 그 이치 어찌 보리,　　　　浩浩洋洋理若何
> 일찍이 공자께서 '이와 같구나'라고 탄식하셨지.　　　如斯曾發聖咨嗟
> 다행히도 도체는 이 물을 통해서 볼 수 있으니,　　　幸然道體因玆見
> 공부를 하면서 끊어짐이 많게 하지 말아야 하리.　　　莫使工夫間斷多[47]

제2구의 '이와 같구나.[如斯]'는 공자가 흘러가는 시냇물을 보고서 탄식한 '서자여사부(逝者如斯夫)'를 가리킨다. 앞의 2구에서는 천리는 감각기관으로 지각할 수 있는 것이 아님을 말하였고, 뒤의 2구에서는 눈에 보이는 시냇물을 통해 그 근원에 해당하는 도체를 인식해 도체와 하나가 되기를 다짐한 것이다. 이러한 의경은 『맹자』의 '물을 보는 데 방술이 있으니, 반드시 그 물결을 보아야 한다.[觀水有術 必觀其瀾]'에서 취한 것으로, 눈에 보이는 현상을 통해 눈에 보이지 않는 본체를 인지하고자 하는 사유이다.

한편 다음 시대 이이(李珥)는 해주(海州)에 석담정사(石潭精舍)를 경영하였고, 정구(鄭逑, 1543~1620)는 성주(星州)에 무흘정사(武屹精舍)를 경영하였다.

이이는 「우음(偶吟)」이라는 시에서 "내 산수의 흥취만을 찾아서가 아니라, 나의 진성(眞性)을 온전히 하기 위함이네."[48]라고 하여, 산수에 은

47　李滉, 『退溪集』 권3, 「陶山雜詠幷記 - 觀瀾軒」.

거하는 이유를 천명을 온전히 하기 위한 것이라 말하였다.

정구는 무흘정사 옆 만월담(滿月潭)에 비친 달을 보고서 문인 오장(吳長)·이천봉(李天封)에게 "이것이 바로 천재심(千載心)일세. 유자(儒者)는 이 마음을 알지 않아서는 안 되네."라고 하고서, 주자의 「재거감흥이십수(齋居感興二十首)」 가운데 '공유천재심(恭惟千載心) 추월조한수(秋月照寒水)'라는 구절을 외우게 하였다.[49] 이 역시 앞에서 살펴본 것처럼, 한수(寒水)에 비친 추월(秋月)을 통해 성현이 전한 도체(道體)를 깨닫고자 하는 사유이다.

조식·이황·이이·정구 등이 보여주는 산림은거와 도체를 깨닫고자 하는 정신은 천인합일을 지향한 것으로, 인도를 닦아 천도에 이르기를 희구하는 도학자적 구도정신이라 하겠다.

조선 후기 학풍은 주자학으로 더 경도되었다. 그런 분위기 속에서 주자가 산수를 노래한 시는 천인합일의 정신을 노래한 시로 받아들여졌다. 이를 대변해주는 것이 정조(正祖)의 「아송서(雅頌序)」에 있는 다음과 같은 언급이다.

주자가 도에 나아가고 덕을 이룩한 자취를 알고자 하면 「원유편(遠遊篇)」을 보고, 그 체(體)와 용(用)이 드러나고 은미한 묘리(妙理)를 체험하고자 하면 「무이도가(武夷櫂歌)」를 보면 된다. 무극태극(無極太極)과 양의오행(兩儀五行)으로부터 여러 선왕 및 성인들이 기강을 수립하고 도를 닦은 근원에 대해서는 「재거감흥이십수(齋居感興二十首)」에서 징험할 수 있고, 요산요수(樂山樂水)의 인지(仁智)와 연비어약(鳶飛魚躍)의 천

---

48 李珥, 『栗谷全書』, 拾遺 권1, 「偶吟」, "非探山水興 聊以全吾眞"
49 鄭逑, 『寒岡集』, 「寒岡言行錄」 권3, 雜記.

리체찰(天理體察)로부터 춘풍화기(春風和氣)와 서일상운(瑞日祥雲)의 모습에 이르기까지는 「무이정사잡영(武夷精舍雜詠)」에서 고찰할 수 있다. 인욕을 막고 천리를 보전하는 것을 노래한 시로는 「수구행주(水口行舟)」가 있고, 정미함을 극진히 하고 중용을 말미암는 내용으로는 「아호사화육자수(鵝湖寺和陸子壽)」가 있다. …… 「관서유감(觀書有感)」은 크게는 도체의 전체(全體)에까지 이르고 세부적으로는 리굴(理窟)의 은미한 것까지 분석한 시이며, 「기적계호장급유공보이수(寄籍溪胡丈及劉恭父二首)」는 천고에 전해진 심법(心法)을 주자가 이미 본받고, 또 온 시내에 비친 명월에 비유하여 다른 사람들과 더불어 각기 자신의 명덕을 밝히게 해서 도를 자임하고 자중해야 한다는 뜻을 보인 것이다.[50]

이러한 정조의 언급을 보면, 당시 학자들이 주자의 시에 대해 어떤 관점에서 해석하였는지를 짐작할 수 있다. 특히 「무이정사잡영」·「무이도가」·「수구행주」·「관서유감」 등을 통해 도체를 체득하고 존천리(存天理)·알인욕(遏人欲)하여 성명(性命)을 온전히 하는 천인합일의 정신을 배워 학문의 목표로 삼은 것을 알 수 있다.

Ⅳ. 맺음말

이상에서 살펴보았듯이, 16세기 조선의 도학자들은 공자가 말한 '인

50 正祖, 『弘齋全書』 권10, 「雅頌序」. "欲知其造道成德之跡 則觀乎遠游 欲驗其體用顯微之妙 則覽乎櫂歌 無極太極 兩儀五行 以至百王千聖 肇紀修道之原 則徵之於齋居感興 仁山智水 鳶飛魚躍 以至春風和氣 瑞日祥雲之容 則攷之武夷雜詠 遏人慾存天理 有水口之行舟 盡精微道中夭 有鵝湖之次韻 …… 觀書有感者 大而極乎道體之全 而細而析夫理窟之微也 寄胡籍溪者 千古心法 夫子旣儀刑之 而又將萬川之明月 要與人各明其德 以示任道自重之義也"

자요산(仁者樂山) 지자요수(智者樂水)'를 통해 인지지락(仁智之樂)를 추구
하고, 증점(曾點)이 말한 '욕호기(浴乎沂) 풍호무우(風乎舞雩) 영이귀(詠而
歸)'를 통해 풍영지취(風詠之趣)를 지향하면서 산수에 대한 인식을 진전
시켜 왔다.

그 뒤 주자학이 유입되면서『중용』의 '연비려천(鳶飛戾天) 어약우연(魚
躍于淵)'을 통해 자연에서 천리를 관찰하고 체득하는 인식을 한층 제고하
였고, 주자의「관서유감(觀書有感)」을 통해 일상에서 본원을 체찰하고자
하였다.

또한 이들은 사화를 경험하면서 주자가 정사를 짓고 산림에 은거한
것을 본떠 각지에 은거하며 정사를 경영하였다. 그들은 그곳에서 매일
산수를 접하면서 심성을 수양하고 학문을 강론하였다.

그리고 그들은 주자를 존모하여「무이도가(武夷櫂歌)」·「무이정사잡영
(武夷精舍雜詠)」등에 차운하면서 주자의 삶의 방식을 따르고자 하였다.
그러다가 주자학에 더 심취하면서 주자가 무이구곡(武夷九曲)을 경영한
것을 본떠 주거지 인근의 계곡에 나아가 구곡을 경영하기 시작하였다.

이러한 16세기 학자들의 산수 인식은 다음과 같이 몇 가지로 그 특징
을 정리할 수 있다.

첫째, 공자(孔子)·증점(曾點)·자사(子思)·맹자(孟子)·주자(朱子)로 이
어지는 동아시아 산수 인식의 전통을 충실히 계승하고 있다.

둘째, 공자의 요산요수(樂山樂水), 맹자의 관수유술(觀水有術)의 정신
을 계승하여 산수를 통해 인간의 본성인 인지(仁智)를 체득하고자 하였다.

셋째,『중용』의 연비어약(鳶飛魚躍), 주자의「관서유감(觀書有感)」의 정
신을 본받아 산수자연을 통해 천리를 체찰하려고 하였다.

넷째, 주자를 본받아 산수가 좋은 산림에 은거하여 정사를 경영하고

서 심성수양에 주력하며 천인합일을 지향하였다.

다섯째, 산수를 통한 천리를 체찰하는 전통적인 산수 인식을 계승하면서 그 외연을 더 넓혀 언제 어디서나 접할 수 있는 산색(山色)과 계성(溪聲)을 통해 일상에서 늘 천리를 체찰하려고 하였다. 공자의 요산요수, 자사의 연비어약, 주자의 천광운영은 눈으로만 사물을 인식하는 것이다. 반면 조선 학자들이 말한 산색과 계성은 눈으로 보고 귀로 듣는 것이므로 천리체찰의 외연을 더 넓힌 것이다. 여기에서 천인합일을 추구하는 외연이 더 넓어지고 보다 일상화된 것을 알 수가 있다.

이러한 산수와의 소통은 자신들이 살고 있는 현실 공간에서 천인합일을 추구하고자 한 도학자적 정신을 반영한 것으로, 조선시대 선비문화의 정화(精華)라고 하겠다. 16세기 도학자들의 자연과의 소통은 한 마디로 천인합일(天人合一)의 지향이라 할 수 있는데, 이는 『중용』의 정신을 체득하여 인도를 닦아 천도에 합하는 것을 이상적인 삶으로 인식한 데에서 기인한다.

19세기 최한기(崔漢綺, 1803~1877)는 "대개 고금의 공부는 천리에 순응하는 것을 위주로 하지 않음이 없었다. 그러니 자기가 천리에 합하지 않는 점에 대해, 어찌 천리가 나를 따르기를 바랄 수 있겠는가? 참으로 나로부터 변통해 천리에 합하도록 할 따름이다."[51]라고 하였다.

여기서 '나로부터 변통해 천리에 합하도록 할 따름이다.'라는 말은 의미심장하다. 천인합일을 지향하려면 천리가 나를 따르기를 바라지 말고, 내가 천리를 따라야 한다. 자신이 천리에 합하려고 부단히 노력하는

---

51 崔漢綺, 『氣測體義』「推測錄」권1,「推測提綱-推形有無」, "蓋古今功夫 莫不以順天理爲主 則其於不合處 豈可望天理之從我 固宜自我變通以合天理耳"

것, 그것이 바로 16세기 도학자들이 자연과 소통하던 방식이었다. 그리고 이는 소통이 부재한 오늘날 우리들에게 큰 교훈으로 다가온다.

16세기 학자들이 지향했던 천인합일은 곧 『중용』에 보이는 인간 존재에 대해 올바로 알기[知人], 인간 존재의 근원인 하늘에 대해서 알기[知天], 그리고서 그 앎을 통해 하늘과 하나가 되도록 노력하기[配天]로 요약된다.

이들은 이를 위해 일상에서 언제 어디서나 천리를 체인하고 그와 하나가 되기를 추구하였다. 이처럼 자연에서 천리를 체인하는 방식이 연비어약(鳶飛魚躍), 천광운영(天光雲影), 산색계성(山色溪聲) 등으로 다양하게 전개되어 성리학적 사유를 한층 심화 발전시켰다.

16세기 학자들은 자연과 소통하면서 천인합일을 지향함으로써 하늘을 우러러 한 점 부끄러움도 없는 진정성을 확보하려고 부단히 노력했다. 그것이 조선의 융성한 문화를 창조한 원동력이 되었다. 오늘날 우리는 진실무망(眞實無妄)한 본연의 마음을 회복하고자 노력하기보다는 외적인 현상에 집착해 있다.

공자는 나의 진정성인 충(忠)을 바탕으로 남을 먼저 이해하고 배려하는 소통[恕]을 강조했다. 그런데 오늘날 우리는 나의 진정성 확보에 관심을 두지 않고 서로 상대에게 소통을 요구하고 있다. 존재의 본원인 진정성이 없으면 소통이 과연 가능할까? 그래서 소통을 외치지만 공허한 메아리로 돌아오고 있다. 공부는 언제나 늘 나의 진성성을 확보한 바탕에서 현실에 대한 인식이 제고되어야 한다.

이 글은 『동방한문학』 제65집(동방한문학회, 2015)에 실린 「16세기 학자들의 산수와의 소통」을 수정 보완한 것이다.

조선 선비의 구곡문화와 정신세계

– 현실에 구현한 천인합일의 세계 –

I. 머리말

전통 명승 중 구곡(九曲)은 송나라 때 주자(朱子)가 무이산(武夷山 : 현복건성 건양)에 구곡을 설정하고 「무이도가(武夷櫂歌)」 10수를 지음으로써 유래하였다.

우리나라에서는 16세기에 이르러 구곡이 경영되기 시작하였다. 사화(士禍)가 극성했던 16세기 학자들은 출사(出仕)를 꺼리고 향촌에서 학문에 전념하였다. 그들은 성리설을 정밀히 탐구하여 이론적 토대를 구축하고, 심성수양을 통해 도덕성을 제고하여 사화기의 기강을 부지하려 하였다. 이런 분위기 속에서 주자학에 대한 이해가 깊어지면서 주자의 무이정사(武夷精舍)와 「무이도가」에 관심을 갖기 시작하였다.

이를 본격적으로 착수한 인물이 이황(李滉, 1501~1570)이다. 이황은 「무이구곡도(武夷九曲圖)」를 보고 발문을 지었고, 『무이지(武夷志)』를 읽다가 「무이도가」에 차운하였으며, 「무이정사잡영(武夷精舍雜詠)」을 본떠 「도

산잡영(陶山雜詠)」을 지었고, 주자의 정사경영을 본떠 도산서당(陶山書堂)
을 짓고 산림에 은거하였다.

이후 주자의 산림은거와 정사경영, 무이구곡과 「무이도가」에 대한 관
심은 급속도로 증폭되었다. 그리하여 벼슬길에 나아가지 않고 산림에
은거한 학자들은 주거지 인근에 구곡을 경영하기 시작하였는데, 조선
말기까지 약 80여 개 이상의 구곡이 생겨나게 되었다.

중국에서는 주자가 무이구곡을 설정한 이후 무이구곡을 제외하고는
알려진 것이 별로 없다. 그런데 조선시대 유학자들은 자신들이 살고 있
는 계곡에 독자적으로 구곡을 경영하여 조선의 구곡문화를 꽃피게 하였
다. 이는 구곡문화가 중국에서 발원하였지만, 그 꽃을 피운 것은 조선이
었음을 말해준다. 따라서 조선시대의 구곡문화는 그 의미를 발굴해 조명
할 만한 충분한 가치가 있다고 하겠다.

이 글은 이런 점에 주목하여 조선시대 선비들이 경영한 구곡문화의
전개양상과 정신세계를 밝혀 그 의의를 탐구하는 것을 목적으로 한다.
이를 위해 먼저 공자·맹자·주자 등의 산수 인식을 통해 동아시아 구곡
문화의 전통을 살펴볼 필요가 있는데, 이에 대해서는 이 책의 앞에 별도
로 논한 글이 있기 때문에 여기서는 생략하였다.

이 글에서는 조선시대 선비들이 동아시아 산수문화의 전통을 계승하
여 산수를 어떻게 인식하고 산림에 은거하여 무엇을 지향하였는지에 초
점을 맞추어 그들이 경영한 구곡문화의 전개양상과 정신세계를 고찰하
고자 한다.

II. 조선시대 구곡문화의 전개양상

주자의 무이구곡(武夷九曲)에 대한 관심은 16세기 이황(李滉)에 이르러 본격적으로 나타났다. 이황은 『무이지(武夷志)』를 읽다가 「무이도가」에 차운하여 「한거독무이지차구곡도가운십수(閒居讀武夷志次九曲櫂歌韻十首)」를 지었다. 그리고 이황의 문인 정구(鄭逑)도 「무이도가」에 차운하여 「앙화주부자무이구곡시운십수(仰和朱夫子武夷九曲詩韻十首)」를 지었다. 또한 무이구곡도(武夷九曲圖)가 전파되면서 무이구곡에 대한 관심이 증폭되었다.

16세기에는 주자의 「무이도가」에 차운하는 것이 유행처럼 번졌으며, 한편으로는 「무이도가」에 대한 해석을 두고 인물기흥(因物起興)의 서정시로 볼 것인가, 입도차제(入道次第)의 조도시(造道詩)로 볼 것인가 하는 논쟁이 일어나기도 하였다.

이황은 「무이도가」에 대해 애초 학문으로 나아가는 차례를 노래하려는 의사가 없다고 생각해 입도차제(入道次第)로 본 진보(陳普)의 『도가주해(櫂歌註解)』의 설을 견강부회한 것으로 보았다. 이황은 「무이도가」에 차운하는 시를 지었는데, 기본적으로 인물기흥(因物起興)의 흥(興)의 관점에서 차운하였다.[1]

정구가 「무이도가」에 차운한 시에 대한 기왕의 연구에 의하면, 정구가 무흘정사(武屹精舍)를 경영한 것은 존주적(尊朱的) 이념 때문이었지만, 그의 차운시에는 자신이 은거하고 있던 무흘의 실경(實景)을 염두에 두어 무흘구곡(武屹九曲)에 대한 심의(心意)가 작가 의식 속에 작동하고 있었다고 한다.[2] 그렇다면 정구가 비록 무흘구곡을 경영하지는 못하였

---

[1] 최석기, 「무이도가 수용양상과 도산구곡시의 성향」, 『퇴계학논총』 제23집, 퇴계학부산연구원, 2014, 96~102쪽 참조.

지만, 「무이도가」를 차운하는 데서 그치지 않고 무흘구곡에 대한 마음을 가지고 있었다고 하겠다.

이황은 1564년 문인 이담(李湛)이 보내온 무이구곡도를 보고 발문을 지었는데, 귓전에 뱃노래가 들리는 것 같다고 하였다. 그리고 당대에 태어나 무이정사의 인지당(仁智堂)에서 주자를 모시고 날마다 도를 강론하고, 주자의 문인들과 은구재(隱求齋) · 관선재(觀善齋)에서 생활하지 못한 것을 못내 한스럽게 생각하였다.[3] 정구(鄭逑)도 이황이 발문을 쓴 무이구곡도를 가지고 있었으며, 『무이지』에 있는 무이산 총도(武夷山總圖) 및 무이서원도(武夷書院圖)를 모사(摹寫)해 놓고 완상(玩賞)하였다.[4]

이처럼 16세기 후반 이황과 그의 문인들 사이에서 「무이도가」에 차운하고 무이구곡도에 관심을 기울이기 시작하였는데, 주자를 존모하는 마음으로 무이구곡과 무이정사를 상상하고 동경하는 것이 주류였다.

그런데 17세기 이후로는 무이구곡을 상상하고 동경하는 데서 그치지 않고, 그들이 머물던 공간에 직접 구곡을 경영하고자 하였다. 특히 서인계 학자들은 선현의 거처에 구곡이 없을 수 없다는 명분 아래 구곡을 경영하였다. 그리하여 이이(李珥)의 고산구곡(高山九曲), 송시열(宋時烈)의 화양구곡(華陽九曲), 권상하(權尙夏)의 황강구곡(黃江九曲)으로 이어지는 계보를 형성했다.[5]

2 정우락, 「한강 정구의 무흘 경영과 무흘구곡 정착과정」, 『한국학논집』 제48집, 계명대 한국학연구원, 2012, 120~121쪽 참조.

3 李滉, 『退溪集』 권43, 「李仲久家藏武夷九曲圖跋」, "余昔在京師 求得數本 倩名畫摹來 由其元來疏略 傳亦未盡 吾友李君仲久 近寄一本來 滿目雲烟 精妙曲盡 耳邊怳若聞櫂歌矣 噫 吾與吾友 獨不得同其時 買舟幔亭峯下 輟棹於石門塢前 獲躋仁智堂 日侍講道之餘 退而與諸門人 詠歌周旋於隱求觀善之間 以庶幾萬一也"

4 鄭逑, 『寒岡集』 권9, 「書武夷志附退溪李先生跋李仲久家藏武夷九曲圖後」 참조.

이 시기 서인계의 학풍은 주자학을 절대적으로 존신(尊信)하는 쪽으로
경도되어 있었는데, 주자학의 정신세계를 자신들의 생활공간에 직접 건
설하고자 한 것이다. 이는 주자학을 이이가 계승하고 송시열-권상하가
그 도통을 이어받았다는 점을 드러내기 위한 것으로, 무이구곡에서 흘러
오는 물을 자신들이 살고 있는 현실의 공간에까지 끌어와 흐르게 할 필
요성을 느꼈기 때문이다.

송시열은 이이가 국문으로 지은 「고산구곡가」를 한역(漢譯)하였을 뿐
만 아니라, 「무이도가」 10수에 차운하는 형식을 빌려 서시(序詩)는 자신
이 짓고, 나머지 9수는 김수항(金壽恒)·송규렴(宋奎濂)·정호(鄭澔)·이여
(李畬)·김수증(金壽增)·김창흡(金昌翕)·권상하(權尙夏)·이희조(李喜朝)·
송주석(宋疇錫) 등에게 나누어 짓게 하여 「고산구곡시(高山九曲詩)」를 창
작하였다. 이는 치열한 당쟁 속에서 율곡학(栗谷學)의 정통성을 확보하기
위해서 내부결속을 도모한 것으로 받아들여지고 있다.[6]

화양구곡은 송시열이 은거하던 화양동(華陽洞) 암서재(巖棲齋)를 중심
으로 그의 문인 권상하가 경영한 것이다.[7] 윤심형(尹心衡, 1698~1754)은
화양구곡의 의미에 대해 아래와 같이 말하고 있다.

　나는 무이산을 가보지 못하였다. 만약 우리나라 명승으로 논한다면
화양동과 같은 곳이 다시 있을까? 사물이 아름답게 되는 것은 훌륭한

5　윤진영, 「구곡도의 전통과 백련구곡도」, 『자연에서 찾은 이상향 구곡문화』, 울산대곡
　　박물관, 2010, 159쪽 참조.
6　이종호, 「한국구곡문화 연구의 현황과 과제」, 『안동학연구』 제10집, 한국국학진흥원,
　　2011, 29쪽 참조.
7　宋達洙, 『守宗齋集』 권1, 「華陽九曲次武夷棹歌韻」. "其第次 寒水權先生所定 而每曲
　　所刻篆 丹巖閔文忠公筆也"

사람을 만나서 그렇게 되는 것인데, 만약 화양동이 우암(尤庵) 선생을
만나지 않았다면 푸른 봉우리와 푸른 절벽, 세찬 시냇물과 겹겹의 바위
들이 있는 이곳의 수많은 명승들은 단지 어둡고 희미하고 막막한 지역
으로 묻혀 있었을 것이다. 그러니 누가 그 아름다움을 알아보았겠는
가. 또한 참으로 아름답게 여길 만한 점을 아는 사람이 어찌 단지 물이
깊고 산이 높은 형승만을 가지고 그렇게 여기겠는가. 대개 명나라의 은
혜에 보답해 황제에게 제사지내는 것은 존주양이(尊周攘夷)의 큰 의리
가 되니, 영원히 천하 만세에 칭송하는 말이 있을 것이다. 아! 이 어찌
쉽사리 속인들과 함께 말할 것이겠는가.[8]

이러한 인식은 송시열이 「고산구곡시」를 지어 이이를 주자학의 적통
으로 드러낸 것처럼, 송시열이 대명의리(大明義理)를 천명한 것이 춘추
대의(春秋大義)를 지킨 것임을 부각시킨 것이다. 이는 주자를 존모하는
데서 그치지 않고, 그 정신을 이어받아 조선에 그 문화를 정착시켰다는
점을 높게 평가한 것이다.

한편 김수증(金壽增, 1624~1701)은 강원도 화천에 농운정사(籠雲精舍)
를 짓고 곡운구곡(谷雲九曲)을 직접 경영하였는데, 1682년 화공(畵工)에
게 곡운구곡도(谷雲九曲圖)를 그리게 하고, 「무이도가」에 차운하여 자신
이 2수를 짓고 나머지는 자제들에게 짓도록 하였다. 그는 자신이 직접
구곡에 이름을 붙인 내력을 「곡운기(谷雲記)」에 상세히 기록해 놓았다.
이처럼 17세기 율곡학파 학자들은 선현의 유적지에 구곡을 경영하거

8 尹心衡, 『臨齋文集』 권10, 「記行」. "武夷之山 吾不觀已 若論以海東勝區 復有如華陽
洞者乎 夫物之爲美 亦遭遇 而若使華陽而不遇尤翁 碧峀蒼崖 奔流疊石 多少形勝 只埋
沒於混沌希夷之域 誰知美者 亦知其眞可美者 豈徒以泓崝之勝爲哉 蓋皇明報祀之爲
尊攘大義理 而永有辭於天下萬世也 嗚乎 是豈易與俗人道哉"

나 직접 자신이 은거하는 곳에 구곡을 경영하여 독자적으로 구곡문화를 형성해 나갔다. 그런데 이 시기에는 기호 지방 학자들뿐만 아니라, 영남 지방의 학자들도 독자적으로 자신이 살고 있는 곳에 구곡을 경영하였으니, 이황과 조식의 양문에서 수학한 성주에 살던 정구(鄭逑), 조식의 문인으로 진주에 살던 성여신(成汝信), 경상도 청도에 살던 이중경(李重慶)이 경영한 구곡이 그것이다. 다만 이들은 서인계 학자들처럼 도통론적 시각을 전제하지 않고 자신들의 구곡을 경영하였다. 그리고 18세기로 넘어오면 학파를 불문하고 자신들이 생활하는 공간에 구곡을 경영하여 전보다 훨씬 더 많은 구곡이 만들어졌다.

한편 19세기 초 이황의 후손 이이순(李頤淳)·이야순(李野淳) 등은 이황의 발자취를 따라 도산서원을 중심으로 도산구곡(陶山九曲)을 설정하였다. 이황은 도산 주변의 경관을 시로 노래하였지만 구곡을 경영하지는 못했다. 이를 안타깝게 여긴 후손들이 도산구곡의 경영에 나선 것이다. 이야순은 이이순이 설정한 구곡을 약간 수정하여 도산구곡을 재설정하고, 주변 사람들에게 차운시를 요청하여 도산구곡을 공식적으로 인정받으려 하였다.[9] 이야순은 도산구곡을 설정하는 데서 그치지 않고, 경주에 있는 옥산서원(玉山書院)을 방문했을 때 '선현의 유적지에 구곡이 없어서는 안 된다.'라고 하고서 옥산구곡(玉山九曲)을 설정하자고 제안해 성사시키기도 하였다.[10]

---

9 최석기, 「도산구곡 정립과정과 도산구곡시 창작배경」, 『한국한문학연구』 제53집, 한국한문학회, 2014, 327~340쪽 참조.

10 李鼎基, 『蒼盧集』(경인문화사, 한국역대문집총서 2568) 권1, 「玉山九曲敬次武夷九曲十首韻并識」. "歲黑羊孟夏之初 漱石李健之野淳 自浩亭南下 歷數處 携南鳴應而東 過琴湖 冒雨底平廬 留一日 …… 健之間及武夷九曲 而曰 陶山有九曲 玉山 獨不可無九曲 蓋爲之品定乎 僉曰諾 遂與溯上逐曲排準如數"

19세기 후반 서양문물이 밀려오면서 도가 무너지는 것을 목격한 유학자들은 도를 지키는 것을 사명으로 인식해 산속 깊숙이 은거하는 풍조가 유행하였다. 이러한 분위기 속에서 도를 지키려는 위도의식(衛道意識)이 전면에 대두되어 그들이 은거한 계곡에 도를 보존한다는 명분으로 구곡을 경영하였다.

이상에서 조선시대 구곡문화의 전개양상을 간추려 보았는데, 16세기에는 주자학이 정착하면서 주자를 존모하는 마음으로 「무이도가」에 차운하는 시를 지어 무이구곡을 동경하다가, 17세기 이후로는 선현의 유적지가 있는 현실 공간에 구곡을 경영하고 구곡시를 창작하거나, 자신이 살고 있는 인근 계곡에 나아가 독자적으로 구곡을 경영하고 구곡시를 창작하는 양상으로 전개되었다. 이런 현상은 18세기 이후 더욱 활발하게 전개되었으며, 19세기 후반 서양문물이 밀려오면서 위도의식의 소산으로 더욱 구곡경영이 늘어났다.

기왕의 연구에 의하면 조선시대 경영된 구곡은 서울에 1곳, 경기도에 2곳, 황해도에 2곳, 강원도에 3곳, 전라북도에 5곳, 전라남도에 2곳, 충청북도에 25곳, 충청남도에 4곳, 경상북도에 29곳, 대구에 2곳, 경상남도에 3곳, 부산에 1곳, 울산에 1곳 등 총 81곳이 있다.[11] 경상북도와 충청북도에 구곡이 많은 것은 백두대간 남북 경사면에 화강암 지대가 많아 자연적으로 산수가 빼어난 계곡이 형성되었기 때문이다.

이 가운데 구곡 경영자와 경영 시기를 대체로 짐작할 수 있는 것을 시기별로 정리하면 다음과 같다. 경영자는 실제로 구곡을 경영한 인물이 아니더라도 최초 은거하여 정사를 경영한 인물을 대표로 제시하였다.

11 울산대곡박물관, 『자연에서 찾은 이상향 구곡문화』, 2010, 127~130쪽 참조.

1) 16세기에 경영된 구곡(6곳)

구곡명	소재지	경영자	비고
高山九曲	황해남도 해주	李 珥(1536~1584)	구곡시 구곡도
栗原九曲	충청북도 옥천	趙 憲(1544~1592)	구곡시
柏潭九曲	경상북도 안동	具鳳齡(1526~1586)	權宏의 시
臨河九曲	경상북도 안동	金 璡(1500~1580)	李晩慤의 기문
陶山九曲	경상북도 안동	李 滉(1501~1570)	구곡시, 구곡도
雲門九曲	경상북도 청도	朴河淡(1479~1560)	구곡가

2) 17세기에 경영된 구곡(9곳)

구곡명	소재지	경영자	비고
谷雲九曲	강원도 화천	金壽增(1624~1701)	구곡시, 구곡도
孤山九曲	충청북도 괴산	柳 根(1549~1627)	구곡시
華陽九曲	충청북도 괴산	宋時烈(1607~1689)	구곡시, 구곡도
樂愚堂九曲	충청북도 보은, 청원	申得治(1592~1656)	구곡시
西溪九曲	충청북도 청원	李得胤(1553~1630)	
玉華九曲	충청북도 괴산, 보은	李得胤(1553~1630)	구곡시
武屹九曲	경상북도 성주	鄭 逑(1543~1620)	구곡시, 구곡도
梧臺九曲	경상북도 청도	李重慶(1599~1678)	
琴川九曲	경상남도 진주	成汝信(1546~1632)	구곡시

3) 18세기에 경영된 구곡(17곳)

구곡명	소재지	경영자	비고
牛耳九曲	서울시 강북구	洪良浩(1724~1802)	구곡시
太華五曲	강원도 철원	金昌翕(1653~1722)	오곡시
仙遊九曲	충청북도 괴산	金時粲(1700~1767)	구곡시

雲仙九曲	충청북도 단양	吳大益(1729~1803)	
黃江九曲	충청북도 제천	權尙夏(1641~1721)	구곡시
伽倻九曲	충청남도 예산	金鎭圭(1658~1716) 尹鳳九(1683~1768)	구곡시
高山七曲	경상북도 안동	李象靖(1711~1781)	칠곡시
臥溪九曲	경상북도 안동	金聖欽(1682~1757)	구곡시
雲浦九曲	경상북도 영주	張緯恒(1678~1747)	구곡시
梧溪九曲	경상북도 봉화	金 㑆(1670~1737)	구곡시
花枝九曲	경상북도 문경	權 燮(1671~1759)	구곡시
石門九曲	경상북도 문경	蔡 憲(1715~1795)	
淸臺九曲	경상북도 문경	權相一(1679~1760)	구곡시
橫溪九曲	경상북도 영천	鄭萬陽(1664~1730) 鄭葵陽(1667~1732)	구곡시
城皐九曲	경상북도 영천		구곡시
德溪九曲	경상북도 포항	李憲淳(1705~1775) 李憲涑(1722~1793)	구곡시
武夷九曲	경상남도 산청	鄭 栻(1683~1746)	구곡시

4) 19세기 이후 경영된 구곡(29곳)

구곡명	소재지	경영자	비고
蘗溪九曲	경기도 양평	李恒老(1792~1868)	
玉溪九曲	경기도 가평	金平黙(1819~1891)	구곡시, 구곡도
騶山九曲	전라북도 진안	李道復(1862~1938)	구곡시
道林九曲	전라남도 곡성	曺秉順(1876~1921)	구곡시
葛隱九曲	충청북도 괴산	全德浩(1844~1922)	구곡시
雙溪九曲	충청북도 괴산	鄭在應(1764~1822)	구곡시
煙霞九曲	충청북도 괴산	盧性度(1819~1893)	구곡시
三仙九曲	충청북도 단양	李正儀(1882~1957)	구곡시

新安九曲	충청북도 영동	李奎會(1800~1867)	구곡시
聽澗亭九曲	충청북도 영동	安 欽(1863~1940)	구곡시
九龍里九曲	충청북도 제천	朴龍琳(1873~1954)	구곡시
用夏九曲	충청북도 제천	朴世和(1834~1910)	구곡시
德山九曲	충청북도 청원	李鎭玉(1829~1899)	구곡시
明道九曲	충청북도 충주	李範植(1898~1962)	
甲寺九曲	충청남도 공주	權重冕(1855~1936)	
龍山九曲	충청남도 공주	權重冕(1855~1936)	구곡시
東溪九曲	경상북도 영주	金東鎭(1867~1952)	구곡시
小白九曲	경상북도 영주	李家淳(1768~1844)	구곡시
春陽九曲	경상북도 봉화	李漢膺(1778~1864)	구곡시
法溪九曲	경상북도 봉화	姜必孝(1764~1848)	구곡시
大明山九曲	경상북도 봉화, 안동	姜必孝(1764~1848)	구곡시
仙遊九曲	경상북도 문경	丁泰鎭(1876~1956)	구곡시
雙龍九曲	경상북도 문경	閔禹植(1885~1973)	구곡시
玉山九曲	경상북도 경주	李鼎基(1759~1836)	구곡시
布川九曲	경상북도 성주	李源祚(1792~1871)	구곡시
聾淵九曲	대구시 동구	崔孝述(1786~1870)	
長田九曲	부산시 기장	吳璣泳(1837~1917)	구곡가
白蓮九曲	울산시 울주	崔南復(1759~1814)	구곡시, 구곡도
磻溪九曲	울산시 울주	宋璨奎(1838~1910)	구곡시

이 가운데 널리 이름이 난 구곡으로 그 실체가 온전하게 보전되어 있는
곳은 곡운구곡(谷雲九曲)·화양구곡(華陽九曲)·동선유구곡(東仙遊九曲 : 문
경)·서선유구곡(西仙遊九曲 : 괴산)·무흘구곡(武屹九曲)·포천구곡(布川九
曲) 등 소수에 불과하며, 상당수의 구곡이 훼손되어 일부분만 남아 있다.
또한 수몰되거나 완전히 파괴되어 그 실체가 불분명한 경우도 허다하며,

그 흔적을 찾을 수 없는 경우도 있다.

위 도표를 통해 보면, 대체로 17세기 이후로는 기호학파와 영남학파를 막론하고 자신들이 거처하는 곳에 독자적으로 구곡을 경영한 것을 알 수 있다. 특히 구한말 서양문물의 유입으로 도가 무너지는 것을 보고서 유학자들은 도를 지키는 방편으로 도처에 구곡을 설정하여 구곡이 크게 늘어났다.

그리고 이상정(李象靖)의 고산칠곡(高山七曲), 김창흡(金昌翕)의 태화오곡(太華五曲), 지리산 백운동의 백운동십이곡(白雲洞十二曲) 등을 통해 알 수 있듯이, 인위적으로 아홉 굽이의 구곡(九曲)을 설정하지 않고, 자연의 지형에 맞게 적용하여 오곡(五曲)·칠곡(七曲)·십이곡(十二曲) 등 다양한 형태로 나타나고 있다. 이런 점도 조선시대 구곡문화에 나타나는 특징적인 면모이다.

Ⅲ. 조선시대 구곡문화의 정신세계

1. 본원을 지향하는 조도정신

조선시대 선비들은 산수에 묻혀 도체(道體)를 체득하여 성명(性命)을 온전히 하는 삶의 방식을 택하였다. 또한 주자의 삶의 방식을 본받아 산림에 은거하여 본원(本源)을 지향하는 구도적 삶을 선호하였다. 그리하여 자신들의 주거지 가까운 계곡에 나아가 구곡을 경영하고, 그 속에서 하늘이 부여한 본성을 해치지 않고 살아가길 희구하였다.

이처럼 본원을 지향하는 조도정신(造道精神)은 천리를 체득하여 나의 본성을 온전히 하는 심성수양론으로 나타난다. 조식(曺植)은 은거할 적에 경의검(敬義劒)과 성성자(惺惺子)라는 도구를 만들어 지니고 다니면서 존양(存養)하고 성찰(省察)하다가 기미가 발견되면 즉석에서 물리쳐 본원을 회복하는 심성수양에 진력하였다. 조식은 구곡을 경영하지는 않았지만, 만년 천왕봉 아래의 덕산(德山)에 은거할 때 동구(洞口)의 이름을 '입덕문(入德門)'이라 짓고, 또 강학 공간을 『주역』 대축괘(大畜卦)의 '일신기덕(日新其德)'의 뜻을 취하여 산천재(山天齋)라고 지은 것을 보면, 그 역시 본원을 지향하는 조도정신을 가지고 있었음을 알 수 있다.

이황(李滉)도 도산(陶山)에 은거할 때 지은 「도산잡영(陶山雜詠) - 완락재(玩樂齋)」에서 "태극도(太極圖)를 그린 주렴계(周濂溪 : 周敦頤)의 묘처(妙處)에 이른 것 같아야, 비로소 천년 뒤에도 이 즐거움 같은 줄 확신하리."[12]라고 하였다. 이는 도체(道體)를 체득해야 함을 말한 것이다.

이황은 이런 관점에서 「무이도가」 제9곡시를 차운하면서 처음에는 제9곡을 극처(極處)로 보는 시를 지었다가, 뒤에 생각을 바꾸어 제9곡에서 다시 묘처(妙處)를 생각한 것이라고 개작한 것이다.[13] 이황이 주자의 「관서유감(觀書有感)」 제4구 '원두에서 활수가 흘러내림이 있기 때문[爲有源頭活水來]'을 천리(天理)의 본연(本然)을 밝힌 것으로 풀이한 것[14]도 이런 정신을 드러낸 것이다.

본원을 지향하는 조도정신은 구곡시를 통해서 드러나는 것만이 아니다. 『중용』의 연비어약(鳶飛魚躍)과 주자의 「관서유감」의 천광운영(天光

---

12 李滉, 『退溪集』 권3, 「陶山雜詠-玩樂齋」. "恰臻太極濂溪妙 始信千年此樂同"

13 위의 책, 권1, 「閒居讀武夷志次九曲櫂歌韻 十首」. "九曲山開只曠然 人烟墟落俯長川 勸君莫道斯遊極 妙處猶須別有天"

14 李德弘, 『艮齋集』 권5, 「溪山記善錄上」. "德洪問觀書一絶 先生曰 半畝方塘一鑑開 言心之全體湛然虛明底氣象 天光雲影共徘徊 言心之大用散在事物底氣象 問渠那得淸如許 全言其體用 爲有源頭活水來 以明天理之本然矣"

雲影)을 통해서도 일상에서 얼마든지 유행하는 천리를 관찰하고 체득할 수 있다. 즉 공맹(孔孟) 시대에는 연비어약(鳶飛魚躍)과 흐르는 시냇물을 통해 천리를 인식하였고, 주자는 일상의 공간에서 방당(方塘)에 비친 천광운영을 통해 천리를 인식하였다. 이황이 도산서당 앞에 천연대(天淵臺)·천광운영대(天光雲影臺)를 지정한 것에서 이러한 정신을 계승하고 있음을 알 수 있다.

그런데 솔개[鳶]가 나는 것은 쉽게 만날 수 있는 것이 아니며, 물고기가 뛰는 것[魚躍]은 연못이 있어야 하고, 천광(天光)과 운영(雲影)은 방당(方塘)이 있어야 한다. 반면 산색(山色)과 계성(溪聲)은 우리나라 지형 상어디서나 쉽게 눈으로 보고 귀로 들을 수 있다. 그리하여 조선시대 선비들은 일상에서 보다 쉽게 접할 수 있는 산색과 계성을 통해 천리가 유행하는 것을 한시도 잊지 않으려 하였다. 즉 산색과 계성을 통해 언제 어디서나 천리를 관찰하고 체득하는 사유로 진전시킨 것이다.

이러한 인식을 잘 보여주는 것이 바로 소수서원(紹修書院) 경렴정(景濂亭)을 노래한 시이다. 경렴정은 주렴계(周濂溪 : 周敦頤)를 경모한다는 뜻으로 붙여진 이름이다. 소수서원을 창건한 주세붕(周世鵬, 1495~1554)은 다음과 같이 읊었다.

> 산은 우뚝 서 있는데 공경하고 공경한 빛깔,　　山立祇祇色
> 시내는 밤새 흐르는데 똘똘거리는 소리.　　　　溪行亹亹聲
> 은거한 이도 마음으로 이런 이치 알아서,　　　　幽人心有會
> 한 밤중에 깨어 외로운 정자에 기대 있네.　　　　夜半倚孤亭[15]

15　周世鵬, 『武陵雜稿』 권2, 別集, 「景濂亭」.

이 시를 보면, 제1구는 산색(山色)을 노래하고, 제2구는 계성(溪聲)을 노래하고 있다. 그리고 그런 산의 빛깔과 시내의 물소리를 통해 천리를 터득하여 천인합일을 지향하고 있다. 이와 같이 본원을 지향하되 그것을 관찰하고 체득하는 대상이 일상에서 늘 접하는 산색과 계성으로 보다 가까이 다가와 있다. 이 점이 조선시대 선비들이 산수를 인식하는 특징이다.

이처럼 조선시대 선비들은 구곡문화를 정착시키면서 본원을 지향하는 구도정신을 근간으로 하고 있다. 이는 본성에 순응하며 사는 것이 인간의 길임을 천명한 것으로, 조선시대 선비들이 추구한 구곡문화의 근본정신이다. 또한 일상에서 늘 접하는 산색과 계성을 천리를 인식하는 대상으로 거론함으로써 종래의 연비어약(鳶飛魚躍)이나 천광운영(天光雲影)에서 더 친근히 일상으로 다가와 있다.

2. 의리(義理)를 천명하는 정명정신(正名精神)

17세기 기호 지방 학자들은 선현의 유적지에 나아가 구곡시를 창작하거나 구곡을 경영하여 무이구곡의 정통성을 자임하였다. 그 대표적인 사례가 송시열(宋時烈)이 이이(李珥)의 「고산구곡가(高山九曲歌)」를 한역(漢譯)하고, 다시 고산구곡시(高山九曲詩)를 지어 고산구곡을 표장한 것, 그리고 송시열의 문인 권상하(權尙夏)가 송시열의 유적지 화양동(華陽洞)에 화양구곡(華陽九曲)을 경영하여 구곡의 명칭을 확정한 것이다.

또한 김수증(金壽增)의 곡운구곡(谷雲九曲)은 선현의 유적지에 구곡을 경영한 것은 아니지만 의리와 명분을 중시하는 정신을 투영하고 있으며, 충북 제천의 용하구곡(用夏九曲)과 전남 곡성의 도림구곡(道林九曲)은 구한말 도가 망하고 나라를 빼앗기는 상황에서 위정척사(衛正斥邪)의 정신을 드러내고 있어 이와 같은 맥락에 있다.

　화양구곡은 북벌을 계획하던 효종(孝宗)이 별세한 뒤, 송시열이 은거하여 대의(大義)를 지킨 곳이다. 이곳은 이(夷 : 비문명)를 배척하고 화(華 : 문명)를 지킨 곳, 대명의리(大明義理)와 존주양이(尊周攘夷)의 정신을 구현한 곳이라는 상징성이 있다. 즉 대의를 지켜 의리를 천명한 장소적 성격이 강하게 투영되어 있다. 구곡의 명칭은 권상하가 붙인 것인데, 그 의미를 정리하면 아래와 같다.

차례	곡명	의미
제1곡	擎天壁 : 하늘을 떠받치고 있는 석벽	인륜의 기강을 부지하는 정신
제2곡	雲影潭 : 天光·雲影이 비치는 못	천리를 관찰하고 체득하는 곳
제3곡	泣弓巖 : 宋時烈이 孝宗忌日에 곡한 바위	군주를 사모하여 의리를 지킨 곳
제4곡	金沙潭 : 금빛 모래가 있는 못	밝고 맑은 정신을 상징
제5곡	瞻星臺 : 별자리를 관측하는 대	의리를 변치 않는 정신
제6곡	凌雲臺 : 구름을 뚫고 우뚝 솟은 바위	우뚝한 절조의 기상
제7곡	臥龍巖 : 용이 누워 있는 듯한 바위	수치를 설욕하고자 하는 정신
제8곡	鶴巢臺 : 학이 깃들어 살던 대	현실을 초탈한 정신
제9곡	巴　串 : 巴 자 모양의 시내	별천지

　송시열은 화양동으로 들어가 은거하면서 "이 화양동과 백이·숙제가 살던 수양산, 만고의 강상(綱常)이 이 사이에서 세워졌네. 나그네 찾아와서 천 길 절벽 바라보니, 오랑캐 세상과 인간 세상이 구별되누나."[16]라고 노래하여, 자신도 백이·숙제처럼 화(華)·이(夷)가 구별되는 만고의 강상

16　成海應, 『研經齋全集』 외집 권31, 宋時烈 撰, 「華陽洞」. "華陽洞與首陽山 萬古綱常樹 此間 客到試看千仞壁 腥膻天地別人寰"

을 이곳에 세우고자 다짐하였다.

이러한 정신은 존주양이(尊周攘夷)의 춘추필법에 의거하여 대명의리(大明義理)를 천명한 그의 사상을 단적으로 드러낸 것이다. 후대 성해응(成海應)은 화양동을 유람하고 다음과 같이 기록하였다.

선생은 홀로 춘추대의(春秋大義)를 지키며 산림 속에서 깊이 은거하셨다. 나라 사람들이 그 풍도를 사모하였고, 공경·대부들은 찾아가 종유하면서 그 인도와 교화를 바탕으로 삼았다. 선생이 비록 의로운 깃발을 드날리지는 못하였지만, 사람들에게 이로운 은택을 미친 것이 또한 넓지 않은가.[17]

성해응은 제6곡 첨성대(瞻星臺)에 대해, 그 의미는 들어보지 못했지만 이곳에 명나라 신종(神宗)·의종(毅宗) 황제의 글씨, 우리나라 선조(宣祖)의 어필, 송시열의 친필 등 존주양이의 의리가 모두 새겨져 있기 때문에 그 의미가 크다고 하였다.[18]

성해응은 또 제7곡 와룡암(臥龍巖)에 대해, 제갈량(諸葛亮)이 자신을 알아주는 소열황제(昭烈皇帝)를 만나 군대를 출동했던 고사를 빌어다가 송시열에 비유하였다.[19]

---

17 위의 책, 권31, 風泉錄一. 「華陽洞記」. "先生獨持春秋之義 深藏於邱壑之中 國人慕其風 公卿士大夫往從之遊 以資其誘掖漸磨 先生雖不出 利澤之及於人 不亦廣乎"

18 上同. "瞻星臺爲第六曲 瞻星之義未聞 刻神宗顯皇帝御書玉藻氷壺四大字於左 毅宗烈皇帝御書非禮不動四大字於右 萬折必東 宣祖御筆也 大明天地崇禎日月 文正先生筆也 並刻于石之趾 顯皇帝字小之德 烈皇帝殉社之正 宣祖事大之誠 文正尊攘之義 並載於窮山之石 雖其一拳之小 及其至也 天地不能載 河海不能泄 寒暑不能變 不亦重歟"

19 上同. "臥龍巖 爲第七曲 由瞻星臺 沿溪南東行數里 涉一溪而北 穹石橫亘于溪 蜿蜒似龍 長可十許丈 故名 先生之受知於孝廟 猶武侯之於昭烈也 武侯爲昭烈出師祁山 先生處帷幄參贊密勿 而其不諧者 皆天也 先生復歸於山中 如龍之蟄 此武侯之所未得也 臥

임상주(任相周, 1710~1791)는 첨성대를 노래하면서 "북극성이 제자리를 잡고 있으면, 뭇별들이 그 아래서 그를 향하지. 아! 저 오랑캐의 정두성(旄頭星) 빛이, 어찌 중화 세계를 가릴 수 있으리."[20]라고 하여, 첨성대의 의미를 북극성에 비유하면서 중화의식(中華意識)를 드러냈다. 또 제9곡 파곶(巴串)을 노래하면서 "그 옛날 촉한(蜀漢)의 소열제(昭烈帝)를 생각하니, 도읍지가 서쪽 파촉(巴蜀) 땅에 있었다지. 높고 높은 촉 땅의 검각산(劍閣山)이여, 평탄하게 중화의 문명을 이루었다네."[21]라고 하여, 화양구곡을 중화문명을 지킨 곳으로 찬미하였다.

강원도 화천의 곡운구곡(谷雲九曲)은 김수증(金壽增)이 은거하여 경영한 구곡이다. 김수증은 김상헌(金尙憲)-김광찬(金光璨)을 이은 사손(嗣孫)으로 아우 김수흥(金壽興)·김수항(金壽恒)이 서인 권력의 핵심에 있었던 것과는 달리 물러나 산수를 벗하며 산 인물이다. 그는 1670년 화천에 농수정사(籠水精舍)를 짓고 은거하면서 곡운구곡을 경영하였는데, 「곡운기(谷雲記)」에 그 내력을 소상히 기록해 놓았다. 곡운구곡의 명칭과 의미를 정리하면 아래와 같다.

차례	曲名 : 意味	비고
제1곡	傍花溪 : 激湍層巖 巖花無數	
제2곡	靑玉峽 : 石棧際水 稍似開豁 彷佛有光	
제3곡	貞女峽 : 淸隱臺 : 松厓高爽 俯觀水石 甚淸曠	女妓亭-神女峽-貞女峽 水雲臺-淸隱臺(金時習留賞處)

龍之名 不徒以巖之象也"

20 위의 책, 외집 권30, 任相周 撰, 「漫興詠華陽九曲」. "北辰居其所 衆星拱其下 噫彼旄頭光 奈何掩中夏"

21 上同. "憶昔漢昭烈 都邑在西巴 崢嶸彼劍閣 坦然成中華"

제4곡	白雲潭 : 潭形深凹 左右大石 隆然錯列 悅雲臺 : 白雲潭傍 巖崖斗起	白雲潭(舊名)-雪雲溪-白雲潭
제5곡	鳴玉瀨 : 淸穩過於白雲潭	
제6곡	臥龍潭 : 積水澄泓 其深不測	龍淵(舊名)-臥龍潭 歸雲洞, 新石室, 籠水精舍
제7곡	明月溪 : 서북쪽 수백 보 거리 盤石	
제8곡	隆義淵 :	舊名
제9곡	疊石臺 : 奇巖錯列 水瀉其間	

이를 통해 보면, 곡운구곡의 명칭은 김수증이 자연의 경관에 나아가 그 특징을 포착해 붙이거나 예전의 명칭이 저속하여 개명한 것을 알 수 있다. 또한 김시습(金時習)의 유적지를 표장하는 의미에서 제3곡을 청은 대(淸隱臺)로 개명한 것, 제6곡 용연(龍淵)을 제갈량(諸葛亮)의 호를 따 와 룡담(臥龍潭)으로 바꾼 것 등에서 그 성향을 알 수 있다.

김수증은 1689년 다시 화음동(華陰洞)에 부지암(不知菴) 등을 경영하였는데, 제갈량과 김시습의 초상화를 걸고 추모하는 공간을 마련하였다. 이는 김시습의 절의(節義)와 제갈량의 대의(大義)를 추앙하는 정신을 보여주는 것이다.

김수증은 '의리의 화신'으로 불린 조부 김상헌(金尙憲)의 영향을 지대하게 받았는데, 특히 의리학(義理學)을 대표하는 북송 정이천(程伊川 : 程頤)의 『역전(易傳)』을 반드시 읽어야 한다는 가르침을 어려서부터 들었다.[22] 김수증은 이런 가학(家學)을 이어받아 명분(名分)을 중시하였는데, 아래와 같은 말을 통해 확인할 수 있다.

---

22 유준영 외, 『권력과 은둔』, 북코리아, 2010, 112쪽 참조.

　　명분(名分)은 사람에게 있어서 중대한 것이다. 사람의 도리에 기강
(紀綱)을 세우고 국가를 유지(維持)하는 것이 실로 이 명분에 달려 있
다. 명분이 한 번 무너지면 국가에 있어서는 국가를 망하게 하고, 가정
에 있어서는 가정을 망하게 한다. 우리나라는 예악(禮樂)과 의리(義理)
로 나라를 세워 사대부는 명분으로 가정을 꾸려나가지 않음이 없다.[23]

　이처럼 김수증은 명분(名分)을 국가와 가정을 유지하는 근본으로 보아,
이 명분이 무너지면 가정도 국가도 망할 수밖에 없다는 생각을 하고 있다.
춘추대의(春秋大義)를 논할 적에 정명분(正名分) · 명시비(明是非) · 우포폄
(寓褒貶) 이 세 가지를 주로 말하니, 명분을 바르게 세우는 것은 곧 대의(大
義)를 천명하는 일임을 알 수 있다.

　이와 같이 김수증은 가학을 이어받아 명분과 의리를 사상적 토대로
삼고 있다. 이러한 점으로 미루어보면, 그가 경영한 곡운구곡은 한 마디
로 의리와 명분을 중시하는 그의 사유를 투영한 것이라고 하겠다.

3. 탈속(脫俗)을 희구하는 선취정신(仙趣精神)

　조선시대 선비들은 산수를 통해 천리를 체득하여 성명(性命)을 온전히
하는 천인합일을 지향하였지만, 때로는 산수에서 세속의 번민을 잊고
탈속적 선취(仙趣)를 추구하기도 하였다. 그러한 정신을 투영한 대표적
인 구곡이 경북 문경(聞慶)과 충북 괴산(槐山)에 있는 선유구곡(仙遊九曲)
이다. 이 두 곳은 모두 구곡이라 이름 붙이기에는 범위가 좁아 동천(洞
天)에 해당하는 곳이다. 그러나 조선후기 또는 구한말의 학자들 가운데

23　金壽增, 『谷雲集』권3, 「家記-雜錄」. "名分之於人 大矣哉 綱紀人道 維持家國 實在於
　　此 名分一壞 則在國亡國 在家亡家 我東以禮義立國 而士大夫無不以名分成家"

는 이곳을 선유구곡으로 명명한 이가 있어서 그대로 구곡에 포함시켜 논의하기로 한다.

이 두 곳의 구곡은 명칭이 모두 선유구곡이다. 그래서 조선시대 사람들도 혼란스러워 하였다. 또 자기가 사는 곳을 내선유구곡(內仙遊九曲)이라 하고, 그 너머 다른 지방의 구곡을 외선유구곡(外仙遊九曲)이라 하였다. 그래서 혼란스럽기에 필자는 이 두 구곡을 문경의 선유구곡은 동선유구곡(東仙遊九曲)이라 하고, 괴산의 선유구곡은 서선유구곡(西仙遊九曲)으로 부르기로 한다.

이 두 구곡은 백두대간의 동쪽 또는 서쪽 경사면에 위치하고 있는데, 혹은 모두 선유동(仙遊洞)이라 칭하기도 하였다. 그리고 자신들이 사는 곳을 '내선유(內仙遊)'라 하고, 다른 지역을 '외선유(外仙遊)'라고 하였다.

앞에서 언급했듯이, 조선시대에는 이곳이 구곡이라기보다는 동천(洞天)으로 알려져 있었다. 그것은 계곡이 아홉 굽이나 될 정도로 굽이진 곳이 충분하지 않기 때문이다. 동선유구곡은 구곡으로 경영되지 못하여 '선유동'이라 일컬었다. 영남 출신으로 상주에 살던 정경세(鄭經世)는 '동선유동(東仙遊洞)'이라 칭하고, 기호 지방의 김창협(金昌協) 등은 '외선유동(外仙遊洞)'이라 칭하였다.

이 동선유동은 괴산의 화양동(華陽洞)과 백중세의 명승으로 알려졌는데, 18세기 초 김창협의 문인 이재(李縡, 1680~1746)가 화양구곡 제9곡인 파곶 근처에 정자를 짓고 은거한 뒤, 종제 이유(李維)로 하여금 동선유동 학소대(鶴巢臺) 근처에 둔산정사(屯山精舍)를 짓게 함으로써 우봉 이씨(牛峯李氏)의 소유가 되었다.

그 뒤 영남 출신 퇴계학파 남한조(南漢朝, 1744~1809)가 그곳에 들어가 옥하정(玉霞亭)을 짓고 은거하였다.[24] 그는 그곳에서 주자의 「운곡잡영(雲

谷雜詠)」 제1수의 운자를 따라 '선유동(仙遊洞)'이라는 제목으로 서시(序詩) 1수를 짓고, 이어 영사석(靈槎石)·세심대(洗心臺)·관란대(觀瀾臺)·탁영담(濯纓潭)·영귀암(詠歸巖)·난생뢰(鸞笙瀨)·옥석대(玉舃臺) 등 일곱 곳의 명칭을 정하고 각각 칠언절구 1수씩 노래하였다.

남한조가 정한 일곱 곳의 명칭을 보면, 난생뢰·옥석대를 제외하고는 모두 유교사상에 입각해 명명한 것을 알 수 있으며, 난생뢰·옥석대를 노래한 시도 신선의 고사를 거론하지 않고 자신의 선취(仙趣)를 담담히 노래하고 있을 뿐이다.

그 뒤 남한조의 후손들이 유적지에 구곡을 경영하지 못하여 남씨의 소유가 되지 못하였다. 그러다 19세기 말 문경에 살던 이재(李縡)의 후손 이만용(李萬用, 1839~1915) 등이 옥석대 위쪽에다 학천정(鶴泉亭)을 짓고 이재의 초상을 봉안함으로써[25] 다시 우봉 이씨의 소유가 되었다.

일제침략시기 영주 출신으로 곽종석(郭鍾錫)의 문인인 정태진(丁泰鎭, 1876~1956)은 독립운동을 하다가 옥고를 치른 뒤 문경에 은거하였는데, 이곳 동선유동에 선유구곡을 설정하고 구곡시를 지음으로써 선유구곡으로 거듭나게 하였다. 정태진이 설정한 선유구곡을 남한조가 정한 일곱 곳의 명칭과 비교해 보면 다음과 같다.

---

24   남한조와 절친하게 지낸 鄭宗魯의 「余聞聞喜山水多絶勝 欲一遊賞久矣 甲寅淸和 友人南宗伯邀我共遊於其別庄仙遊洞 振袂入杜陵 聯鑣作行 宗伯之弟朝伯 余之季兒象觀偕焉 自陽山歷內外仙洞及巴串龍遊諸勝 只得若干首 方欲追賦其景物 而恨無起余者 適會文瑞來到 遂與共賦」에 "名區一失主 百年爲空谷 南君有仙骨 餐霞此中獨"이라고 하였다.

25   宋秉璿, 『淵齋集』 권27, 「鶴泉亭記」.

南漢朝의 仙遊洞	丁泰鎭의 仙遊九曲	비고
	제1곡 玉霞臺	정태진 추가
靈槎石	제2곡 靈槎石	
	제3곡 活淸潭	정태진 추가
洗心臺	제4곡 洗心臺	
觀瀾臺	제5곡 觀瀾潭	정태진 臺를 潭으로 바꿈
濯纓潭	제6곡 濯淸臺	정태진 潭을 臺로, 濯纓을 濯淸으로 바꿈
詠歸巖	제7곡 詠歸巖	
鸞笙瀨	제8곡 鸞笙瀨	
玉鳥臺	제9곡 玉鳥臺	

　정태진은 남한조가 정한 일곱 곳에 옥하대(玉霞臺)·활청담(活淸潭)을 추가하여 구곡으로 완성하고, 제3곡의 명칭을 담(潭)에서 대(臺)로, 제4곡의 명칭을 대(臺)에서 담(潭)으로 바꾸었으며, 제4곡의 명칭을 탁영담(濯纓潭)에서 탁청대(濯淸臺)로 바꾸었다.

　정태진은 제2곡시에 "한 길로 원두(源頭) 찾으면 신선을 만나리라."라고 하였으며, 제8곡시에 "반석 여울 물소리는 생황을 연주하듯, 가물가물 신선 자취 어디서 찾아보나. 예로부터 선계에는 신이한 일 많으니, 구름 속의 닭과 개 유안(劉安)이 기르던 것."이라고 하였으며, 제9곡시에 "선인이 남기고 간 신발 지금 어디 있는가, 섭현(葉縣)에서 날아온 오리 두 마리 있으리라."라고 하였다.[26]

　또한 제8곡시에서는 『신선전(神仙傳)』에 보이는 유안(劉安)의 고사를 떠올리며 자신도 신선이 되고자 하는 강렬한 바람을 노래하고 있으며,

---

26　丁泰鎭, 『畏齋集』 권2, 「仙遊九曲」.

제9곡시에서는『후한서』「방술열전(方術列傳)」에 보이는 섭현(葉縣) 수령 왕교(王喬)의 고사를 떠올리며 왕교의 신발을 찾고자 하는 심경을 노래하였다.

이는 원두(源頭)에서 도체(道體)를 체득하고자 하는 도학적 사유와는 다른 것이다. 정태진은 독립운동을 하다가 옥고를 치르고 난 뒤 현실을 떠나 갈등이 없는 선계로 가고 싶은 마음을 노래한 듯하다.

괴산의 서선유구곡도 선유동(仙遊洞)·내선유동(內仙遊洞)·외선유동(外仙遊洞)·선유팔경(仙遊八景) 등으로 불리었다. 구곡 경영자에 대해 이상주는 제9곡 은선암(隱仙岩)에 '김시찬(金時粲)·이보상(李普祥)·정술조(鄭述祚) 및 동주 이상간(洞主李尙侃) 등이 임신년 구월 일에'라고 새긴 각자(刻字)에 의거하여, 1752년 김시찬 등이 최초로 구곡을 경영했다고 하였다.[27]

그러나 이들이 남긴 구곡시가 없고, 구곡을 경영했다는 기록도 없으며, 18세기 후반 남한조(南漢朝)가 이곳을 유람하면서 남긴 시에 구곡의 명칭이 보이지 않고 '외선유동(外仙遊洞)'으로 되어 있으며, 정태진(丁泰鎭)의 시에 「외선유동(外仙遊洞)」·「외선유구경(外仙遊九景)」 등으로 나타나는 것으로 볼 때, 김시찬 등이 구곡을 경영했다고 보기 어렵다.

서선유구곡에 대해 구곡시가 등장하는 것은 일제침략시기 홍치유(洪致裕, 1879~1946)의 「선유구곡(仙遊九曲)」이 유일하다. 홍치유는 의병장 이강년(李康秊)의 종사관으로 활약하다 나라를 빼앗긴 뒤 배일운동(排日運動)을 한 인물이다.

홍치유가 언제 무슨 연유로 「선유구곡」을 지었는지는 알 수 없다. 다만 제1곡 선유동문(仙遊洞門)을 노래한 시에 "유람객이 바위 문 앞으로 들어

---

27 권석환 주편, 『한중팔경구곡과 산수문화』, 이회, 2004, 406~412쪽 참조.

가려 하는 순간, 선계의 바람 땅을 쓸고 불어옴을 이미 느끼네.[遊人試向 臺前路 已覺仙風拂地來]"[28]라고 한 것을 보면, 유람을 하러 왔다가 이 구곡 시를 지은 듯하다.

홍치유의 「선유구곡」에 보이는 곡명(曲名)은 정태진의 「외선유구경(外 仙遊九景)」의 명칭과 거의 일치하며 순서가 다를 뿐이다. 이를 보면, 홍치 유 이전에는 구곡을 설정한 적이 없었고, 명소 몇 곳의 이름이 전해진 듯하다. 또한 지형으로 볼 때 제5곡 와룡폭(臥龍瀑)으로부터 제9곡 은선 암(隱仙岩)까지는 독자적인 곡(曲)을 형성하지 못하고 한 곳에 모여 있기 때문에 구곡이라 할 수 없다. 정태진의 구경(九景)이 홍치유의 구곡과 순서가 다른 것도 제6곡부터 제9곡까지 한 곳에 모여 있기 때문이다.

홍치유는 제9곡 은선암(隱仙岩)을 노래한 시에 "휑하니 뚫린 바위 굴 사람이 들어갈 만하니, 그 속에 숨은 은자가 살았음을 또한 알겠네. 그대 는 띠풀을 베어다 폐허된 터를 수리하게, 산언덕에 주인 없으니 아무도 막지 않으리."[29]라고 하였다. 이를 보면 일제강점기에 현실을 벗어나 은 거하고자 하는 마음을 읽을 수 있다. 이 역시 작자가 선유구곡에서 느끼 는 탈속적 선취정신을 노래한 것이다.

Ⅳ. 맺음말–구곡문화의 의의를 겸하여

조선시대 선비들은 공자가 말한 '요산요수(樂山樂水)'를 통해 인지지락

28 洪致裕, 『兼山集』, 「仙遊九曲」.

29 洪致裕, 『兼山集』, 「仙遊九曲－隱仙岩」, "谽谺石广可容人 也識斯間有隱倫 請子誅茅 修廢址 山阿無主不禁嚬"

(仁智之樂)을 추구하고, 증점(曾點)이 말한 '기수에서 목욕하고, 무우에서 바람을 쐬고, 시를 읊조리며 돌아오고자 합니다.[浴乎沂 風乎舞雩 詠而 歸]'라고 한 것을 통해 풍영지취(風詠之趣)를 지향하면서 산수 인식을 진전시켜 왔다.

그 뒤 주자학이 유입되면서 『중용』의 '연비려천(鳶飛戾天) 어약우연(魚 躍于淵)'을 통해 자연에서 천리를 관찰하는 의식이 고조되었으며, 주자의 「관서유감(觀書有感)」을 통해 일상 속에서 천광(天光)·운영(雲影)을 보면서 원두(源頭)의 본원을 체찰하고자 하였다.

이런 사유가 더 깊어지자, 연비어약(鳶飛魚躍)·천광운영(天光雲影)보다 더 가까이, 그리고 언제 어디서나 접할 수 있는 산색(山色)·계성(溪聲)을 통해 천리를 체득하려 하였다. 연비어약·천광운영은 눈으로만 인식하는 것인 반면, 산색·계성은 눈으로 보고 귀로 듣는 것이니, 감각기관을 다 열어놓고 천리를 체찰하려고 한 것이다. 여기에서 천인합일을 추구하고자 하는 정신의 외연이 더 넓어지고 사유가 더 깊어졌음을 알 수가 있다.

또한 조선시대 선비들은 사화를 경험하면서 주자가 산림에 은거한 것을 본떠 각지에 은거하여 정사를 경영하였다. 그들은 그곳에서 산수를 매일 접하면서 심성을 수양하고 학문을 강론하였다. 또한 그들은 주자를 존모하여 「무이도가(武夷櫂歌)」·「무이정사잡영(武夷精舍雜詠)」 등에 차운하면서 주자를 닮고자 하였다. 그러다가 선현들의 유적지나 자신들이 살고 있는 인근의 계곡에 나아가 구곡을 경영하기 시작하였다. 그리하여 「무이도가」의 정신을 계승하되 산수의 형세에 맞게 독자적으로 구곡의 명칭을 정하고 구곡시를 창작하였다.

이런 풍조는 17세기 이후 본격적으로 나타나 구한말까지 지속되면서

80여 개의 구곡을 경영하였다. 이런 분위기 속에서 독자적 색채를 지닌 조선 구곡문화가 탄생하였다. 본고에서는 이런 구곡문화의 정신세계에 나타난 특징으로, 본원을 지향하는 조도정신(造道精神), 명분과 의리를 천명하는 정명정신(正名精神), 탈속(脫俗)을 희구하는 선취정신(仙趣精神)으로 구별하여 거론하였다.

이러한 조선시대 구곡문화의 특징을 통해 그 의의를 다음과 같이 정리할 수 있다. 먼저 산수 인식의 측면에서 살펴보면 다음과 같다.

첫째, 공자·증점·맹자로 이어지는 산수 인식의 전통을 충실히 계승하면서 인지지락(仁智之樂)과 풍영지취(風詠之趣)를 추구하여 산수를 인격수양의 대상으로 인식하였다.

둘째, 『중용』의 연비어약(鳶飛魚躍)과 주자의 천광운영(天光雲影)을 충실히 계승하여 산수에서 천리를 체찰하고자 하는 정신을 곳곳에 구현하였다.

셋째, 연비어약·천광운영보다 더 친근하고 가까운 산색(山色)·계성(溪聲)을 통해 언제 어디서나 천리를 체찰하여 인욕을 제거하고 천리를 보존하고자 하였다. 이런 인식은 현실에서 천인합일의 세계를 구현하고자 하는 정신을 반영한 것이다.

다음은 산림은거 및 구곡경영의 측면에서 의의를 정리해 보면 다음과 같다.

첫째, 주자를 본받아 산림에 은거하여 정사를 경영하고서 수양과 강학에 진력함으로써 지방 학문을 크게 발전시켜 지식이 보편화되는 사회를 이룩하였다.

둘째, 주자의 「무이도가」·「무이정사잡영」 등에 차운하여 주자의 삶을 본받고 따르려 함으로써 벼슬에 나아가지 않고서도 이상적인 삶을 찾을 수 있게 하였다.

셋째, 자신들이 살고 있는 인근의 계곡에 나아가 독자적으로 구곡을 경영하여 무이구곡을 모방하는 데서 그치지 않고 실경(實景)에 합당한 조선식 구곡문화를 발전시켰다.

넷째, 조선 후기에 80여 곳의 구곡이 경영되어 구곡문화가 조선에서 꽃을 피우게 하였다.

다섯째, 조선시대 구곡문화는 현실세계에서 천인합일을 구현하고자 한 유학자들에 의해 형성된 것으로 인격완성을 추구한 조선 성리학의 정신을 투영한 것이다.

전통 명승의 인문학적 의미

I. 머리말

이 글은 2006년부터 2008년까지 문화재청 용역사업인 '전통 명승 동천(洞天)·구곡(九曲) 학술조사'를 하면서 느낀 생각을 필자의 인문학적 관점에서 정리해 본 것이다. 즉 필자가 동천·구곡 학술조사를 통해 갖게 된 몇 가지 문제의식과 그에 따른 소견을 제시해 봄으로써 앞으로 한국의 전통 명승이 보다 체계적으로 정립되고 나아가 활용되는 데 작은 보탬이라도 되기를 기대하는 목적으로 작성되었다.

필자는 이 글에서 주로 전통 명승의 개념을 어떻게 정의하고, 전통 명승을 어떻게 구분할 것인가, 전통 명승의 범주를 어떻게 정할 것인가, 동아시아에서 전통 명승은 어떻게 성립되었는가, 명승의 실물인 산수자연에 대한 전통적 심미관은 무엇인가, 한국의 전통 명승에 내재된 정신세계는 무엇인가 하는 물음을 통해 전통 명승의 의미를 인문학적 관점에서 논의해 보도록 하겠다.

Ⅱ. 명승의 개념·구분 및 범주

1. 명승의 개념정의와 구분의 문제

2008년 현재 문화재청의 조직도를 보면, 문화유산국·사적명승국·문화재정책국·기획조정관으로 크게 나뉘어져 있다. 이 가운데 사적명승국의 하위 조직으로는 천연기념물과·발굴조사과·고도보존과·사적과로 나뉘어져 있다. 이 조직도로 보면, 사적명승국 안에 사적과가 있듯이 명승과도 있어야 마땅한데, 지금의 편제에는 찾아볼 수 없다. 처음 동천·구곡학술조사를 하면서 혼란스러웠던 점이 명승을 천연기념물과에서 담당하고 있는 것이었다.

필자는 사적(史蹟)·명승(名勝)·천연기념물에 대해 명확한 개념을 갖고 있지 못하기 때문에 문화재청 홈페이지에 들어가 사적과 명승을 어떻게 개념정의하고 있는지를 살펴보기로 하였다. 2008년 8월 1일자로 확인한 바에 의하면 다음과 같다. 다만 명승은 천연기념물과에 속해 있기 때문에 천연기념물의 정의를 그대로 옮겨 놓는다.

> ○ 사적(史蹟) : 문화재 가운데에서 선사 유적, 성곽, 고분, 도요지, 지석묘, 절터, 패총 등 역사적으로 기념될 만한 지역과 시설물. 예) 수원 화성, 광주 풍납리 토성, 김해 봉황동 유적, 경주 황룡사지 등.
>
> ○ 천연기념물 : 동물(서식지, 번식지, 도래지를 포함), 식물, 광물, 동굴, 지질, 생물학적 생성물, 자연현상 중에서 민족의 역사성을 확인시켜 주는 역사적·문화적·과학적 가치가 있거나 경관이 특별히 아름다우면서 학술적 가치가 큰 것으로 문화재 보호법에 의거하여 지정. 예) 동물(독수리, 진도의 진도개……), 식물(속리

산 정이품송, 하동 송림……), 지질광물(서귀포층의 패류화석……),
천연보호구역(한라산 천연보호구역……), 명승(산악경관, 계곡·
폭포경관, 하천경관, 호소경관, 도서경관, 해안경관, 수계경관, 고
원·평원경관, 암벽경관, 식생경관, 온천·냉광천지 경관 등).

사적(史蹟)은 인간의 역사의 흔적이다. 천연기념물은 글자 그대로 인
공(人工)이 가미되지 않고 자연스럽게 이루어진 것 중에서 인간이 기억
하고 되새길 만한 물건들이다. 명승(名勝)은 '명승지(名勝地)'의 준말이
다. 이를 글자 그대로 풀이하면 '이름나고 빼어난 지경'이다.

여기서 다시 생각해 보아야 할 것이 천연기념물은 인간이 기억하는
대상이지만 인공이 가해지지 않은 자연물(自然物)인 반면, 사적은 인간
의 의도가 개입되어 만들어진 것이라는 점이다. 이 점에서 사적과 천연
기념물은 그 개념이 분명하게 구분된다.

그런데 천연기념물의 하위 개념으로 들어 있는 명승은 어떠한가? 명
승은 글자로만 풀이하자면 '이름나고 빼어난 지경'을 의미한다. '이름나
고'라는 수식어는 인위(人爲)에 의한 것이다. 인간이 이름을 낸 것이기
때문이다. 또 '빼어난'이라는 말도 인간의 눈으로 본 것이다. 역시 인간
의 심미적 판단이 개입된 말이다. 마지막으로 '지경(地境)'은 대상이 있
는 장소를 가리킨다. 이는 인위가 아닌 자연(自然)이다. 그렇다면 명승의
반 이상은 사적처럼 인위가 개입된 것임을 알 수 있다.

다음으로 문화재청의 '천연기념물'의 개념정의에 "자연현상 중에서 민
족의 역사성을 확인시켜 주는 역사적·문화적·과학적 가치가 있거나 경
관이 특별히 아름다우면서 학술적 가치가 큰 것"이라는 대목은, 분명
명승을 염두에 두고 천연기념물의 개념정의에 포함시킨 내용이다. 명승

을 천연기념물 속에 넣다 보니까, '자연현상 중에서'라는 말을 앞에다 전제했다. 이는 인위적으로 만들어진 것이 아니라는 말이다. 그리고 뒤에 '민족의 역사성을 확인시켜 주는……'이라는 말을 덧붙였는데, 이 대목이 애매하다. 자연현상이 어떻게 민족의 역사성을 확인시켜 줄 수 있는가? 자연현상이 어떻게 역사적·문화적 가치가 있을 수 있는가?

역사란 사회와 개인의 상호작용이라고 한다. 인간사회에서 벌어진 일과 그것을 기록하는 사람 사이의 상호작용에 의해 생산된 것이 역사이다. 이는 분명 인위에 의한 깃이다. 문화란 경작을 하여 곡물을 생산하듯이 인간이 정신적으로 가치 있는 것을 생산해 내는 것을 말한다. 이 역시자연이 아니라 인위이다. 그렇다면 '역사적·문화적 가치가 있거나'라고하는 명승에 대한 정의는 인위를 염두에 둔 표현이다.

이렇게 보면, 명승을 천연기념물에 넣다 보니까, '자연현상 중에서'라는 '자연'을 먼저 강조했고, 그것만으로는 문제가 있으니까 '민족의 역사성을 확인시켜 주는……'이라는 장황한 해석을 덧붙인 것이다.

여기서 중요한 점은 명승의 개념이 '자연 경물'만으로는 성립될 수 없고, '민족의 역사성을 확인시켜주는 가치'가 반드시 결합되어야 한다는 사실이다. 민족의 역사성을 확인시켜주는 가치로서는 문자로 기록된 문헌자료, 민담·설화 등의 구비문학 자료, 석각·비문 등의 금석자료 등이 있을 것이다.

명승의 개념정의를 이와 같이 해석한다면, 필자가 명승을 '이름나고 빼어난 지경'이라고 풀이한 것에서도 그대로 확인할 수 있다. '이름나고'는 바로 '민족의 역사성을 확인시켜주는 가치'에 해당한다. 현재 문화재청에서 제시한 명승에 대한 개념정의 자체는 큰 문제가 없다. 다만 그의미를 '민족의 역사성을 확인시켜주는 가치'와 '자연현상'의 두 요소를 반드시 갖추어야 한다는 점을 명시해야 한다. 그렇게 하지 않으면 혼란이 야기될 수밖에 없다.

그 다음 문제가 되는 것이, 명승을 어떻게 분류할 것인가 하는 점이다. 사적은 인위적으로 만들어진 것이고, 천연기념물은 자연스럽게 만들어진 것인데, 명승을 과연 어디에 넣어야 할 것인가? 곧 반은 인위이고 반은 자연에 속하는 명승을 어떻게 분류할 것인가 하는 점이다.

문제는 간단하다. 사적·천연기념물의 요소를 겸하고 있는 명승을 분리하여 독립시키는 것이 가장 바람직하다. 명승을 사적에 넣어도 어색하고, 천연기념물에 넣어도 어색하다. 그 실체에 맞는 자격을 부여해 주어야 하는데, 그렇지 못하고 서자취급을 하다 보니 격이 맞지 않게 되었다.

명승의 개념정의와 연관해 한 가지 덧붙이고 싶은 것이 있다. 명승은 글자 그대로 '이름나고 빼어난 지경'이다. 그런데 여기에 '역사적·문화적 가치'를 척도로 한다면, 앞에 '전통(傳統)'이라는 말을 붙이는 것이 타당하다. 전통은 지금 만들어진 것이 아니라, 예로부터 전래되어 내려온 것을 의미하니, 그 속에 역사적·문화적 요소가 모두 포함된다. 그렇지 않고 단순히 '명승'이라고만 표현하면, 오늘날 새로 알려진 빼어난 지경도 명승에 넣어야 하는가에 관한 혼란이 초래될 수 있다. 오늘날 새로 알려진 빼어난 지경은 '역사적·문화적 가치'가 아닌 오늘날의 가치척도에 의해 개념이 정의되고, 발굴되어야 할 것이다.

그런데 위 인용문의 명승의 예로 제시한 '산악경관, 계곡·폭포경관, 하천경관, 호소경관, 도서경관, 해안경관, 수계경관, 고원·평원경관, 암벽경관, 식생경관, 온천·냉광천지 경관 등'을 보면, 이런 개념이 명확하지 못하다.

현재 문화재청에서 명승의 예로 나열한 항목을 보면, 전통 명승과 명승의 구분이 없을 뿐만 아니라, 명승의 개념 자체에 대해서도 명확한 인식이 결여된 것을 알 수 있다. 이에 대해서는 조속히 명확한 개념정의와 구분을 하는 것이 바람직할 것으로 본다.

2. 명승의 범주에 관한 문제

명승은 대부분 빼어난 산수를 의미한다. 자연은 사회와 상대적인 측면에서 일컫는 말인데, 동아시아에서는 오래 전부터 이 자연을 대신하는 것으로 '산수(山水)'라는 말을 사용해 왔다. 그래서 산수라는 용어는 사회에 대한 상대적 개념으로서 자연현상과 삼라만상을 모두 포함하는 것인 동시에 그 대상을 바라보며 감상하고 그 속에서 아름다움을 발견하고자 하는 사람들의 의식과 지향성이 함축되어 있는 문학적 개념이라고 할 수 있다.[1]

산수에는 형식미와 내용미가 있다. 산수의 형식미는 그것을 노래하는 사람의 사상적 배경과 당시의 문화의식에 의하여 인식되므로 영역과 범위가 달라졌다. 또한 산수의 내용미는 감상자의 미의식에 의해 발견되는 것이며, 산수 경물을 의미존재로 의식함으로써 가능하다. 즉 이는 산수 자체가 가지고 있는 것이 아니라, 의식의 투영이며 정신의 반영이다.[2]

이렇게 볼 때, 산수의 형식미든 내용미든 모두 인간의 의식이나 정신의 작용에 의한 것이라는 점에서, 자연 그 자체보다는 인위에 의한 것이다. 이런 관점으로 전통 명승을 본다면, 그 지역에 살던 사람들의 문화적 심미관에 의해 형성된 것임을 알 수 있다.

---

1 손오규, 『산수미학탐구』, 제주대학교 출판부, 2006, 17쪽 참조.
2 손오규, 앞의 책, 22~33쪽 참조.

이는 우리가 전통 명승의 개념정의는 물론 범주를 설정할 적에도 유효하게 적용할 수 있다. 요컨대 인간의 의식이나 정신작용이 개입되지 않은 곳은 전통 명승의 범주에 넣을 수 없다는 것이 확인된다. 이는 위에서 언급한 '민족의 역사성을 확인시켜주는 가치'와 밀접하게 연관된 언급이라 하겠다.

이런 인식을 전제로 할 때, 우리가 흔히 쓰는 어휘인 '산수'와 '경관' 등에 대해서도 더 명확한 정의와 구분이 가능하다. 즉 산수는 인위가 개입되지 않은 객관적 대상인 자연이다. 반면 경관은 인간의 심미적 시야에 들어와서 심미적 대상이 된 것을 말한다.

그렇다면 전통 명승의 범주를 정할 적에 첫 번째로 고려해야 할 사안이 대상 경물에 대한 선인들의 심미의식이 남아 있어야 한다는 점이다. 그것이 시문(詩文) 등의 기록문이든, 바위에 새겨진 각자(刻字)이든, 아니면 구전(口傳)되어 내려온 설화(說話)이든, 어떤 형태로든 근거자료로 제시되어야 한다. 곧 형식미든 내용미든 인간의 의식이나 정신의 작용에 의한 심미의식이 남아 있어야 한다. 이러한 심미의식이 전혀 없는 심산유곡의 빼어난 경물을 명승이라고 할 수는 없을 것이다.

다음으로 고려해 볼 사안이 산수를 특정한 장소로 볼 것인가, 아니면 풍경으로 볼 것인가 하는 점이다. 예컨대 팔경(八景)을 명승에 넣을 것인가, 말 것인가를 결정하는 중요한 문제이다. 팔경의 근원이라 할 수 있는 중국 소상팔경(瀟湘八景)을 예로 들어보자. 한시(漢詩)에 등장하는 소상팔경의 명칭은 다음과 같다.

평사낙안(平沙落雁) : 평평한 백사장에 기러기가 내려앉는 곳
원포귀범(遠浦歸帆) : 멀리 보이는 포구에 돌아오는 범선

　　　산시청람(山市晴嵐) : 산간 시가지의 밝은 남기
　　　연사만종(煙寺晩鍾) : 연기가 피어오르는 절간의 저녁 종소리
　　　어촌석조(漁村夕照) : 어촌에 드리운 저녁 낙조
　　　동정추월(洞庭秋月) : 동정호의 밝은 가을 달
　　　소상야우(瀟湘夜雨) : 소상강의 밤에 내리는 비
　　　강천모설(江天暮雪) : 하늘가와 맞닿은 강에 저녁나절 내리는 눈

　이는 모두 특정 장소를 일컬은 것이 아니라, 전체의 풍경을 말한 것이다. 대체로 네 글자 가운데 앞의 두 글자는 장소를 나타내고, 뒤의 두 글자는 풍경을 묘사한다. 기러기·돛단배·남기·종소리·낙조·달·비·눈은 경관을 바라보는 인간에게 심미의식을 일으키는 강렬한 요소로 작용한다. 그런데 이런 풍경을 아름답다고 노래했지만, 평사(平沙)·원포(遠浦)·산시(山市)·연사(煙寺)·어촌(漁村)·동정호(洞庭湖)·소상강(瀟湘江)·강천(江天)을 명승이라고 하지 않는다. 특히 백사장·포구·시가지·절·마을·호수·강·하늘을 명승이라고 할 수는 없다.

　그렇다면 팔경은 명승이라 할 수 없다. 왜냐하면 특정한 장소가 아니기 때문이다. 요즘 전망이 좋은 곳을 '경점(景點)'으로 지정한 것처럼, 팔경도 그것을 바라보는 경점을 정해 '팔경경점(八景景點)'이라고 하는 것이 옳을 것이다.

　이렇게 볼 때, 전통 명승의 범주에는 크게 동천(洞天)·구곡(九曲)이 속할 수 있다. 중국에서는 전인들이 평한 심미형태를 크게 웅장함[雄]과 수려함[秀], 기이함[奇]과 험준함[險], 그윽함[幽]과 드넓음[曠]으로 구분하고, 심미형태를 구성하는 요소로 색채·소리·동정태(動靜態) 등을 거론하고 있다. 동태(動態)는 유수(流水)나 폭포(瀑布)와 같은 것들이고, 정태(靜態)는 부동물(不動物)을 말한다.[3]

이런 점을 감안하면 전통 명승인 동천·구곡 속에는 대(臺)·암(巖)·봉(峯)·벽(壁)·벼리[遷]·학(壑)·반석(盤石)·천(泉)·폭(瀑)·담(潭)·연(淵)·추(湫)·소(沼)·천(川)·탄(灘) 등이 포함될 수 있다. 그리고 대(臺)나 반석(盤石) 또는 물가에 인위적으로 만들어진 조형물, 예컨대 누정(樓亭)·암자(庵子) 등도 포함시켜 고찰할 수 있다.

구곡문화는 독특한 역사적·문화적 특성을 가진 것이기 때문에 별도로 구분하였지만, 구곡을 구성하는 개별적 장소로 보면 모두 동천에 속한 요소들과 크게 다르지 않다. 즉 곡(曲)을 아홉 개로 설정한 독특한 문화형태지만, 곡(曲) 그 자체는 모두 동천(洞天)의 요소를 갖고 있다. 따라서 각각의 곡(曲)으로 보면, 봉(峯)·대(臺)·담(潭)·폭(瀑)·벽(壁) 등으로 되어 있다.

Ⅲ. 전통 명승의 성립

앞에서 살펴보았듯이, 전통 명승은 인위(人爲)와 자연(自然)의 상호작용에 의해 만들어진 것이다. 다시 말해 아름다운 자연 경물 그 자체만으로는 명승이 될 수가 없고, 그것의 아름다운 가치를 발견하고 알아주는 인간을 만날 때 비로소 만들어진다. 이것을 단순하게 말하면 인간과 자연의 만남에 의해 형성된 것이라고 할 수 있다. 이 점은 전통 명승의 개념정의에 일차적 기준이 되어야 한다.

남송(南宋) 때 주희(朱熹, 1139~1200)와 교유했던 신기질(辛棄疾, 1140~

---

3 陳永雲 編著, 『中國山水文化』, 武漢大學出版社, 2001, 27~65쪽 참조.

1207)이라는 사람은 "내가 청산(靑山)을 보니 너무도 예쁘고 아름답구나, 아마 청산도 나를 보면 응당 그렇겠지.[我見靑山多嫵媚 料靑山見我應如是]" (「賀新郎」)라고 하였다.[4]

이를 보면 산수인 청산과 인간인 신기질은 마치 연인처럼 마주보며 교감을 하고 있다. 이처럼 인간과 자연의 만남과 교감이 동아시아에서 전통 명승을 만들어 낸 것이다. 이런 만남이 없다면 그 자연 경물이 아무리 빼어나고 아름답다 하더라도 인간의 역사와 문화에 그 이름을 올리지 못한다. 아래 인용문은 이와 같은 인식을 잘 대변해 준다.

> 산(山)은 어진 이로써 일컬어지고, 경관은 사람을 통해 빼어나게 된다. 적벽(赤壁)은 칼로 자른 듯한 절벽 언덕에 불과하였는데, 소자(蘇子 : 蘇軾)가 2편의 「적벽부(赤壁賦)」를 지음으로써 그 빼어남이 온 강산에 드러나게 되었다. 현수산(峴首山)은 남방의 장기(瘴氣)가 있는 산이었는데, 양공(羊公)이 한 번 오름으로써 그 이름이 우주에 드리우게 되었다.[5]

이 글은 원나라 때 사람 왕운(王惲, 1227~1304)의 「유동산기(遊東山記)」에 나오는 말이다. 이 글에서 '소자(蘇子)'는 송나라 때 「전적벽부(前赤壁賦)」·「후적벽부(後赤壁賦)」를 지은 소식(蘇軾, 1037~1101)이고, '양공(羊公)'은 서진(西晉) 때 사람 양호(羊祜, 221~278)이다. 그리고 '적벽(赤壁)'은 호북성 황강현(黃岡縣)에 있는 강가의 절벽으로 소식이 배를 타고 유람한 곳이며, '현수산(峴首山)'은 호북성 양양현(襄陽縣) 남쪽에 있는 산으로

---

4 凌繼堯,「我見靑山多嫵媚」,『美學十五講』第二講, 北京大出版社, 2003, 29쪽 참조.
5 王惲,『秋澗集』,「遊東山記」. "山以賢稱 境緣人勝 赤壁 斷岸也 蘇子再賦 而秀發江山 峴首 瘴嶺也 羊公一登 而名垂宇宙"

동쪽으로는 한수(漢水)에 임해 있다.

소식은 47세 때인 1082년(임술년) 황주(黃州)에 우거하고 있을 때 7월 16일 밤 적벽을 유람하며 「전적벽부」를 지었고, 10월에 다시 유람을 하면서 「후적벽부」를 지었다. 양호는 양양현 수령을 할 적에 풍경이 바뀔 때마다 이 산에 올라 술을 마시고 시를 읊조리며 종일 싫증내지 않았다고 한다.

위 인용문은 산수가 명승으로 알려지게 되는 것을 선명히 보여준다. 뒤에 소식과 양호를 예로 든 것도 이해하는 데 도움이 되거니와, 그 앞에 있는 "산은 현인으로써 일컬어지고, 경관은 사람은 통해 빼어나게 된다.[山以賢稱 境緣人勝]"는 말은 명승의 성립을 단적으로 설명한 것이라 하겠다.

『시경』에 "높은 산을 우러르고, 큰길을 따라가네.[高山仰之 景行行之]"라고 하였다. 이에 대해 『예기』 「표기(表記)」에는 "『시경』에 '높은 산을 우러르고 큰길을 따라가네.'라고 하였는데, 공자가 말씀하시기를 '시인이 인(仁)을 좋아하는 것이 이와 같구나.'라고 하였다."라고 하였다.[6] 즉 공자는 높은 산을 높은 덕을 가진 사람에, 큰길을 대도(大道)를 걷는 사람에 비유하여 대덕(大德)을 갖고 대도를 실천하는 사람을 우러르고 따르겠다는 뜻으로 읽은 것이다.

여기서 왕운(王惲)이 말한 '산은 현인으로써 일컬어진다.[山以賢稱]'는 말이 더욱 설득력을 갖게 된다. 역사적으로 볼 때 산수는 실제로 덕이 있는 현인과 그 이미지가 연결되어 오래도록 전해지고 있다. 예컨대 공자는 노나라 사수(泗水)·수수(洙水) 가에 살아 후대에 공자의 학문은 수

---

6 『禮記』 제32편 「表記」. "小雅曰 高山仰止 景行行止 子曰 詩之好仁 如此"

사학(洙泗學)이라 일컬으며, 후한 광무제(光武帝) 때 엄광(嚴光)은 부춘산 (富春山)에 은거하여 부춘산을 말하면 바로 엄광이 연상되는 장소적 이 미지를 만들어냈다.

또한 송나라 때 정이(程頤, 1033~1107)는 이천(伊川) 가에 살았기 때문에 호를 이천(伊川)이라 하였고, 주희(朱熹, 1130~1200)는 무이산(武夷山)에 은거하며 「무이도가(武夷櫂歌)」를 지음으로써 무이산은 지금까지도 주희를 연상케 하며, 주희의 산으로 인식된다.

이런 인식은 우리나라에서도 마찬가지로 나타난다. 이익(李瀷, 1681~ 1763)은 "소백산 밑에서 퇴계(退溪)가 태어나고, 두류산(頭流山 : 지리산) 동쪽에서 남명(南冥)이 태어났다."[7]라고 하여, 소백산과 이황(李滉)을, 두 류산과 조식(曺植)을 연관시켜 놓았다.

이와 같이 명승은 빼어난 경물 그 자체로서 성립되는 것이 아니라, 그것 을 알아주는 사람에 의해 이름이 나는 것이다. 앞에서 정의했듯이, 명승은 '이름나고 빼어난 지경'이다. '이름나고'의 의미에 주목하면, 적벽이 소식 에 의해 명승이 된 것처럼, 경물이 그 가치를 알아주는 인간을 만남으로써 비로소 장소적 이미지가 연상되는 명승으로 거듭 나는 것이다.

이와 관련된 유명한 일화들이 많지만, 당나라 때 유종원(柳宗元, 773~ 819)의 「옹주마퇴산모정기(邕州馬退山茅亭記)」의 다음과 같은 언급은 명 승의 의미를 가장 적확하게 표현한 것으로 알려져 있다.

아름다움은 스스로 아름다워지지 않고, 사람을 통해서 그 아름다움 이 드러난다. 난정(蘭亭)이 왕우군(王右軍)을 만나지 않았다면 맑은 여

---

7 李瀷, 『星湖僿說』 天地門, 「東方人文」. "退溪生於小白之下 南冥生於頭流之東"

울과 긴 대나무가 빈산에 묻혀버렸을 것이다.[8]

아름다운 경물은 자연이다. 자연은 그 스스로 자신의 아름다움을 알릴 수 없다. 그것을 알아주는 인간을 만남으로써 비로소 그 아름다움이 빛을 발하게 된다. 인용문 앞부분의 '아름다움은 스스로 아름다워지지 않고, 사람을 통해서 그 아름다움이 드러난다.[美不自美 因人而彰]'는 말은 명승의 개념을 명확히 말해주는 명언이라 하겠다.

위 인용문의 '왕우군(王右軍)'은 동진(東晉) 때 우군장군(右軍將軍)을 지낸 왕희지(王羲之, 303~361)를 가리킨다. 왕희지는 낭야(琅邪) 임기(臨沂) 출신으로, 자는 일소(逸少)이며, 세상에 '왕우군(王右軍)'으로 알려져 있다. 벼슬에서 물러나 회계산(會稽山) 북쪽에 살며 산수를 즐겼다. 왕희지는 초서(草書)의 대가로도 유명하다. 그는 난정(蘭亭)이라는 정자를 지어 놓고 지인들을 초청하여 술을 마시고 시를 지으며 산수를 즐겼다. 왕희지에 대해서는 뒤에서 다시 언급하기로 한다.

그런데 인간과 산수가 만나야 명승이 된다는 인식은 우리나라에서도 그대로 나타난다. 18세기 괴짜 화가 최북(崔北)은 금강산을 유람하다가 구룡연(九龍淵)에 이르러 "천하 명인(名人) 최북은 천하 명산(名山)에서 죽어야 한다."라고 말하고는 몸을 던져 못에 뛰어들었다는 유명한 일화가 전한다.[9]

여기서 '명인(名人)'과 '명산(名山)'의 만남을 우리는 주의 깊게 볼 필요가 있다. 최북은 명인과 명소가 만나 명승(名勝)이 된다는 것을 익히 알

---

8 柳宗元, 『柳河東集』 권26, 「邕州馬退山茅亭記」. "夫美不自美 因人而彰 蘭亭也 不遭右軍 則淸湍脩竹 蕪沒于空山矣"
9 유홍준, 「최생관 최북」, 『화인열전2』, 역사비평사, 2001, 136쪽 참조.

고 있었을 것이다. 최북은 기인다운 행동을 했지만, 결과적으로 구룡연
은 최북을 만나 이름을 더 알리게 되었다.

16세기 경상도 함양 출신으로 이조판서를 지낸 노진(盧禛, 1518~1578)
은 함양군 안의면 심진동(尋眞洞)의 장수사(長水寺)를 유람하고 쓴 「유장
수사기(遊長水寺記)」에서 다음과 같이 말하고 있다.

> 아! 땅은 반드시 사람을 통해 이름이 난다. 그러므로 산음(山陰)의
> 난정(蘭亭)은 왕우군(王右軍 : 王羲之)이 없었다면 무성한 숲과 길쭉한
> 대나무에 불과할 뿐이었을 것이다. 또 황주(黃州)의 적벽(赤壁)도 소동
> 파(蘇東坡 : 蘇軾)가 없었다면 높은 산과 큰 강에 불과할 따름이었을 것
> 이다. 단지 중국의 경우만 그러할 뿐만이 아니다. 우리나라에 있어서
> 합천(陜川) 가야산(伽倻山)은 학사(學士 : 崔致遠)가 없었다면 붉은 언
> 덕과 푸른 절벽에 불과할 따름이었을 것이니, 어찌 후세에 이름날 수
> 있었겠는가? 지금 지우산(智雨山)의 명승은 푸른 산봉우리가 빼어나게
> 솟고 옥 같은 숲이 끝없이 펼쳐진 점에서는 가야산보다는 못하지만, 흰
> 바위와 밝은 샘은 유람하기에 제격이니, 가야산이라고 할지라도 흠칫
> 물러날 것이다. 만약 고운(孤雲 : 崔致遠) 같은 분이 그 안에서 소요하
> 며 깃들어 살았다면 푸른 시내와 비취빛 절벽이 문자를 타고 전해져 시
> 인·묵객이 회자하는 자료가 되었을 것이다. 그런데 오래도록 적막하게
> 묻혀 있어 신선이나 숨어사는 선비들조차 찾는 이들이 적었다. 또 그
> 명승을 듣고 마음으로 상상하고 정신적으로 노니는 자들도 더욱 적었
> 다. 이 맑고 그윽하고 깊숙한 경관으로 하여금 이 세상에 알려지지 않
> 게 한다면, 어찌 이 산의 불행이 아니겠는가?[10]

---

10 盧禛, 『玉溪集』 권5, 「遊長水寺記」. "嗚呼 地必因人而勝 故山陰之蘭亭 使無右軍 不
過茂林脩竹而已 黃州之赤壁 使無東坡 亦不過高山大江而已 不特中國爲然也 其在東
區 則陜川之伽倻 使無學士 亦不過丹崖蒼壁而已 曷足以名後世耶 今智雨之勝 其靑之
聳秀 瓊林之列植 雖有讓於倻 而白石淸泉 宜於遊衍 則雖倻 亦退縮之不暇矣 苟有如孤

노진은 난정(蘭亭)과 적벽(赤壁)이 명승이 된 연유를 왕희지(王羲之)·
소식(蘇軾)과의 만남에서 찾고 있다. 즉 이들을 만나지 못했으면 명승이
되지 못했을 것이라는 생각이다. 그런 인식으로 그는 심진동 지우산(智雨
山)의 빼어난 지경이 명승이 되지 못한 것을 못내 안타까워하며, 최치원
(崔致遠)이 이곳을 유람하며 노닐었다면 전국적으로 알려진 명승이 되었
을 것이라고 아쉬워하고 있다.

여기서 조선전기 지식인들이 생각했던 명승의 개념이 분명하게 드러
난다. 즉 명인과 명소의 만남이 필수적 조건으로 등장하는 것이다. 따라
서 자연의 장소로서는 명소지만, 명인을 만나지 못하면 명승이 되지 못
하였다는 점을 명확히 증명할 수 있다. 노진은 이런 관념으로 명소가
명인을 만나지 못한 것을 불행으로 여기고 있다.

다음의 두 인용문도 이런 점을 명확히 증명해 주는 좋은 자료이다.

　① 대개 주자(朱子)가 외딴 무이산(武夷山)에 구곡(九曲)이라는 이름
을 붙인 이후, 우리나라 사람들도 명승을 차지한 자들은 대부분 아홉
개의 명승으로 일컬었다. 영남의 도산구곡(陶山九曲)이나 해주의 석담
구곡(石潭九曲)이 그 중에서 더욱 유명하다. 이런 곳이 어찌 명승의 지
형 때문에 유명하게 되었겠는가? 거의 사람으로 인해 세상에 알려진
것이다.[11]
　② 이에 신령스럽게 비밀리 감추어졌던 것이 이 노인을 얻어 비로소
드러나게 되었다. 사람과 장소 둘 다 아름다운 것이 서로 합해 하나의

雲者 伴棲息於其中 則蒼溪翠壁 騰播文字 爲騷人墨客膾炙之資 而寥寥千百載間 仙曹
逸士之眺賞者 蓋寡 又聞其勝而心想神遊者 爲尤少 使淸幽奧邃之境 泯沒於宇宙間 夫
豈山之不幸歟"
11　洪良浩, 『耳溪集』 권13, 「牛耳洞九曲記」. "自夫朱夫子發武夷之奧 東人之占名區者
　　率多以九數焉 惟嶺之陶山 海之石潭 尤著焉 豈惟地之勝歟 殆由人而顯也"

큰 만남을 이루어서 그 빼어남을 드러내고 그 한가로움을 완성할 수 있
게 되었다.[12]

①은 홍양호(洪良浩, 1724~1802)가 지은 「우이동구곡기(牛耳洞九曲記)」
의 일부이다. 홍량호의 자는 한사(漢師), 호는 이계(耳溪), 본관은 풍산이
다. 1752년 문과에 급제하여 대제학을 지냈다. ②는 조석철(趙錫喆, 1724~
1799)이 지은 「석문정서(石門亭序)」이다. 조석철의 자는 명중(明仲), 호는
정와(靜窩), 본관은 풍양(豊壤)이다. 상주 출신으로, 조선경(趙善經)의 아
들이다. 권상일(權相一)에게 수학하였으며, 1753년 사마시에 합격하여
성균관에서 수학하였다.

①에서 작자는 명승이 빼어난 지경(地境) 때문에 유명해지는 것이 아니
라, 사람 때문에 유명해진다는 점을 강조하고 있다. 명소와 명인의 관계
에서 명인에 더 무게중심을 둔 발언이다. ②에서 작자는 명인과 명소의
만남을 통해 명소는 그 빼어남을 드러내고 명인은 그 한가로움을 완성한
다는 만남의 의미를 강조하고 있다.

이 두 자료는 명승의 의미를 설명하고 개념정의를 하는 데 매우 유용한
글로 널리 인용될 수 있을 것이다. 그리고 우리는 이를 통해 전통 명승의
개념을 보다 명확히 정의할 수 있을 것이다.

---

12 趙錫喆, 『靜窩集』, 「石門亭序」. "於是 靈境之所秘藏者 得此老而始發 人與地兩美相
合 便作一大遇 而顯其勝 遂其開矣"

Ⅳ. 산수에 대한 동아시아의 전통적 심미관

1. 중국의 산수에 대한 심미관

동아시아에서의 전통 명승은 대부분 '아름다운 산수'라고 해도 과언이 아니다. 산수는 자연의 일부로서 인간의 생활 터전이다. 그래서 인간은 처음에 산수를 실용에 이바지하는 치용(致用)의 관점에서만 바라보았다. 즉 나무를 하고 물고기를 잡는 터전에 지나지 않았다.

그러다가 인류의 문화가 발달하면서 산수는 실용적 대상물에서 그 의미가 확대되어 심미적(審美的) 상관물(相關物)이 되기 시작했다. 즉 인간이 산수를 보면서 미적인 가치를 읽어내기 시작한 것인데, 그 대표적인 이야기가 공자(孔子)의 『논어』에 보이는 다음과 같은 말이다.

> 지혜로운 자는 물을 좋아하고, 어진 자는 산을 좋아한다. 지혜로운 자는 동적이고, 어진 자는 정적이다. 지혜로운 자는 즐거워하고, 어진 자는 오래도록 제자리를 지킨다.[13]

지혜로운 자는 왜 물을 좋아하고, 어진 자는 왜 산을 좋아하는 것일까? 공자는 이에 대해 언급을 하지 않았다. 그래서 이에 대한 후인들의 해석은 제각각이다. 그 중에서 송나라 때 신유학을 집대성한 주희(朱熹)는 다음과 같이 설명하였다. "지혜로운 자는 사리(事理)에 통달해 두루 흐르며 정체하지 않아 물과 유사한 점이 있기 때문에 물을 좋아한다. 어진 자는 의리(義理)에 편안해 후중(厚重)해서 옮기지 않아 산과 유사한 점이 있기 때문에 산을 좋아한다."[14]

---

13 『논어』, 「雍也」 제23장. "知者樂水 仁者樂山 知者動 仁者靜 知者樂 仁者壽"

이런 주희의 해석을 따라 생각해 보면, 공자는 산과 물을 대하며 그것의 실용적 가치를 본 것이 아니라, 그것의 속성을 통해 인간의 가치를 비유적으로 읽어 낸 것이다. 이것을 중국미학에서는 '비덕(比德)'이라 한다. 즉 자연의 어떤 특징을 가져다 인간의 도덕적 정조를 비유하거나 상징하는 것이다.

공자의 이런 담론 이후로, 동아시아에서의 산수는 자연 그대로의 대상물이 아니라, 인간의 정신적 가치를 비추어 보고 미루어 읽어 내는 심미적 상관물이 되었다. 이후로 산수의 특징을 포착해 인간의 도덕적 정조에 비유하는 인식은 더욱 발전하여, 한 겨울에도 잎이 시들지 않는 소나무·잣나무는 불변의 지절(志節)에 비유하고, 설중매(雪中梅)는 고절청향(苦節淸香)에, 난초는 유원청향(幽遠淸香)에, 국화는 만향(晩香)에, 대나무는 청빈지조(淸貧志操)에, 연꽃은 처염상정(處染常淨)에 비유하였다.

공자가 말한 요산요수는 그의 문인들의 인생관에 지대한 영향을 미쳤다. 특히 세상에 나아가 어떤 일을 하는 것보다 산수 속에서 자연의 이치에 동화하는 삶을 진정 가치 있는 것으로 인식하게 되었다. 그 유명한 일화가 증점(曾點)의 지향(志向)에 공자가 동조한 것이다. 『논어』「선진(先進)」에 다음과 같은 일화가 실려 있다.

　　자로(子路 : 仲由)·증석(曾晳 : 曾點)·염유(冉有 : 冉求)·공서화(公西華 : 公西赤)가 공자를 모시고 앉아 있었다. 공자께서 말씀하시기를 "내가 너희들보다 몇 살 더 많으나 나이가 많다는 것으로 나를 대하지 말라. 평소 너희들은 '나를 알아주지 않는다.'고 말하니, 만약 너를 알아

14　朱熹, 『論語集註』, 「雍也」 제23장. "知者 達於事理 而周流無滯 有似於水 故樂水 仁者 安於義理 而厚重不遷 有似於山 故樂山"

준다면 세상에 나아가 어떻게 해 볼 생각이냐?"라고 하였다. 그러자 자로가 불쑥 일어나 답하기를 …… 그러자 증점(曾點)이 말하기를 "저는 늦은 봄날 봄옷이 완성되면 관을 쓴 어른 5~6인과 동자 6~7인과 함께 기수(沂水)에 가서 목욕하고, 무우(舞雩)에서 바람을 쏘이고, 시를 읊조리며 돌아오고 싶습니다."라고 하자, 공자께서 탄식을 하시며 말씀하시기를 "나는 증점의 뜻을 허여한다."라고 하였다.[15]

공자에게 인정을 받은 증점의 가치관은 정치·사회적 가치보다 자연 속에서 깨끗하게 살며 자연의 질서에 동화되는 삶이다. 그래서 증점의 삶의 방식은 후대 현실 정치권과 일정한 거리를 두고 자연으로 귀의하는 삶을 상징하였다. 그것의 원형이 바로 위 인용문 뒤에 나오는 증점의 말로, 이를 줄여 '풍영지취(風詠之趣)'라고 한다.

주희는 '요산요수(樂山樂水)'의 주석에서 "지혜로운 자는 사리에 통달해 두루 흐르며 정체하지 않아 물과 유사한 점이 있기 때문에 물을 좋아한다. 어진 자는 의리에 편안해 후중해서 옮기지 않아 산과 유사한 점이 있기 때문에 산을 좋아한다."라고 하였는데, 증점의 말에 대해서는 "증점의 학문은 인욕(人欲)이 다한 곳에서 천리(天理)가 유행하는 것을 보고서 곳에 따라 충만하게 하여 조금도 흠결(欠缺)이 없는 점이 있다. 그러므로 그는 움직일 때건 가만히 있을 때건 이와 같은 점이 있었던 것이다."[16]라고 하였다.

---

15 『논어』「先進」제25장. "子路曾晳冉有公西華侍坐 子曰 以吾一日長乎爾 毋吾以也 居則曰不吾知也 如或知爾 則何以哉 子路率爾而對曰……曰 莫春者 春服旣成 冠者五六人 童子六七人 浴乎沂 風乎舞雩 詠而歸 夫子喟然歎曰 吾與點也"
16 朱熹, 『論語集註』「先進」제25장. "曾點之學 蓋有以見夫人欲盡處 天理流行 隨處充滿 無少欠缺 故其動靜之際 從容如此"

주희의 말을 음미해 보면, 요산요수에 대해서는 '사리에 통달'·'의리에 편안'이라고 한 반면, 증점의 말에 대해서는 '천리가 유행하는 것을 보고 서 곳에 따라 충만하게 하여'라고 하였다. 전자는 분명 사회적 가치에 초점을 둔 것이고, 후자는 사회와 자연을 모두 포함하는 가치를 말한 것이다. 이는 인간이 자연과 하나로 동화하는 삶을 의미하는 것으로, 궁극 적으로는 천인합일(天人合一)의 경지이다. 천인합일은 『주역』의 "대인은 천지와 그 덕을 합하고, 일월과 그 밝음을 합하고, 사시(四時)와 그 차서 (次序)를 합하고, 귀신과 그 길흉을 합하여, 하늘보다 먼저 해도 하늘이 어기지 않고, 하늘보다 뒤에 해도 천시(天時)를 받든다."[17]에 연원을 둔 말로, 인간과 자연이 하나가 되는 것을 의미한다.

요산요수를 후대에는 흔히 인지지락(仁智之樂)이라 한다. 이는 인(仁)· 지(智)의 도덕적 가치만을 염두에 둔 것이 아니라, 증점의 말에 대한 주희 의 주석에서 보이듯이, 자연에 동화되는 삶을 모두 포함한다. 주희는 이런 의식을 계승해 무이산에 은거해 있을 때 「무이도가(武夷櫂歌)」를 노래함으로써 유가의 산수심미의식을 새롭게 발전시켰다. 이런 심미관 은 후대 자연을 심성수양의 장소나 대상으로 인식하는 데 지대한 영향을 끼치게 된다.

그런데 이와 같은 인식과는 달리 산수 속에서 노닐며 가슴속을 시원하 게 하고 정신을 자유롭게 하는 경지를 추구한 경우도 있다. 그 대표적인 것이 왕희지(王羲之)의 「난정집서(蘭亭集序)」에 묘사된 인식이다. 왕희지 는 353년 3월 3일 손통(孫統)·손작(孫綽)·사안(謝安)·지둔(支遁) 등 41명 을 자신의 난정(蘭亭)으로 초청하여 연회를 베풀며 시문을 지었는데, 자

---

17 『주역』, 乾卦 文言.

신이 지은 「난정집서」에 다음과 같이 묘사하고 있다.

> 여러 현자들이 다 이르고, 젊은이와 장자들이 모두 모였네. 이곳에
> 는 높은 산과 준령이 있으며 무성한 숲과 길쭉한 대가 있네. 게다가 맑
> 은 시내와 격한 여울이 있어, 좌우에서 서로 비추며 이어지네. 손님들
> 을 모시고 곡수(曲水)에서 술잔을 띄우기 위해 차례대로 벌여 앉았네.
> 사죽관현(絲竹管絃)의 성대한 풍악은 없을지라도 술 한 잔에 시 한 수
> 로 그윽한 성정을 펴기에 충분하였네. 이 날 천기는 명랑하고 기운은
> 청명하며, 훈훈한 바람이 화창하였네. 우러러 큰 우주를 바라보고, 굽
> 어 성대하게 싹트는 만물을 살펴보았네. 실컷 보고 마음대로 생각해 보
> 고 듣는 즐거움을 만끽할 수 있었으니, 참으로 즐거워할 만하였네.[18]

여기서 눈여겨볼 만한 문구가 '창서유정(暢敍幽情)'·'유목빙회(游目騁
懷)'이다. 이는 천리의 유행과 동화되는 삶을 가치 있는 것으로 여기기보
다는 천리의 유행을 만끽하고 즐기며 향유하는 것을 의미 있게 생각한
것이다. 가슴속의 그윽한 생각을 펴고, 눈가는 대로 마음 가는 대로 정신
적 자유를 만끽하는 것에 가치를 둔 것이다.

이는 앞에서 언급한 비덕(比德)과 다르다. 그래서 중국미학에서는 이를
'창신(暢神)'이라는 용어로 비덕과 구별한다. 창신은 가을날 구름을 보고
정신이 날아오르듯, 봄바람을 쏘이고 생각이 호탕해지는 것과 같이 마음
이 활달해지고 정신이 기뻐지는 경지다. 창신은 위진남북조 시기 도가사

---

18 王羲之, 「蘭亭集序」, "群賢畢至 少長咸集 此地有崇山峻嶺 茂林脩竹 又有淸流激湍 映
帶左右 引以爲流觴曲水 列坐其次 雖無絲竹管絃之盛 一觴一咏 亦足以暢敍幽情 是日
也 天朗氣淸 惠風和暢 仰觀宇宙之大 俯察品類之盛 所以游目騁懷 足以極視聽之娛
信可樂也"

상이 한창 발달할 적에 나타난 것으로, 자연경물의 특징을 가져다 도덕적 정조를 비유하는 것이 아니고, 자연의 아름다움을 통해 인간의 정신을 창달하는 것이다.[19]

이는 정치적으로 혼란했던 시기에 번잡한 시가지나 조정을 피해 산림에 은거하던 사람들에 의해 발달한 것으로, 산수 본래의 상태를 찬양하며 공명적(空明的) 심경을 촉발하고 감동하는 것을 위주로 한다. 이는 산수의 존재방식과 감상자의 명징(明澄)한 심경이 하나로 합함으로써 나타나는 것으로, 왕희지의 「난정집서」 마지막 부분의 "우러러 큰 우주를 바라보고, 굽어 성대하게 싹트는 만물을 살펴보았네. 실컷 보고 마음대로 생각해 보고 듣는 즐거움을 만끽할 수 있었네."라고 한 경지가 바로 창신의 특징을 단적으로 보여준다.

이 창신에 해당하는 심미관으로 널리 회자되는 자료는 다음과 같다.

> ① 진(晉)나라 때 화가 종병(宗炳)의 「화산수서(畫山水序)」 : "현자는 소회를 맑게 하고 대상을 음미한다.[賢者澄懷味象]"
> ② 『송서(宋書)』「은일전(隱逸傳)-종병(宗炳)」 : "오직 소회를 맑게 하고 도를 보며 누워서 산수를 유람하리라.[唯當澄懷觀道 臥以游之]"
> ③ 범중엄(范仲淹)의 「악양루기(岳陽樓記)」 : "마음이 활달해지고 정신이 기뻐지니 영광과 욕됨을 모두 잊네.[心曠神怡 榮辱皆忘]"

위 인용문에서 ①의 징회미상(澄懷味象), ②의 징회관도(澄懷觀道), ③의 심광신이(心曠神怡) 영욕개망(榮辱皆忘)에 주목해 보면, 산수를 통해 가슴속이 맑아지고 마음이 활달해지며 정신이 기뻐지는 경지를 맛보며, 이를

---

19 凌繼堯, 앞의 책, 29~45쪽 참조.

통해 대상을 음미하고[味象] 도를 보고[觀道] 영욕을 모두 잊는[榮辱皆忘] 경지로 몰입한다. 여기서 말하는 '관도(觀道)'는 요산요수의 인(仁)·지(智)와 같지 않다. 이 도는 인간의 가치를 의미하는 도가 아니라, 무위자연의 도이다.

이것은 앞에서 살펴본 산수의 이치[天理]를 보고 그와 동화되는 삶이 아니다. 자연을 통해 흉금과 정신을 상쾌하고 맑게 하는 것이다. 이는 현실세계에서의 불화를 달래거나 잊고자 하는 소원을 전제로 하기 때문에 무릉도원이나 선계(仙界)와 같은 이상향의 세계를 지향한다. ③의 심광신이(心曠神怡) 영욕개망(榮辱皆忘)이 그런 심경을 잘 보여준다.

이상에서 중국의 산수에 대한 심미관을 크게 비덕(比德)과 창신(暢神)의 관점에서 살펴보았다. 이것으로 중국의 산수에 대한 심미관을 다 드러냈다고는 할 수 없다. 다만 중국의 산수에 대한 심미의식 중 가장 기본적인 관점을 두 가지로 정리해 우리의 산수에 대한 심미관을 고찰하는 데 밑바탕을 삼고자 한다.

2. 한국의 산수에 대한 심미관

위에서 살펴본 중국에서의 산수에 대한 심미관은 우리나라에도 그대로 전파되어 산수에 대한 기본적인 심미관이 되었다. 특히 중점의 자연에 동화되는 삶의 방식은 조선시대 사인(士人)들에게 지대한 영향을 끼쳤다. 그리하여 산림에 은거하여 유행하는 천리와 하나가 되는 삶을 추구하는 것이 가장 이상적인 삶의 형태로 인식되었다. 특히 사화와 당쟁을 거치면서 현실정치권에 염증을 느낀 사인들은 그런 삶의 방식을 더욱 선호하였다.

　또한 현실 정치권에 몸을 담고 있을지라도, 그런 이상적인 삶을 버리지 못하고 늘 그리워하며 수시로 산수를 찾아 인지지락(仁智之樂)을 즐기기도 하였다. 이런 역사적 특수성 때문에 조선시대 사인들의 산수에 대한 심미관은 더욱 심화되었다.

　16세기 성리학이 한창 꽃피던 무렵, 실천 유학자로 이황(李滉)과 쌍벽을 이룬 조식(曺植)은 안의(安義) 화림동(花林洞)을 유람하면서 다음과 같이 노래했다.

> 푸른 봉우리 우뚝 솟고 물은 쪽빛인데,　　　碧峯高挿水如藍
> 숨은 명승 많이 취해도 탐욕은 아니리.　　　多取多藏不是貪
> 이 잡으며 어찌 굳이 세상사를 말하랴,　　　捫蝨何須談世事
> 산수를 이야기해도 할 말이 많을 텐데.　　　談山談水亦多談
>
> 봄바람 부는 삼월 무릉도원으로 들어오니,　春風三月武陵還
> 냇물 속의 맑은 하늘 수면도 넓어라.　　　　霽色中流水面寬
> 한 번 유람 내 분수에 넘친 것은 아니나,　　不是一遊非分事
> 인간 세상 유람하기 또한 어렵구나.　　　　一遊人世亦應難[20]

　첫 번째 시의 제3, 4구를 보면, 담세사(談世事)와 담산수(談山水)가 선명히 비교된다. 산수를 즐기는 삶은 세상사와 일정하게 거리를 유지하고자 한다. 이는 증점의 삶의 방식과 유사하다. 두 번째 시의 제2구를 보면, 냇물 속에 비친 맑은 하늘을 보면서 광풍제월(光風霽月)처럼 정화된 마음, 즉 인욕(人欲)의 티끌이 사라지고 천리(天理)가 유행하는 본연의 마음을 드러내고 있다.

20　曺植, 南冥集 권1, 「遊安陰玉山洞」.

이러한 정신은 증점의 경우처럼 자연의 섭리에 동화되는 삶을 추구하는 데 근원을 두고, 송대 성리학의 존천리(存天理)·알인욕(遏人欲)의 심성수양론에 근거하여 마음속에 한 점의 티끌도 남아있지 않게 하는 심성수양을 목표로 한다.

이처럼 자연의 섭리에 동화되는 삶을 추구하는 증점의 방식을 더욱 심화시킨 것이 송대 정호(程顥)의 「우성(偶成)」이라는 시와 주희(朱熹)의 「정사잡영(精舍雜詠)」 12수 중 서시(序詩)인 「정사(精舍)」라고 할 수 있다. 정호의 시를 소개하면 다음과 같다.

> 옅은 구름 산들바람 한낮이 다 된 때에,   雲淡風輕近午天
> 꽃을 끼고 버들 길 따라 집 앞 시내 지나네.   傍花隨柳過前川
> 주변 사람 내 마음의 즐거움을 모르고서,   旁人不識子心樂
> 한창 공부할 소년이 한가로이 거닌다 말하리.   將謂偸閒學少年

『성리군서구해(性理群書句解)』에는 이 시의 첫째 구에 대해 "첫 구는 바로 양기가 밝아 승하고 음기가 탁해 소멸하는 시점이다."라고 하였고, 둘째 구에 대해서는 "꽃에 의지하고 버들을 따라 한가히 앞 시내를 지나니, 생의(生意)가 융성한 것이 나와 한 가지임을 취한 것이다."라고 하였다.[21]

해설자는 봄날 자연의 생의(生意)와 시인의 생의가 하나가 된 점을 노래한 것이라고 평하였다. 또 정호의 문인 사량좌(謝良佐)는 "'이 시를 보면' 선생의 가슴속 생각이 좋았음을 알게 되니 증점의 일과 마찬가지다."

---

21 『性理群書句解』는 송나라 때 熊節이 편찬하고 熊剛大가 주석을 단 것이다. 인용한 주석의 원문은 다음과 같다. "雲淡風輕 日影近晝 此正陽明勝 陰濁消之時也 依花隨柳 開過前溪 取其生意春融與己一也"

라고 하였다.[22]

그런데 17세기 경상우도 지역에 살며 남명학파의 종장이었던 하홍도 (河弘度, 1593~1666)는 정호의 위의 시 둘째 구를 제목으로 삼아 안의 화림동 거연정(居然亭)에서 다음과 같이 노래했다.

소년의 기상 호걸스럽고 또 장대하니,	少年之氣豪且壯
명승 찾아 가려고 떠날 채비 서두르네.	選勝直欲勤梯航
안의에서 2, 3월이 갈리는 때 만나니,	忽逢山縣二三月
안의현의 만물이 신록으로 물들었네.	山縣萬物生輝光
눈 가득한 풍경 물색 모두가 봄인지라,	滿眼景色都是春
원유할 필요 없이 시내·언덕을 거니네.	不須遠遊行澗岡
흐르는 물 따라 걸으며 시내를 지나가니,	步隨流水過溪行
시냇가 꽃과 버들 마주보고 서로 웃네.	傍川花柳相低昂
차지 않은 봄바람이 얼굴을 스치는데,	不寒來風拂面吹
나무와 꽃의 향기 끝없이 풍겨 오네.	不斷生香交樹芳
한가할 때 어찌 소년의 일 배우지 않으랴,	偸閒豈學少年事
흥이 붉은 꽃을 찾았다 푸른 버들로 가네.	興逐亂紅穿綠楊
눈과 발이 지쳤지만 또한 기뻐할 만한 일,	目勞足倦亦可喜
명예와 이익을 좇아 분주한 것보다 낫네.	猶勝奔趨名利場
사물의 이치 즐거이 보며 모두 자득하니,	樂觀物理皆自得
천기는 여기에 애초부터 없었구나.	天機於此初無藏
이 즐거움 아는 이 세상에 드물 거야,	能知此樂世所稀
익히되 살피지 않으면 상할 수 있지.	習而不察良可傷
알고 나면 반드시 자기 몸에 체득해야 하니,	知之亦必體之身
읊조리며 돌아온 증점은 광자(狂者)가 되었네.	詠歸曾氏徒爲狂

22 謝良佐, 『上蔡語錄』. "看他襟懷直是好 與曾點底事一般"

봄이 오면 안자(顏子)를 배울 만하지,　　　　　春生顏子是可學
학문의 요점은 마음을 씀이 강한 데 있네.　　　學之要在用心剛
아! 우리 고을 여러 분들이여,　　　　　　　　嗟哉吾黨二三子
어찌 이런 철에 자강하지 않으리오.　　　　　安得及時不自强[23]

하홍도는 진주에 살던 하수일(河受一)의 문인으로, 남명 이후 제일인
자라로 일컬어진 인물이다. 그는 홍우원(洪宇遠, 1605~1687)과 함께 화림
동을 유람하며 이 시를 지었는데, 앞에서 언급한 사량좌(謝良佐)나 웅강
대(熊剛大)와는 다른 인식을 보이고 있어 흥미롭다. 사량좌는 정자의 마
음을 증점의 일과 같다고 하였고, 웅강대는 생의(生意)를 강조했다. 생의
는 봄날 만물을 발육시키는 인(仁)의 덕에 해당한다.
　그런데 하홍도의 시를 보면 이와 다르다. 하홍도도 처음에는 냇가의
꽃과 버들을 보며 무한한 생의를 느낀다. 그런데 그의 마음은 거기서
머물지 않고, 즐거이 물리(物理)를 보고 자득(自得)을 한다.[樂觀物理皆自
得] 그래서 그는 그 경지를 즐기는 즐거움[能知此樂世所稀]으로 표현한다.
이는 조삭비(鳥數飛)의 습(習)의 과정을 거쳐 자득한 뒤 그것을 운용하여
그 경지에 항상 머물며 옮겨가지 않게 하는 것이다.[習而不察良可傷] 그래
서 그는 그 이치를 알면 반드시 몸으로 체득해야 하는 점을 강조하면서[知
之亦必體之身], 증점의 영이귀(詠而歸)를 폄하한다.[詠歸曾氏徒爲狂] 즉 증
점은 영(詠)의 단계에 머물고 체득을 하지 못했기 때문에 광자(狂者)밖에
되지 못하였다는 것이다. 그리고 그는 봄날 만물이 생장하는 생의를 통해
석 달 동안이나 인(仁)을 어기지 않은 안회(顏回)의 경지를 배울 것을 주장
한다.[春生顏子是可學]

23　河弘度, 『謙齋集』 권2, 「謗花隨柳過前川」.

이는 증점의 경지와 안회의 경지를 구분한 것이다. 안회는 공자 문하에서 가장 도덕이 높았던 분으로, 석 달 동안 인을 한 번도 어기지 않을 정도의 경지에 올라갔던 사람이다. 하홍도의 생각을 따라가 보면, 이는 자연에 동화되는 삶을 추구하는 것과 구별된다.

증점처럼 목욕하고 바람 쏘이고 시를 읊조리며 돌아가는 것은, 세간의 인위적 가치를 추구하는 삶에서 벗어나 자연의 섭리에 동화되는 삶이다. 그러나 하홍도가 원하는 바는, 물리를 관찰해 자득하고 앎을 몸으로 체득하고 익숙하게 하여 다시 성찰하는 경지이다. 『논어』에 묘사된 증점과 안회의 경지가 다르듯이, 하홍도는 증점의 삶의 방식과 안회의 삶의 방식을 비교해 안회의 방식을 더 높은 층위로 인식한 것이며, 산수를 대하는 심미관도 결국 안회의 경지를 이상으로 한 것이다.

안의 화림동 거연정에는 하홍도가 유람을 한 뒤 후인들이 '방화수류과전천(訪花隨柳過前川)'을 줄여 '방수천(訪隨川)'이라는 각자를 바위에 새겨 놓았다. 하홍도는 정호(程顥)의 시를 통해 위와 같이 산수를 대하는 심미관을 더욱 심화시켰는데, 거연정이라는 정자의 이름도 이와 연관되어 있다.

거연정(居然亭)은 1874년 임헌회(任憲晦, 1811~1876)가 지은 「거연정기(居然亭記)」에 의하면, 전재택(全在澤) 등이 선조의 유지(遺址)에다 지은 정자인데, 선조가 지은 화림재(花林齋)의 기문에 있던 '거연천석(居然泉石)'에서 취해 이름을 붙인 것이라고 하였다. 그런데 이 '거연천석'이라는 말은 원래 주희의 「정사잡영」 12수 중 「정사(精舍)」라는 시에 나오는 구이다. 주희의 시를 소개하면 다음과 같다.

거문고와 독서로 보낸 사십 년,	琴書四十年
산중의 나그네가 다 되었구나.	幾作山中客
어느 날 띠풀 집을 짓고 나니,	一日茅棟成
나의 천석에 너무도 평안하네.	居然我泉石

마지막 구의 '거연아천석(居然我泉石)'은 시인과 천석이 하나가 된 물아일체의 심미관을 보여준다. 따라서 이 경지는 증점의 경지라기보다는 안회의 경지에 가깝다. 그것은 식량이 자주 떨어져는 곤궁한 삶을 살아도 자신의 즐거움을 바꾸지 않았다고 하는 안회의 '불개기락(不改其樂)'의 경지와 유사하기 때문이다. 따라서 거연정이라고 이름을 붙인 것도 하홍도가 언급한 경지와 같은 의미를 갖는다. 왜냐하면 하홍도가 이곳을 유람한 뒤에 붙여진 이름이기 때문이다.

수원 화성 동북각루의 이름이 '방화수류정(訪花隨柳亭)'인데, 이 역시 정호(程顥)의 시에서 따온 것으로 하홍도의 심미의식과 같은 뜻으로 정자의 이름을 붙인 것으로 보인다.

천인합일을 추구한 조선시대 성리학자들은 존양(存養)·성찰(省察)·극치(克治)의 심성수양론을 중시하여, 마음을 씻고 보존하며 본성을 기르는 것을 최고의 가치로 생각했다. 그것이 그들의 공부이고 생활이었다. 몇 가지 자료를 통해 이 점을 확인해 보도록 한다.

① 이에 각재(覺齋 : 河沆) 숙부께서 『주역』의 '성인은 이로써 마음을 씻는다.[聖人以此洗心]'는 뜻을 취해, 정자의 이름으로 삼았다. 이는 대체로 물을 보는 데 방법이 있다는 뜻을 거기에 붙인 것이다. 지금 저 물의 본성은 맑다. 더럽혀진 것은 씻어서 깨끗하게 하고, 검게 된 것은 씻어서 희게 해야 하기 때문에 물가에 정자를 지은 것이다. 도를 간직

하고 닦고자 하는 자도 마음속의 울적한 기운을 없애야 나의 호연지기를 잘 닦을 수 있다. 물로 인해 정자의 이름을 지어 노닐며 쉬는 사람들로 하여금 사물을 통해 자신을 돌아보아 날로 날로 새롭게 또 날마다 새롭게 자신을 변화시키게 하고자 한 것이다.[24]

② 석범공(石帆公)이 "세상 사람들이 금산(錦山)을 작은 봉래산(蓬萊山)이라고 칭하네. 이런 산을 보지 못하면 마치 명산에서 마음의 티끌을 씻지 못한 것을 허여하는 것과 같네. 마음의 티끌을 씻지 못하면 청아한 풍도를 가진 선비가 될 수 없을 걸세. 그러니 어찌 한이 되지 않겠는가?"라고 하셨다. …… 여러분들은 마음의 티끌을 씻은 것이 얼마나 되지는 모르겠다. '세심(洗心)' 두 자는 『주역』 「계사전」에 나오는 말로, 성인의 말씀이다. 여러분들은 청아한 풍도를 가진 선비가 되고 싶은가? 석범공을 돌아보면, 단지 청아한 풍도를 사모하는 것을 귀히 여길 만한 것이 된다. 그러나 나의 뜻은 이보다 크다. 저절로 학문을 하는 한 가지 일이 있으니, 여러분들과 함께 힘쓰고자 한다. 오늘부터 발걸음을 멈추고 독서하여 뜻을 구해 부지런히 힘써서 죽은 뒤에 그만둔다면, 금산의 유람이 우리들에게 실로 초학자의 입덕문(入德門)을 열어주는 것이 될 것이다. 크게 성취하길 바란다.[25]

③ 화림동(花林洞) 월연암(月淵巖)에서 남명(南冥 : 曺植)의 시에 차운함. "흐르는 시냇물 천 굽이를 돌아, 형체도 잊고 기미마저 사라졌네. 참된 근원 끝까지 찾지 못하고, 저물녘에 처량히 발길 돌리네."[26]

---

24 河受一, 『松亭集』 권4, 「洗心亭記」. "於是覺齋叔父取易聖人洗心之義以名亭 盖寓觀水有術之義也 今夫水其性淸 汚者滌之潔 黑者濯之白 故壓流抗亭 欲使藏修者 宜暢湮鬱 善養吾浩然之氣也 因水命額 欲使遊息者 觀物反己 日日新又日新也"

25 趙性家, 『月皐集』, 「錦山同遊詩序 丙子」. "曰世以錦山稱小蓬萊 不觀 如許名山塵心未洗 塵心未洗 恐不得爲淸致士 豈不爲恨……諸君之塵心洗得幾分 洗心二字 出於易繫 而聖人所訓也 諸君欲爲淸致士乎 顧石帆公 只慕淸致之爲可貴 愚意大於此者 自有學問一事 願與諸君勉之 自今日 立定 讀書求志 焉 斃而後已 則錦山之遊 於吾輩 實開初學入德門也 幸就大焉"

26 林薰, 『葛川集』 권1, 「花林洞月淵岩 次南冥韻」. "流水回千曲 忘形坐息機 眞源窮未了

①은 하수일(河受一, 1553~1612)의 「세심정기(洗心亭記)」의 일부이고,
②는 조성가(趙性家, 1824~1904)의 「금산동유시서병자(錦山同遊詩序丙子)」
이고, ③은 임훈(林薫, 1500~1584)이 지은 「화림동 월연암 차남명운(花林
洞月淵岩次南冥韻)」이다.

①은 세심정(洗心亭)의 이름을 풀이한 말이지만, 맑은 물의 본성으로
더럽혀진 것을 씻어 깨끗하게 한다는 점에서 산수를 통한 심미관을 드러
내고 있는데, 역시 마음을 씻어 깨끗하게 한다는 심성수양의 의미를 담
고 있다.

②는 남해 금산을 유람하고 지은 서문인데, 『주역』의 '세심(洗心)'이라
는 말을 근거로 석범(石帆) 권헌기(權憲璣, 1835~1893)가 '명산에서 마음
의 티끌을 씻어야 청아한 풍도를 가진 선비가 될 수 있다'고 한 말에서
더 나아가, 명산 유람을 입덕문(入德門)으로 보고 학문을 크게 성취하는
데에 뜻을 두고 있다.

③은 임훈이 조식(曺植)과 함께 화림동을 유람할 적에 쓴 시로, 도학자
의 원두(源頭)를 지향하는 의식을 드러내고 있다. 원두처(源頭處)를 향하
는 심미의식은 도학자들의 산수 유람에서 흔히 보인다.

이런 점에서 증점으로부터 연유된 자연의 질서에 동화되고 자연과의
합일을 추구하는 심미의식을 모두 천인합일의 심미관이라 할 수 있다.
그런데 조선시대 사인들에게서는 특히 하홍도의 경우를 통해 보았듯이,
성리학의 실천적 수양론이 깊이 반영된 천인합일의 심미관이 강하게 드
러나고 있다. 이런 경향은 주로 처사적(處士的) 삶을 지향하는 사인들의
심미관에서 나타난다.

日暮悵然歸"

관료들의 경우는 공무의 번다함에서 벗어나 잠시라도 산수 속에 묻혀 흉금을 펴고 정신을 맑게 하고 싶은 바람을 강렬하게 드러내고 있는데, 이런 경우는 천인합일을 추구하는 도학적 실천정신과는 달리 산수의 아름다움을 즐기는 쪽으로 비교적 가볍게 표출된다.

조선시대는 성리학이 풍미한 시대이고, 특히 도학적 실천을 중시하는 심성수양이 강조되던 시기였다. 따라서 위와 같이 천인합일을 추구하는 심미관이 강하게 대두되지만, 그렇다고 흉금을 깨끗하게 씻고 정신을 맑게 드날리는 창신(暢神)의 심미의식이 없었던 것은 아니다.

도학자들보다는 문학적 취향이 강한 사람들에게서는 여전히 이런 심미관이 더 두드러지게 나타난다. 아래 자료들은 이와 관련된 심미의식을 잘 보여주는 것들이다.

> ① 내가 말하기를 "망천(輞川)의 명승은 과연 여러 가지 아름다움을 모두 갖추고 있어서 하나의 흠도 없네. 높음으로는 그곳에 올라 울적한 심사를 펼 수 있고, 그윽함으로는 그곳에 살며 생을 즐거워할 수 있으니, 어찌 신선이 산다는 봉래산(蓬萊山)·낭풍산(閬風山)을 부러워하겠으며, 어찌 반곡(盤谷)·도화원(桃花源)보다 못하겠는가. 어찌 나의 말을 기다려 그 중함을 더하겠는가? 다만 그곳의 푸른 넝쿨과 붉은 단풍을 내가 아침·저녁으로 바라보는데, 평소 화산(華山)의 한쪽 귀퉁이를 빌어 살고자 하는 소원으로는 석병벽(石屛壁)·상락대(上洛臺)에 비하지 않음이 있다."라고 하였다.[27]
>
> ② 좋은 날 건을 쓰고 지팡이를 짚고 술을 가지고 난간에 기대, 먼

---

27 金養根, 『東埜集』 권7, 「輞川記」. "余曰 輞之勝 果具衆美 而無一欠 高可以登臨暢鬱 幽可以居止樂生 何羨乎蓬閬 何讓乎盤谷花源 何待乎余言而增重 第其碧蘿丹楓 余所 以朝夕越瞻 而尋常分華之願 有非屛壁洛臺之比"

산의 맑은 기운을 잡고, 앞 시내의 맑은 여울물소리를 들으며, 숲 속의
바람을 쏘이고 대나무 위의 달을 보며 소요하면, 상쾌하여 속세를 벗어
난 느낌이 있다.[28]

①은 김양근(金養根, 1734~1799)의 「망천기(輞川記)」의 마지막 대목이
고, ②는 장석룡(張錫龍, 1823~1907)의 「침수정기(枕漱亭記)」 중 일부이다.

①에서 작자가 "망천(輞川)의 명승은 과연 여러 가지 아름다움을 모두
갖추고 있어서 하나의 흠도 없네. 높음으로는 그곳에 올라 울적한 심사를
펼 수 있고, 그윽함으로는 그곳에 살며 생을 즐거워할 수 있네."라고 한
말은, 아름다운 산수를 대하며 울적한 심사를 펴고 그곳에 머물며 생을
즐거워하는 심미의식이다. 곧 '등림창울(登臨暢鬱)'과 '거지락생(居止樂
生)'의 미의식이다. 여기서 말하는 '창울(暢鬱)'과 '낙생(樂生)'은 자연의
섭리에 동화되는 것과 무관하지는 않지만, 인지지락(仁智之樂)이나 천인
합일(天人合一)을 추구하는 정신과는 거리가 있다. '창울'·'낙생'으로 더
압축해 보면, 이는 창신(暢神)의 심미관과 맞닿아 있다.

②의 경우는 이를 더 구체적으로 드러내 표현한 것이다. "먼 산의 맑
은 기운을 잡고, 앞 시내의 맑은 여울물소리를 들으며, 숲 속의 바람을
쏘이고 대나무 위의 달을 보며 소요하면, 상쾌하여 속세를 벗어난 느낌
이 있다."는 말은 속세에서 벗어나 쇄락(灑落)한 기분을 느끼는 정서이
다. 이러한 심미의식은 진세(塵世)에서 벗어나 흉금을 탕척하여 청신쇄
락(淸新灑落)한 경지를 추구하고자 하는 정신세계이다.

이상에서 살펴본 조선시대 사인들의 심미관은 크게 두 가지로 정리할

---

28 張錫龍, 『遊軒集』 「枕漱亭記」. "若夫良辰美景 幅巾藜杖 携酒登欄 挹遠峀之淸嵐 聽
前溪之淸湍 徜徉乎林風竹月之間 則蕭灑 有脫塵之標矣"

수 있다. 하나는 도덕적 의미를 부여하기보다는 정신적 자유를 추구하는 탕척흉금(蕩滌胸襟)·청신쇄락(淸新灑落)의 심미관이고, 하나는 요산요수(樂山樂水)와 증점(曾點)의 풍영지취(風詠之趣)에서 연유하여 성리학적 심성수양까지를 포함하는 인지지락(仁智之樂)·천인합일(天人合一)의 심미관이다. 전자는 창신(暢神)에 속하고, 후자는 비덕(比德)에 속한다. 또한 후자는 요산요수의 인지지락(仁智之樂)으로부터 증점처럼 자연에 동화를 추구하는 심미관, 그리고 심성수양을 통한 도덕적 완성을 추구하는 심미관으로 심화되어 나타난다.

V. 한국 전통 명승에 내재된 정신세계

조선시대 사대부들의 전통 명승에 대한 기록을 살펴보면, 좀 더 다양한 정신세계를 읽을 수 있다. 앞에서 살펴본 창신(暢神)의 심미관인 탕척흉금(蕩滌胸襟)과 비덕(比德)의 심미관인 인지지락(仁智之樂)은 한국의 전통 명승에 내재된 중요한 특징이다.

그런데 이 두 가지 특징 외에도, 조선후기 소중화의식(小中華意識)의 발로로 대두되는 대명의리(大明義理)가 전통 명승에 전이(轉移)되어 독특한 하나의 정신세계를 형성하고 있다. 여기서는 이런 특징을 더하여 전통 명승인 동천·구곡에 내재된 사인들의 정신세계를 살펴보고자 한다.

1. 탕척흉금(蕩滌胸襟)

산수를 유람하거나 산수에 머물면서 흉금을 씻는 것은 정신을 청신하

고 쇄락하게 하고자 하는 것으로, 어느 시대 사인들에게서나 나타나는
정신적 지향이다. 중국에서는 도가적 성향이 다분히 개입된 창신(暢神)의
심미관이지만, 조선시대 유교 지식인들에게서도 이런 의식은 얼마든지
나타난다. 특히 현실세계에서의 울적함과 불화를 달래기 위해 선계(仙界)
를 찾는 것은 일종의 정신적 안식을 위한 것이기도 했다. 따라서 이런
정신적 지향은 벼슬아치들이나 도회지에 사는 사람들에게서만 나타나는
성향이 아니고, 산림에 은거한 도학자들의 정신세계 속에서도 나타난다.

이러한 정신세계를 노래한 기록을 보면, 대체로 진애(塵埃)와 세루(世
累)로부터 벗어나고자 하는 탈속적(脫俗的) 취향(趣向)을 드러낸다. 그리
하여 물외(物外)의 세계를 노닐면서 정신적 자유와 상쾌함을 맛보려 한다.

다음은 조선후기 한양 우이동(牛耳洞)에 별서(別墅)를 마련하고 산수를
탐닉한 홍양호(洪良浩, 1724~1802)가 산수에서 맛보는 정신세계이다.

> 이때에는 비난과 칭찬이 귀에 들어오지 않았고, 기쁨과 슬픔이 마음
> 속에서 움직이지 않았다. 밝은 달빛처럼 교교했고, 맑은 물처럼 담백
> 했으며, 깨끗한 돌처럼 하얗고, 모든 소리가 멈춘 듯 고요했으며, 태허
> 가 텅 빈 듯 툭 트였다. 문득 티끌세상 밖에 홀로 선 듯하였고, 아련히
> 이 세상이 열리기 전의 세상을 정신이 노니는 듯했다.[29]

이 인용문의 마지막 부분은 탕척흉금·청신쇄락의 정신적 자유를 극도
로 표현한 것이다. 물외의 세계에 홀로 서서 태초의 아득한 우주를 정신
적으로 유람하는 것은 산수에서 소요하는 쾌락의 극치를 보여주고 있다.

---

29 洪良浩, 『耳溪集』 권13, 「遊耳溪記」. "于斯時也 毁譽不入於耳 歡戚不動於心 皦如月
之明也 湛如水之澄也 皚如石之潔也 寂如衆籟之收 而廓如太虛之空也 翛然獨立於氛
埃之表 窅然神遊於鴻濛之先"

이런 정신세계를 그의 손자 홍경모(洪敬謨, 1774~1851)는 「이계원림기(耳溪林園記)」에서 "세상 밖에 있는 산 속의 적막한 집에서는 영욕(榮辱) 때문에 내 육체를 고달프게 하지 않고, 득실(得失) 때문에 내 마음을 힘들게 하지 않는다. 소란하지 않고 담박하게 살며, 어느 날이든 유유자적하지 않음이 없다. 또 정원과 숲과 못과 대가 빼어나 도연명(陶淵明)처럼 매일 거니는 맛을 도와주니, 정신이 편안하고 고민이 사라지며 마음이 해탈을 얻는다. 무위자연(無爲自然)의 경지인 채진(采眞)에 노닌다고 할 만하다."라고 하였다.[30] 이처럼 무위자연의 경지에서 진(眞)을 맛보는 것은 바로 창신(暢神)을 의미한다.

다음 자료는 이처럼 탈속적 진경에서 정신적 자유를 만끽하는 산수의 즐거움을 구체적으로 묘사한 것이다.

내가 용추(龍湫)와 용담(龍潭)에서 노닐다가 숲을 뚫고 홀로 가다 보면, 세상 바깥에 있는 듯한 느낌이 든다. 사자암(獅子巖)에 이르면 마음이 깨끗해지고 속세의 티끌이 다 사라진다. 평평한 바위에 오르면, 훌쩍 바람을 타고 하늘 위로 날아갈 듯하다. 내려와 연좌암(宴坐巖)에서 쉬노라면, 그윽한 생각과 호젓한 멋이 생긴다. 지겨우면 노래를 부르면서 돌아와 난간에 기대앉는다. 기거하고 먹고 마시는 곳이 취병에서 가깝지는 않지만, 아무리 멀어도 명달산 세 봉우리를 넘어서지는 않는다. 한적하고 텅 비어 마음이 달아나는 것도 정신이 이겨내지 못하는 것도 모른다. 이것이 내가 물외의 지경에서 얻은 것으로, 스스로를 반성하는 것들이다.[31]

---

30 이종묵, 『조선의 문화공간』, 휴머니스트, 2001, 제4책, '홍양호와 우이동의 소귀당' 214~216쪽 참조.

31 李德壽, 『西堂私載』 권4, 「蘗溪記」. "盖余游於龍湫龍潭也 穿林獨往 翳然有世外之想

　이는 이덕수(李德壽, 1673~1744)가 경기도 양평 벽계(蘗溪)를 유람하고
쓴 유기(遊記)의 일부이다. '세상 바깥에 있는 듯한 느낌'은 물외를 노니는
것이고, '마음이 깨끗해지고 속세의 티끌이 다 사라진다.'고 한 것은 탈속
적 경지를 말한 것이다. 또 '훌쩍 바람을 타고 하늘 위로 날아갈 듯하다'는
말은 열자(列子)처럼 선계를 자유로이 노니는 정서이고, '그윽한 생각과
호젓한 멋이 생긴다.'는 것은 풍류를 말한다. 마지막의 '한적하고 텅 비어
마음이 달아나는 것도 정신이 이겨내지 못하는 것도 모른다.'는 것은 물
아일체가 된 망아적(忘我的) 정신세계이다. 여기서 정신적 소요는 극에
달한다.
　이처럼 극도의 정신적 자유를 누리는 경우 외에도, 소박하게 걱정을
털어 내고 안분지족하기 위해 산수를 찾아 즐기는 정신적 유희도 있다.
다음 자료를 보도록 한다.

　　　근심 걱정 수시로 찾아오거니,　　　　　　　　憂患有時來
　　　부귀영달 어찌 탐할 수 있나.　　　　　　　　富貴安可淫
　　　어찌 할꼬 내 산수를 좋아하니,　　　　　　　何如好山水
　　　산에 올라 그 마음 풀어보리라.　　　　　　　消搖自登臨[32]

　이 시는 정약용(丁若鏞, 1762~1836)이 지은 것이다. 그는 앞에서 살펴
본 것처럼 거창하게 정신적 자유를 누리며 소요하는 것이 아니라, 근심
을 풀기 위해 산에 오른다. 이 역시 흉금을 탕척하고 청신쇄락한 마음을

及至獅子 則心慮澄湛 緣塵俱息 登乎石上 而若飄飄御風以遊灝氣之外 降而休於宴坐
有窈窕之思 幽邃之趣 倦則行歌而歸 憑軒而坐 其起居飲食 不近在於翠屏 則遠不出乎
三峯 悠然也曠然也 不知情之流遁歟 神之不勝歟 此余所得於外境 而且以自省焉者也"
32 丁若鏞, 『與猶堂全書』 제1책, 권1, 「陪仲氏同閔生游門巖莊」.

찾기 위함이다. 거대한 정신지향이 아니라, 아주 소박하게 불평한 마음
을 풀어 맑고 깨끗하게 하기 위해서이다.

다음 자료도 이런 정신세계를 잘 보여준다.

> 옛날 사람이 산수 사이를 실컷 유람하길 좋아한 것은 어지러운 생각
> 이나 맺혀 있는 의지를 가슴속에 담아두지 않으려 한 것이니, 이 또한
> 마음을 기르는 한 방법이다.[33]

이는 진주에 살던 하달홍(河達弘, 1809~1877)이 남해 금산(錦山)을 유람
하고 쓴 글로, 산수 유람의 목적을 난사(亂思)·체지(滯志)를 말끔하게 씻
어 내는 데에 두고 있다.

티끌세상[塵世]은 근심이 생기는 발원지이다. 그래서 이 티끌세상을
피해 찾고자 하는 곳이 현실적 고통과 근심이 없는 이상향이다. 그 이상
향은 청학이 사는 청학동(靑鶴洞), 권력의 횡포가 미치지 않는 평안히 살
수 있는 무릉도원(武陵桃源)·도화원(桃花園)·별천지(別天地) 등으로 나타
난다. 청학동은 신선이 타고 다니는 학이 사는 곳으로, 곧 신선이 사는
세계를 의미한다. 신선은 부귀영화 등 세속적 가치로부터 벗어나 자연의
섭리에 순응하며 사는 사람이다. 대체로 청학동은 속진(俗塵)이 없는 청
정한 세계를 가리키고, 무릉도원·별천지는 학정(虐政)이 미치지 않는 민
중들의 낙토(樂土)를 의미한다.

다음 두 편의 시는 탕척흉금을 지향하는 정신세계를 잘 보여주고 있다.

---

33 河達弘, 『月村集』 권6, 「南遊錄序」. "古之人好優游於山水之間 無使亂慮滯志介於胸
中 此亦養心之方也"

운무 노을 드리고 항아리 속 달 뜨는 별천지,	雲霞別界壺中月
닭 울고 개 짓는 사립문 안의 시골 사람들.	鷄犬柴門峽裏氓
오래도록 자급자족하며 티끌세상 멀리하니,	耕鑿百年喧坌絶
한가로이 평생을 즐기기에 참으로 넉넉하리.	安閒眞足樂平生[34]

한 마리 학은 구름 뚫고 천상으로 날아가고,	獨鶴穿雲歸上界
한 줄기 물은 옥구슬 흘려 인간세계로 보내네.	一溪流玉走人間
이제 알겠네, 무루(無累)가 도리어 루(累)가 되는 줄,	從知無累翻爲累
마음속 산하(山河)는 보지 않았다고 말해야겠네.	心地山河語不看[35]

전자는 김령(金坽, 1577~1641)이 지은 「고산(孤山)」의 경련(頸聯)과 미련(尾聯)이다. 김령은 「유고산정십절(遊孤山亭十絶)」에서도 "선계 유람 본래 티끌세상을 떠나는 것[仙遊本與紅塵隔]"이라고 하여, 선유(仙遊)를 홍진(紅塵)과 상대적인 관점에서 노래하고 있다. 홍진은 정신적 불화를 야기하는 현실세계이고, 그곳을 초탈하여 선유를 함으로써 흥금을 탕척하여 청신쇄락한 기분을 맛본다.

후자는 조식(曹植, 1501~1572)이 쌍계사 위쪽 불일폭포에서 지은 것이다. 눈앞의 옥구슬 같은 하얀 물방울은 선계이다. 그리고 그 물이 흘러내려간 곳은 인간세계이다. 티 없는 하얀 물방울이 선계에 있느냐, 속계에 있느냐에 따라 의미가 달라진다. 즉 선계에서는 무루(無累)이고, 속계로 내려가면 루(累)가 되는 것이다. 이처럼 시인은 극명한 대비를 통해 양쪽 세계의 다른 정신을 드러냈다. 마지막 구를 보면 그가 마음속에 품고 있는 것은 무루(無累)의 선계이다.

---

34 金坽, 『溪巖集』 권2, 「孤山」.
35 曹植, 『南冥集』 권1, 「靑鶴洞」.

이처럼 청학동으로 대표되는 선계(仙界)는 선가(仙家)의 도사(道士)들
만의 세계는 아니다. 유교 지식인들이 생각하는 선계는 김령·조식의 시
에서 보이는 것처럼 현실세계와 동떨어진 현실적 갈등과 불화가 없는
곳으로, 정신적 자유를 누릴 수 있는 공간이다. 지리산으로 말하면 화개
동천 전체가 바로 이런 곳이다.

2. 인지지락

인지지락(仁智之樂)은 공자의 요산요수(樂山樂水)에서 기인한 것으로,
좁은 의미로는 산수를 통해 인간의 도덕적 가치인 인(仁)·지(智)를 인식
하고 체득하는 것이고, 넓은 의미로는 산수를 통해 느끼는 유교적 심미의
식을 포괄한다. 즉 넓은 의미로 보면, 앞에서 살펴본 증점(曾點)처럼 자연
에 동화되는 삶을 추구하는 것과 하홍도(河弘度)의 경우처럼 성리학적
심성수양을 전제로 한 안회(顔回)의 경지를 추구하는 것을 모두 포괄한다.

그런데 조선시대 사인(士人)들이 말하고 있는 인지지락의 성격을 살펴
보면, 산수를 통해 인간의 도덕적 가치인 인·지를 비유하는 비덕(比德)의
차원을 훨씬 넘어서 있다. 즉 성리학적 심성수양을 통해 본연지성을 함양
하고 성찰하는 의미로 일컬어진 것이 대부분이다. 증점의 취향을 언급한
것도 주희의 주석에서 본 것처럼 천인합일의 경지를 추구하는 삶으로
보고 있는 것이다.

다음 시는 이런 정서를 단적으로 보여준다.

일동 고산(孤山)은 경계가 깊기도 한데,　　　　　日洞孤山境界深
옛날 말을 타고 굽이굽이 찾았었지.　　　　　　昔年迂轡遠相尋
구름 속 작은 마을 매화는 꽃봉오릴 맺고,　　　雲開小塢梅生蕾

맑은 하늘 동쪽 뫼에 달이 뜨자 학이 놀라네.	鶴警淸宵月吐岑
정자 올라 함께 하니 무한한 흥취 일고,	共討亭臺無限趣
인지지락을 논하는 말 한결같은 마음일세.	細論仁智一般心
이곳이 은거 수양에 좋은 곳임을 아니,	知若此地藏修好
물외의 세계로 멀리 피할 필요 없으리.	非直遐踪隱藪林[36]

이 시는 16세기 안동 지방에 살던 권동보(權東輔, 1518~1592)가 지은 것이다. 경련(頸聯)·미련(尾聯)을 보면, 서로 인지지락(仁智之樂)을 논하는 마음이 한결같다고 하면서 은거해 수신하는 장소로 산수를 대하고 있다. 이는 심성수양론적 사유가 개입된 것으로 단순한 비덕(比德)의 차원이 아니다.

다음 시도 이런 성정(性情)을 노래한 것이다.

산은 늦가을의 정취를 머금었고,	山帶三秋色
시내는 만고의 소리를 간직했네.	溪含萬古聲
평생 동안 추구한 인지(仁智)의 즐거움,	平生仁知樂
해질녘의 경렴정(景濂亭)이 바로 그곳일세.	落日景濂亭[37]

이 시는 소백산 밑에 있는 소수서원(紹修書院) 앞의 경렴정(景濂亭)에서 김령(金坽)이 지은 것이다. 제1, 2구의 '산(山)'과 '계(溪)'는 산수(山水)이다. 그런데 그 산수는 그냥 자연의 산수가 아니라, 천리(天理)를 내포하고 있는 산수이다. 그래서 시인은 평생 그 천리를 보고 자신을 그와 일체화하려는 삶을 살았다. 시인은 그것을 제3구에서 '평생 추구한 인지

---

36 權東輔, 『悔齋集』 권4, 「孤山亭贈琴聞遠」.
37 金坽, 『竹下集』 권2, 登景濂亭 次板上韻.

지락'이라고 한 것이다.

이처럼 조선시대 사인들은 산수를 유람하고 노니는 것이 자연의 아름다운 경관을 감상하는 것에서 그치지 않고, 산수 속에 유행하는 천리를 보고 자신의 심성을 수양하는 구도적 자세를 갖고 있다. 따라서 이들이 말하는 인지지락(仁智之樂)이나 인지지술(仁智之術)은 중국 미학에서 말하는 비덕(比德)의 차원을 넘어선 것이다. 즉 산수를 심성수양의 도반으로 인식하고 자연 속에 유행하는 천리와 하나가 되는 경지를 몸소 체험함으로써 천인합일을 추구하는 것이다.

아래 인용문은 도학자가 산수를 대하는 이런 마음을 잘 말해주고 있다.

> 때로 독서에 싫증이 나서 마음이 다할 때, 옷자락을 펄럭이며 지팡이를 끌고 밖으로 나아가면, 운무가 서서히 걷히고 꽃과 새가 반갑게 맞이한다. 바위는 고요히 마주하기에 제격이고, 못은 맑게 임하기에 알맞다. 높은 곳에 올라 혼자 읊조리고, 대(臺)에 의지해 멀리서 불어오는 바람을 쏘인다. 낚시터 바위에 앉아 물고기를 구경하고, 모래사장을 거닐며 백로가 친구가 된다. 그러면 만물의 형상이 내 앞에서 교체되며, 나의 즐거움도 그와 더불어 무궁하다. 이는 참으로 한가로이 거처하며 소용없이 보내는 세월이지만, 사방의 자연을 돌아보는 사이에 경물과 생각이 모두 앞에서 이른바 점진적으로 젖어들어 모아 밝히는 공부와 합하듯이 서로 들어맞는다. 옛날의 인지지락(仁智之樂)과 증점(曾點)이 기수(沂水)에서 목욕하고, 무우(舞雩)에서 바람 쏘이며, 시를 읊조리고 돌아오던 지취(志趣)가 대체로 이러한 것들이리라. 아! 이 이치를 어찌 쉽게 말할 수 있으랴. 이제부터 질병이나 사고가 있지 아니하면, 반드시 여기서 거처할 것이다. 거의 고요한 데 거처하며 남모르는 데에서 심성을 수양해, 조금이라도 지난날의 잘못을 보완하여 하늘이 나를 생존하게 하는 것이 우연이 아니라는 점을 저버리지 않는다면, 또한 얼마나 다행이겠는가.

바위와 대(臺)와 물굽이에 문득 이름을 붙이고, 또 그림을 그렸다. 그리
고 시로 그 명승을 노래해 기꺼이 찾아오는 벗들과 함께 하리라. 을축년
12월 납제일(臘祭日) 주인이 기록하다.[38]

이는 퇴계학파 이상정(李象靖, 1711~1781)이 고산(高山)에 칠곡(七曲)을
경영하고 살며 지은 「고산잡영병기(高山雜詠并記)」이다. 위 인용문에서
"만물의 형상이 내 앞에서 교체되며, 나의 즐거움도 그와 더불어 무궁하
다."라고 한 것은 산수에 유행하는 천리(天理)를 교감하는 것을 표현한
것이다.

이상정은 자연 속에서 이런 것을 맛보는 것을 지식을 축적하고 그것을
통해 새로운 이치를 밝혀 나가는 공부처럼 대상[景]과 마음[意]이 일치가
된다고 하였다. 인간의 의식작용과 대상인 산수가 상호작용을 하여 하나
가 되는 정신세계이다. 작자는 이를 인지지락(仁智之樂) 또는 증점의 풍
영지취(風詠之趣)로 보고 있다.

아래 자료도 이런 도학자적 산수관을 잘 보여주고 있다.

그렇지만 산수를 좋아하는 것은 단지 산이 우뚝하게 솟구쳐 있고 물이
성대하게 흘러가는 것을 사랑하는 것뿐만은 아니다. 산은 정적이고 물은
동적인 측면을 관찰하고서 산과 물을 통해 인지지락(仁智之樂)을 깨달은

---

38 李象靖, 『大山集』권3, 「高山雜詠 并記」 "有時讀倦意闌 振衣曳杖而出 則烟雲舒斂
花鳥駘蕩 巖宜於靜對 潭宜於淸臨 登高而發孤嘯 倚臺而遡遠風 坐磯觀魚 步沙狎鷗
萬象交貿於前 而吾之樂與之無窮 是固閒居無用之日曆 然俯仰顧眄之頃 景與意 俱與
向所謂漸漬緝熙之功者 脗然而黙相契焉 則古者 仁智之樂 風詠之趣 大抵皆是物也 嗚
呼 是可以易言哉 自今以往 非有疾病事故 必在於此 庶幾處靜養晦 兢存研索 以少補旣
往之愆 無負於天之所以餉我而不偶然者 又何其幸也 巖臺水曲輒有名 且爲圖 詩以志
其勝 樂與朋友來者共焉 歲己丑十有二月嘉平日 主人記"

뒤에야 산수의 참다운 지취를 터득할 수 있을 것이다. 다행히 인지(仁智)
를 지키며 힘써 늘그막의 공력을 거두어들이니, 어찌 평소 사우들의 바
라던 바가 아니겠는가? 나도 아름다운 산수를 지나치게 좋아하는 사람이
다. 삼가 맑은 시내 하얀 돌 사이에 띠집을 짓고 그 속에서 성정(性情)을
함양하며 남은 생을 보내고 싶은 것이 내 평생의 소원이다.[39]

이는 경북 상주에 살던 조석철(趙錫喆, 1724~1799)이 지은 「석문정서(石
門亭序)」의 일부이다. 조석철은 권상일(權相一)의 문인으로, 1753년 진사
시에 합격한 뒤 고향에 은거하여 학문에 전념한 학자이다. 여기서 작자가
말하는 인지지락도 심성수양의 차원에서 말한 것임을 알 수 있다. 산수에
서 인지지락을 읽어내는 것은 산수를 통해 동정(動靜)의 이치를 파악하는
데 있다. 마찬가지로 우리 심성의 동정의 이치를 파악하는 것이 심성수양
의 공부이다.

산수를 보면서 도덕적 가치인 인지(仁智)를 파악하는 것은 동정의 양
태(樣態), 즉 천리를 파악해야 가능하다. 산수를 대하면서 유행하는 천리
를 보기 위해 동정을 예의주시하기 시작한 것은 성리학적 사유를 반영한
것이다. 이런 점을 다음 자료는 잘 보여준다.

우리들의 이번 유람은 비록 평소의 숙원을 풀기 위한 것이었지만,
단지 흐르는 물과 우뚝한 산의 기이한 경관만을 구경하고 동정의 이치
를 터득해 우리들의 인지지학(仁智之樂)을 이룩함이 없었다면, 어찌

---

39 趙錫喆, 『靜窩集』「石門亭序」, "雖然樂山水者 非獨愛其峨峨而峙 洋洋而流也 以其觀
動靜 而悟仁智之樂 然後可以得山水眞趣矣 幸以智及仁守勉 收桑楡之功 豈非平日師
友之望也耶 不亦酷愛佳山水者也 竊欲結屋於淸川白石之間 休養情性 以送餘年者 乃
平生志願"

매우 부끄러워하고 두려워할 만한 일이 아니겠는가.[40]

이는 진주 지역에 살던 사인 하익범(河益範, 1767~1813)이 지리산을 유람하고 쓴 기록에 있는 말이다. 그는 산수를 유람하면서 경관의 아름다움만을 구경하는 것은 '부끄럽고 두려워할 만한 일'이라고 하고 있다. 다시 말해, 산수의 이면에 있는 동정의 이치를 보지 못하고, 피상적인 외형의 아름다움만 보는 것은 무의미하다는 것이다. 그래서 그는 유람의 목표를 '동정의 이치를 터득하는 것'에 두고 있다. 이쯤 되면 이는 산수를 구경하러 가는 것이 아니라, 도를 구하러 가는 구도행각이라 할 만하다.

산수를 대하면서 동정의 이치를 터득하려 하고, 심성수양을 생각하는 것은 모두 성리학의 도학주의적 관념의 소산이다. 그것은 곧 인욕(人欲)을 제거하고 천리(天理)를 보존해 천인합일(天人合一)을 이룩하기 위한 것이다. 이를 위해 도학자들은 산수에 보다 가까이 다가선다.

그 대표적인 예가 조식(曺植)이 61세의 나이에 지리산 천왕봉 밑으로 이주한 것이다. 조식은 48세 때부터 합천군 삼가에서 강학을 하며 학문에 전념하였다. 그는 61세의 나이에 지리산 깊숙한 골짜기로 깊이 은거할 이유가 없었음에도 불구하고 굳이 지리산 천왕봉 밑으로 이주하였다. 그 이유는 아래의 시에 나타나 있다.

봄 산 어느 곳엔들 향기로운 풀이 없겠는가마는,　春山底處無芳草
〈내가 이곳으로 거처를 옮긴 것은〉
단지 천왕봉이 상제 사는 곳에 가깝기 때문.　只愛天王近帝居

40　河益範,『士農窩集』권2,「遊頭流錄」. "吾輩今行 縱遂平昔之宿願 若但賞流峙之奇絶 而無得於動靜之理 以遂吾仁智之樂 則豈不可愧可懼之甚者歟"

> 맨손으로 왔으니 무엇을 먹고 살 것인가,   白水歸來何物食
> 은하 같은 십리의 물 아무리 마셔도 남으리.   銀河十里喫猶餘[41]

이는 조식이 덕산으로 들어가 집터를 잡고 지은 「덕산복거(德山卜居)」라는 시이다. 지금은 이 시가 그가 살던 산천재(山天齋)에 주련(柱聯)으로 걸려 있다. 『시경』의 '고산앙지(高山仰止)'에 대해서는 앞에서 언급했거니와, 하늘과 닿아 있는 천왕봉은 조식의 눈에 자신이 도달해야 할 목표로 보였던 것이다. 즉 조식은 하늘과 하나가 되고 싶었던 것이다.

그것은 그가 강학공간의 이름을 '산천재(山天齋)'라고 붙인 데에서 다시 확인할 수 있다. '산천(山天)'은 『주역』 산천(山☰☰天☰) 대축괘(大畜卦)에서 따온 것으로, 이 괘의 단사(彖辭)에 "강건하고 독실하고 빛나게 하여 날마다 그 덕을 새롭게 한다.[剛健 篤實 輝光 日新其德]"라고 하였다. 이는 자신의 마음을 더욱 진실하게 하여 날마다 자신의 덕을 새롭게 향상시키겠다는 뜻이다. 이렇게 해서 그가 도달하려는 곳이 바로 진실무망(眞實无妄)의 성(誠)의 경지인 천도(天道)인 것이다.

조식은 하늘과 닿아 있는 천왕봉을 통해 자신의 정신세계를 하늘과 하나가 되게 하려 했다. 그래서 이후 천왕봉을 찾아 오르는 사람들은 마음속으로 그런 생각을 은연중 하고 있다. 조선 후기 하익범(河益範)은 천왕봉에 올라 다음과 같이 노래했다.

> 산 아래 흐르는 물 근원으로부터 흘러온 것,   山下潺湲始發源
> 근원을 미루어보면 산이 바로 물의 근원일세.   推源山是水之源
> 만약 진경을 찾으려 한다면 산 위에 올라보게,   若使尋眞山上到

---

41   曹植, 『南冥集』 권1, 「德山卜居」.

두류산 근원을 친견토록 그대에게 허락하리니.   許君親見頭流源[42]

여기서 우리는 중요한 단서를 발견하게 된다. 산과 물을 유람하면서 그 근원(根源)을 찾은 것이다. 대개 산을 오르면서 계곡을 따라 등산을 하기 때문에 물의 근원을 찾는 데서 그치는 경우가 많다. 특히 지리산의 경우는 너무도 험하여 물의 근원을 찾다가 그만두는 경우가 허다하였다. 그런데 하익범은 물의 근원인 원두처(源頭處)를 산의 정상으로 생각하고 있다. 이는 천인합일을 추구하는 정신세계를 보여주는 것이다.

산에 오르는 것을 목표로 하지 않는 유람일 경우, 유람자가 물을 만나면 역시 근원을 떠올린다. 그것은 공자와 맹자가 언급한 물을 보는 방법에서 연원한 것이지만, 특히 성리학적 수양론 속에서 더욱 두드러지게 나타난다.

3. 대명의리(大明義理)

명(明)나라가 망하고 오랑캐라고 생각하던 청(淸)나라가 중원을 제패한 것은 조선의 사인들에게는 충격적인 사건이었다. 게다가 병자호란으로 인조(仁祖)가 항복하는 굴욕을 당했으니, 임진왜란 때 조선을 구해준 명나라를 부모로 받들던 그들에게 청나라는 불공대천의 원수로 여겨졌다.

이런 이념을 극단적으로 보여준 사람이 정온(鄭蘊, 1569~1641)이다. 정온은 정인홍(鄭仁弘)의 문인으로, 1610년 문과에 급제하여 벼슬살이를 하다가 1636년 68세 때 병자호란이 일어났다. 인조는 남한산성으로 들어가 항전을 하다가 결국 청나라에 항복하고 말았다. 그때 척화(斥和)를

---

42 上同,「是行至東堂村 諸友多以登天王爲危 分向大源寺 今會于田垈戲吟」.

주장하던 정온은 자결을 시도했는데, 어의(御醫)가 급히 구해 목숨을 부지할 수 있었다.

이후 그는 현 거창군 위천면에 있는 고향으로 돌아가 산 속에 터를 잡고 이름을 모리(某里)라 하였으며, 세금을 내는 땅에서 난 곡식을 먹지 않고, 청나라 연호가 들어간 책을 보지 않았다.[43] 그는 명나라 마지막 황제인 의종(毅宗)의 연호인 숭정(崇禎)만을 고집하고 청나라 책력을 보지 않아, 꽃이 피면 봄이 온 줄 알고, 잎이 지면 가을이 된 줄 알았다고 한다.

그래서 후인들은 그가 살던 곳에 황명각(皇明閣)과 화엽루(花葉樓)를 지어 존모하는 뜻을 붙이고, 모리 동구 바위에 '숭정연원 대명건곤(崇禎年月大明乾坤)'이라는 글자를 새겨 넣기도 하였다.[44]

이런 역사를 가진 모리(某里)는 산간의 동천(洞天)으로, 자연경관이 빼어난 곳은 아니다. 그런데 그런 평범한 산수에 정온의 정신이 깃듦으로써 후인들에게는 명소가 되었다. 다음 자료는 이를 잘 대변해 준다.

> 동구에는 특별히 즐길 만한 천석(泉石)이 없다. 단지 깊고 그윽할 뿐이다. 또한 선생이 모리(某里)라고 이름을 붙인 뜻은 이름을 감추고자 한 것이니, 사람들로 하여금 자기가 누구인지를 알게 하고 싶지 않았기 때문에 모리라고 한 것이다. 그러나 이로부터 동네 이름은 더욱 알려지게 되어, 백이(伯夷)가 은거하던 서산(西山), 노중련(魯仲連)이 은거하던 동해(東海)와 천고의 세월 속에 아름다운 이름을 함께 할 것이다. 선유들이 주자의 불행이 무이산(武夷山)으로 보면 다행이라고 했듯이, 나도 선생의 불행이 모리로 보면 다행이라고 생각한다.[45]

43 鄭蘊, 『桐溪集』 續集 권3, 附錄, 「某里遺墟碑」.

44 河達弘, 『月村集』 권6, 「某里記」.

45 河達弘, 『月村集』 권6, 「某里記」. "洞口別無泉石可玩 但深邃而已 且先生命名之意 出

모리는 산수가 빼어난 경관은 아니다. 그러나 정온이 깃들어 살았기 때문에 춘추대의(春秋大義)가 살아있는 곳으로 명성이 높았다.[46] 그래서 산수를 찾아 안의삼동(安義三洞)을 유람하는 사람들은 반드시 모리에 들러 추모를 하거나 모리를 떠올리며 그 역사를 회상했다.

조선 후기 정재규(鄭載圭, 1843~1911)가 지은 다음 시는 그 대표적인 예에 해당한다.

대명의 세상이 여기에서 끝났으나,	大明天地止於斯
삼백 년 동안 명나라 책력만 펼쳤네.	三百年來舊曆披
옛날 꽃과 나뭇잎 지금도 변함없으니,	昔時花葉今無恙
이 인륜 부지하여 영원히 변치 않으리.	扶植彝倫永不移[47]

이처럼 산수에 대명의리(大明義理)를 심은 경우는 전국의 산천에 허다하다. 그 가운데 우리가 흔히 만날 수 있는 곳이 안의삼동의 하나인 화림동(花林洞)에 입구에 있는 농월정(弄月亭)이다. 농월정은 대부분의 사람들이 그곳에 깃든 역사를 잘 모른다. 아름다운 계곡과 하얀 반석, 그리고 그 반석을 지나면서 하얀 물결을 일으키는 시내에 그저 매료될 뿐이다. 문자를 조금 아는 사람들은 '농월정(弄月亭)'의 '농월(弄月)'을 대부분 음풍농월(吟風弄月)의 의미로 떠올린다. 그런데 안의 농월정의 의미는 음풍농월과는 거리가 멀다.

於晦名 不欲使人知其爲誰某 故曰某里 然自是洞名益著 與伯夷之西山 魯連之東海 當併美於千古矣 先儒以朱子之不幸 爲武夷之幸 而余亦爲先生之不幸 卽某里之幸也"

46 19세기 말 송시열의 후손 宋秉璿(1836~1905)은 이곳을 찾아와 지은 시「某里 謹次桐溪韻」에서 "一宇王春獨在斯 樓前花葉尙離披"라고 하였다.(『淵齋集』권2)

47 鄭載圭, 『老栢軒集』권1, 「某里齋 謹次先生題崇禎曆面詩」.

농월정을 창건한 박명부(朴明榑, 1571~1639)는 호가 지족당(知足堂)으
로 일찍이 문과에 급제하여 벼슬길에 나갔던 인물이다. 그런데 1637년
인조가 청나라에 항복하자, 그는 벼슬을 버리고 고향으로 돌아와 자신의
은거지에 정자를 짓고서 '농월정(弄月亭)'이라 이름을 붙이고, 농월정
앞의 못을 '월연(月淵)'이라 칭하였다. 그것은 당나라 이백(李白)이 지은
「고시 사수(古詩四首)」의 "제(齊)나라에 걸출한 선비 있었으니, 노중련(魯
仲連)이 특별히 고묘(高妙)했네. 명월(明月)이 바다 속에서 떠올라, 하루
아침에 광명을 열었네.[齊有倜儻生 魯連特高妙 明月出海底 一朝開光耀]"라
고 한 데서 뜻을 취한 것이다.

노중련은 전국시대 제나라 사람으로, 조(趙)나라에 가서 진(秦)나라의
연횡술(連橫術)에 동조하려는 위(魏)나라 사신을 설득시키며 "진(秦)나라
를 황제로 섬길 바에야 나는 차라리 바다에 빠져 죽겠다."라고 하였다.
노중련의 이런 정신은 후인들에게 깜깜한 밤중에 동해에서 떠오르는 명
월로 인식되었다. 이백의 시가 바로 그것을 노래한 것이다.

조선 후기 유후조(柳厚祚, 1798~1876)는 「농월정중건기(弄月亭重建記)」
에 다음과 같이 썼다.

> 농월정(弄月亭)이라는 세 글자를 특별히 바위에 새긴 것은 무슨 뜻인
> 가? 공이 동계(桐溪) 정선생(鄭先生 : 鄭蘊)과 의리를 부지한 것은 또한
> 당시의 노중련(魯仲連)과 같은 것이었다. 공이 이 정자에 올라 못 위의
> 명월(明月)을 노중련으로 본 것인지도 모른다. 즉 노중련이 하나의 명월
> 이고, 명월이 하나의 노중련이었던 것이다. 진(秦)나라가 천하를 통일한
> 뒤로 중원의 세계는 모든 것이 침체되어 비린내와 먼지가 눈에 자욱해서
> 다시는 바다 밑에서 떠오르는 명월의 진면목을 볼 수 없었다. 지금 공은
> 동해에 사는 사람으로서 존주대의(尊周大義)로써 동해에 명월을 다시

뜨게 하였으니, 노중련에 비해 빛이 더 있다. 얼마나 장한 일인가.[48]

　이 글을 통해 알 수 있듯이, 농월정(弄月亭)의 '농월(弄月)'은 달을 희롱한다는 뜻이 아니라, 암흑의 세상에 문명을 지킨다는 의미를 담고 있다. 그래서 그 명월은 노중련의 정신이 승화된 것으로 나타나고, 그 명월을 통해 시인은 그 정신을 잇고자 하는 것이다. 바로 대명의리(大明義理) 정신의 구현이다. 우리 선인들은 산수에 이런 정신을 심어 놓았다.

　이처럼 산수에 은거해 대명의리를 굳게 지키려 한 사람들은 부지기수로 많다. 그 정신이 구한말까지 이어져 오다가 가평군 하면 대보리 조종암(朝宗巖)의 산수에 그 정신이 다시 깃들게 된다. 조종암은 창해처사(滄海處士) 허격(許格)이 가평군수 이제두(李齊杜) 및 그 고을 백해명(白海明)에게 "이곳은 천하의 청정한 곳입니다. 명나라 사직이 이미 망했으니, 우리들이 사모하는 마음을 붙일 곳이 없습니다. 지금 이곳을 얻었으니, 시냇가 바위에 명나라 의종황제(毅宗皇帝)의 어서(御書)인 '사무사(思無邪)' 큰 글씨 세 자와 우리 소경왕(昭敬王 : 宣祖)의 '만절필동 재조번방(萬折必東 再造藩邦)' 큰 글씨 여덟 자를 받들어 새기고, 또 선문왕(宣文王 : 孝宗)의 비답(批答)에 있는 '일모도원 지통재심(日暮道遠 至痛在心)' 여덟 자를 취해 송시열(宋時烈) 선생의 수필(手筆)을 받아 새깁시다."[49]라고 제안하

48　柳厚祚,『知足堂集』권8, 附錄.「弄月亭重建記」."以弄月亭三字 特銘於巖者 是何意也 公與桐溪鄭先生 所秉義理 又是今日魯連也 未知公之登斯而望月也 無乃以淵上明月把作魯連看耶 魯連一明月也 明月一魯連也 秦以後 一幅神州 種種陸沉 腥塵彌然滿眼 更不見出海面目 今公東海上人也 乃能以尊周大義 又復明月之於東海 于魯連有光焉 何其壯也"

49　金平黙,『重菴集』Ⅱ,「朝宗巖三賢傳」."東流入于汕水 達于海 故鄉名曰朝宗 公與郡守李齊杜 鄉士白海明 相謂曰 此天下乾淨地也 明杜已墟 吾屬寓慕無所 今於此得之 乃就澗上巖面 奉刻毅宗皇帝御書思無邪三大字 昭敬王萬折必東再造藩邦八大字 又取

여 조성된 곳이다.

이곳에는 이들이 새긴 '사무사(思無邪)'·'만절필동 재조번방(萬折必東 再造藩邦)'·'일모도원 지통재심(日暮道遠 至痛在心)' 및 이우(李俁)의 전서 (篆書) '조종암(朝宗巖)' 등의 각자가 있다. 이 바위를 조종암이라 이름을 붙인 것은 앞에 흐르는 시냇물이 산수(汕水)로 유입되었다가 바다로 흘러가기 때문이다. '종(宗)에 조회(朝會)한다.'는 뜻으로, 모든 물이 흘러 바다로 흘러가듯이, 모든 인류는 대명(大明)에 귀속된다는 『춘추』의 태일통론 (大一統論)이다. 그래서 각자를 새긴 바위를 '조종암(朝宗巖)'이라 하고, 그 앞의 시내를 '조종천(朝宗川)'이라 하였다.

후대 유중교(柳重教, 1832~1893)는 스승 이항로(李恒老, 1792~1868)의 유지를 받들어 정자를 세울 바위를 '견심정(見心亭)'이라 명명하였으니, '견천지지심(見天地之心)'의 뜻에서 취한 것이다.[50]

허격(許格)이 조종암을 조성한 뒤, 이곳에 깃든 대명의리 정신에 대해, 임헌회(任憲晦, 1811~1876)는 다음과 같이 언급했다.

> 내가 천하의 물을 보건대, 길을 잃고 범람하여 바다를 조종(朝宗)으로 할 줄 모르는 것이 도도하여 모두가 그렇다. 이 어찌 물의 본성이겠는가. 단지 형세가 그렇게 만든 것일 따름이다. 우리나라 가평군에는 조종천 (朝宗川)이 있는데, 동으로 흘로 산수(汕水)로 들어갔다가 바다에 이른다. 시내를 조종(朝宗)으로 이름을 붙인 것은 이곳에 있는 바위가 조종암 (朝宗巖)이기 때문이며, 이곳에 있는 집이 조종재(朝宗齋)이기 때문이며, 이곳에 사는 사람이 조종인(朝宗人)이기 때문이다. …… 아! 무너진

宣文王批語日暮道遠至痛在心八字 受宋先生時烈手筆 並刻之"

50 柳重教, 『省齋集』 권2, 「朝宗巖 見心亭 鎬名記」.

구하(九河)를 소통시킬 수는 없지만, 천하의 물이 모두 옛길을 따라 바다
로 들어가게 하려는 것이다. 잔잔하게 흐르는 한 작은 시내에 '만절필동
(萬折必東)'의 뜻을 붙인 것이 참으로 슬프다. 그렇지만 오랑캐는 곤궁할
형세를 지니고 있고, 밝은 하늘에는 반드시 회복될 떳떳함이 있으니,
나는 조만간 중화인(中華人)과 함께 이 글을 읽으면서 동국(東國)에도
강을 가로지르는 지주석(砥柱石)이 있는 줄 알게 할 것이다.[51]

이와 같은 대명의리는 소중화정신(小中華精神)의 발로로, 좋게 말하면
문명에 대한 자존의식(自尊意識)이라 하겠다.[52]

조종암에 가보면, 경관이 그렇게 빼어나지 않다. 산기슭 모서리에 있
는 각자가 새겨진 바위와 그 앞으로 시냇물이 흐를 뿐이다. 그런데 그런
산수에 대명의리를 심어 넣음으로써 전통 명승으로 거듭나게 했다.

이상에서 정온(鄭蘊)의 은거지인 안의 모리(某里)에 깃든 대명의리 정
신, 박명부(朴明榑)의 은거지인 안의 화림동 농월정(弄月亭)에 깃든 대명
의리 정신, 그리고 허격(許格) 등이 조성한 조종암(朝宗巖)에 깃든 대명의
리 정신을 살펴보았다.

이처럼 산수에 대명의리 정신을 구현한 것은 대체로 물의 본성이 아래
로 흘러 바다로 모이듯이, 정치·문화도 문명중심의 대동세계(大同世界)

---

51 任憲晦, 『鼓山集』 권9, 「朝宗巖誌序 乙亥」, "余觀天下之水 泛濫失道 不知朝宗于海者
滔滔皆是 是豈水之性哉 特爲勢所使耳 惟吾東加平郡 有朝宗川 東流入于汕 達于海
川旣以朝宗名 則凡石於是者 爲朝宗巖 屋於是者 爲朝宗齋 人於是者 爲朝宗人……噫
旣不能疎已潰之九河 使天下之爲水者 咸由故道 朝宗于海 乃於一潺湲之小澗 寓其萬
折必東之意者 良亦戚矣 雖然 虜渾占將窮之勢 皓天有必反之常 我將早晩 與中華人共
讀此書 俾知左海之有橫流砥柱云"

52 조선후기 소중화의식에 대해서는 다양한 해석이 있는데, 여기서는 논지의 번다함을
피하기 위해 거론하지 않는다.

를 지향해야 한다는 『춘추』의 대일통주의(大一統主義)에 근거한 의리론
(義理論)이다.

Ⅵ. 맺음말

이상에서 명승의 개념정의와 구분 및 범주에 대해 알아보고, 명승은
어떻게 성립되었는지, 동아시아에서 산수에 대한 심미관은 어떻게 나타
나는지, 한국의 전통 명승에 내재된 정신세계는 어떤 특징이 있는지를
살펴보았다. 지금까지 논의한 것을 바탕으로 결론을 도출하여 정리하면
다음과 같다.

첫째, 명승의 개념은 인간의 심미의식인 인위(人爲)와 빼어난 경물인
자연(自然)의 두 요소가 합하여 만들어진 것으로, 사적(史蹟)이나 천연기
념물과 구분할 필요가 있다. 또한 명승은 역사적·문화적 가치를 척도로
하기 때문에 '전통(傳統)'이라는 말을 앞에 붙여 '전통 명승(傳統名勝)'으
로 칭하는 것이 바람직하다.

둘째, 전통 명승의 범주를 정할 적에 첫 번째로 고려할 사안이 대상
경물(景物)에 대한 선인들의 심미의식이 남아 있어야 한다는 점이며, 두
번째로 고려할 사안이 경점(景點)과 구별해야 한다는 점이다.

팔경(八景)은 경점(景點)에 소속시켜 전통 경점(傳統景點)에 넣는 것이
바람직하다. 전통 명승인 동천(洞天)·구곡(九曲) 속에는 일차적으로 대
(臺)·암(巖)·봉(峯)·벽(壁)·벼리[遷]·학(壑)·반석(盤石)·천(泉)·폭(瀑)·
담(潭)·연(淵)·추(湫)·소(沼)·천(川)·탄(灘) 등이 포함될 수 있으며, 대
(臺)나 반석(盤石) 또는 물가에 인위적으로 만들어진 누정(樓亭) 및 암자

(庵子) 등의 조형물도 포함시켜 고찰할 수 있다.

셋째, 전통 명승은 명인(名人)과 명소(名所)의 만남으로 성립되는데, 명소보다는 명인의 요소가 더 강조되고 있다. 따라서 전통 명승을 발굴하고 지정할 적에는 반드시 이 두 요소를 기준으로 해야 한다.

넷째, 중국의 산수(山水)에 대한 심미관(審美觀)은 요산요수(樂山樂水)의 경우처럼 자연 경물의 특징을 가져다 인간의 도덕적 정조를 비유하는 비덕(比德)과 산수 자체의 아름다움을 통해 정신을 창달(暢達)하는 창신(暢神)으로 크게 구별된다.

우리나라의 산수에 대한 심미관도 이런 영향을 받아 두 가지로 나타나는데, 조선시대는 특히 성리학의 심성수양론적 사유에 의해 비덕(比德)의 차원을 넘어서 인지지락(仁智之樂)·천인합일(天人合一)의 심미관이 강하게 대두되고 있으며, 창신(暢神)의 측면에서는 탕척흉금(蕩滌胸襟)·청신쇄락(淸新灑落)의 심미관으로 나타난다.

다섯째, 한국의 전통 명승에 내재된 정신세계를 살펴보면, 창신(暢神)의 영향으로 나타나는 탕척흉금(蕩滌胸襟), 비덕(比德)의 영향으로 나타나는 인지지락(仁智之樂), 그리고 조선시대 특수한 문화적 환경에서 만들어진 산수에 심어 놓은 대명의리(大明義理) 정신의 구현을 특징으로 꼽을 수 있다.

이 글은 전통 명승인 동천·구곡에 대한 학술조사를 통해, 그것의 인문학적 의미를 살펴보기 위해 고찰한 글이다. 필자가 전통 명승의 인문학적 의미를 강조한 것은 천연기념물의 하위 개념으로 소속된 명승을 자연과학적 시각으로만 바라보려고 하는 것에 일정한 반성을 촉구하기 위한 것으로, 전통 명승에 대한 보다 신중하고 공정한 접근이 필요하다는 생각에서였다. 또한 전통 명승에 대한 개념과 범주, 그리고 그와 관련된 의미

를 바르게 정립하는 것이 앞으로 우리 문화유산을 정당하게 보전하고
관리하는 체계를 만들 수 있으리라는 바람에서 문제제기를 한 것이다.

이 글은 『경남문화연구』 제29호(경상대 경남문화연구원, 2008)에 실린
「전통명승의 인문학적 의미」를 수정 보완한 것이다.

제4장

「무이도가」 수용양상과 도산구곡시의 성향

Ⅰ. 문제의 소재

16세기 주자학에 대한 이해가 깊어지면서 주자의 「무이도가(武夷櫂歌)」
에 대한 해석을 두고 학자들 사이에 논쟁이 제기되었다. 그 초기의 인물
이 이황(李滉, 1501~1570), 김인후(金麟厚, 1510~1560), 기대승(奇大升, 1527~
1572), 조익(趙翼, 1579~1655) 등이다.

이민홍(李敏弘)은 이러한 「무이도가」 수용양상에 대해 일찍이 주목하
여 본격적인 연구를 진행하였다. 그는 이황·김인후·기대승의 「무이도가」
수용관점에 대해 "하서(河西 : 金麟厚)는 문학을 철저하게 도학을 선양하
는 매체로 인식했고, 고봉(高峯 : 奇大升)은 문학을 인물기흥(因物起興)의
미적서정(美的抒情)과 서경(敍景)을 중시했고, 퇴계(退溪 : 李滉)는 이들 양
자의 중간에 서서 도학적 주제의식은 문학이 지닌 미적 형상을 통하여
표현되어야 한다고 생각했던 것 같다."라고 하였다.[1]

---

[1] 이민홍, 「「무이도가」 수용을 통해 본 사림파문학의 일양상 – 퇴계·하서·고봉을 중심
으로」, 『한국한문학연구』 제6집, 한국한문학회, 1982, 44쪽.

곧 김인후는 도학적 관점에서, 기대승은 미적 형상의 관점에서, 이황
은 양자를 아우르는 관점에서 「무이도가」를 수용했다고 본 것이다.

후에 강정서(姜正瑞)는 이러한 이민홍의 견해를 비판하면서 "사림의
「무이도가」에 대한 시인식(詩認識)은 크게 두 부류로 나누어진다. 하나
는 「무이도가」가 입도차제(入道次第)를 읊은 시라는 인식과 또 하나는
인물기흥(因物起興)을 읊은 시라는 인식이다. …… 퇴계가 「무이도가」에
대한 시인식은 분명히 깊이가 있는 인식이었다. 당시의 여러 학자들이
논의한 인식보다 한 단계 더 나아간 것이라 할 수 있다. 특히 구곡 공간
에 대한 인식은 조도적(造道的)이거나 서경적(敍景的)이거나 하는 대립적
인식에서 한 단계 나아가 시의 본질을 인정하며 여기에 도를 실어야 한
다는 재도적(載道的) 인식을 가졌다."라고 하였다.[2]

이는 조선시대 「무이도가」 수용관점을 크게 둘로 나누어 김인후는 입
도차제(入道次第)로 기대승은 인물기흥으로 분류하고, 이황은 이런 대립
적 인식에서 더 나아가 깊이 있는 인식을 한 것으로 파악한 것이다.

또 강정서는 이러한 자신의 관점을 더 발전시켜 "「무이도가」에 대한
시인식은 조선 후기에 이르러 다양한 양상을 보인다. 이러한 양상을 정리
하면 입도차제, 탁흥우의(托興寓意), 인물기흥이다. 입도차제는 조선 후
기에서도 가장 일반적인 시인식이었다. …… 퇴계의 시인식을 계승한 탁
흥우의는 인물기흥과는 조금 다른 입장을 취하고 있다. 인물기흥이 시의
서경성(敍景性)을 중시한 것이라면 탁흥우의는 서경성을 중시하면서도
「무이도가」의 조도적(造道的)인 면을 부정하지 않는다. …… 인물기흥은

---

2 강정서, 「퇴계의 무이도가 시인식의 한 국면」, 『동방한문학』 제14집, 동방한문학회,
   1998, 178쪽.

조선 후기에 이르러 새로운 양상으로 발전하는데 시의 서경성을 중시하
는 이 인식은 향반(鄕班)들에 수용되면서 다양한 시 장르에 수용되게 된
다."라고 하였다.[3]

이러한 강정서의 설은 조도적(造道的)인 면을 중시한 입도차제(入道次
第), 서경성을 중시한 인물기흥(因物起興), 그리고 서경성을 중시하면서
도 조도적인 면을 부정하지 않는 탁흥우의(托興寓意), 이렇게 세 부류로
나누어 그 성격을 규정한 것이다.

이후 김문기 · 강정서는 "하서 김인후는 「무이도가」를 입도차제를 읊
은 재도시(載道詩)로 해석하였고, 고봉 기대승은 인물기흥을 읊은 서경
시(敍景詩)로 해석하였다. 퇴계 이황은 한편은 서경시로 해석하면서도
한편으로는 재도시로 해석하는 절충적 입장을 가졌다."라고 주장하였는
데[4], 이는 앞서 살펴본 강정서의 견해와 동일하다.

그리고 정우락(鄭羽洛)도 "조선조 선비들은 「무이도가」를 대체로 세
가지 방향에서 이해했다. 하나는 입도차제로 이 시가 도에 들어가는 순
서를 읊은 노래로 이해하는 것이고, 다른 하나는 인물기흥으로 아름다운
자연에 대한 순수한 서경을 읊은 노래로 이해하는 것이었다. 그리고 나
머지 하나는 탁흥우의로 자연을 노래한 서경시인 동시에 도로 들어가는
차례를 제시한 노래로 이해하는 것이었다."라고 하여[5], 강정서와 유사한
주장을 하였다.

---

3 강정서, 「조선후기의 무이도가 시인식」, 『동방한문학』 제17집, 동방한문학회, 1999,
   30쪽.
4 김문기 · 강정서, 『경북의 구곡문화』, 경북대 퇴계연구소, 2008, 29~40쪽. 「총론 제2
   장 구곡문화의 수용양상」 참조.
5 정우락, 「주자 무이구곡의 한국적 전개와 구곡원림의 인문학적 의미」, 『구곡문화』,
   울산대곡박물관, 2010, 116쪽 참조.

한편 조성덕은 선행연구를 계승하면서 논의의 범위를 넓혀 이황·기대승·정구(鄭逑)는 인물기흥의 산수시적 관점으로 「무이도가」를 수용하고, 김인후·조익(趙翼)·채봉암(蔡鳳巖)은 입도차제의 조도시적 관점으로 「무이도가」를 수용한 것으로 파악하였다.[6] 조성덕은 「무이도가」 수용관점을 인물기흥과 입도차제로 양분하고, 이황의 관점을 인물기흥으로 본 것이 특징이다.

또한 신두환은 "「무이도가」의 비평은 인물기흥의 자연시로 보는 견해와 탁물우의의 입도차제로 이해하려는 두 갈래 양상이 전개되고 있었다."라고 하였다.[7] 신두환은 「무이도가」 수용관점을 인물기흥의 자연시로 보려는 견해와 탁물우의의 조도시로 보는 견해로 양분하고 입도차제를 탁물우의로 본 것이 특징이다.

이러한 기왕의 연구는 「무이도가」의 수용양상에 주목하여 그 다양성과 특징을 드러내려 노력한 점이 돋보인다. 그러나 분류하는 기준이 모호하고, 분류한 바의 층위가 맞지 않는다. 우선 산수시(山水詩)와 조도시(造道詩), 서경시(敍景詩)와 재도시(載道詩), 인물기흥(因物起興)과 입도차제(入道次第), 인물기흥과 탁흥우의(托興寓意)가 상호 대립적 상관물이 될 수 있는가 하는 문제를 제기해 보면, 비교 대상이 이질적이어서 같은 차원에서 논의하기 어려운 점이 있다.

또한 기왕에 대체로 받아들여지고 있는 입도차제·인물기흥·탁흥우의의 삼분류설을 두고 볼 때도, 동질성을 가진 상관물로서 비교대상이

---

6 조성덕, 「무이도가의 수용과 변용에 대한 일고찰」, 성균관대 대학원 석사학위 논문, 2004 참조.

7 신두환, 「조선 士人의 무이도가 비평양상과 그 문예미학」, 『대동한문학』 제27집, 대동한문학회, 2007, 247쪽 참조.

될 수 없다. 인물기흥과 탁흥우의는 수사(修辭)에 관한 것이므로 상관물이 될 수 있지만, 입도차제는 수사(修辭)를 말한 것이 아니고 내용의 의미를 말한 것이므로 상관물이 될 수 없다. 그리고 이황이 '탁흥우의'라고한 것을 강정서 등의 견해처럼 절충적인 것으로 볼 것인가, 아니면 조성덕의 견해처럼 인물기흥에 넣을 것인가, 아니면 신두환의 견해처럼 탁물우의로 볼 것인가 하는 문제도 아울러 제기된다.

산수시는 산수를 노래한 시이기 때문에 서경시에 속하고, 조도시·재도시는 작가의 정서를 노래한 시이기 때문에 서정시에 속한다. 또한 탁물우의·인물기흥은 시적수사(詩的修辭)를 말한 것으로, 기흥(起興)인가아니면 우의(寓意)인가로 초점이 모아진다. 반면 입도차제는 우의(寓意)의 내용이 그렇다는 것으로, 이는 시의 내용을 말한 것이지 수사를 말한것이 아니다. 따라서 이에 대한 변별적 인식이 필요하다.

본고는 이러한 문제의식을 바탕으로 조선시대 「무이도가」 수용관점을 다시 재고해 보고, 논란이 된 이황의 수용관점의 진의는 무엇인가를살펴본 다음, 19세기 초 경상좌도 퇴계학파 학자들이 집중적으로 창작한도산구곡시(陶山九曲詩)는 어떤 성향을 보이고 있는지를 구명하고자 한다. 이것이 본고의 목적이다.

Ⅱ. 조선시대 「무이도가」 수용의 양대 관점

앞에서 문제제기를 했듯이, 「무이도가(武夷櫂歌)」의 수용관점은 기흥(起興)인가, 우의(寓意)인가 하는 시적수사에서 찾아야 한다. 그렇지 않고 층위가 맞지 않는 서로 다른 상관물을 가져다 대립적으로 파악하는 것은 논의의 설정이 온당하지 않다.

　시적수사는『시경』에서 그 근원을 찾을 수 있다.『시경』의 육의(六義) 가운데 부(賦)·비(比)·흥(興)은 대체로 수사법으로 본다. 부(賦)는 직설 (直說), 비(比)는 비유(比喩), 흥(興)은 흥기(興起)를 말한다. 그런데 비(比) 와 흥(興)에 대해서는 개념정의가 일정하지 않고 양자를 구분하는 시각 도 다양하다.

　「무이도가」 수용관점에서 논란이 되는 점이 비(比)로 볼 것인가, 흥 (興)으로 볼 것인가 하는 문제이기 때문에 여기서는 이에 관한 몇 가지 설을 인용하여 논거로 삼고자 한다.

　후한 말의 정현(鄭玄)은 "비(比)는 사물에 비유하는 것이고, 흥(興)은 사물에 일을 의탁하는 것이다."[8]라고 하였으며, 남북조 시대 유협(劉勰) 은 "비(比)는 붙이는 것이고, 흥(興)은 일으키는 것이다. 이치를 붙이는 것은 유사한 것을 가져다 사물을 가리키는 것이고, 정을 일으키는 것은 은미한 데에 의지하여 의론을 비의(比擬)하는 것이다."[9]라고 하였다.

　한편 송나라 때 주자(朱子)는 "흥(興)은 먼저 다른 사물을 말하여 읊조 리고자 하는 바의 말을 일으키는 것이다. …… 비(比)는 저 사물로써 이 사물을 비유하는 것이다."[10]라고 하였고, 또 "비(比)는 사물을 취하여 비 유를 삼는 것이고, 흥(興)은 사물에 의탁하여 말을 일으키는 것이다."[11] 라고 하였다.

───────────────

8　『周禮』春官「太師」'敎六義'의 주. "比者 比方於物也 興者 托事於物也"

9　劉勰,『文心雕龍』권8,「比興 第三十六」. "比者 附也 興者 起也 附理者 切類以指事 起情者 依微以擬議"

10　胡廣 等撰,『詩傳大全』國風「關雎」·「螽斯」朱熹의 註. "興者 先言他物 以引起所詠 之詞也……比者 以彼物 比此物也"

11　朱熹,『楚辭集注』권1,「離騷經第一」의 註. "比則取物爲比 興則托物興詞"

　이러한 비(比)와 흥(興)에 대한 역대 주요 개념정의를 정리하면, 비(比)
는 사물에 비유하여 이치를 붙이는 것이고, 흥(興)은 사물에 의탁하여
정취를 일으키는 것이다. 특히 유협이 비(比)를 부리(附理)로 흥(興)을 기
정(起情)으로 정의한 설은 비(比)와 흥(興)의 수사적 성격을 구분하는 데
유효하다.

　이를 근거로 주자의 「무이도가」의 수용관점을 논하면 비(比)로 볼 것인
가, 흥(興)으로 볼 것인가 하는 문제로 귀결된다. 흥(興)으로 보면 사물에
의탁하여 정취(情趣)를 일으킨 시가 되고, 비(比)로 보면 사물을 취하여
비유를 하면서 이치(理致)를 붙인 시가 된다. 따라서 주자의 「무이도가」
수용관점을 논하면서 입도차제(入道次第) 또는 진도차제(進道次第)로 보
는 시각은 비(比)로 보는 것이며, 인물기흥(因物起興) 또는 즉물기흥(卽物
起興)으로 보는 시각은 흥(興)으로 보는 것이다. 유협의 주장대로 비(比)에
는 부리(附理)의 의미가 있기 때문에 입도차제로 보는 설의 논거가 된다.

　우리나라에서는 16세기에 이황과 기대승, 기대승과 김인후 사이에 「무
이도가」의 수용관점에 대해 심도 있는 논의가 제기되었다. 기대승은 김
인후가 「무이도가」를 입도차제로 해석한 것에 반대하며 이황에게 자신의
견해를 제시했는데, 그 핵심은 다음과 같은 글에 있다.

　　① 주자는 무이구곡을 노래한 10수의 시에서 사물을 인하여 흥취를
　　일으켜 흉중의 정취를 그려냈는데, 그 의경(意境)을 붙인 것과 그 언의의
　　마땅함이 참으로 모두 청고화후(淸高和厚)하고 충담쇄락(沖澹灑落)하여
　　곧바로 증점(曾點)이 '기수(沂水)에서 목욕하고 무우(舞雩)에서 바람을
　　쐬고 시를 읊조리며 돌아오겠습니다.'라고 한 기상과 그 쾌활함이 동일
　　합니다. 어찌 하나의 입도차제를 장식하여 암암리 「무이도가」에 묘사하
　　여 은미한 의미의 이치를 붙여놓은 것이 있습니까?[12]

② 대개 그 만난 바의 경계에 나아가 그 감발한 의경을 발하였기 때문에 의(意)와 경(境)이 진솔하여 그 시어에 절로 깊은 지취가 있는 것입니다. 이것이 주자의 시가 된 까닭입니다. 만약 경물을 형용할 의도를 이미 가지고 있고, 또 도학을 끌어다 비유하려는 의도가 있었다면 바로 두 마음이 될 것입니다.[13]

③ 주자의 구곡의 시는 모두 의도가 있지만 주석가의 설과 같지 않습니다. 그렇다면 무이구곡의 시는 모두 의도를 붙인 것이 있는데, 그 붙인 바의 의도가 도학이 아니고 다른 일인 것입니다.[14]

①과 ②는 기대승의 문집에 있는 내용이고, ③은 조익(趙翼)의 문집에 인용된 기대승의 설이다. ①의 요지는 「무이도가」가 인물기흥(因物起興)하여 흉중의 지취(志趣)를 그려낸 시라는 것이고, ②의 요지는 「무이도가」에 경물(景物)을 형용하는 의경(意境)도 있고 도학(道學)을 비유하는 의경도 있다면 이는 두 마음이 된다는 것이며, ③의 요지는 「무이도가」에 우의(寓意)가 있지만 그 우의가 도학이 아니고 타사(他事)라는 것이다.

이러한 기대승의 견해는, 첫째 「무이도가」를 비(比)가 아닌 흥(興)으로 보는 시각이 근간을 이루고 있으며, 둘째 그 속에 우의(寓意)가 있는데 그 우의도 도학이 아니라 타사(他事)라는 것이다. 그가 생각한 타사(他事)는 바로 공자의 제자 증점(曾點)이 기수(沂水)에 가서 목욕하고 무우(舞雩)

---

12 奇大升,『高峯全集』,「兩先生往復書」 권1,「別紙 武夷櫂歌和韻」. "朱子於九曲十章, 因物起興, 以寫胸中之趣, 而其意之所寓, 其言之所宜, 固皆淸高和厚, 沖澹灑落, 直與 浴沂氣象, 同其快活矣. 豈有粧撰一箇入道次第, 暗暗地摹在九曲櫂歌之中, 以寓微意 之理哉."
13 上同. "盖卽其所遇之境, 而發其所感之意, 故意與境眞, 而其言自有深趣, 此其所以爲 朱子之詩也. 若旣有形容景物之意, 又有援譬道學之意, 則便成二心矣."
14 趙翼,『浦渚集』 권22, 雜著,「讀退溪高峯論武夷詩書」. "九曲皆有意, 而非註家之說. 然則九曲皆有寓意, 而所寓之意, 非道學, 乃他事也."

에서 바람 쏘이고 시를 읊조리며 돌아오고자 한 기상과 동일하다는 것이
다. 즉 산수 자연에 동화되어 성명(性命)을 온전히 하는 천인합일의 정신
세계를 지향하고 있다는 것이다. 이러한 기대승의 견해는 「무이도가」의
수사를 인물기흥으로 보고 산수시 · 서정시로 파악한 것이다.

이러한 기대승의 견해에 대해, 후대 조익은 조목조목 비판하면서 입
도차제로 본 송말원초의 진보(陳普)의 『도가주해(櫂歌註解)』의 설과 김인
후의 설을 지지하였다. 조익의 설의 핵심은 다음과 같은 문구에서 찾을
수 있다.

> ① 삼가 이 「무이도가」를 살펴보건대, 시종 탁의(托意)한 것이 있지
> 않음이 없으니, 학문공부에 비유하면 합치되지 않음이 없다.[15]
> ② 이 시의 제목 밑에 주자가 직접 쓴 글에 "장난삼아 이 시를 지어
> 함께 유람한 여러 벗들에게 보여 서로 더불어 한 바탕 웃었다."라고 하
> 였다. 만약 우의(寓意)가 아니라면 무엇 때문에 '장난삼아 이 시를 지
> 어'라고 말했겠으며, 무엇 때문에 '서로 더불어 한 바탕 웃었다.'라고
> 말했겠는가?[16]
> ③ 주자가 제1곡을 노래한 시에 '무지개다리 한번 끊어진 뒤로 소식
> 조차 없고[虹橋一斷無消息]'라고 하였는데, 산수에 무슨 소식이 있겠는
> 가? 이 구가 어찌 산수만을 읊조린 것이겠는가? 제2곡을 노래한 시에
> '도인은 양대(陽臺)의 꿈을 다시 꾸지 않으니[道人不復陽臺夢]'라고 하
> 고, 제3곡을 노래한 시에 '물거품과 풍전등화 같은 인생 어찌 가련타
> 하리[泡沫風燈敢自憐]'라고 하였으니, 이런 구가 어찌 산수를 노래한
> 시에 마땅히 있는 것이겠는가? …… 제6곡, 제7곡, 제8곡, 제9곡을 노

---

15 上同. "竊見此詩, 始終無非有所托意, 比之學問工夫, 無不吻合."

16 上同. "夫此詩題下, 朱子自題云, 戲作呈諸友遊, 相與一笑, 若非寓意, 何故謂戲作,
   何故相笑乎."

래한 시에 이르러도 조도(造道)의 일을 비유한 것이 모두 핍진하게 유
사하다. 이로써 보면 나는 단연코 이 시가 조도의 일을 비유한 것이라
고 생각한다.[17]

　①의 요지는 「무이도가」가 학문공부에 비유하여 탁의(托意)한 것이
며, ②의 요지는 주자가 '희작(戱作)'이라고 한 말로 미루어보건대 우의
(寓意)한 것이 분명하다는 것이며, ③의 요지는 각각의 시구를 살펴보건
대 산수를 노래한 시가 아니고 조도지사(造道之事)를 비유한 섯이 분명하
다는 것이다. 이처럼 조익의 견해는 「무이도가」를 흥(興)으로 보지 않고
비(比)로 보는 인식이 저변에 깔려 있기 때문에 탁의(托意)·우의(寓意)에
주목하여 조도의 일로 본 것이다.

　조익은 "무이구곡의 산수는 들어갈수록 더욱 기이한데 그 계곡이 끝나
는 곳이 또 평평하게 펼쳐져 확 트였으니, 이를 취하여 조도의 일로 삼을
수 있다. 그러므로 주자는 이 산수에서 흥(興)을 의탁해 비유한 것이다."[18]
라고 하여, 「무이도가」가 산수에서 흥(興)에 의탁하여 지은 것이지만 조
도의 일을 비유한 것으로 보았다. 즉 탁흥(托興)보다 우의(寓意)에 초점을
두어 비(比)를 중시하는 시각을 근본으로 하고 있는 것이다.

　이상에서 살펴본 기대승과 조익의 관점이 조선시대 「무이도가」를 수
용하는 양대 관점이다. 이 두 관점에 대해 후대에 다양한 논평이 제기되
었는데, 이에 대해서는 논의의 번잡함을 피하기 위해 논의하지 않기로

17　上同. "一曲云, 虹橋一斷無消息, 山水有何消息, 此句, 豈只詠山水耆乎. 二曲, 道人不
　　復陽臺夢, 三曲泡沫風燈敢自憐, 此豈詠山水詩所宜有乎. …… 至於六曲七曲八曲九
　　曲之語, 比之造道之事, 皆逼似, 以是, 愚斷然以爲喩造道事也"
18　上同, 권22, 雜著, 「武夷櫂歌十首解」"其中山水, 愈入愈奇, 而其溪谷盡處, 又却平衍
　　開, 豁 可取以喩造道之事. 故朱子作此十首, 托興於山水, 以爲論."

한다. 이 두 관점을 요약하자면, 기대승의 관점은 인물기흥(因物起興)에 주안점을 두고 있고, 조익의 관점은 탁흥우의(托興寓意)에 주안점을 두고 있다. 기대승의 관점은 기흥(起興)에 있기 때문에 흥(興)으로 보는 시각이며, 조익의 관점은 우의(寓意)에 있기 때문에 비(比)로 보는 시각이다. 이것이 「무이도가」를 수용하는 양대 관점의 핵심이다.

Ⅲ. 이황의 관점과 그에 대한 논변

이황(李滉)은 「무이도가」에 대해 애초 학문으로 나아가는 차례를 노래하려는 의사가 없다고 보았다. 그는 입도차제(入道次第)로 본 진보(陳普)의 『도가주해(櫂歌註解)』의 설에 대해 주석가가 천착해서 견강부회한 것으로 보아, 그것이 주자의 본의는 아니라고 하였다. 이런 점에서 자신은 기대승의 견해와 일치한다고 하였다.

다만 자신이 차운한 제9곡시를 수정하여 다시 지은 것에 대해서는 기대승과 의견이 다르다고 하였다.[19] 이황은 그 이유에 대해 다음과 같이 말하고 있다.

대개 「무이도가」 제8곡 마지막 구 '자시유인불상래(自是遊人不上來)' 부터는 이 1구와 제9곡을 노래한 시 1절(絶)은 본래 경치를 노래한 말이지만, 그 사이에 탁흥우의(託興寓意)한 곳이 없을 수 없습니다. 그러므로 기명언(奇明彦 : 奇大升)의 논변이 맞지만, 주해가의 견강부회한 설에 흔

---

19 李滉, 『退溪集』 권13, 「答金成甫德鷗別紙癸亥」. "大抵九曲十絶, 並初無學問次第意思, 而註者穿鑿附會, 節節牽合, 皆非先生本意. 故滉嘗辯其非, 而奇明彦亦以爲然矣. 獨於九曲, 與滉後改之說, 不同者."

들리지 않을 수 없어서 그런 것입니다. 그러므로 나의 생각으로는, 주선생의 이 제9곡을 노래한 시 1절은 본디 경물을 위해 말한 것이지만, 제9곡한 지경은 산세가 끝나고 시내가 평평한 곳일 뿐 평소 이곳에는 특별히절경이 없다고 하였으니, 아마도 유람하는 흥취를 문득 끝나게 하는 곳인듯합니다. 그러므로 제9곡을 노래한 시 앞 2구는 눈으로 본 경치를 직설적으로 기술한 것이고, 마지막 2구의 의미는 '이 경계에 이르러 극지처(極至處)가 된다고 말하지 말라, 다시 진원(眞源)의 묘처(妙處)에 이르기를 구해야 할 것이다. 마땅히 이 범상한 인간세상 아닌 곳이 있을 것이니, 별도로 한 구역의 좋은 세상이 있을 것이다.'라고 말한 것인 듯합니다.[20]

이황은 제8곡을 노래한 시 마지막 1구[自是遊人不上來]와 제9곡을 노래한 시에만 탁흥우의(托興寓意)한 점이 있다고 하였으니, 기본적으로는 「무이도가」를 인물기흥(因物起興)의 시, 즉 흥(興)으로 본 것이다. 따라서 기왕의 연구에서 이황의 「무이도가」 수용관점을 탁흥우의로 본 설은 실상과 맞지 않기 때문에 재고할 필요가 있다.

이황과 기대승의 관점의 차이는 제9곡을 노래한 시 마지막 2구의 해석에 있다. 이황은 「무이도가」 제9곡을 노래한 시에 차운하여 처음에는 다음과 같이 읊었다.

구곡이라 올라온 때에 도리어 망연하니,	九曲來時却惘然
참된 근원 어디 길래 이 평천(平川)만 보이는가.	眞源何許只斯川

---

20 上同. "蓋自八曲自是遊人不上來, 以(此)一句及此一絶, 雖亦本爲景致之語, 而其間不無託興寓意處. 故雖明彦之辯洽, 不能不爲牽合之說所動而然也. 故鄙意竊謂先生此一絶, 本只爲景物而設, 而九曲一境, 山盡川平而已. 素號此處別無勝絶, 殆令遊興頓盡處. 故詩前二句, 直敍所見, 而末二句意, 若曰勿謂抵此境界爲極至處, 而須更求至於眞源妙處, 當有除是泛常人間, 而別有一段好乾坤也云云."

어찌 굳이 우로(雨露)와 상마(桑麻) 있는 바깥에서,　　寧須雨露桑麻外
다시 산 속의 한 가닥 동천을 물으리.　　　　　　更問山中一線天[21]

　이 시의 의경은 제9곡을 극처(極處)로 본 것이다. 그래서 우로(雨露)와
상마(桑麻)가 있는 제9곡 밖에서 다시 동천(洞天)을 찾을 필요가 없다는
인식이다. 그러나 위의 인용문에 보이는 것처럼, 이황은 『도가주해(櫂歌
註解)』의 주석가의 설을 떨쳐버리지 못하여 탁흥(托興)한 것이 아니라 우
의(寓意)한 것이라고 생각하였다. 그리하여 제9곡시에 차운하여 아래와
같은 시를 다시 지었다.

　　구곡이라 산세 열려 단지 드넓기만 한데,　　　九曲山開只曠然
　　연기 나는 언덕 촌락이 긴 시내 굽어보네.　　　人烟墟落俯長川
　　권하노니 이곳이 유람의 극처(極處)라 말하지 마소,　勸君莫道斯遊極
　　묘처(妙處)는 오히려 별유천(別有天)을 기다려야 하리.
　　　　　　　　　　　　　　　　　　　　妙處猶須別有天[22]

　앞의 시는 제9곡이 극처(極處)임을 말한 것인데, 뒤의 시는 제9곡 외에
별도의 묘처(妙處)를 찾아야 한다는 인식이다. 기대승은 이 시에 동의하
지 않으며 말하기를 "만약 이 제9곡에 대해 오히려 흡족하지 않은 바가
있어서 다시 무릉도원의 경계를 찾고자 한다면, 이는 별도로 있는 동천
이어서 인간세상의 일이 아닐 것입니다. 주자가 제9곡을 노래한 시는
유람자가 이곳을 버리고 다른 곳을 구해서는 안 된다는 점을 경계한 것

21　上同.
22　上同, 권1, 「開居讀武夷志次九曲櫂歌韻 十首」.

입니다."[23]라고 하여, 인간세상을 버리고 별천지를 구하는 것은 주자의
본의가 아니라고 하였다.

　그러나 이황은 제9곡을 극처로 보지 않고 진원(眞源)의 묘처를 다시
구하라는 의미로 받아들여, 뒤의 시를 다시 지은 것이다. 그러면 이황은
그 묘처를 무엇이라고 생각한 것일까?

　이에 대해 강정서는 "퇴계는 진정한 유람자는 구곡의 공간에 이르러
전개되는 일상의 현상에 머무르지 않고 다시 한 단계 나아가는 것이라고
하였다. 한 단계 더 나아가는 것은 이 공간에 전개되는 일상의 현상 속에
존재하는 본체를 궁구하는 것이 된다. 퇴계는 이러한 경지를 '기갈오재
여유소립탁이(旣竭吾才 如有所立卓爾)'와 '백척간두진일보(百尺竿頭進一步)'
로 표현하였다."라고 하였다.[24] 이는 이황이 기대승과 논변한 편지에서
논한 내용을 근거로 한 말인데, 이 점에 대해 보다 심도 있는 논의를
필요로 한다.

　이황이 1563년에 김덕곤(金德鵾)에게 보낸 편지에서, 자신이 「무이도
가」에 차운한 시 중 제9곡시를 다시 고쳐 지은 뒤 확신할 수 없어 기대승
에게 보여주었는데 기대승은 동의하지 않았다고 술회하였다.[25] 이황이
기대승에게 개작한 시를 보여준 내용은 『퇴계집』 권16 「답기명언-논사

23　奇大升, 『高峯全集』, 「兩先生往復書」 권1, 「別紙武夷櫂歌和韻」, "若於此, 而猶有所
　　未愜, 更欲求桃源之境, 則是乃別有之天, 而非人間事矣. 戒遊者不可舍此而他求也."
24　강정서, 「퇴계의 무이도가 시인식의 한 국면」, 『동방한문학』 제14집, 동방한문학회,
　　1998, 176쪽 참조.
25　李滉, 『退溪集』 권13, 「答金成甫德鵾別紙癸亥」, "櫂歌九曲一絶四句意, 滉當初所見,
　　亦與註意同, 故初一絶云云. 其後所以改作一絶如此者, 非故欲鑿新而立異也. 只因反
　　覆詳味本詩之意, 及除是別有四字, 而疑其當如此看也. 然於滉心, 初亦不敢自必其的
　　然, 嘗以寄示奇君明彦, 明彦亦不以後一絶爲是."

단칠정제이서(答奇明言-論四端七情第二書)」별지 맨 뒤에 붙어 있다. 이 글에서 이황은 제9곡의 의미에 대해, '유람객들로 하여금 어부가 무릉도 원을 찾아 들어가듯이 하면 세상 밖에 별천지의 즐거움을 얻을 것이니, 그 경지에 이르러야 구경처(究竟處)가 된다.'는 점을 말한 것이라고 하였 다. 그것이 바로 '안회가 자신의 재능을 극진히 한 뒤에 우뚝하게 선 것 이 있는 것 같았다.'라고 말한 경지로, 백척간두에서 진일보한 지경라고 보았다. 이런 관점에서 이황은 「무이도가」 제8곡시의 마지막 2구와 제9 곡시는 학문이 진보한 경지로 볼 수 있다는 점을 언급한 것이다.[26]

이황은 또 김덕곤에게 보낸 편지에서, 중국의 방악(方岳)·장헌(張憲)· 양사종(楊士倧)·고응상(顧應祥) 등이 제9곡시에 차운한 구절을 예로 제시 하면서 "이런 시구는 모두 제9곡이 경치가 다한 곳이기 때문에 다시 별도 로 한 선경을 찾아서 구경처를 삼고자 한 것입니다. 내 생각에 주선생의 처음 의사는 이와 같을 따름인데, 독자들이 풍영하고 완미할 적에 그 의사가 초원(超遠)하여 무궁한 뜻을 함축하고 있음을 얻은 것이니, 또한 조도인(造道人)의 심천고하(深淺高下)와 억양진퇴(抑揚進退)의 의사가 되 는 것으로 바꾸어 볼 수 있습니다."[27]라고 하였다.

그리고 "『논어』에서 자공(子貢)이 '가난하지만 아첨함이 없고 부유하 지만 교만함이 없다.[貧而無諂 富而無驕]'라고 한 것, 증자(曾子)가 일에

---

26 上同, 권16, 「答奇明彦-論四端七情第二書-別紙」. "蓋九曲乃是尋遊極處, 而別無奇
    勝. 若因其無勝, 而遂謂遊事了訖, 則興盡意闌, 而向來所歷奇觀, 都成虛矣, 故末句
    云云, 意若勸遊人須如漁人尋入桃源之境, 則當得世外別乾坤之樂, 至是方爲究竟處,
    不但如今所見而止耳. 乃旣竭吾才後, 如有所立卓爾處, 亦百尺竿頭更進一步處. 然則
    此處及八曲所謂莫言此地無佳境, 自是遊人不上來之類, 可作學問造詣處看矣."
27 李滉, 『退溪集』권, 「答金成甫德鵾別紙癸亥」. "此等句, 皆以景致盡處, 故更欲別尋一
    仙境, 以爲究竟處. 竊意先生初意亦只如此而已, 而讀者, 於諷詠玩味之餘, 而得其意
    思超遠涵畜無窮之義, 則亦可移作造道之人深淺高下抑揚進退之意看."

따라 정밀히 살피면서 힘써 행한 것, 안회(顔回)가 박문약례(博文約禮)에
종사하여 욕파불능(欲罷不能)의 단계에 이른 시점은 모두「무이도가」제
9곡시의 '안활(眼豁)'·'평천(平川)'으로 극지처를 삼은 경우이고, 자공이
공자에게 '가난하지만 도를 즐거워하고, 부유하지만 예를 좋아한다.[貧
而樂 富而好禮]'라는 말을 들은 것, 증자가 '오도일이관지(吾道一以貫之)'
를 들은 것, 안회가 '소립탁이(所立卓爾)'를 본 시점은 모두 별유천의 의
사에 도달한 것이다."[28]라고 하였다.

　이처럼 이황은「무이도가」제9곡시의 의미를 극처에서 한 단계 더 나
아간 묘처를 다시 찾으라는 의미로 해석하였는데, 『논어』에서 안회가
자신의 공부과정에 대해 술회한 말 가운데 '욕파불능(欲破不能)'은 극처
로, '여유소립탁이(如有所立卓爾)'는 묘처로 보아 백척간두에서 진일보한
경지로 보았다. 이 점이 바로 이황이 제9곡시를 탁흥우의(托興寓意)로
보아, 극처에서 묘처를 다시 상정한 것이다.

　요컨대, 이황은「무이도가」를 입도차제(入道次第)로 보지 않고 인물기
흥(因物起興)의 산수시로 보았다. 즉 기본적으로는 흥(興)으로 본 것이다.
다만 제9곡시에 대해서만은 탁흥우의(托興寓意)의 의사가 있다고 보아
학문조예처(學問造詣處)로 볼 수 있다고 해석하였다. 이는 우의(寓意)에
중점을 둔 시각으로 비(比)에 해당한다.

　기대승은 이황이「무이도가」제9곡시를 해석한 것에 대해 동의하지
않았다. 그는「무이도가」제9곡시에 대해 심상하게 경계하여 비유한 말
로 보아야 한다고 하면서, 만약 이를 만족스럽게 여기지 않고 다시 무릉

28　上同. "如子貢無諂無驕爲至, 曾子隨事精察而力行之, 顔子從事博約而欲罷不能之時,
　　皆以眼豁平川爲極至處. 及聞貧而樂富而好禮, 及聞一貫之旨, 及見所立卓爾, 皆是到
　　得別有天意思也."

도원을 찾고자 한다면, 이는 별도로 있는 동천이지 인간사가 아니라고
하였다.[29] 요컨대 기대승은 인간사에 초점을 두어 별유천을 인정하지 않
는 관점에서 흥(興)으로 본 것이다.

이황과 기대승 사이의 논쟁에 대해 후인들도 소견을 피력하였는데,
대표적인 인물이 송시열(宋時烈)과 이익(李瀷)이다.

송시열은 「무이도가」 제9곡시에 대해 "이를 버리고 별도로 다른 경계
를 구한다면 이는 이단의 편벽된 술법으로 성현의 대중지정(大中至正)한
도가 아니다. 대개 주선생은 월(越)나라 땅의 산수기상이 얕고 촉박함을
흠으로 여겼는데, 이 제9곡의 활연한 곳에 이르러 구경지로 삼은 것이
니, 이곳을 버리고 다시 어느 곳에서 진경을 찾겠는가."[30]라고 하여, 이
황이 묘처를 상정한 견해에 동의하지 않았다.

이익은 「무이도가」를 도의 계급을 비유한 비(比)로 보아 학문을 하는
차례로 해석하면서도 "제9곡시는 도의 극처는 상마(桑麻)의 일상적인 생
업처럼 일상의 인륜에서 벗어나지 않으니, 다시 볼 만한 오솔길을 찾음이
있으면 이는 별도로 하나의 단서가 되어 군자가 취할 바가 아니다."[31]라고
하여, 제9곡을 극처로 보고 다시 묘처를 찾아야 한다는 이황의 설에 동의
하지 않았다.

---

29 奇大升, 『高峯全集』「兩先生往復書」권1, 「別紙 武夷櫂歌和韻」. "漁郎以下, 尋常看
    作戒譬之辭. 若曰, 窮盡九曲, 則眼界豁然, 而桑麻雨露, 掩靄平川, 此眞淸幽夷曠之
    境, 便是遊覽之極矣. 若於此, 而有所未慊, 更欲求桃源之境, 則是乃別有之天, 而非
    人間事矣."

30 宋時烈, 『宋子大全』권134, 「論武夷櫂歌九曲詩」. "舍是而別求他境, 則是異端僻術,
    而非聖賢大中至正之道也. 大抵, 先生以越中山水氣象淺促爲病, 得此九曲豁然處, 以
    爲究竟. 舍此而更於何處, 覓眞境也."

31 李瀷, 『星湖全書』제1책 권37, 跋, 「書武夷九曲圖」. "末曲謂道之極處, 不離乎日用人
    倫之間, 如桑麻之常業, 有惑更求小道之可觀, 卽別是一端, 而非君子之所取也."

한편 18세기 후반 안동 지방의 학자 조술도(趙述道, 1729~1803)는 이야
순(李野淳, 1755~1831)이 제1차로 설정하고 지은 도산구곡시에 차운한 뒤,
「무이도가」 제9곡시 마지막 2구 해석에 대한 자신의 견해를 밝혔다. 그는
이황의 견해에 동의하지 않으면서 다음과 같이 언급하였다.

　　대개 성인의 도는 평평하게 펼쳐지고 넓게 드러나 지극히 평이한 곳에
지극히 고묘한 도리가 있다. 예컨대 안자(顔子)의 '소립탁이(所立卓爾)'
는 깊숙하고 어둑한 곳이 아니며, 증자의 '일이관지(一以貫之)'도 충서
(忠恕)일 뿐이다. 제9곡의 지경은 상마(桑麻)가 울창하고 우로(雨露)가
제때 내려 천광(天光)이 날로 밝고 의사가 확 트이니, 곧 사람들이 일상적
으로 살아가는 평상처로서 천리가 유행하여 만물이 맑게 드러난 곳이다.
그 경계의 묘처는 애초 그 안에 있지 않음이 없다. 저 무릉도원 한 구역은
한때 진(秦)나라 백성들이 난세를 피해 길이 숨어들었던 곳이다. 그곳의
유무는 황당하여 논변하기 어렵다. 그 곳은 별도로 하나의 작은 동천이
있는 곳이니, 어찌 이를 가지고 성인의 광거(廣居)와 안택(安宅)을 삼을
수 있겠는가.[32]

　이러한 조술도의 견해는 기대승·송시열·이익 등의 견해와 동일한 관
점이다. 이와 같은 관점에서 조술도는 「무이도가」 제9곡시 '제시인간별
유천(除是人間別有天)'의 '제시(除是)'를 금지사로 해석하였다. 그는 "이
학문은 세상 밖의 현허(玄虛)하고 유묘(幽渺)한 도가 아니니, 곧 이 시의

32　趙述道, 『晚谷集』 권2. 「李健之次武夷九曲韻又作陶山九曲詩要余和之次韻却寄」 後
識. "蓋聖人之道, 平鋪放著, 至平易處, 有至高妙底道理, 如晏子之卓爾, 非窈冥昏黙
者, 曾子之一貫, 亦只是忠恕而已. 夫九曲之地, 桑麻蔚然, 雨露時行, 天光日晶, 意思
豁然, 即生民日用之常, 而天理之流行, 百物之昭著, 其境界之妙處, 未始不在於其中.
彼桃源一區, 一時秦民之避世而長往者也. 其有無荒唐而難辨也, 其天地, 別一少有天
也, 豈以此爲聖人廣居與安宅也."

'상마(桑麻)'·'우로(雨露)'는 모두 실리(實理)이다. 그러니 어찌 굳이 무릉도원의 별천지를 다시 구하겠는가.'라는 뜻으로 보면서 '제시(除是)는 이를 버리고 논하지 말라'는 뜻이 된다고 해석했다.[33]

대체로 조선 후기 퇴계학파 학자들은 이황의 설에 대해 감히 이의를 제기하지 않았는데, 조술도는 후배 이야순에게 이와 같은 자신의 견해를 개진하였다. 그러나 그 뒤로 이 문제에 대해 조술도처럼 자신의 주장을 거론한 사람은 찾아보기 어렵다.

이종휴(李宗休)·유범휴(柳範休)의 문인 이시수(李蓍秀, 1790~1849)는 "진구재(陳懼齋)의 『도가주해(櫂歌註解)』에 이르러서는 오로지 입도계급(入道階級)으로 해석을 했는데, 내 생각으로는 시의 본의가 반드시 이와 같지는 않을 듯하다. 퇴계 선생이 「무이도가」에 차운한 시는 단지 그윽한 승경을 찾는 의사를 말한 것일 뿐인데, 학문조예의 묘처가 언외에 절로 나타난 것이다. 이 점을 알지 않아서는 안 된다."[34]라고 하여, 「무이도가」의 기본적인 관점은 흥(興)에 있으며, 이황이 묘처를 상정한 것은 언외에 나타나는 의미라고 하였다.

---

33 上同. "且除是云者, 諺云이난마로, 一云이리마다, 則皆從勿字, 禁止之辭, 鄙意於此竊以爲, 此學匪世外玄虛幽渺之道, 卽此桑麻也雨露也, 皆實理也, 何必更覓於桃源之別天乎. 然則除是卽舍此勿論之謂也."

34 李蓍秀, 『慕亭集』권1, 「謹次武夷櫂歌并序」. "至於陳懼齋註說, 則又專以入道階級言之, 竊恐詩之本意, 亦未必如是, 故退溪之和此歌也, 只道尋幽選勝之意, 而學問造詣之妙, 自見於言外, 此不可不知也."

Ⅳ. 도산구곡시에 나타난 수용 성향

도산구곡을 누가 언제 설정한 것인가에 대해서는 연구자들의 견해가 각기 다르다.[35] 필자의 견해로는, 이야순(李野淳)이 1800년 최초로 도산구곡을 설정하였고, 1818년부터 1820년 사이에 이이순(李頤淳)이 독자적으로 새롭게 설정하였으며, 그 뒤 이야순이 1823년 4월 이전에 이이순이 설정한 것을 수용하면서 비암곡(鼻巖曲)을 제외하고 오담곡(鰲潭曲)을 추가하여 제2차로 재설정하였다고 본다.

이야순이 제1차로 설정하고 지은 도산구곡시(陶山九曲詩)에 대해서는 조술도(趙述道)·조성복(趙星復)·최승우(崔昇羽)·금시술(琴詩述) 등이 차운하였으며, 1823년 이후에 지어진 도산구곡시는 모두 이야순이 제2차로 설정하고 지은 「도산구곡」에 차운한 시들이다. 또 그 차운시는 이야순의 요청에 의해 지어진 것이 대부분이다. 이야순은 퇴계의 후손으로 당시 지역사회에서 중망을 받던 학자였기 때문에 도산구곡을 설정하고 그 정신을 널리 확산시키는 데 결정적인 역할을 하였다.[36]

도산구곡을 노래한 도산구곡시는 도산구곡을 설정하고 정립한 과정에 따라 시기별로 세 가지 유형으로 나타난다. 제1기에 지은 시는 이야

---

35 김문기는 「도산구곡원림과 도산구곡시 고찰」(『퇴계학과 유교문화』 제43집, 경북대 퇴계문화연구소, 2008)에서 李頤淳(1754~1832)이 18세기 후반에 도산구곡을 설정했다고 하였고, 임노직은 「퇴계의 무이도가 수용과 이야순의 도산구곡 고찰」(『동아인문학』 제20집, 동아인문학회, 2011)에서 도산구곡 최초 설정자는 이이순이며 18세기 후반에 도산구곡 시가가 집중적으로 창작되었다고 하였고, 이종호는 「한국 구곡문화연구의 현황과 과제」(『안동학연구』 제10집, 한국국학진흥원, 2011)에서 도산구곡 설정은 1800년 이전에 이루어졌고 최초 설정자를 이야순으로 보았다.

36 최석기, 「도산구곡 정립과정과 도산구곡시 창작배경」, 『한국한문학연구』 제53집, 한국한문학회, 2014, 319~351쪽 참조.

순이 최초로 도산구곡을 설정하고 지은 시에 차운한 시로, 이를 도표로
정리하면 다음과 같다. 이야순이 최초로 지은 도산구곡시는 그가 제2차
로 도산구곡을 재설정하고 다시 수정해서 지금은 찾아볼 수 없다.

작자	시 제목	창작 년도	비고
趙述道 (1729~1803)	李健之次武夷九曲韻又作陶山九曲詩 要余和之次韻却寄(晚谷集 권2)	1801년경	「무이도가」에도 차운
趙星復 (1772~1830)	陶山九曲次韻(鶴坡集 권1)	1801년경	「무이도가」에도 차운
崔昇羽 (1770~1841)	敬次陶山九曲韻(蹄窩集 권2)	미상	
琴詩述 (1783~1851)	謹次廣瀨李丈陶山九曲韻(梅村集 권2)	1802년경	「도산구곡」에만 차운

제2기에 지은 시는 이이순이 1818년부터 1820년 사이에 이야순이 설
정한 도산구곡과 다르게 범위를 넓혀 도산구곡을 독자적으로 설정하고
지은 것으로 「유도산구곡경차무이도가운십수병서(遊陶山九曲敬次武夷櫂
歌韻十首幷序)」 1수만 남아 있다.

제3기에 지은 시는 이야순이 1823년 4월 이전에 이이순이 설정한 도
산구곡을 수용하여 재설정하고 지은 「도산구곡」과 자신의 시를 주위 사
람들에게 보여주고 차운시를 요청하여 지어진 시로, 이를 도표로 정리하
면 다음과 같다.

차례	성명	제목(출전)	비고
01	李野淳(1755~1831)	陶山九曲(廣瀨文集 권1)	제2차 설정 도산구곡을 노래

02	李鼎秉(1759~1834)	陶山九曲敬次武夷九曲韻(琴坡集 권1)	玉山九曲詩도 지음
03	李鼎基(1759~1836)	陶山九曲(蒼廬集 권1)	玉山九曲詩도 지음
04	李宗休(1761~1832)	漱石主人李健之次武夷九曲韻仍歌玉山退溪陶山九曲要子追和忘拙步呈(下庵文集 권2)	玉山九曲詩,退溪九曲詩도 지음
05	申鼎周(1764~1827)	陶山九曲(陶窩集 권1)	
06	李家淳(1768~1844)	陶山九曲(霞溪集 권3)	玉山九曲詩,退溪九曲是도 지음
07	柳炳文(1776~1826)	陶山九曲用武夷櫂歌韻和呈李健之野淳(素隱集 권1)	退溪九曲詩도 지음
08	柳鼎文(1782~1839)	伏次廣瀨丈寄示陶山櫂歌韻(壽靜齋集 권2)	
09	李蓍秀(1790~1849)	謹次陶山九曲歌 / 次廣瀨李丈-野淳-續陶山九曲歌(慕亭集 권1)	續陶山九曲歌 지음
10	河範運(1792~1858)	謹步武夷櫂歌韻作三山九曲奉呈漱亭參奉李丈野淳案下以備吾嶺故事竝小序(竹塢集 권1)	玉山九曲詩,德山九曲詩도 지음
11	柳致皥(1800~1862)	次瀨石亭二九曲韻(東林集 권1)	退溪九曲詩도 지음
12	金泳斗(1857~1944)	敬次陶山九曲(安愚集 上)	高山九曲詩도 지음
13	崔東翼(1868~1912)	擬陶山九曲用武夷櫂歌韻(晴溪集 권2)	

　　이상의 도산구곡시는 제1기에 지어진 차운시가 4수, 제2기에 이이순이 지은 시 1수, 제3기에 이야순의 자작시 1수 및 그의 시에 차운한 시 12수 등 모두 18수가 확인된다. 이 외에도 이야순의 시에 차운한 시가 더 있을 것으로 예상되지만, 필자가 미처 확인하지 못하였다.

　　지금까지 필자가 입수한 위의 18수를 대상으로 하여 도산구곡시의 성향을 분석해 보도록 하겠다. 도산구곡시를 지은 작가는 경상우도 진주에 살던 하범운(河範運)을 제외하고는 모두 경상좌도에 거주하는 퇴계학파에 속한 인물들로서, 기본적으로 이황이 「무이도가」를 수용한 관점에서 크게 벗어나지 않는 시각을 갖고 있다. 그리하여 그들이 지은 도산구곡시는 도산구곡의 산수에 나아가 흥취를 일으킨 정서를 읊은 것이며, 흥

(興)의 수사법으로 천인합일을 추구하는 정신세계를 그려내고 있다.

다만 제9곡시의 경우, 이황이 뒤에 수정한 극처(極處)에서 묘처(妙處)를 다시 구하는 정신을 수용한 경우도 있고, 그렇지 않은 경우도 있다. 이 점에 대해서만 이황의 관점을 수용하는 성향이 다르게 나타난다. 여기서는 이 점에 주목하여 그 성향을 살펴보고자 한다.

기왕의 연구에서는 이야순·이종휴(李宗休)·조술도·유병문(柳炳文)·최승우·금시술·이시수·하범운·최동익(崔東翼)은 입도차제적(入道次第的)인 도산구곡시를 지었고, 이이순·이가순(李家淳)·김영두(金泳斗)는 탁흥우의적(托興寓意的)인 도산구곡시를 지었다고 하였다.[37] 그러나 이러한 논의는 앞에서 거론한 이황의 「무이도가」 수용관점과 맞지 않는다. 논자의 주관적 판단에 의해 어떤 시는 입도차제이고, 어떤 시는 탁흥우의라고 구분한 것은 논거가 미흡하여 설득력이 떨어진다. 도산구곡시를 지은 작가들이 모두 경상도 퇴계학파에 속한 인물들인데, 그들의 시가 대부분 이황의 관점과 달리 입도차제의 시라고 결론지은 것은 더욱 이해하기 어렵다.

여기서는 「무이도가」 제9곡시에 대한 이황의 관점을 논거로 하여, 구곡시 전체를 논의대상으로 삼지 않고 제9곡시에 투영된 작가정신을 중심으로 이황의 관점을 수용하는 성향이 어떻게 나타나는지를 살펴보기로 한다.

이야순은 제9곡시 마지막 2구에 "세인들은 복사꽃 뜬 물결 두려워할 만하니, 백사장 백로에게 동천을 보호하라 분부하리.[人間可怕桃花浪 分

---

37 김문기, 「도산구곡시의 작품 현황과 창작 경향」, 『퇴계학과 한국문화』 제45호, 경북대 퇴계연구소, 2009, 232~245쪽 참조.

付沙鷗護洞天]"³⁸라고 하였다. 이 시구의 '도화랑(桃花浪)'과 '동천(洞天)'
을 보면, 제9곡을 극처로 보지 않고 다시 별유천의 묘처를 염두에 둔
것을 알 수 있다. 즉 이 시는 이황의 관점을 충실히 계승하여 극처에서
다시 묘처를 찾은 것이다.

조술도는 "백년 만에 다시 근원 있는 샘물과 통한 느낌, 누가 영지를
캐러 동천을 거슬러 오르리.[百年復有通泉感 誰採靈芝遡洞天]"³⁹라고 하였
다. 앞에서 살펴보았듯이, 조술도는 이황의 「무이도가」 수용관점에 대
해 이의를 제기한 인물이다. 그는 제9곡을 근원이 있는 샘물과 통한 느
낌으로 노래하면서 별유천을 찾는 것을 부정적으로 인식하고 있다.

이이순은 "이 세상 어느 곳에 삼십육 동천이 있다면, 이곳이 또한 당연
히 천하의 제일이 되리.[如三十六洞天在 此亦當爲第一天]"⁴⁰라고 하였는
데, 이는 이황이 36동천 중 무이산이 제일이라고 한 것에 연유해 청량산
열두 봉우리를 제일로 삼은 것이다. 이이순은 청량산 열두 봉우리를 제
일로 여겼으니, 제9곡인 청량곡(清凉曲)을 극처로 보지 않고 청량산 열두
봉우리를 묘처로 여기는 의사가 은연중 있다.

이정병(李鼎秉)은 "이 사이의 풍광 참으로 기이하고 특이하니, 별천지
에 무릉도원이 있다 누가 말하는가.[此間光景眞奇特 誰道桃源別有天]"⁴¹라
고 하였다. 이는 제9곡 청량곡을 극처로 보면서 별유천의 묘처를 상정하
지 않은 것이다.

이정기(李鼎基)는 "꽃잎이 떠 오는 곳 어디인지 알겠으니, 혼자 어부가

38 李野淳, 『廣瀨集』 권1, 「陶山九曲」.
39 趙述道, 『晚谷集』 권2, 「李健之次武夷九曲韻又作陶山九曲詩要余和之次韻却寄」.
40 李頤淳, 『後溪集』 권2, 「遊陶山九曲敬次武夷櫂歌韻十首並序」.
41 李鼎秉, 『琴坡集』 권1, 「陶山九曲敬次武夷九曲韻」.

를 부르며 먼 하늘 바라보네.[落花流水知何處 孤唱漁歌望遠天]"⁴²라고 하였
다. 이는 무릉도원을 찾아간 어부를 떠올리며 별유천의 무릉도원을 희구
한 것이니, 극처에서 다시 묘처를 구한 것이다.

이종휴(李宗休)는 "우리 집안 바깥 정원 멀지 않은 줄 아니, 육육봉
아래 산이 다한 곳 별천지라네.[吾家外圃知無遠 六六山窮是別天]"⁴³라고 하
였다. 이는 청량산 열두 봉우리 밑의 근원을 별유천으로 본 것이니, 제9곡
청량곡에서 다시 묘처를 생각한 것이다.

신정주(申鼎周)는 "원두에 절로 말하기 어려운 묘함이 있구나, 노력하
여 함께 왔으니 동천을 향해 가보세.[源頭自有難言妙 努力同來向洞天]"⁴⁴라
고 하였다. 이는 제9곡에서 별유천의 동천을 향하고자 한 것이니, 묘처를
다시 생각한 것이다.

이가순은 "극처는 사다리로 오를 수 없음을 알겠구나, 열두 봉우리
모두 다 하늘에 꽂힌 듯하네.[始知極處梯難上 十二峯巒盡揷天]"⁴⁵라고 하였
으니, 제9곡 청량곡을 극처로 보지 않고 별유천을 다시 상정하여 묘처를
구한 것이다.

최승우(崔昇羽)는 "시서(詩書)와 경제가 상마(桑麻)의 생업이니, 낙토를
어느 해에 이 동천에 열리.[詩書經濟桑麻業 樂地何年闢洞天]"⁴⁶라고 하였으
니, 이는 제9곡을 극처로 보아 그곳을 낙토로 여긴 것으로, 묘처를 상정하
지 않은 것이다.

42 李鼎基, 『蒼廬集』 권1, 「陶山九曲」.
43 李宗休, 『下庵集』 권2, 「漱石主人李健之次武夷九曲韻仍歌玉山退溪陶山九曲要予追
    和忘拙步呈」.
44 申鼎周, 『陶窩集』 권1, 「陶山九曲」.
45 李家淳, 『霞溪集』 권3, 「陶山九曲」.
46 崔昇羽, 『畔窩集』 권2, 「敬次陶山九曲韻」.

　조성복(趙星復)은 "극처의 화로 속에서 단련이 익숙해진다면, 어찌 대낮에 하늘로 날아오는 것을 배우리.[大鞱爐中鍛鍊熟 何須白日學飛天]"[47]라고 하였으니, 제9곡을 극처로 보면서 인간 세상을 벗어난 별유천을 구하지 않은 것이다.

　유병문(柳炳文)은 "오가산을 택해서 신선 사는 진경을 얻었으니, 이곳은 인간 세상의 한 동천이라고 할 만하네.[家山占取仙眞境 云是人間一洞天]"[48]라고 하였으니, 역시 제9곡을 극처로 보고 묘처를 구하지 않은 것이다.

　유정문(柳鼎文)은 "청량산에서 물이 흘러 배가 떠가니, 저절로 우리 집이 동천 안에 있구나.[從他水到船浮去 自在吾家洞裏天]"[49]라고 하였으니, 이 시도 제9곡을 극처로 보고 묘처를 상정하지 않은 것이다.

　금시술은 "유선(儒仙)이 『참동계(參同契)』의 비결을 짐짓 풀이하였으니, 금고를 달여서 온 세상에 널리 전하고 싶네.[儒仙故解參同訣 欲煎金膏普一天]"[50]라고 하였다. 금시술의 시는 이야순이 처음 지은 도산구곡시에 차운한 것으로, 제9곡 단사협에 대해 노래한 것이다. 그는 제9곡을 극처로 보고 묘처를 상정하지 않고 있다.

　이시수(李蓍秀)는 "이 산은 저절로 우리 가문의 산이 되었으니, 신령스런 곳을 별천지로 여기지들 마시게나.[此山自是吾家物 莫把靈區付別天]"[51]라고 하였으니, 이 시도 오가산이 있는 제9곡을 극처로 보고 묘처를 상

47　趙成復, 『鶴坡遺稿』 권1, 「陶山九曲次韻」.
48　柳炳文, 『素隱集』 권1, 「陶山九曲用武夷櫂歌韻和呈李健之野淳」.
49　柳鼎文, 『壽靜齋集』 권2, 「伏次廣瀨丈寄示陶山櫂歌韻」.
50　琴詩述, 『梅村集』 권2, 「謹次廣瀨李丈陶山九曲韻」.
51　李蓍秀, 『慕亭集』 권1, 「謹次陶山九曲歌」.

정하지 않은 것이다.

하범운은 "높은 노랫가락 기미 잊은 새들을 불러일으키고, 떠내려오는 복사꽃잎에 날이 저물려 하는구나.[高歌喚起忘機鳥 流水桃花欲暮天]"[52] 라고 하였으니, 이 시는 극처에서 다시 무릉도원의 별유천을 구하는 의사가 있다.

유치호(柳致皡)는 "흰 구름 깊숙한 곳에서 그윽한 구경 끝이 나니, 바야흐로 인간 세상에 별천지 있음을 확신하네.[白雲深處窮幽眺 方信人間有別天]"[53]라고 하였으니, 이 시도 극처가 곧 별유천임을 말하여 묘처를 구하지 않은 것이다.

김영두(金泳斗)는 "앞길에 다시 말하기 어려운 묘처가 있으니, 한번 높은 봉우리에 오르면 하늘이 멀지 않으리.[前程更有難言妙 一上高峯不遠天]"[54] 라고 하였으니, 이 시는 제9곡의 극처에서 다시 묘처를 상정한 것이다.

최동익은 "묘한 곳에 이르니 말로 표현하기 어렵구나, 다시 새로운 별천지를 찾을 필요가 없겠네.[已臻妙境難言處 不必重尋別一天]"[55]라고 하였으니, 이 시는 제9곡을 극처로 보고 묘처를 구하지 않은 것이다.

이상에서 살펴본 것을 정리하면 다음과 같다. 이야순·이이순·이정기·이종휴·신정주·이가순·하범운·김영두 등 8인은 제9곡 극처에서 다시 묘처를 상정하여 별유천을 구하고 있어 이황의 견해에 부합한다. 반면 조술도·이정병·최승우·조성복·유병문·유정문·금시술·이시수·유치

---

52 河範運, 『竹塢集』 권1, 「謹步武夷櫂歌韻作三山九曲奉呈漱亭參奉李丈野淳案下以備吾嶺故事並小序」.

53 柳致皡, 『東林集』 권1, 「次瀨石亭二九曲韻」.

54 金泳斗, 『安愚集』 上, 「敬次陶山九曲」.

55 崔東翼, 『淸溪集』 권2, 「擬陶山九曲用武夷櫂歌韻」.

호·최동익 등 10인은 제9곡을 극처로 보고 묘처를 별도로 상정하지 않았으니, 이황의 견해와 다른 것이다.

이를 통해 볼 때, 이황이 「무이도가」 제9곡을 해석하면서 탁흥우의(托興寓意)로 보아 극처에서 다시 묘처를 상정한 관점은 후대 경상좌도 퇴계학파 학자들의 차운시에서는 전적으로 수용되지 않고 있음을 알 수 있다. 오히려 수용하지 않은 사람들이 더 많다는 것을 확인할 수 있다.

도산구곡시를 지은 작가들은 기본적으로 이황의 관점을 받아들여 「무이도가」를 인물기흥(因物起興)의 산수시로 보았으니, 이는 흥(興)에 해당하는 시로 본 것이다. 다만 이황이 「무이도가」 제9곡시에 대해서만은 우의(寓意)가 있는 것으로 보아 비(比)에 해당하는 시로 여기면서 제9곡의 극처에서 다시 묘처를 구하는 의사가 있다고 하였다.

후대 도산구곡시를 지은 작가18인 중 이황의 이러한 관점을 수용한 인물은 8인에 불과하고 10인이 동의하지 않았다. 특히 이황의 관점에 동의하지 않은 초기 차운시를 지은 조술도를 비롯한 인물들은 「무이도가」를 인물기흥의 흥(興)으로만 보았다. 그리하여 제1기에 지어진 도산구곡시 4편은 모두 제9곡을 극처로 보고 별처를 상정하지 않고 있다.

V. 맺음말

이 글은 조선시대 「무이도가」 수용양상에 대해 다양한 논의를 한 기왕의 연구 성과를 비판적으로 검토하면서 독자적인 설을 제기한 것으로, 다음과 같은 결론에 도달하였다.

첫째, 기왕의 연구에서 「무이도가」 수용관점을 입도차제(入道次第)·탁

흥우의(托興寓意)·인물기흥(因物起興)으로 분류하거나 인물기흥(因物起興)·
입도차제(入道次第)로 분류한 것은 분류기준이 모호하고 상호 층위가 맞
지 않는 상관물을 비교 대상으로 삼아 설득력이 떨어지기 때문에 재고되
어야 한다. 인물기흥과 탁흥우의는 수사법을 준거로 한 것이지만, 입도차
제는 시의 함의(含意)를 말한 것이다. 따라서 이를 동일한 차원에서 논하
여 양분하거나 삼분하는 것은 격이 맞지 않는다.

둘째, 조선시대 「무이도가」의 수용관점으로 언급한 설은 인물기흥·
탁흥우의로 양분하는 것이 타당하다. 이 점에서 신두환의 설은 설득력이
있다. 인물기흥으로 본 대표적인 인물은 기대승이고, 탁흥우의로 본 대표
적인 인물은 김인후·조익이다. 인물기흥은 흥(興)에 초점을 둔 것이고,
탁흥우의는 비(比)에 초점을 둔 것이다. 요컨대 「무이도가」 수용관점은
기본적으로 비로 볼 것인가, 흥으로 볼 것인가에 있다. 입도차제를 주장
한 사람들은 비로 본 것이고, 그에 반대하는 사람들은 흥으로 본 것이다.

셋째, 이황의 「무이도가」 수용관점은 기본적으로 인물기흥의 흥으로
본 데에 있다. 이 점에서는 기대승의 견해와 같다. 다만 이황은 제9곡시
에 대해서만 탁흥우의로 보아 비의 의미가 있다고 보았다. 그리하여 제9
곡을 극처로 보지 않고 다시 묘처를 구하는 우의가 있는 것으로 본 것이
다. 이 점이 기대승과 의견을 달리 하여 논쟁한 부분이다.

그리고 이황의 이러한 견해에 대해 송시열·이익·조술도 등은 동의하
지 않았다. 따라서 이황의 「무이도가」 수용관점을 전적으로 탁흥우의로
보는 것은 옳지 않다. 또한 이를 두고 양자를 절충한 설로 보거나 진일보
한 설로 보는 것도 실상과 부합되지 않는다.

넷째, 후대 창작된 도산구곡시에 이황의 관점이 어떻게 수용되고 있
는가를 고찰한 결과, 그 성향이 다음과 같이 나타났다. 19세기 도산구곡

시를 지은 18인의 18수 가운데 8인의 8수만이 이황이 묘처를 상정한 관점을 수용하고 있고, 그 나머지 10인의 10수는 제9곡을 극처로 보고 묘처를 구하지 않는 관점을 드러내고 있다.

도산구곡시를 지은 작가 가운데 절반 이상이 제9곡을 극처로 생각하는 인식을 드러나고 있다는 점에 주목하면, 이황이 제9곡시에 묘처를 상정한 것보다는 제9곡을 극처로 인식하는 시각이 퇴계학파 내에서도 보편적으로 수용되고 있음을 알 수 있다. 이는 16~17세기 학자들이 「무이도가」를 수용하면서 조도시로 본 관점을 극복하는 데 있어서, 그리고 이황의 「무이도가」 수용관점이 끼친 후대의 영향을 고찰하는 데 있어서 중요한 단서를 제공해 줄 수 있다.

이 글은 『퇴계학논총』 제23집(퇴계학부산연구원, 2014)에 실린 「무이도가 수용양상과 도산구곡시의 성향」을 수정 보완한 것이다.

도산구곡 정립과정과 도산구곡시 창작배경

Ⅰ. 문제의 소재

조선시대 학자들은 천리를 보존하고 인욕을 억제하는 천인합일의 정신을 추구하여 산수 속에서 천리가 유행하는 것을 체득하고자 하였다. 이러한 지향은 주자가 무이구곡(武夷九曲)을 노래한 「무이도가(武夷櫂歌)」가 알려지면서 확산되어 「무이도가」에 차운하는 데서 그치지 않고, 그들이 살고 있는 곳에 구곡(九曲)을 경영하여 일상 속에서 천리를 체득하려 하였다.

그리하여 조선 후기에는 곳곳에 구곡이 경영되고 구곡시(九曲詩)가 창작되었다. 지금까지 실체가 알려진 구곡은 서울시 1, 경기도 2, 황해도 2, 강원도 3, 전라북도 5, 전라남도 2, 충청북도 25, 충청남도 4, 경상북도 29, 대구시 2, 경상남도 3, 부산시 1, 울산시 2곳으로 총 81곳이며, 그 외에도 몇 곳이 더 발견되고 있다.[1]

---

1 울산대곡박물관, 『자연에서 찾은 이상향 九曲文化』, 「조선 구곡 일람」, 울산대곡박물관, 2010, 127~130쪽 참조.

그 가운데 하나가 안동시와 봉화군에 걸쳐 있는 낙동강 상류 지역에 설정한 도산구곡(陶山九曲)이다. 퇴계(退溪) 이황(李滉, 1501~1570)은 만년에 도산 일대를 유람하고 청량산까지 오가며 수십 편의 산수시를 창작하였고, 또 주자의 「무이도가」에 차운시를 짓기도 하였다.[2] 그러나 그는 직접 구곡을 경영하지는 않았다. 그것은 당시에 구곡을 경영할 만한 문화풍토가 충분히 무르익지 않았기 때문이다.

도산구곡은 조선 후기 안동 지역 학자들이 퇴계의 유적을 중심으로 도산구곡을 설정하여 구곡문화를 확산시키려는 노력에 의해 정립되었다. 이 지역에는 도산구곡뿐만 아니라, 퇴계구곡(退溪九曲)[3]·예안구곡(禮安九曲)·예안십사곡(禮安十四曲)[4] 등의 명칭이 있다.

또한 여러 사람들이 창작한 도산구곡시를 살펴보면, 구곡의 명칭이 동일하지 않게 나타나는 경우도 더러 있다. 그런데 이를 정리하고 분류하여 도산구곡 정립과정을 상세히 고찰한 성과물은 찾아볼 수 없다. 또한 도산구곡이 정립되고 나서 도산구곡시가 집중적으로 창작되었는데, 어느 시기에 어떤 문화적 배경 속에서 창작되었는지에 대해서도 구체적인 논의를 한 것이 없다.

본고는 이런 점에 유의하여 연구범위를 도산구곡에 한정하고, 다음과

---

2 李滉, 『退溪集』 권1, 「開居讀武夷志次九曲櫂歌韻」.

3 退溪九曲은 19세기 초 李野淳(1755~1831)이 설정한 것으로 추정된다. 이야순은 도산구곡을 다시 설정하고, 별도로 퇴계구곡도 설정하였다. 그것은 李宗休(1761~1831)가 지은 시의 제목에 「漱石主人李健之 次武夷九曲韻 仍歌玉山退溪陶山九曲 要予追和 忘拙步呈」라고 하고, 柳致皥(1800~1862)가 지은 시의 제목에 「次瀨石亭二九曲韻」라고 한 데서 짐작할 수 있다. 퇴계구곡은 廣瀨曲에서 퇴계의 묘가 있는 下溪를 거쳐 퇴계 종택이 있는 上溪로 거슬러 올라가는 지류에 경영한 구곡이다.

4 禮安九曲과 禮安十四曲은 禮安邑誌인 『宣城誌』에서 유래한 것으로, 예안구곡은 『선성지』의 서문에 보이고, 예안십사곡은 『선성지』 「十四曲勝處」에 보인다.

같은 문제의식에 초점을 맞추어 살펴보고자 한다. 첫째, 도산구곡은 누가 언제 설정하였는가? 둘째, 어떤 과정을 거쳐 정립되었는가? 셋째, 도산구곡이 정립되고 나서 도산구곡시가 집중적으로 나타나는데, 이러한 도산구곡시의 창작배경은 무엇인가?

이러한 문제의식을 바탕으로 도산구곡은 누가 언제 어떤 과정을 거쳐 정립하였으며, 어떤 노력을 거쳐 지역 사회에 공인을 받게 되었는가 하는 점을 밝히는 것이 본고의 목적이다.

II. 도산구곡 정립 이전 제설 변증

'도산구곡(陶山九曲)'이란 명칭은 임방(任埅, 1640~1724)이 예안현감으로 가는 윤하교(尹夏敎)를 작별하면서 지은 시에 처음으로 보인다.[5] 그 시에 "태백산 천 봉우리 참으로 기이한 경치, 도산의 구곡에는 대현의 사당이 있지.[太白千峰眞異境 陶山九曲大賢祠]"라고 하였는데, 여기서 말한 '도산구곡'은 앞 구의 '태백산 천 봉우리'와 대로 말한 '도산 아홉 굽이'라는 의미로, 고유명사인 도산구곡으로 보기는 어렵다. 따라서 그의 시에 보이는 '도산구곡'은 실제로 정해진 구곡이라기보다는 '도산의 아홉 굽이'를 일컫는 말이다.

다음, 예안읍지인 『선성지(宣城誌)』에 1619년 권시중(權是中, 1572~1644)이 쓴 서문이 실려 있는데, 그 가운데 '구곡'이라는 명칭이 보인다. 그

---

5   任埅, 『水村集』 권4, 「別禮安宰尹衡仲夏敎」. "君行有似謝玄暉, 老向宣城把一麾, 太白千峰眞異境, 陶山九曲大賢祠. 月明潭淨携琴夜, 秋興亭空倚杖時, 隨處遨頭佳趣在, 定知高價長前詩."

부분을 인용하면 아래와 같다.

> 또 이곳에는 구곡이라는 아름다운 이름이 있으니, 박석(博石)·월명
> (月明)·백운(白雲)·단사(丹砂)·퇴계(退溪)·분천(汾川)·월천(月川)·비
> 암(鼻巖)·오천(烏川) 등 아홉 곳이 그것이다.[6]

이 기록에 근거하여 '예안구곡(禮安九曲)'이라는 명칭이 생겨난 것으로
추정되는데, 이 역시 명승지 아홉 굽이를 열기한 것이지, 제1곡부터 제9
곡까지 차례를 정하여 구곡을 설정했다고 보기는 어렵다. 따라서 이 인
용문의 '구곡'을 도산구곡으로 보는 것은 설득력이 떨어진다.

또 『선성지』에는 「산천(山川)」 다음에 「십사곡승처(十四曲勝處)」라는
항목을 두어 예안 명승 14곳을 열거하고 있는데, 박석천(博石川)을 제1곡
으로, 경암담(景巖潭)을 제2곡으로, 고산(孤山)을 제3곡으로, 월명담(月明
潭)을 제4곡으로, 벽력암(霹靂巖)을 제5곡으로, 백운지(白雲地)를 제6곡
으로, 단사협(丹砂峽)을 제7곡으로, 천사(川沙)를 제8곡으로, 월란대(月瀾
臺)를 제9곡으로, 분양(汾陽)을 제10곡으로, 대라(帶羅)를 제11곡으로, 비
암(鼻巖)을 제12곡으로, 오천(烏川)을 제13곡으로, 어탄(魚呑)을 제14곡으
로 설정하고 있다.[7]

---

6 『宣城誌』권1. "又有九曲嘉名, 曰博石, 曰月明, 曰白雲, 曰丹砂, 曰退溪, 曰汾川, 曰
月川, 曰鼻巖, 曰烏川等九者, 是也."

7 上同, 권1. 「十四曲勝處」. "博石川, 所謂羅大石川, 退溪先生, 以博石川改之. 在縣東
三十里, 淸涼山西趾. 此縣之第一曲也. ○景巖潭, 太祖山東趾, 在縣東二十里. 此第二
曲也. ○孤山, 古傳, 本非兩山, 而有龍坼之, 爲兩山. 故水以此貫流於兩山之間, 水深
不測. 此縣之第三曲也. ○日洞精舍, 琴縣監蘭秀, 得此天慳地秘之別境, 構精舍, 以爲
獨往之所. 退溪先生有詩. 縣監之第四子琴恪, 有錄. ○月明潭, 古傳, 有龍幽潛, 故旱
甚, 則邑宰爲民祈雨於此, 有靈驗. 此縣之第四曲也. ○霹靂巖下, 有深潭無底. 此縣之

이는 예안의 14곡 명승을 상류로부터 하류로 내려오면서 차례로 일컬은 것인데, 주자의 무이구곡 정신을 수용하여 구곡을 설정한 것으로 보기는 어렵다. 왜냐하면 차례를 정했지만 무이구곡처럼 하류에서 상류로 올라가며 구곡을 설정하지 않고 상류에서 하류로 내려오며 설정하고 있어 무이구곡의 정신과 합치되지 않기 때문이다.

『선성지』에 1619년에 쓴 권시중의 서문이 실려 있는 것으로 미루어 보아, 『선성지』는 1619년경에 초고본이 만들어진 것으로 추정된다. 그런데 권시중의 서문에서 열거한 9곡과 본문 「십사곡승처」의 14곡을 비교해 보면, 14곡 중에서 9곡을 뽑은 것이 아님을 알 수 있다. 이를 도표로 정리하면 다음과 같다.

曲名	禮安九曲	禮安十四曲	『선성지』 기록
박석천(博石川)	제1곡	제1곡	羅火石川, 청량산 기슭
경암담(景巖潭)		제2곡	太祖山 동쪽 기슭
고산(孤山)		제3곡	琴蘭秀의 정사가 있는 곳
월명담(月明潭)	제2곡	제4곡	기우제를 지내는 곳
벽력암(霹靂巖)		제5곡	아래 깊은 못이 있음
백운지(白雲地)	제3곡	제6곡	대장장이 10여 호가 살고 있는 곳
단사협(丹砂峽)	제4곡	제7곡	신선이 사는 협곡

第四曲也. ○白雲地, 有水鐵店十餘家, 屬易東書院. 倘非此店, 則易院每年春秋之享, 無計成樣. 其有關於易院, 大矣. 此縣之第六曲, 洛川之左也. ○丹砂峽. 右峽, 乃一境之絶勝. 古稱, 仙人有峽, 丹砂亦在焉. 仙人所食, 故謂之丹砂峽. 此縣之第七曲. 退溪先生, 有詠. ○川沙, 敎授李賢佑卜居于此. 外孫琴悌筍繼居. 此縣第八曲也. ○月瀾臺. 此則洛川之南. 第九曲, 傍有寺. ○汾陽, 洛川之西. 第十曲. 聾巖李相公, 生于此. ○帶羅, 洛川之西岸上, 縣之十里. 月川趙先生, 生于此. 此縣之第十一曲. ○鼻巖, 在洛川之上, 縣之南二里, 下有深潭. 此縣之第十二曲也. ○烏川, 洛川之西. 此縣之第十三曲也. ○魚呑, 在洛川之東, 臨洛川西屹立. 此縣之第十四曲也."

천사(川沙)		제8곡	李賢佑, 琴悌筍 거주지
월란대(月瀾臺)		제9곡	퇴계 선생 명명, 낙천 남쪽
퇴계(退溪)	제5곡		
분천(汾川 : 汾陽)	제6곡	제10곡	낙천 서쪽, 聾巖 李賢輔 출생지
월천(月川 : 帶羅)	제7곡	제11곡	낙천 서쪽 언덕 위, 읍치 10리 지점
비암(鼻巖)	제8곡	제12곡	읍치 남쪽 2리
오천(烏川)	제9곡	제13곡	낙천 서쪽
어탄(魚呑)		제14곡	洛川 동쪽에 우뚝 선 곳

이를 통해 볼 때, 예안구곡 제5곡에 해당하는 '퇴계곡(退溪曲)'이 14곡
에는 포함되어 있지 않음을 발견할 수 있다. 이를 보면, 예안 14곡 명승
은 주자의 무이구곡 정신을 수용한 퇴계의 학문정신에 입각해 선정한
것이 아니고, 예안의 아름다운 명승을 차례로 나열한 것에 불과한 것을
알 수 있다.

권시중은 이러한 사실을 인식하고서 서문을 지을 때 '퇴계곡'을 추가
하여 구곡을 정한 것이다. 그런데 그 역시 상류로부터 하류로 차례를
정하고 있어, 무이구곡에 투영된 주자의 정신을 계승한 것으로 보기는
어렵다.

이처럼 『선성지』에서 일컬은 '예안구곡' 또는 '예안십사곡'은 주자의
무이구곡 정신을 수용하지 못하고 장소 중심으로 명승을 거론함으로써
후인들에 의해 받아들여지지 않았다. 그리고 19세기 초 도산구곡이 설정
되면서 세인들의 관심 밖으로 밀려난 듯하다.

다음, 1901년 이만여(李晚輿, 1861~1904)가 편찬한 『오가산지(吾家山誌)』
의 「범례」에는 "명종 병인년(1566) 상께서 도산을 그려 오라고 명하였다.
그 뒤 영조 계축년(1733)과 정조 임자년(1792)에도 도산도(陶山圖)를 그려

올리라고 명하였는데, 도산을 그린 것이 청량(淸凉)에서 운암(雲巖)까지
9곡이 된다."[8]라고 하였으며, 그 소주에 "구곡의 명칭은, 제1곡은 운암곡
(雲巖曲), 제2곡은 월천곡(月川曲), 제3곡은 오담곡(鰲潭曲), 제4곡은 분천
곡(汾川曲), 제5곡은 탁영곡(濯纓曲), 제6곡은 천사곡(川砂曲), 제7곡은 단
사곡(丹砂曲), 제8곡은 고산곡(孤山曲), 제9곡은 청량곡(淸凉曲)이다."[9]라
고 하였다.

이 설은 마치 영조·정조 때 그린 도산도가 도산구곡을 그린 것처럼
언급하고 있는데, 이는 실상과 맞지 않는다. 『조선왕조실록』을 보면
1733년(영조 9) 12월 26일(계유) 경상 감사 김시형(金始炯)이 올린 상소에
"선정신 문순공(文純公) 이황(李滉)의 서원에 심지어 근시(近侍)를 보내
치제(致祭)하게 하시고, 또 도산의 고택을 그려 올리라는 명이 있으셨습
니다. 윤음이 한 번 전파되자 사림이 흥기하고 있습니다."라는 내용이
보인다.[10] 이 때 도산서원을 중심으로 한 도산도를 그려 올린 것으로 추정
된다. 그리고 1792년(정조 16) 3월 2일(신미)조에 명을 받고 영남으로 내려
가는 각신 이만수(李晚秀)에게 정조가 도산서원에 치제하라는 전교를 내
린 기록이 보인다.[11] 그리고 동년 4월 4일(임인)조 기록에, 이만수가 영남
에서 돌아와 시권(試券)을 올리자 정조가 하교한 내용이 있다.[12]

---

8 李晚興, 『吾家山誌』 권1, 「凡例」. "一, 明宗丙寅, 上命畵陶山, 其後, 英廟癸丑, 正廟
   壬子, 亦命畵以進, 其畵陶山也. 自淸凉, 至雲巖, 爲九曲."

9 上同. "九曲, 一雲巖曲, 二月川曲, 三鰲潭曲, 四汾川曲, 五濯纓曲, 六川砂曲, 七丹砂
   曲, 八孤山曲, 九淸凉曲."

10 『英祖實錄』 권36, 9년 12월 계유조. "先正臣文純公李滉書院, 至遺近侍致祭, 又有陶
    山故宅圖進之命, 綸音一播, 士林興起."

11 『正祖實錄』 권34, 정조 16년 3월 신미조. "敎曰, …… 閣臣李晚秀, 奉命回路, 馳至禮
    安縣先正文純公書院, 致祭, 祭文製下."

12 上同, 4월 임인조 참조.

이 시기에 그린 도산도는 도산서원을 중심으로 한 경관을 그린 것이
지, 후대 도산구곡으로 지칭되는 운암곡(雲巖曲)부터 청량곡(淸凉曲)까지
의 구곡을 모두 그린 것은 아니다.[13] 뒤의 논의과정에서 드러나겠지만,
이 당시까지만 해도 도산구곡이 명확하게 설정되어 있지 않았고, 또 도
산을 그려 오라고 한 것이지, 도산구곡을 그려오라고 명한 내용이 없기
때문에 영조·정조 때 그린 그림을 도산구곡도로 보는 것은 문제가 있으
며, 실상과 맞지 않는다.

그런데 후대 출간된 이만여의 『오가산지』에는 "영조 계축년(1733)과
정조 임자년(1792)에도 임금이 그림을 그려 올리라고 명하였는데, 그 당
시 도산을 그린 것이 청량곡부터 운암곡까지를 구곡으로 삼았다."[14]라고
하였다. 이 설은 영조·정조 대에 운암곡부터 청량곡까지를 도산구곡으
로 설정한 근거 자료가 전혀 없기 때문에 이만여가 후대 도산구곡이 설
정되고 난 뒤의 보편적 인식을 그대로 삽입한 것으로 보인다.

이만여가 『오가산지』를 편찬한 목적은 「범례」를 통해 짐작할 수 있는
데, 표면상의 목적은 퇴계의 유적을 따라 퇴계가 남긴 시문을 한 곳에
모아놓으려 한 것이다. 그러나 책이름을 '오가산지(吾家山誌)'라고 명명
한 것이나, 수록 범위를 도산에서 청량산까지의 명승을 노래한 것에 한
정하지 않고, 도산에서 아래로 운암곡까지 노래한 것을 함께 수록하고
있는 데에서 그 내면의 의도를 짐작할 수 있다.

즉 그의 의도는 도산구곡이 이미 지역 사회에서 널리 공인을 받아 퇴

---

13 이러한 사실은 윤진영의 「陶山圖의 전통과 도산구곡」(『안동학연구』 제10집, 2011,
    69~122쪽 참조)에 수록된 도산도를 보면 확인할 수 있다.
14 李晩輿, 『吾家山誌』 「凡例」, "英廟癸丑, 正廟壬子, 亦命畫以進. 其畫陶山也, 自淸凉,
    至雲巖, 爲九曲."

계의 구곡처럼 되었으니, 퇴계의 발자취가 깃든 청량산까지도 퇴계의
산으로 그 상징성을 드러내고 싶었던 것이다. 이런 의도에 의해, 그는
영·정조대 그린 도산도를 19세기에 설정한 도산구곡의 범위에 넣은 것
으로 추정된다.

또 『오가산지』「범례」 소주에 "구곡은 제1곡 운암곡, 제2곡 월천곡,
제3곡 오담곡, 제4곡 분천곡, 제5곡 탁영곡, 제6곡 천사곡, 제7곡 단사
곡, 제8곡 고산곡, 제9곡 청량곡이다."[15]라고 기록해 놓았다. 그런데 이
구곡의 명칭은 19세기 초 이야순(李野淳, 1755~1831)이 제2차로 설정한
도산구곡의 명칭과 일치하며, 1801년 이야순이 제1차로 도산구곡을 설
정하고 처음으로 조술도(趙述道, 1729~1803)에게 차운시를 요구하여 조
술도가 지은 차운시에 보이는 구곡의 명칭과는 다르다.

뒤에서 논의하겠지만, 이야순이 제1차로 설정한 도산구곡과 제2차로
재설정한 도산구곡은 그 범위와 명칭이 상당히 다르다. 따라서 이 기록
은 이만여가 이야순이 제2차로 설정하여 지역사회에 널리 공인된 것을
그대로 수용한 것이 분명함으로, 영조·정조 대 도산도를 그릴 당시에는
이와 같은 도산구곡이 설정되어 있었다고 볼 수 없다.

이상에서 19세기 초 도산구곡이 설정되기 이전의 여러 설에 대해 살펴
보면서 당시에는 아직 도산구곡이 설정되지 않은 점을 변증하였다.

---

15 上同. "九曲 一雲巖曲 二月川曲, 三鰲潭曲, 四汾川曲, 五濯纓曲, 六川砂曲, 七丹砂
    曲, 八孤山曲, 九淸涼曲."

Ⅲ. 19세기 초 도산구곡 정립과정

그렇다면 도산구곡은 누가 언제 어떤 과정을 거쳐 정립한 것일까? 기왕의 연구 성과를 통해 문제점을 확인하면서 논의를 전개하고자 한다.

김문기(金文基)는 후계(後溪) 이이순(李頤淳, 1754~1832)의 「유도산구곡경차무이도가운십수병서(遊陶山九曲敬次武夷櫂歌韻十首幷序)」의 서문에 의거해 "후계는 도산서원을 중심으로 아홉 굽이를 자신이 직접 설정하였다. …… 이를 통해 볼 때, 도산구곡의 설정은 18세기 후반에 이루어진 것으로 보인다."라고 하여[16], 이이순이 18세기 후반에 설정한 것으로 보았다.

이 주장은 도산구곡 설정자를 이이순으로, 그 시기를 18세기 후반으로 본 것이다. 이 설은 이이순이 도산구곡을 경영한 것만으로 논거를 삼고, 이야순(李野淳)이 도산구곡을 설정한 것은 논의에서 제외하여 설득력이 떨어진다. 또한 도산구곡 설정 시기를 막연하게 18세기 후반으로 삼았는데, 근거가 명확하지 않아 받아들이기 어렵다.

임노직(林魯直)도 이이순의 서문에 "시험 삼아 가장 아름다운 구비에 나아가서 무이구곡의 예를 따라 분정(分定)한다."라고 한 문구에 의거해 "여기에서 주목되는 것은 '시험 삼아'라는 글자가 가지는 관용적 의미이다. 이것은 그가 실제적으로 도산구곡의 최초 설정자인 것을 증명하는 것으로 이해된다."라고 하였으며,[17] 또 "도산구곡 시가의 창작은 18세기

---

16 김문기, 「도산구곡원림과 도산구곡시 고찰」, 『퇴계학과 유교문화』 제43집, 경북대 퇴계문화연구소, 2008, 198쪽 참조.

17 임노직, 「퇴계의 무이도가 수용과 이야순의 도산구곡 고찰」, 『동아인문학』 제20집, 동아인문학회, 2011, 431~432쪽 참조.

후반에 집중되는 경향을 보이는데"[18]라고 하여, 이이순을 최초 설정자로
보고 18세기 후반에 집중적으로 도산구곡시가 창작된 것으로 이해했다.

　이 주장 역시 김문기의 설과 유사한데, 논거가 명백하지 못하여 설득
력이 떨어진다.

　이종호는 "필자가 조사한 바로는 이야순의 도산구곡시가 1800년경 지
어졌고, 조술도가 이야순의 시에 차운한 것이 1802년인 것이 분명하다.
그렇다면 도산구곡의 설정은 1800년 이전에 이루어졌을 것이다."라고
하여[19], 도산구곡의 최초 설정자를 이야순으로 보고, 1800년 이전에 도
산구곡시를 지은 것으로 보았다.

　이 주장은 도산구곡 설정자를 이야순으로 보고 그 시기를 1800년 이전
으로 본 점에서, 앞의 김문기·임노직의 주장과는 변별성이 있다. 그러나
도산구곡 설정시기를 1800년 이전으로 본 것에 대해 명확한 논거를 제시
하지 않았고, 도산구곡시 창작배경에 대해서도 논의하지 않았다.

　이와 같이 기왕의 연구에서는 대체로 도산구곡이 18세기 후반에 설정
된 것으로 보고 있으며, 도산구곡시가 18세기 후반에 집중 창작된 것으
로 보고 있다. 또한 도산구곡 최초 설정자를 이야순으로 보는 설도 있고,
이이순으로 보는 설도 있어 의견이 일치하지 않으며, 그 시기도 1800년
이전으로 보는 설이 있는 반면, 18세기 후반으로 범범하게 언급하는 설
이 있어 실상을 파악하기 어렵다.

　이러한 논의에 대해, 필자는 '과연 도산구곡 최초 설정자가 이이순일
까? 도산구곡시가 과연 18세기 후반에 집중 창작된 것일까?'라는 의문을

18　上同, 432쪽 참조.

19　이종호, 「한국 구곡문화 연구의 현황과 과제」, 『안동학연구』 제10집, 한국국학진흥
　　원, 2011, 43쪽 참조.

떨칠 수가 없다. 그래서 '도산구곡 최초 설정자는 누구이고, 언제 도산구
곡시를 최초로 지었을까?'라는 질문으로 다시 돌아가 고찰하고자 한다.
문제는 '도산구곡 설정자가 이이순인가, 이야순인가?'라는 점이 관건이
며, '도산구곡시가 언제 지어졌는가?'라는 문제와 상호 맞물려 있다.

도산구곡 최초 설정자를 확인하기 위해서는 이이순(李頤淳)과 이야순
(李野淳)의 생애를 면밀히 살펴 개연성을 찾아보지 않을 수 없다. 먼저
이이순의 생애부터 살펴보기로 한다.

이이순은 1779년 생원시에 합격하여 1780년 성균관에 유학하였다.
1786년 예안 만촌(晚村)으로 이거하였고, 1790년 모친상을 당하여 삼년
상을 치렀다. 1799년 효릉참봉(孝陵參奉)에 제수되었으며, 1800년에는
부인의 상을 당했다. 1802년 선공감 봉사로 승진하였고, 1803년 의금부
도사에 제수되었으며, 1804년 정릉직장(靖陵直長), 1805년 군자시 주부
에 제수되었다. 1806년 은진현감으로 나갔다가 1807년 체직되었다. 또
1807년 부친상을 당하여 삼년상을 치렀다. 1811년에 후계서당(後溪書堂)
을 짓고 강학을 하며 만년을 그곳에서 보냈다.[20]

이상의 이력을 통해 볼 때, 이이순이 1800년 이전에 도산구곡시를 지
었을 것으로는 여겨지지 않는다. 그것은 모친상과 부인의 상을 당하고,
또 관직에 제수되어 벼슬길에 나가 있었기 때문에 도산구곡을 설정할
여유가 없었을 것으로 추정되기 때문이다.

더구나 그의 문집에 실린 시들은 연도별로 편집을 해 놓았는데, 권1에
수록된 시는 모두 1807년 이전에 지은 시들이고, 권2에 수록된 시는 1807
년 이후에 지어진 시들이다. 그런데 이이순이 도산구곡을 설정하고 노래

한 「유도산구곡경차무이도가운십수병서」는 문집의 편차로 보면 1818년 이후 1820년 이전에 지어진 시 속에 수록되어 있다. 즉 이종주(李宗周, 1753~1818)의 만사(挽詞)가 이 시보다 앞에 편차되어 있으니 이 시는 1818년 이후에 지어진 것을 알 수 있고, 1820년에 지은 「제청량제명록후이절병서(題淸凉題名錄後二絶幷序)」가 이 시 뒤에 실려 있으니 1820년 이전에 지어진 것을 알 수 있다.

또한 이이순은 이세택(李世澤)이 1771년에 편찬한 『청량지』를 1817년 중수하고 「중수청량지후서(重修淸凉志後敍)」를 지었다.[21] 이이순은 퇴계의 유적이 있는 청량산에 청량정사(淸凉精舍)를 창건하고 오산당(吾山堂)·운서헌(雲棲軒)이라 명명하였는데[22], 그 시기가 언제인지는 고증할 수 없으나 『청량지』를 중수한 전후로 추정된다. 이를 전후한 시기에 이이순이 도산구곡을 설정하고 「유도산구곡경차무이도가운십수병서」를 지었을 개연성이 매우 높다.

이러한 점을 종합해 볼 때, 이이순이 도산구곡시를 지은 것은 1818년부터 1820년 사이일 것으로 추정된다. 즉 만년에 관직에서 물러나 후계서당에서 은거할 적에 청량산 일대의 퇴계 유적을 중수하고 도산구곡을 설정한 것으로 보인다.

그렇다면 또 다른 설정자인 이야순(李野淳)은 언제 도산구곡을 설정하고 도산구곡시를 지었을까? 이종호는 1800년경이라고 추정하면서도 그

---

21 李頤淳, 『後溪集』 권7, 「重修淸凉志後敍」에 '丁丑冬'이라고 되어 있다. 정축년은 1817년이다.

22 李頤淳의 『後溪集』 권10, 附錄, 李彙載 撰 「後溪先生墓碣銘幷序」에 "前輩欲作精舍, 未遑, 公與道儒, 合謀成之, 堂日吾山, 軒日雲棲 皆公所定也"라고 하였는데, 그 시가 언제인지는 기록해 놓지 않았다.

근거를 밝히지 않았다. 이야순의『광뢰집(廣瀨集)』에 수록된 시를 보면, 권1에 실린 시는 1783년부터 1812년 사이에 지어진 시들이고, 권2에 실린 시는 1813년 이후에 지어진 시들이다.

그런데「차무이구곡도가운십수(次武夷九曲棹歌韻十首)」와「도산구곡(陶山九曲)」은「만김소암진동(挽金素巖鎭東)」바로 뒤에 수록되어 있다. 또「도산구곡」뒤에 1801년에 지은「종제래경태순등제후증시일율신유(從弟來卿泰淳登第後贈示一律辛酉)」가 실려 있다. 소암(素巖) 김진동(金鎭東, 1727~1800)은 1800년에 별세하여 이야순이 만사를 지었을 것이다. 1801년(신유) 종제에게 준「종제래경태순등제후증시일율신유」앞에「차무이구곡도가운십수」·「도산구곡」이 수록되어 있는 것으로 보아, 이야순이 처음 지은「도산구곡」은 1800년에 지은 것으로 볼 수 있다.[23]

이야순은 1796년 자하산(紫霞山) 아래 광뢰(廣瀨) 가에 수석정(漱石亭)을 완공하고 이주하여 만년을 보낼 계책으로 삼았다.[24] 그는 1798년 일월산(日月山) 아래에 사는 조술도(趙述道)를 찾아가 배알한 뒤 편지를 주고받으며 학문을 질정하였는데, 조술도가 망년지교를 허여하였다.[25]

조술도의 문집에는 권1과 권2에 시가 수록되어 있는데, 연대순으로 배열하여 편집한 것을 알 수 있다. 이야순은 주자의「무이도가」에 차운한 시와 자신이 창작한「도산구곡」을 보여주며 차운시를 청하였고, 조술도는 그의 요청에 응하여 화답하는 시를 지어 보냈다. 그때 조술도가 지은

---

23 李野淳의『廣瀨集』권13, 부록,「행장」등 참조.

24 上同, 권13, 李晩愨 撰「家狀」. "先生就而搆焉, 爲送老養閒之所, 經始之三年, 丙辰工告訖, 旣終制. 遂移第其傍, 大畜遺書于亭."

25 上同. "戊午, 拜晩谷趙公於日月山下, 旣歸, 奉書論禮, 兼及爲學大要. 趙公爲之欣倒, 許以忘年之交."

「이건지차무이구곡운우작도산구곡요여화지차운각기(李健之次武夷九曲韻又作陶山九曲要余和之次韻却寄)」가 그의 문집에는 「신유입춘(辛酉立春)」 바로 뒤에 편차되어 있다. 이를 보면, 조술도가 이야순의 「도산구곡」에 차운한 것이 신유년(1801)임을 알 수 있다.

이를 통해 보면, 이야순은 1800년에 처음으로 「도산구곡」을 지어 가깝게 지내던 선배 조술도에게 보여주며 차운시를 청하였으며, 조술도는 1801년 이야순의 「도산구곡」에 차운하는 시를 지은 것을 알 수 있다. 이 점은 이야순과 조술도의 문집 편차를 통해 볼 때 상호 일치하기 때문에 그 개연성이 매우 높다고 하겠다.

그런데 지금 전하는 이야순의 문집과 조술도의 문집에 실린 도산구곡시를 비교해 보면 구곡의 명칭이 다른 것을 발견할 수 있다. 조술도는 이야순이 보낸 시에 차운하였으니, 임의로 구곡의 명칭을 바꾸었을 리는 없다. 또한 조술도가 차운한 시의 제목이 「이건지차무이구곡시요여화지차운각기」라는 점으로 보면, 이야순이 주자의 「무이도가」에 차운한 시와 자신이 지은 「도산구곡」을 함께 조술도에게 보내 차운을 청한 것을 알 수 있다.

그리고 조술도의 문인이며 족질인 조성복(趙星復, 1772~1830)도 당시 조술도의 문하에 있으면서 이야순의 시를 보고 차운시를 지었는데, 「무이구곡차운(武夷九曲次韻)」 밑에 "당시 선성(宣城) 수석옹(漱石翁 : 이야순)이 무이구곡시에 차운하고, 또 도산18곡의 시를 지어 만곡(晚谷) 종대부(從大父)에게 보내왔다. 나는 그 시를 받들어 읽은 뒤 나도 모르게 공경히 읊조리며 차운해서 절하고 올렸다."[26]라는 소주가 붙어 있다.

---

26 趙星復, 『鶴坡遺稿』 권1, 「武夷九曲次韻」. "時宣城漱石翁, 次武夷九曲韻, 又爲陶山

조술도와 조성복의 차운시에 보이는 도산구곡의 명칭은 동일하게 나타
난다. 또 이야순의 문인 금시술(琴詩述, 1783~1851)이 지은 「근차광뢰이장
도산구곡운(謹次廣瀨李丈陶山九曲韻)」과 경북 선산에 살던 최승우(崔昇羽,
1770~1841)가 지은 「경차도산구곡운(敬次陶山九曲韻)」에도 도산구곡의 명
칭이 조술도·조성복의 차운시와 동일하게 나타난다.

그런데 지금 전하는 이야순의 문집에 실린 「도산구곡」에는 조술도·
조성복·금시술·최승우의 차운시에 보이는 구곡의 명칭과 다르게 나타
난다. 이를 정리하여 도표로 제시하면 다음과 같다.

曲名	趙述道	趙星復	琴詩述	崔昇羽	李野淳
雲巖寺曲					제1곡
月川曲	제1곡	제1곡	제1곡	제1곡	제2곡
鰲潭曲	제2곡	제2곡	제2곡	제2곡	제3곡
汾川曲	제3곡	제3곡	제3곡	제3곡	제4곡
石礀曲	제4곡	제4곡(石澗曲)	제4곡	제4곡(石澗曲)	
淮縷曲	제5곡	제5곡(縷潭曲)	제5곡(濯縷曲)	제5곡(濯縷曲)	제5곡(濯縷潭曲)
鏡潭曲	제6곡	제6곡	제6곡	제6곡	
廣瀨曲	제7곡	제7곡	제7곡	제7곡	
川沙曲	제8곡	제8곡	제8곡	제8곡	제6곡
丹砂曲	제9곡	제9곡	제9곡	제9곡	제7곡
孤山曲					제8곡
清涼曲					제9곡

十八曲韻, 寄呈晩谷從大父. 奉玩之餘, 不覺欽誦, 次韻拜呈."

이를 통해 볼 때, 지금 전하는 이야순의 「도산구곡」은 뒤에 도산구곡을 다시 설정하고서 지은 것으로, 조술도에게 처음 보여준 시가 아님을 알 수 있다. 또한 조술도·조성도·금시술·최승우의 도산구곡시는 구곡의 명칭이 동일하기 때문에 이들의 차운시에 나오는 구곡이 이야순이 최초로 설정한 도산구곡임을 알 수 있다.

그렇다면 이야순은 처음에 월천곡(月川曲)에서 단사곡(丹砂曲)까지로 도산구곡을 설정하고 도산구곡시를 지었으며, 이를 조술도 등에게 보여주고 차운시를 요청한 것을 알 수 있다.

그런데 처음 이야순의 도산구곡시를 본 조술도와 조성복이 제5곡을 '준영곡(准纓曲)' 또는 '영담곡(纓潭曲)'으로 칭한 것을 보면, 이야순은 뒤에 금시술과 최승우의 차운시에 보이는 것처럼 제5곡의 명칭을 '탁영곡(濯纓曲)'으로 고친 듯하다.

이를 통해 볼 때, 이야순은 1800년 월천곡(月川曲)에서 단사곡(丹砂曲)까지로 도산구곡을 설정하였는데 구곡의 명칭은 조술도의 차운시에 보이는 것이라 할 수 있으며, 뒤에 금시술·최승우의 차운시에 보이는 것처럼 제5곡의 명칭을 탁영곡(濯纓曲)으로 고친 것을 알 수 있다. 이를 통해 우리는 도산구곡 최초 설정자가 이야순이며, 그 시기는 1800년임을 미루어 짐작할 수 있다.

그렇다면 이야순은 언제 지금 전하는 도산구곡을 새로 설정하고 「도산구곡」을 지은 것일까? 앞에서 언급했듯이, 이이순이 1818년부터 1820년 사이에 도산구곡을 독자적으로 설정하고 도산구곡시를 지은 점에 주목할 필요가 있다. 이이순은 「유도산구곡경차무이도가운십수병서」에서 도산(陶山)을 무이산(武夷山)에 비유하며, 무이산이 주자(朱子)로 인해 명승이 되었듯이 도산도 퇴계(退溪)로 인해 명승이 되었다는 점을 부각시킨다.

그리고 자신이 도산구곡을 설정한 배경을 다음과 같이 말하고 있다.

내가 저 낙천(洛川)의 물줄기를 살펴보건대, 청량산(清凉山)으로부터 운암(雲巖)에 이르기까지 우리 예안(禮安)의 지경으로 흘러들어 빠져나가는 40~50리 사이에는 이름 난 구역과 빼어난 경관이 있는 곳이 많은데, 도산(陶山)이 그 중간에 위치하여 상하가 모두 관할권에 들어 하나의 동천이 되었다. 내가 시험 삼아 그 안에 나아가 곡(曲)을 형성하면서 가장 빼어난 것을 뽑아 무이구곡(武夷九曲)의 예에 의거해 구분하였는데, 운암(雲巖)을 제1곡으로 삼고, 비암(鼻巖)을 제2곡으로 삼고, 월천(月川)을 제3곡으로 삼고, 분천(汾川)을 제4곡으로 삼았다. 탁영담(濯纓潭)은 분천과 천사(川沙) 사이에 있는데 비록 곡을 형성하지는 못했지만, 도산서당(陶山書堂)이 있는 곳이니 주자의 무이정사(武夷精舍)가 제5곡에 있는 의미에 의거하면 제5곡이 되어야 한다. 천사곡(川沙曲)을 제6곡으로, 단사곡(丹砂曲)을 제7곡으로, 고산곡(孤山曲)을 제8곡으로, 청량곡(淸凉曲)을 제9곡으로 하였다. 이 9곡은 모두 퇴계 선생께서 시를 지어 품평하고 감상하신 곳이다.[27]

이를 보면 이이순의 도산구곡을 설정한 준거는 도산서당을 중심에 두어 주자의 무이정사에 비유하고, 퇴계가 시를 지어 품평한 곳 가운데 가장 빼어난 구곡을 뽑아 무이구곡에 비유하려 한 것임을 알 수 있다. 이야순은 뒤에 이이순이 이와 같이 설정한 도산구곡을 접하고서, 그

---

27 李頤淳, 『後溪集』 권2, 「遊陶山九曲敬次武夷櫂歌韻十首並序」. "余觀夫洛川之水, 自淸凉至雲巖, 出入吾境, 凡四五十里之間, 多有名區勝境, 而陶山居其中, 上下皆能管領, 爲一洞天矣. 試嘗就中, 擧其成曲而最勝者, 窃依武夷九曲之例而分之, 雲巖爲第一曲, 鼻巖爲第二曲, 月川爲第三曲, 汾川爲第四曲. 濯纓潭在汾川川沙之間, 雖不成曲, 是陶山書堂之所在, 則据以武夷精舍在五曲之義, 當爲第五曲. 其六川沙, 其七丹砂, 其八孤山, 其九淸凉, 曲曲皆是先生題品吟賞之所及也."

의 주장에 동의하여 구곡의 범위를 확장한 것이다. 이를 정리하여 도표
로 제시하면 다음과 같다.

曲名	李頤淳 설정	李野淳 제1차 설정	李野淳 제2차 설정	비고
雲巖曲	제1곡		제1곡(雲巖寺曲)	이야순 추가
鼻巖曲	제2곡			이야순 제외
月川曲	제3곡	제1곡	제2곡	
鰲潭曲		제2곡	제3곡	
汾川曲	제4곡	제3곡	제4곡	
石礀曲		제4곡		이야순 제외
濯纓曲	제5곡	제5곡	제5곡(濯纓潭曲)	
鏡潭曲		제6곡		이야순 제외
廣瀨曲		제7곡		이야순 제외
川沙曲	제6곡	제8곡	제6곡	
丹砂曲	제7곡	제9곡	제7곡	
孤山曲	제8곡		제8곡	이야순 추가
清涼曲	제9곡		제9곡	이야순 추가

이야순은 이이순이 설정한 도산구곡을 수용하면서도 일부 수정을 가하
여 새로 도산구곡을 설정하였다. 이이순이 설정한 비암곡(鼻巖曲)은 『선
성지(宣城誌)』「십사곡승처(十四曲勝處)」에 "낙천(洛川)의 상류 예안현 읍
치 남쪽 2리쯤에 있는데, 그 밑에 깊은 못이 있다."라고 하였다.[28]
이이순은 주로 퇴계의 발자취가 이르고 시문을 남긴 곳을 위주로 설정
하였다.[29] 그는 제2곡 비암곡을 노래한 시의 소주에 "비암(鼻巖)은 운암

---

28 『선성지』 권1, 「十四曲勝處」. "鼻巖在洛川之上, 縣之南二里, 下有深潭."

29 李頤淳, 『後溪集』 권2, 「遊陶山九曲敬次武夷櫂歌韻十首並序」. "曲曲皆是先生題品

북쪽 5리 지점의 선성읍(宣城邑) 진서(鎭西)에 있다. 퇴계 선생의 시에 '석양을 전송하는 곳, 그림 속의 선성을 지나네.'[30]라고 하였다."라고 하였다.[31] 이처럼 비암이 예안의 14곳 명승에 들어 있는 것을 보면, 빼어난 경관을 지닌 곳이었음을 알 수 있다.

그런데 이야순은 이 비암곡을 제외하고 대신 오담곡(鰲潭曲)을 추가하였다. 그 이유는 무엇일까? 그것은 오담곡에 우탁(禹倬)을 제향하는 역동서원(易東書院)이 있기 때문이다. 역동서원은 1570년 건립되어 1684년 사액을 받은 서원인데, 퇴계의 발의로 창건되었다. 『오가산지』에는 오담(鰲潭)에 대해 "도산 아래 5리쯤에 있다. 「퇴계선생연보」에 무오년(1558) 4월 선생이 오담에서 노니셨는데 우좨주(禹祭酒)를 위해 오담 가에다 서원을 건립하고자 하여 그 터를 살피셨다."[32]라고 하였으며, 역동서원에 대해 「퇴계선생연보」에 경오년(1570년) 7월 선생이 역동서원에 오셔서 제생들과 『심경』을 강론하셨다. 8월 역동서원 낙성 때 선생이 가서 참석하셨다. 역동서원은 오담 가에 있다."[33]라고 하였다.

이러한 사료에 근거하여 비암곡과 오담곡을 비교해 보면, 역동서원이 있는 오담곡은 비암곡에 비해 그 상징적 의미가 훨씬 크다. 이야순은 이 점을 주목하여 비암곡을 제외하고 오담곡을 구곡에 편입시킨 것이다.

吟賞之所及也."

30 이 시구는 『퇴계집』 권1의 「遊沈流亭次亭韻」에 보인다.

31 李頤淳, 『後溪集』 권2, 「遊陶山九曲敬次武夷櫂歌韻十首並序」, "巖在雲巖北五里, 宣城邑鎭西, 先生詩曰, 斜陽相送處, 畵裏過宣城."

32 李晩輿, 『吾家山誌』 권1, 「山川臺庵集解第四」, "鰲潭在陶山下五里許, 年譜, 戊午四月, 先生遊鰲潭, 爲禹祭酒, 欲建書院於其上, 相其地."

33 上同. "年譜, 庚午七月, 先生至易東書院, 與濟生講心經. 八月, 易東書院落成, 往赴, 在鰲潭上."

요컨대 이이순이 1818년부터 1820년 사이에 운암곡(雲巖曲)부터 청량곡(淸凉曲)까지로 범위를 확장하여 도산구곡을 설정하자, 이야순이 이에 동조하여 제1차로 자신이 설정한 도산구곡의 범위를 넓혀 운암곡부터 청량곡까지로 다시 설정하였는데, 위에서 살펴본 것처럼 비암곡을 제외하고 오담곡을 새로 추가한 것이다. 그리고 도산서원이 있는 탁영담곡을 무이정사가 있던 무이구곡의 제5곡에 비유하여 중심으로 삼고, 나머지 곡도 모두 퇴계의 발자취가 깃들어 있는 곳임을 드러냈다.

이러한 사실은 다음과 같은 이야순의 시에 차운한 이시수(李蓍秀, 1790~1849)의 서문에 잘 나타나 있다.

> 광뢰옹(廣瀬翁 : 이야순)이 설정한 도산구곡은 운암곡부터 청량곡까지인데 탁영담곡이 제5곡에 해당하니, 이는 대체로 무이구곡에서 제5곡에 무이정사가 있는 것과 합한 듯이 서로 합치된다. 도산 위아래 일대의 빼어난 경관은 퇴계선생의 발길이 닿고 선생의 품평을 거치지 않은 곳이 없으니, 천지가 개벽할 처음에 굳이 이런 여러 명승을 선성(宣城) 한 구역에 모아 놓은 것이 모두 도산을 위해 개설한 것인 줄을 나는 알겠다.[34]

이시수는 자가 경원(景圓), 호는 모정(慕亭), 본관은 고성으로, 유범휴(柳範休)의 문인이다. 이처럼 이시수는 이야순이 제2차로 설정한 도산구곡이 주자의 무이구곡과 일치하며 도산서원이 있는 제5곡을 중심에 두

---

34 李蓍秀, 『慕亭集』 권1, 「次廣瀬李丈 -野淳-續陶山九曲歌并序」. "廣瀬翁所定陶山九曲, 自雲巖, 至淸凉, 而濯纓當第五曲. 蓋與武夷九曲精舍所在處, 吻然相合, 夫陶山上下一帶虹玉, 無非先生杖屨之所, 曁題品所經, 則吾知其鴻濛剖判之初, 必以此簡諸勝, 融結鋪排於宣城一區者, 總爲陶設也."

고 상하의 명승을 모두 아우르는 것으로 그 의미를 정립하고 있다. 기실 도산구곡의 아홉 굽이에는 각각 주인이 있어서 퇴계의 구곡이라고 할 수 없었는데, 이 시기에 이르러서는 모두 퇴계의 발길과 품평이 닿았다는 점을 내세워 퇴계의 구곡으로 보는 인식이 제고된 것이다.

그렇다면 이야순은 언제 제2차로 도산구곡을 설정한 것일까? 그의 문집에서는 그 단서를 찾을 수 없다. 경주(慶州) 양동(良洞)에 살던 이정기(李鼎基, 1759~1834)도 이야순의 요청으로 그의 「도산구곡」에 차운시를 지었는데, 구곡의 명칭이 이야순이 제2차로 설정한 것과 동일하다. 또 이정기가 지은 「옥산구곡경차무이구곡십수운병지(玉山九曲敬次武夷九曲十首韻幷識)」에 아래와 같은 기록이 있다. 여기에서 이야순이 제2차로 도산구곡을 설정한 시기의 단서를 찾을 수 있다.

> 계미년(1823년) 맹하(孟夏:4월) 초, 수석정(漱石亭) 주인 이건지(李健之)-야순(野淳)-가 호정(浩亭)에서 남하하여 몇 곳을 거쳐 남명응(南鳴應 : 南鳳陽)을 대동하고 동쪽으로 와서 금호(琴湖)를 지나 비를 맞고 평려(平廬)에 이르러 하루를 묵었다. …… 이건지가 간간이 무이구곡을 언급하면서 '도산에 구곡이 있으니, 옥산에 유독 구곡이 없어서는 불가합니다. 어찌 옥산구곡을 정하지 않으십니까?'라고 하여, 모두 '알겠습니다.'라고 하였다. 드디어 함께 시내를 따라 올라가며 굽이를 좇아 아홉 굽이를 배열하여 정했다.[35]

35 李鼎基, 『蒼廬集』 권1, 「玉山九曲敬次武夷九曲十首韻幷識」. "歲黑羊孟夏之初, 漱石李健之野淳, 自浩亭南下, 歷數處, 携南鳴應而東, 過琴湖, 冒雨底平廬, 留一日. …… 健之間及武夷九曲, 而曰, 陶山有九曲, 玉山獨不可無九曲, 盍爲之品定乎, 僉曰, 諾, 遂與溯上逐曲排準如數."

이 기록에 의하면, 1823년 4월 경주 양동 옥산서원(玉山書院)을 방문한 이야순은 자신이 제2차로 설정하고 지은 「도산구곡」을 이정기에게 보여주었고, 이정기는 그에 따라 차운하여 도산구곡시를 지었다. 이를 보면 이야순은 경주로 이정기를 방문하기 전인 1823년 4월 이전에 제2차로 도산구곡을 설정하였음을 알 수 있다.

또 이가순(李家淳, 1768~1844)의 『하계집(霞溪集)』에 실린 시를 보면, 대체로 연도순으로 편차를 정한 것을 알 수 있는데, 1823년에 지은 「만둔산이자중(挽遯山李子中)」 다음에 「경차주자무이구곡운(敬次朱子武夷九曲韻)」이 실려 있으며, 그 소주에 "이 해 중하(仲夏)에 종형 광뢰공(廣瀨公) 및 양동(良洞)의 여러 공들과 함께 계산구곡(溪山九曲)을 창도해 설정하고, 다시 주자의 무이구곡시에 차운하여 산중의 고사를 삼았다. 삼가 차운하여 가르침을 구한다."[36]라고 하였다.

이를 보면 1823년 이가순도 이야순을 따라 양동에 가서 옥산구곡을 설정하는 데 참여하였고, 그때 그는 「무이도가」에 차운한 시와 도산구곡·퇴계구곡·옥산구곡에 대해 모두 차운시를 지은 것을 알 수 있다. 그런데 그가 지은 도산구곡시를 보면 이야순이 제2차로 설정한 구곡의 명칭과 일치함을 알 수 있다.

이러한 이정기와 이가순의 문집에 실린 내용을 통해 볼 때, 이야순은 1823년 4월 옥산서원을 방문하기 이전에 도산구곡을 새로 설정하였음을 확인할 수 있다.

앞에서 살펴보았듯이, 도산구곡 설정에 대해 기왕의 연구에서는 이이

---

36 李家淳, 『霞溪集』 권3, 「敬次朱子武夷九曲韻」 小註. "仲夏, 從兄廣瀨公, 與良洞僉公, 倡定溪山九曲, 重賡武夷韻, 以備山中故事, 謹次求敎."

순이 18세기 후반에 설정했다는 설, 이이순이 최초로 설정했다는 설, 그리고 이야순이 1800년 이전에 최초로 설정했다는 설이 있다.

그런데 필자는 이러한 설에 동의하지 않고 위에서 논의한 것을 바탕으로 다음과 같이 주장한다. 도산구곡은 이야순이 1800년 최초로 설정하였고, 1818년부터 1820년 사이에 이이순이 독자적으로 새롭게 설정하였으며, 그 뒤 이야순이 1823년 4월 이전에 이이순이 설정한 것을 수용하면서 비암곡을 제외하고 오담곡을 추가하여 제2차로 재설정하였다.

이야순이 제1차로 설정하고 지은 도산구곡시에 대해서는 조술도·조성복·금시술이 차운하였으며, 1823년 이후에 지어진 도산구곡시는 모두 이야순이 제2차로 설정하고 지은 「도산구곡」에 차운한 시들이다. 또한 그 차운시는 이야순의 요청에 의해 지어진 것이 대부분이다. 이야순은 퇴계의 후손으로 경상좌도에서 당시 중망을 받던 학자였기 때문에 도산구곡을 설정하고 그 정신을 널리 확산시키는 데 결정적인 역할을 한 것으로 보인다.

Ⅳ. 도산구곡시 창작배경

도산구곡시 창작배경은 위에서 살펴본 도산구곡 설정과 깊이 연관되어 있다. 그것은 도산구곡을 노래한 시가 대부분 이야순의 「도산구곡」에 차운한 시이며, 그것도 이야순의 요청에 의해 지어진 것이 대부분이기 때문이다. 여기서는 여러 사람들이 도산구곡시를 창작하게 된 배경을 살펴보기로 한다.

도산구곡시 창작을 시기적으로 구분해 보면, 제1기에 창작된 시는 이야순(李野淳)이 제1차 설정한 「도산구곡」에 차운한 시들이고, 제2기에 창작된 시는 이이순(李頤淳)이 독자적으로 도산구곡을 설정하고 지은 시이며, 제3기에 창작된 시는 이야순이 제2차로 도산구곡을 설정한 뒤 새로 지은 「도산구곡」에 차운하여 1823년 이후에 지어진 시들이다.

먼저 제1기에 도산구곡시가 창작된 것을 살펴보기로 한다. 이야순이 제1차로 도산구곡을 설정 뒤에 주위 사람들에게 요청하여 지어진 차운시는 아래에 보이는 4편이며, 이야순의 원시까지 합하면 모두 5편이 된다. 이야순은 제2차로 도산구곡을 설정한 뒤, 제1차로 설정한 도산구곡시를 개작한 것으로 보이는데, 처음 지은 시는 남아 있지 않다.

작자	시 제목	창작 년도	비고
趙述道 (1729~1803)	李健之次武夷九曲韻又作陶山九曲詩 要余和之次韻却寄(晚谷集 권2)	1801년경	「무이도가」에도 차운
趙星復 (1772~1830)	陶山九曲次韻(鶴坡集 권1)	1801년경	「무이도가」에도 차운
崔昇羽 (1770~1841)	敬次陶山九曲韻(畔窩集 권2)	미상	
琴詩述 (1783~1851)	謹次廣瀨李丈陶山九曲韻(梅村集 권2)	1802년경	「도산구곡」에만 차운

이야순은 1800년 도산구곡을 최초로 설정하고 도산구곡시를 지었으며, 도산구곡을 주자의 「무이도가」에 비유해 「무이도가」에 차운하는 시를 함께 지었다. 그리고 당시 종유하던 조술도에게 2편을 함께 보여주며 차운시를 청하였다. 그 의도는 도산구곡을 주자의 무이구곡에 견주어 주자의 정신을 계승하고자 하는 의도가 다분히 들어 있다.

조술도는 이야순의 요청해 의해 2편의 차운시를 지어 보냈다. 또 그의 족질 조성복은 조술도의 문하에 있다가 이야순이 보낸 시를 보고 차운시를 지었는데, 시 제목 밑에 있는 소주(小註)[37]를 보면, 조성복도 그 당시 차운시를 지은 것을 알 수 있다.

조성복은 「무이도가」에 차운한 시 및 이야순의 도산구곡시에 차운한 「도산구곡차운(陶山九曲次韻)」 외에 「도산구곡이상구곡(陶山九曲以上九曲)」 한 편을 더 지었는데, 이야순이 제1차로 설정한 도산구곡 제9곡인 단사곡(丹砂曲) 상류에 다시 구곡을 설정하여 노래한 것이다. 그 소주에 '이야순이 도산18곡의 시를 지어 만곡 종대부에게 보내왔다.'라고 한 점에 주목하고, 조성복이 「도산구곡이상구곡」을 지은 것으로 보면, 당초 이야순은 도산구곡을 제1차로 설정하고 도산구곡시를 지었을 뿐만 아니라, 도산구곡 상류에 다시 구곡을 설정하였음을 알 수 있다.

조성복의 「도산구곡이상구곡」을 보면, 백운곡(白雲曲)을 제1곡으로, 미천곡(彌川曲)을 제2곡으로, 경암곡(景巖曲)을 제3곡으로, 한속담(寒粟潭)을 제4곡으로, 월명담(月明潭)을 제5곡으로, 고산곡(孤山曲)을 제6곡으로, 청량곡(淸凉曲)을 제7곡으로, 천천곡(穿川曲)을 제8곡으로, 황지곡(潢池曲)을 제9곡으로 하고 있다.

청량곡을 제9곡으로 하지 않고 낙동강이 발원하는 황지곡을 제9곡으로 한 것에서 원천(源泉)을 염두에 두고 정한 것을 알 수 있다. 이야순은 이이순의 견해를 수용한 뒤, 도산구곡 위의 구곡에 대해 지은 시는 없애버린 듯하다. 그리하여 그 뒤에 차운한 금시술·최승우 등의 차운시에는 도산구곡 위의 구곡에 대한 언급이 나타나지 않는다.

---

37 趙星復, 『鶴坡遺稿』 권1, 「武夷九曲次韻」. "時宣城漱石翁, 次武夷九曲韻, 又爲陶山十八曲韻, 寄呈晩谷從大父. 奉玩之餘, 不覺欽誦, 次韻拜呈."

　　금시술은 이이순과 이야순의 문하에서 수학한 인물이다. 그는 「무이도
가」에 차운하지 않고 도산구곡시만 지었다. 그가 지은 시의 제목이 「근차
광뢰이장도산구곡운(謹次廣瀨李丈陶山九曲韻)」이라는 점으로 미루어보아
이야순의 문하에 드나들 적에 이야순의 도산구곡시를 보고서 차운한 듯
하다. 금시술의 「가장(家狀)」에 의하면 "20세가 되던 1802년 면암(俛庵)
이우(李㙖)에게 『중용』을 배웠고, 또 광뢰(廣瀨) 이공(李公) 야순(野淳)에
게 왕래하며 질의했다."³⁸라는 기록이 보인다. 그렇다면 금시술은 이 시기
에 이야순이 지은 「도산구곡」을 보고 차운했을 것으로 추정된다.

　　최승우는 선산에 거주하던 인물로, 자는 사규(士逵), 호는 재와(畊窩),
본관은 전주이다. 1803년 진사가 되었고, 1814년 문과에 급제하여 성균
관 전적 등을 지냈다. 최승우가 무슨 연유로 이야순의 도산구곡시에 차
운시를 지었는지는 알 수 없으나, 무이구곡도를 보고 「무이도가」에 차
운한 시가 있고, 또 퇴계의 「도산잡영십팔절(陶山雜詠十八絕)」에도 차운
한 시가 있는 것으로 보아, 주자와 퇴계를 존모하고 있었음을 알 수 있
다. 또 그가 언제 차운시를 지었는지도 알 수 없으나, 그의 차운시가
금시술의 차운시에 있는 구곡의 명칭과 일치하는 점으로 보아, 문과에
합격하여 벼슬길에 나아가기 전에 지은 듯하다.

　　다음은 제2기에 창작된 도산구곡시를 살펴보기로 한다. 앞에서 언급
했듯이, 이이순은 1818년부터 1820년 사이에 이야순이 설정한 도산구곡
과 다르게 범위를 넓혀 도산구곡을 설정하고 도산구곡시를 지었다. 이이
순은 『청량지』를 중수하고 청량산에 청량정사(淸凉精舍)를 창건한 인물

38　琴詩述, 『梅村集』 권6, 부록 「行狀」. "及冠, 從俛庵李公㙖, 受中庸. 又往來質疑於廣
　　瀨李公野淳."

로, 퇴계의 발자취가 깃든 청량산을 특별히 중시했다.

그는 주자의 「무이도가」에 차운하여 「유도산구곡경차무이도가운십수병서(遊陶山九曲敬次武夷櫂歌韻十首幷序)」를 창작했는데, 이 글에는 도산구곡을 무이구곡에 견주고자 하는 의식이 짙게 깔려 있다. 이이순은 이야순이 초기에 설정한 도산구곡과 도산구곡시를 보았는지는 확인할 수 없지만, 이야순이 설정한 구곡에 퇴계가 발자취를 남긴 고산(孤山)·청량산(淸凉山) 등이 포함되지 않은 것을 못마땅하게 여기고 독자적으로 도산구곡을 설정히였을 가능성이 있다.

다음은 제3기에 창작된 도산구곡시를 살펴보기로 한다. 이 시기에 창작된 시 가운데 이이순의 도산구곡시에 차운한 시는 찾아볼 수 없다. 그것은 이야순이 이이순의 도산구곡을 수용하여 운암사곡(雲巖寺曲)으로부터 청량곡(淸凉曲)까지 범위를 넓힌 데다, 이야순이 자신이 지은 도산구곡시를 주위 사람들에게 보여주며 차운시를 요청하여 여러 사람들이 차운시를 지었기 때문이다.

특히 이야순은 1823년 자신이 새로 설정하고 지은 도산구곡시를 옥산서원을 방문하여 여러 사람들에게 보여주고 차운을 요청하여 이정기(李鼎基) 등이 그의 도산구곡시에 차운함으로써 그의 도산구곡시가 널리 알려졌다. 또한 이야순은 당시 경상좌도 지역에서 학덕으로 중망을 받고 있었기 때문에 자연히 이이순의 도산구곡시보다는 이야순의 도산구곡시가 널리 회자되어 여러 사람들이 차운시를 지은 것으로 보인다.

이러한 점을 보면 도산구곡 정립을 위해 이야순과 이이순이 모두 노력을 기울였지만, 결국에는 지역사회에서 중망이 있던 이야순에 의해 도산구곡이 정립되어 사회적으로 공론화 되었음을 알 수 있다.

1823년 이후에 지어진 도산구곡시의 곡명(曲名)을 보면 모두 이야순이 제2차로 설정하고 지은 「도산구곡」에 차운한 것을 확인할 수 있다. 이에 해당하는 시는 이야순의 시를 포함하여 모두 13편이 발견되는데, 이 외도 여러 수가 더 있을 것으로 추정된다. 지금까지 필자가 조사한 이야순의 시에 차운한 도산구곡시는 다음과 같다.

차례	성명	제목(출전)	비고
01	李野淳(1755~1831)	陶山九曲(廣瀨文集 권1)	제2차 설정 도산구곡을 노래
02	李鼎秉(1759~1834)	陶山九曲敬次武夷九曲韻(琴坡集 권1)	玉山九曲詩도 지음
03	李鼎基(1759~1836)	陶山九曲(蒼廬集 권1)	玉山九曲詩도 지음
04	李宗休(1761~1832)	漱石主人李健之次武夷九曲韻仍歌玉山退溪陶山九曲要予追和忘拙步呈(下庵文集 권2)	玉山九曲詩, 退溪九曲詩도 지음
05	申鼎周(1764~1827)	陶山九曲(陶窩集 권1)	
06	李家淳(1768~1844)	陶山九曲(霞溪集 권3)	玉山九曲詩, 退溪九曲詩도 지음
07	柳炳文(1776~1826)	陶山九曲用武夷櫂歌韻和呈李健之野淳(素隱集 권1)	退溪九曲詩도 지음
08	柳鼎文(1782~1839)	伏次廣瀨丈寄示陶山櫂歌韻(壽靜齋集 권2)	
09	李蓍秀(1790~1849)	謹次陶山九曲歌 / 次廣瀨李丈-野淳-續陶山九曲歌(慕亭集 권1)	續陶山九曲歌 지음
10	河範運(1792~1858)	謹步武夷櫂歌韻作三山九曲奉呈漱亭參奉李丈野淳案下以備吾嶺故事竝小序(竹塢集 권1)	玉山九曲詩, 德山九曲詩도 지음
11	柳致皞(1800~1862)	次瀨石亭二九曲韻(東林集 권1)	退溪九曲詩도 지음
12	金泳斗(1857~1944)	敬次陶山九曲(安愚集 上)	高山九曲詩도 지음
13	崔東翼(1868~1912)	擬陶山九曲用武夷櫂歌韻(晴溪集 권2)	

이외에도 강필효(姜必孝, 1764~1848)가 차운한 시가 있고[39], 『현장세고
(玄庄世稿)』에 들어 있는 『지와유고(止窩遺稿)』에도 차운시가 있다고 하는
데[40], 필자가 확인할 수 없어 어느 시기에 창작된 것인지 알 수 없다.

위의 도표에 제시한 시는 모두 이야순이 제2차로 도산구곡을 설정한
뒤 지은 「도산구곡」에 차운한 것들인데, 옥산구곡시(玉山九曲詩)에 차운
한 시 5편, 퇴계구곡시(退溪九曲詩)에 차운한 시 4편이 함께 지어진 것을
확인할 수 있다.

이를 통해 볼 때, 이야순은 1823년 4월 경주 양동(良洞)을 방문하였을
때 자신이 지은 「도산구곡」을 보여주며 차운시를 요청하는 한편, 옥산
구곡 설정을 주창하여 옥산구곡을 설정한 뒤 돌아와 옥산구곡시를 지었
고, 별도로 퇴계구곡을 설정하고 퇴계구곡시를 지어 여러 사람들에게
세 편의 구곡시를 보여주며 차운시를 청한 것으로 추정된다.

이는 이종휴(李宗休)가 지은 시의 제목이 「수석주인이건지차무이구곡
운잉가옥산퇴계도산구곡요여추화망졸보정(漱石主人李健之次武夷九曲韻
仍歌玉山退溪陶山九曲要予追和忘拙步呈)」이라고 한 점과 경상우도 사람 하
범운(河範運)이 지은 시 「근보무이도가운작삼산구곡봉정수정참봉이장야
순안하이비오령고사병소서(謹步武夷櫂歌韻作三山九曲奉呈漱亭參奉李丈野
淳案下以備吾嶺故事並小序)」의 서문에 "지난 계미년(1823) 가을 나는 선조
의 문집을 교감하는 일로 예안(禮安)에 가서 수석정(漱石亭)에서 참봉 이
장(李丈 : 이야순)을 배알하였다. 이장은 하루 종일 꼿꼿하게 앉아서 가르

---

39 이종호, 「한국 구곡문화 연구의 현황과 과제」, 『안동학연구』 제10집, 한국국학진흥
원, 2011, 50쪽 참조.

40 임노직, 「퇴계의 무이도가 수용과 이야순의 도산구곡 고찰」, 『동아인문학』 제20집,
동아인문학회, 2011, 433쪽 참조.

치기를 게을리 하지 않았다. 돌아가겠다고 고하자, 이장이 도산구곡과 옥산구곡의 제목을 손수 써서 내게 주었다. 그리고 나로 하여금 화답해 보내라고 하였다. 그 분의 당부가 매우 간곡하여 학식이 천박하다는 이유로 거절할 수 없는 점이 있었다."[41]라고 한 점을 통해 그 정황을 짐작할 수 있다.

위 도표의 인물 가운데 김영두(金泳斗)·최동익(崔東翼)은 이야순이 별세한 뒤 그의 도산구곡시를 보고 차운시를 지은 것이다. 그러나 이 두 사람을 제외하고 나머지 10인은 모두 이야순의 생전에 차운시를 지은 것으로 보인다.

이 가운데 이시수(李蓍秀)는 속도산구곡(續陶山九曲)을 노래하였고, 하범운은 남명(南冥) 조식(曺植)을 제향하는 덕천서원(德川書院)을 염두에 두고 덕산구곡시(德山九曲詩)를 지어 삼산서원(三山書院)에 모두 구곡이 있음을 드러내려 하기도 하였으며, 김영두(金泳斗)는 고산구곡(高山九曲)을 별도로 지었다.

후대 차운한 최동익은 도산구곡의 제6곡인 천사곡(川沙曲)을 월란곡(月瀾曲)으로 바꾸었는데, 퇴계의 유적이 있는 월란대(月瀾臺) 앞에 천사(川沙)가 있어서 장소가 다르지 않기 때문에 그렇게 칭한 듯하다.

도산구곡시를 지은 작가를 분류해 보면, 도산구곡 설정자인 이야순과 이이순은 모두 퇴계의 후손이다. 이야순의 도산구곡시에 차운한 사람은 진주에 살던 하범운을 제외하고는 모두 경상좌도 남인계 퇴계학파에 속

---

41 河範運, 『竹塢集』 권1, 「謹步武夷櫂歌韻作三山九曲奉呈漱亭參奉李丈野淳案下以備吾嶺故事竝小序」. "癸未冬, 余以先集校勘之事, 往禮安, 就拜參奉李丈於漱石亭上. 李丈終日危坐, 眷誨不倦. 及告歸, 手書陶山玉山二九曲題目, 以贐之, 使之和送, 其意申申, 有不可以寡陋而孤之者."

한 인물들이다.

창작시기는 이야순이 제2차 도산구곡을 설정하고 옥산서원을 다녀온 1823년부터 이야순이 별세한 1831년 사이에 집중적으로 지어진 것으로 보인다. 이야순은 이이순의 견해를 수용하여 운암사곡으로부터 청량곡까지 도산구곡을 확장한 뒤, 도산구곡시 및 옥산구곡시·퇴계구곡시 등을 지어 주변 인물들에게 차운시를 요청함으로써 십여 편의 도산구곡시가 지어지게 된 것이다.

도산구곡은 이야순과 이이순이 설정하고 확립하려는 노력에 의해 19세기 전반기에 비로소 그 명칭이 정립되었으며, 특히 이야순이 자신이 지은 「도산구곡」을 주위 사람들에게 보여주고 차운시를 요청하여 여러 사람들이 차운시를 창작함으로써 지역사회에 널리 공인을 받게 되었다.

V. 맺음말

이 글은 '도산구곡은 누가 언제 어떤 과정을 거쳐 정립하였으며, 차운시 형태로 집중 창작된 도산구곡시의 창작배경은 무엇인가?'라는 점을 집중 탐구한 것으로, 다음과 같은 결론에 도달하였다.

첫째, '도산구곡은 누가 언제 설정하였는가?'라는 문제의 결론은 다음과 같다. 이야순(李野淳)이 1800년에 처음으로 도산구곡을 설정하였는데, 그 범위는 월천곡(月川曲)에서 단사곡(丹砂曲)까지였다. 그 다음 이이순(李頤淳)이 1818년부터 1820년 사이에 도산구곡을 독자적으로 설정하였는데, 운암곡(雲巖曲)으로부터 청량곡(淸凉曲)까지로 그 범위를 넓혔다. 그 뒤 이야순은 이이순이 설정한 것을 수용하면서 비암곡(鼻巖曲)을 제외하고 오담곡(鰲潭曲)을 추가하여 제2차로 도산구곡을 설정하였다. 이후로는 이야순이 제2차로 설정한 도산구곡이 널리 수용되었다. 이를 통해 볼 때, 도산구곡 최초 설정자는 이야순이며, 이야순에 의해 도산구곡이 정립된 것을 알 수 있다.

둘째, '도산구곡시는 언제 어떤 배경에서 창작되었는가?'라는 문제의 결론은 다음과 같다. 이야순은 1800년 도산구곡을 최초로 설정하고 도산구곡시를 지었다. 그리고 이 시를 당시 가깝게 지내던 선배 조술도(趙述道)에게 보여주며 차운시를 청하였다. 조술도는 1801년 이야순의 도산구곡시에 차운하는 시를 지었으며, 그의 문하에 있던 조성복(趙星復)도 그것을 보고 차운시를 지었다. 이후 이야순의 문하에 있던 금시술(琴詩述)이 차운시를 지었고, 선산에 살던 최승우(崔昇羽)도 차운시를 지었다. 이 시들은 대체로 1814년 이전에 지은 것이다. 이것이 제1기에 창작된 도산구곡시이다.

다음 이이순이 독자적으로 도산구곡을 설정하고 1818년부터 1820년 사이에 도산구곡시를 지었다. 그러나 그의 시에 차운한 시는 보이지 않는다. 그것은 이야순이 제2차로 도산구곡을 설정하고 「도산구곡」을 지어 주위 사람들에게 차운시를 요청함으로써 그가 설정한 구곡이 널리 공인되었기 때문이다. 이것이 제2기에 지어진 도산구곡시이다.

그 뒤 이야순이 제2차로 도산구곡을 설정하고 1823년 4월 이전에 도산구곡시를 새로 지었다. 그리고 그 해 경주 양동에 가서 이정기(李鼎基) 등에게 차운시를 요청하였고, 이후 이야순이 별세한 1831년 사이에 여러 사람에게 차운시를 청하여 10여 편 이상의 차운시가 지어졌다. 그리고 후인들에 의해 약간의 차운시가 더 지어졌다. 이것이 제3기에 지어진 도산구곡시로, 19세기 전반에 집중적으로 창작된 것이다. 따라서 기왕의 연구에서 도산구곡시가 18세기 후반에 집중적으로 창작되었다고 한 설은 재고할 필요가 있다.

이야순은 도산구곡을 설정하고 정립하는 데 크게 공헌한 인물이다. 그는 당대 경상좌도 지역에서 학덕으로 중망을 받고 있었기 때문에 이러 한 일을 할 수 있었다. 또한 그는 도산구곡만을 표장(表章)하면 퇴계만을 추숭한다는 비난을 받을까 염려하여, 회재(晦齋) 이언적(李彦迪)을 제향 한 옥산서원(玉山書院)을 방문해 옥산구곡(玉山九曲)을 설정하고, 자신이 직접 옥산구곡시까지 창작하여 여러 사람들에게 차운시를 청하였다.

회재와 퇴계는 영남의 대표적인 학자이기 때문에 이들의 유적에 구곡 을 설정하여 구곡문화를 보급하려는 그의 의견은 당대 영남 유림들에게 큰 호응을 불러일으켜 여러 사람들이 차운시를 지어 화답했던 것으로 보인다. 이런 과정과 노력을 거쳐 도산구곡은 비로소 19세기 전반에 공 인을 받게 된 것이다.

이 글은 『한국한문학연구』 제53집(한국한문학회, 2014)에 실린 「도산구곡의 정립과 도산구곡시 창작배경」을 수정 보완한 것이다.

하범운의 삼산구곡시 창작과 그 의미

Ⅰ. 머리말

경상우도 지역의 남명학파는 인조반정 이후 급격히 침체되어 17세기 후반에 이르러서는 자기 당색을 갖지 못하고 분열해 노론화 또는 남인화되어 갔다. 학술적으로도 자기 정체성을 찾지 못하여 퇴계학파 또는 율곡학파에 소속되었다.

조선 후기 경상우도 지역 남인계 학자들은 대부분 퇴계학파에 속했는데, 학술을 주도할 만한 학자가 배출되지 못하여 경상좌도 학자들에게 나아가 집지(執贄)하거나 종유(從遊)하는 경우가 많았다.

그러나 이들은 지역에 뿌리를 내린 남명학을 면면이 계승하고 있었기 때문에 퇴계학을 수용하면서도 남명학을 결코 도외시하지 않았다. 그리하여 경상좌도 남인이나 근기 남인과는 달리 남명학과 퇴계학을 아우르는 데 눈을 뜨게 되었다.

비록 성리학이나 예학에 있어서는 자기 학파의 사설(師說)을 준수할지라도, 심성수양에 있어서는 남명정신을 그대로 본받아 실천하는 독특한 성향을 드러냈다. 이처럼 조선 후기 경상우도 학자들이 남명학과 퇴계학을 겸취(兼取)하려 한 성향은 학문의 융합을 추구했다는 점에서 새삼 주목해 볼 필요가 있다.

조선 후기 경상우도 지역의 학문동향 가운데 주목할 만한 사안이 남명학과 퇴계학을 융합하려 노력한 점이다. 이런 노력에 의해 이들은 남명학과 퇴계학의 변별성을 강조하는 시각에서 벗어나, 남명학과 퇴계학이 모두 공맹(孔孟)과 정주(程朱)에 연원을 두었다는 동질성을 확인하는 방향으로 시각의 변화를 가져왔다.

이런 새로운 시각을 연 대표적 인물이 18세기 후반 의령(宜寧)에 살던 안덕문(安德文, 1747~1811)이다. 그는 회재(晦齋) 이언적(李彦迪), 퇴계(退溪) 이황(李滉), 남명(南冥) 조식(曺植)을 영남삼선생(嶺南三先生)으로 함께 추숭하는 관점에서 남명을 제향하는 덕천서원(德川書院)을 도산서원(陶山書院)·옥산서원(玉山書院)과 함께 삼산서원(三山書院)으로 명명하여 그 명칭과 위상을 정립하였다. 그리고 이를 공인받기 위해 경상좌도 지역 학자들을 두루 방문하여 일정한 성과를 이룩하였다.[1]

안덕문이 삼산서원의 위상을 정립하고 세 선생의 학문을 융합하려 한 새로운 정신은 경상우도 남인계 학자들에게 큰 영향을 미쳤다. 그리하여 19세기에 이르면 남명과 퇴계의 학덕을 나란히 일컬으며 함께 추숭하는 성향이 보편적으로 나타난다.

그런 변화된 정신사적 동향 가운데 하나가 19세기 전반 진주 지역에서 활동한 죽오(竹塢) 하범운(河範運, 1792~1858)이 도산구곡(陶山九曲)·옥

---

1 崔錫起, 「安德文의 三山書院 位相鼎立과 그 의미」, 『남명학연구』 제40집, 경상대 남명학연구소, 2013, 165~191쪽 참조.

산구곡(玉山九曲)·덕산구곡(德山九曲)을 노래한 삼산구곡시(三山九曲詩)를 창작한 것이다.

이 삼산구곡시는 주자의 「무이도가(武夷櫂歌)」를 본받아 회재·퇴계·남명을 제향하는 삼산서원 인근의 구곡(九曲)을 노래한 것으로, 구곡문화에 초점을 맞추어 세 선생의 유적이 있는 삼산구곡(三山九曲)을 나란히 표장(表章)했다는 점에 의미가 있다.

도산구곡은 19세기 초 퇴계의 후손 광뢰(廣瀨) 이야순(李野淳, 1755~1831)이 설정한 것이고, 옥산구곡은 1823년 이야순 등이 옥산서원을 방문하여 이정기(李鼎基) 등과 함께 설정한 것이다. 이야순은 도산구곡시와 옥산구곡시를 직접 지어 주위 사람들에게 차운시를 요청함으로써 19세기 초 수십 편의 차운시가 창작되어 구곡문화를 확산시켰다.

하범운은 1823년 예안으로 이야순을 방문했다가 그의 요청에 의해 차운시를 짓게 되었는데, 이야순의 도산구곡시·옥산구곡시에 차운할 뿐만 아니라, 남명을 제향하는 덕천서원 인근의 덕산구곡을 노래한 덕산구곡시를 함께 지어 보내, 덕산구곡을 도산구곡·옥산구곡과 함께 나란히 일컬어지게 하였다.[2]

이는 안덕문이 삼산서원의 위상을 정립하여 남명을 퇴계·회재와 나란히 일컬어지게 한 것과 맥락을 함께 하는 중요한 의미가 있다. 본고는 이 점에 주목하여 지금까지 학계에 소개되지 않은 하범운이라는 인물의 생애 및 학문성향을 간추려 소개하고, 그가 삼산구곡시를 창작하게 된 배경을 살펴본 뒤, 그가 창작한 삼산구곡시 중 덕산구곡을 노래한 시를

---

2 崔錫起, 「도산구곡 정립과정과 도산구곡시 창작배경」, 『한국한문학연구』 제53집, 한국한문학회, 2014 참조.

분석하여 그 내용과 의미를 밝히는 것을 목적으로 한다.

Ⅱ. 하범운의 생애 및 학문성향

하범운(河範運)의 자는 희여(熙汝), 호는 죽오(竹塢)·관고야인(鸛皐野人)·
만산병은(晚山病隱), 본관은 진양(晉陽)이다.

먼저 가계를 간략히 살펴보기로 한다. 하범운은 조선 초 영의정을 지낸
하연(河演)의 후손이다. 하연의 넷째 아들 하결(河潔)은 태종 때 문과에
급제하여 대사간을 지냈다. 하결의 6대손 태계(台溪) 하진(河溍, 1597~
1658)은 남명의 제자인 부사(浮査) 성여신(成汝信, 1546~1632)의 문인으로
남명을 사숙하였다. 하진은 문과에 급제하여 사헌부 집의 등을 지냈고
옥종의 종천서원(宗川書院)에 배향되었다.

하범운은 하진의 6대손이다. 하범운의 증조부는 하덕창(河德昌)이고,
조부는 하대식(河大湜)이며, 부친은 하흠(河欽)이다. 모친은 전의 이씨(全
義李氏)로 이준민(李俊民)의 후손이다. 생부는 하삽(河鈒)이고, 생모는 전
주 최씨(全州崔氏)이다.

하범운은 1792년 진주 북쪽 성태리(省台里 : 현 진주시 명석면)에서 출생
하였다. 하흠이 아들을 두지 못하고 일찍 세상을 떠나자, 하범운은 그의
양자로 입양되었다. 어릴 적 근처에 있던 경운재(景雲齋)에 가서 독서했
는데, 생부가 매일 야심한 밤에 찾아가 독서하고 있는지를 살펴보고 경
책하여 더욱 발분해 공부했다고 한다.

청소년기에는 고을 서쪽에 있는 운곡서재(雲谷書齋)에 가서 학업을 익
혔는데, 양정악(梁挺岳)과 함께 절차탁마하였다. 양정악은 1855년 효행

으로 동몽교관에 추증된 인물이다. 이 때 하범운은 여러 경서와 제자백
가를 두루 읽었다.

하범운은 19세 때 조모와 생모의 상을 당해 삼년상을 치렀다. 상례를
마친 뒤 과거공부에 매진하였으나, 향시에 한 번 합격하였을 뿐 회시에
는 낙방하였다.

하범운은 32세 되던 1823년 10월 상주(尙州) 우천(愚川)으로 강고(江
皋) 유심춘(柳尋春, 1762~1830)을 찾아가 배알하고 집지의 예를 행한 뒤,
선조 태계 하진의 문집 중 속집과 부록의 교정을 청하였다.

『태계집(台溪集)』은 1683년 간행되어 세상에 유포되었고, 속집 및 부
록은 하대관(河大觀, 1698~1776)이 편집 교감하여 『겸재집(謙齋集)』과 동
시에 간행해 옥종 안계(安溪)의 종천서원(宗川書院)에 책판을 보관하고
있었다. 그러다 1759년 『겸재집』에 실린 내용에 대해 시비가 일어나 당
시 진주목사 조덕상(趙德常)이 조정에 보고하였고, 결국 종천서원에서
하홍도(河弘度)의 위판(位版)을 출향(黜享)하고 책판을 소각하라는 명이
내려졌다.[3]

이때 『태계집』 원집과 속집의 책판도 불에 탔다. 태계의 후손들은
1794년 원집의 책판은 불에 탄 것만 보간(補刊)하였다. 그러나 속집의
판본은 남은 것이 거의 없어 하석(河鑠)·하범일(河範一) 등이 정사(淨寫)
하여 하옥(河鋈)을 예안에 살던 퇴계의 후손 이야순(李野淳)에게 보내 교
정을 받게 하였다. 그래도 미진한 점이 있어 1823년 하범운을 보내 다시
유심춘과 이야순을 찾아가 교정을 받게 하였다.[4]

---

3 오이환, 『남명학의 새 연구 하』, 한국학술정보(주), 2012, 24~33쪽 참조.

4 河範運, 『竹塢集』 권3, 雜著, 「東征日記」. "先祖台溪先生文集, 肅廟癸亥已刊, 布於
世. 續集及附錄, 愧窩公-大觀-編輯校勘, 與謙齋先生文集, 同時竝刊, 藏板於宗川院

하범운은 상주로 유심춘을 찾아가 선조 문집의 교정을 부탁하는 한편, 사제의 관계를 맺고 가르침을 받았다. 그리고 그의 아들 유후조(柳厚祚, 1798~1875)와도 도의지교를 맺었다. 하범운은 다시 안동으로 가서 도산서원에 배알하고, 당시 중망을 받고 있던 퇴계의 후손 이야순을 찾아가 배알하였으며, 퇴계의 10대 종손인 고계(古溪) 이휘녕(李彙寧, 1788~1861)을 방문하였다.

그리고 돌아오는 길에 안동 금계(金溪)의 학봉고택에 들러 1772년 진주 금산(琴山)에 건립한 경림서원(慶林書院)의 사액을 청하는 일을 논의하였다. 경림서원에 학봉(鶴峯) 김성일(金誠一)이 제향되었기 때문에 이 문제를 논의한 것이다. 또 안동시 서후면 교리에 있는 하위지(河緯地)를 제향하는 창렬사(彰烈祠)를 찾아가 배알하고 종인(宗人)들을 만났다. 그리고 다시 하회마을에 들러 유상조(柳尙祚)를 만나고 돌아왔다.

하범운의 안동 방문은 선조 문집의 교정을 부탁하는 일 외에도 유심춘과 사제관계를 맺고, 유후조와 교유를 맺고, 퇴계의 10대 종손 이휘녕을 만나고, 당시 중망을 받고 있던 이야순을 배알하고, 학봉종택에 들러 교유를 다지고, 하위지의 창렬사에 배알하는 등 다양한 목적이 있었다.

이는 진주 지역 남인계 학자로서 퇴계학파의 본거지인 안동에 가서 혁혁한 문벌의 후손들을 만나 우의를 돈독히 하는 걸음이었다. 즉 경상우도 지역의 대표적 남인계 가문 출신의 학자가 경상좌도 지역 남인계

講舍. 英廟戊寅年間, 謙齋集, 見忤於時宰, 至有燒板之變, 而台溪元續集, 亦或混入於其中, 故所餘板本, 移置於台洞矣. 正廟甲寅, 元集板則補刊, 續集存者, 無幾. 先父兄, 嘗痛恨於是, 而族從叔少軒公-鑠-, 三從兄畏窩公-範一-, 累至淨寫, 使族從叔默齋公-鎔-, 就正於禮安李廣瀨-野淳-, 猶有所未盡者. 余以是復往禮安, 面確其未盡校處, 又欲請校於尙州柳江皐-尋春-. 粤癸未十月十一日丙午, 啓行. 以行李未完, 留宿於再從姪-得明-家."

학자들을 방문하여 유대관계를 다지기 위한 것이었다.

하범운은 1828년 생부의 상을 당해 삼년상을 치렀다. 그 뒤로는 세상
사에 더욱 미련을 떨치고 동지들과 명산을 유람하며 소요하였다.

하범운은 1841년 덕천서원의 이임(貳任)이 되었다. 이 해 지리산을 유
람하였다. 1843년에는 진주 금산에 있던 임천서원(臨川書院)의 원장이 되
었다. 임천서원은 이 지역 출신 이준민(李俊民)·강응태(姜應台)·성여신
(成汝信)·한몽삼(韓夢參)·하징(河憕) 등을 제향한 서원이다. 하범운은 임
천서원의 원장이 되어 인근에 있던 경림서원의 유사들과 함께 남강에서
달밤에 뱃놀이를 하였다. 그때 안동 하회의 유후조가 진사의 신분으로
내방하여 함께 하였다.

1856년 안찰사 신석우(申錫愚)가 진주목사 박현규(朴顯奎)로 하여금 덕
천서원에서 『심경(心經)』을 강하게 하였는데, 박현규가 하범운을 초빙하
여 강석에 앉혔다. 하범운이 제생들에게 순순히 그 요의(要義)를 해설하
자, 박현규가 칭찬을 그치지 않았다. 고을 사람들이 문학(文學)과 행의(行
誼)로 여러 차례 하범운을 천거하였으나, 관직에 제수되지는 못하였다.
하범운은 1858년 7월 11일 별세하니 향년 67세였다. 묘는 진주시 집현면
응석사 뒤 주산곡(柱山谷) 해좌(亥坐) 언덕에 있다.[5]

이상에서 하범운의 생애를 간추려 보았다. 그가 살던 시대 경상우도
지역은 학문이 극도로 침체되어 이름 난 학자가 배출되지 못하였다. 이
런 상황 속에서 하범운은 남명학과 퇴계학을 겸취하여 극도로 침체된
이 지역의 학문과 풍속을 부지하려고 노력한 면을 엿볼 수 있다. 하범운
같은 인물의 이러한 노력에 의해, 다음 세대에 많은 학자들이 이 지역에

---

5 이상은 河範運의 문집 『竹塢集』 권4, 부록에 실린 河經洛이 지은 「行狀」을 참고하였다.

서 배출되어 다시 학문이 울흥하게 된 것이다.

다음은 그의 학문성향과 지취(志趣)에 대해 살펴보기로 하겠다. 하범운은 32세 때 유심춘과 이야순을 배알하고 돌아온 뒤로 위기지학에 뜻을 돈독히 하였는데, 글을 읽고 의리를 밝히는 것[讀書明理]으로 진덕(進德)의 공부를 삼고, 사악한 생각을 막고 혼자만 아는 마음을 성찰해 삼가는 것[閑邪謹獨]으로 극기(克己)의 공부를 삼았다.[6]

이를 통해 보면 하범운의 학문성향은 독서명리(讀書明理)와 한사근독(閑邪謹獨)으로 요약할 수 있다. 이러한 성향은 대체로 조선시대 학자들이 일반적으로 지향한 학문정신과 크게 다르지 않다.

그러나 미시적으로 보면, 독서궁리(讀書窮理)가 아닌 독서명리라는 점에서 남명이 격물치지를 독서하여 의리를 강명하는 것으로 본 시각과 유사하며, 한사근독은 마음이 발하기 전에 한사존성(閑邪存誠)하고 마음이 발한 뒤에 신독(愼獨)하는 남명의 심성수양론을 단적으로 보여주는 것이다. 특히 진덕공부와 극기공부를 내세우고 있는 것이 남명학의 수양론을 그대로 보여주고 있다.

이러한 하범운의 학문성향은 아래와 같은 「자성잠(自省箴)」을 통해 다시 확인할 수 있다.

아, 사람으로 태어났으니,　　　　　　　　猗乎爲人
삼재 중에 하나가 되었네.　　　　　　　　三才之一
마음은 주재자가 되어서,　　　　　　　　心爲主宰
온갖 선을 모두 총괄하네.　　　　　　　　萬善摠括

6　河範運,『竹塢集』권4, 부록, 河經洛 撰「行狀」. "及師事江皐 請益於廣瀨之門 則知功令之外 又有所謂爲己之學 必以讀書明理爲進德之門 閑邪謹獨爲克己之要"

성(性)이 구비되어 정(情)이 발하는데,	性具情發
형기(形氣)에 골몰하기가 쉽네.	形氣易汨
이 밝은 하늘의 명을 돌아보고,	顧諟明命
정시엔 보존하고 동시엔 성찰하라.	靜存動察
순임금은 인심은 위태롭고 도심은 미미하다 했으며,	舜稱危微
맹자는 천리를 보존하고 인욕을 막으라고 훈계했네.	孟戒存遏
선과 악이 그곳에서 나누어지고,	善惡分岐
사악함과 정직함이 길을 달리하네.	邪正異轍
성인들께서 서로 전해 오신 말씀,	聖聖相承
혹시라도 소홀함이 없도록 하라.	無或有忽
배우지 않으면 그 마음 밝히기 어렵나니,	非學難明
오직 이런 점을 이어가도록 하라.	惟是是述
털끝만큼도 차이가 나지 않게,	毫釐無差
어떤 순간에도 정밀히 살피라.	造次審密
가까운 데로부터 실천하고,	由邇而行
낮은 데로부터 도달하라.	自卑而達
연못가에 임한 듯 얇은 얼음 밟는 듯 전전긍긍하며,	淵氷戰兢
노년에 이르러 더욱 부지런히 노력하라.	桑楡孜矻
이로써 자신을 성찰하는 잠을 삼아서,	用爲自省
아침저녁으로 상제를 대하듯이 하라.	昕夕對越[7]

이 잠(箴)을 보면 마음을 보존하고 성찰하는 존양·성찰의 공부를 극도로 말하고 있는데, 이것이 바로 하범운의 학문정신이라 할 수 있다. 이는 이 지역에 뿌리를 내린 남명정신을 계승하여 심성을 수양하는 실천적인 면을 중시한 정신이다. 그는 이런 도덕적 심성수양을 통해 진실한 마음

---

7 河範運, 『竹塢集』 권3, 「自省箴」.

과 올바른 이치를 함양하면서 현실세계에서 정의로운 삶을 지향하였다.

하범운은 문중의 종인 하겸락(河兼洛, 1825~1904)에게 일찍이 말하기를 "훌륭한 가문은 의리로 종자를 삼아야 하니, 문장이 화려하고 가세가 영화로운 것은 그 지엽일 뿐이다. 고을에 살면서 이정(吏政)의 잘잘못을 말해서는 안 되지만, 고을의 기강에 관계된 일로 말하지 않을 수 없는 경우는 일찍이 침묵으로 고상함을 삼아서는 안 된다."[8]라고 하였다.

여기서 주목할 만한 점이 의리(義理)로 종자(種子)를 삼은 것과 사회적 정의를 언급한 점이다. 의리는 객관적·합리적인 것이며, 그것을 현실사회에 구현하는 것이 사회적 정의이다. 하범운은 침묵으로 고상함을 삼지 말고 기강에 관계된 일이면 의리에 따라 할 말을 해야 한다는 점을 언급하고 있으니, 이 점이 바로 하범운이라는 인물을 이해하는 데 중요한 척도가 될 수 있다.

이처럼 그는 의리를 종자로 삼고 그 의리를 일상에서 실천하는 삶을 지향하였다. 예컨대 그는 향헌(鄉憲)을 진작시키고자 진주목사에게 완의(完議)를 보내 향헌을 진작시킬 방안을 건의하였고, 향교에 편지를 보내 폐습을 극언하기도 하였다.[9] 또한 향풍(鄉風)을 순화하기 위해 의령의 미연서원(眉淵書院) 등을 건립하는 일, 진주에 포은(圃隱 : 鄭夢周)에게 제향하는 옥산사(玉山祠)를 창건하는 일 등에 앞장섰다.[10]

---

8 河範運, 『竹塢集』 권4, 부록, 河經洛 撰 「行狀」. "嘗曰 人家當以義理爲種子 若文華勢榮 乃其枝葉也 居鄉而不言吏政得失 惟事關鄉綱 不可不言者 則亦未嘗以含默爲高"

9 上同. "宋侯啓洙 下車之初 請修定鄉憲 先生輒爲之條列其例其序 完議有曰 我晉陽 以衣冠文物之盛 著稱於國中者 其來久矣 河文忠 以開國元勳退爲座首 李大憲 亦以淸朝雅望爲別監 是二公者 必眷眷於此者 其意 豈徒然哉 誠以鄉憲有關於王國 爲不細故也 今日鄉憲之振作 必藉任司之得人 任司失人 則正如庸工之作大屋 其不可成 必矣 又抵書校中 極言鄉俗之不古 而校儒弊習之多端 一鄉爲之肅然"

　　이러한 몇 가지 그의 행적을 통해 볼 때, 우리는 하범운의 정신적 지향과 사회적 역할에 의리로 종자를 삼고 의리를 실천하려는 정신이 토대를 이루고 있음을 알 수 있다.

　　하범운은 일생 초야에서 포의(布衣)로 살았지만, 우국애민하는 마음을 잊지 않아 다음과 같은 시를 지었다.

이후로의 시사에 대해 눈물이 하염없이 흐르니,	伊來時事淚潺湲
사백 년 이어온 왕업 여덟 살 손자에게 전했네.	四百遺謨八歲孫
구름 덮인 창오(蒼梧)에 첩첩의 봉우리가 나뉜 듯,	雲鎖蒼梧分疊巘
동해의 동국에 놀란 여울물이 소리 내 흐르네.	桑苞碧海走驚湍
임금이 임어해도 조정엔 어진 정승 없으며,	明堂負扆無賢相
동탁(董卓)의 미오(郿塢) 같은 권귀들 가문 얼마이던가.	
	郿塢珍金幾貴門
한밤중 천정을 바라보며 길이 탄식을 하노니,	仰屋中宵長太息
눈앞에는 모든 백성이 다 도탄에 빠져 있구나.	眼前塗炭摠元元[11]

　　이는 1834년 순종(純宗)이 승하하고 8세의 헌종(憲宗)이 즉위하였을 때 지은 「감회(感懷)」라는 시로, 우국애민하는 마음을 잘 드러내고 있다. 순(舜)임금이 남쪽 지방을 순수하다가 창오(蒼梧)의 들판에서 붕어했는데, 작자는 자기 시대의 상황을 순임금이 붕어했을 때처럼 극도로 묘사하였고, 조정에는 어진 정승이 없이 권귀들만 가득함을 지적하였다. 그

10　上同. "嘗自德院 謀于洞主洪判書命周 飛文列邑 起宜春之眉淵院 鄕人爲圃隱先生 創 玉山之祠 先生樂爲之經紀焉 謂訥菴朴公天健 合有祭社之禮 自宗院 發文以倡之 其所 致力於儒門者 大抵 多此類也"

11　河範運, 『竹塢集』 권1, 「感懷」.

리고 토탄에 빠진 민생을 걱정하는 마음으로 장탄식을 하는 자신의 심경
을 드러내었다. 이 시를 통해 우리는 하범운의 현실인식과 시대정신을
가늠해 볼 수 있다.

또 하범운은 이런 인식과 정신으로 우리나라 역사에 빠뜨리거나 잘못
된 점이 많은 것을 걱정하여 291운 582구의 장편 역사시 「산중회고(山中
懷古)」를 지었다. 이 시는 단군(檀君)으로부터 시작해서 조선 숙종(肅宗)
때 대보단(大報壇)을 설치한 데에서 그쳤다.

이는 대체로 주자의 「재거감흥이십수(齋居感興二十首)」의 정신을 이어
받아 한가로이 거처할 때의 감흥을 노래한 것인데, 그 속에 은근히 춘추
대의의 하나인 포폄(褒貶)의 의리를 붙여 놓았다.[12] 이 「산중회고」는 우
리나라 역사를 소재로 하여 미언대의를 붙여놓은 장편 역사시라는 점에
서 주목할 만한 작품이다.

이러한 몇 가지 행적과 시문을 통해 우리는 하범운의 학문성향과 정신
적 지향을 엿볼 수 있는데, 의리를 종자로 삼고 현실세계에서 정의를
구현하는 정신으로 요약할 수 있다.

Ⅲ. 삼산구곡시 창작 배경

1. 덕산구곡(德山九曲)의 내력

조선후기 학자들은 주자의 「무이도가(武夷櫂歌)」에 차운하는 데서 그

---

12 河範運,『竹塢集』권4, 부록, 河經洛 撰「行狀」. "患吾東國史 多闕誤 爲述山中懷古數
十百韻 自檀君受命 至肅宗設大報壇而終 蓋亦朱先生感興詩之遺意 而春秋褒貶之義
亦寓於其中"

치지 않고, 자신들이 살고 있는 곳에 구곡(九曲)을 직접 경영하여 「무이
도가」의 정신을 현실세계에 그대로 구현하려 하였다. 그리하여 80여 곳
이상에 구곡이 경영되었다.[13]

그런데 지형적으로 경상우도 지역은 경상좌도 지역에 비해 구곡이 발
달되지 않았기 때문에 봉화·안동·영주·문경·상주 등지처럼 구곡이 활
발하게 경영되지 못하였다. 경상우도 지역에는 성주(星州)에 정구(鄭逑,
1543~1620)가 경영한 무흘구곡(武屹九曲)과 이원조(李源祚, 1792~1871)가
경영한 포천구곡(布川九曲)이 있고, 진주에 성여신(成汝信, 1546~1632)이
경영한 금천구곡(琴川九曲)과 정식(鄭栻, 1683~1746)이 경영한 무이구곡
(武夷九曲)이 있으며, 의령에 안덕문(安德文)이 설정한 전강구곡(前江九曲)
이 있을 뿐이다.

이 가운데 현 경상남도 지역에 경영된 구곡은 3개에 불과하다. 이는
경상북도 지역에 29개 구곡이 경영된 것과 비교하면 양적으로 엄청난
차이가 난다. 경상남도에 경영된 3개의 구곡도 지리산 밑 덕산(德山)에
정식이 경영한 무이구곡이 그나마 경우 전승되었고, 그 나머지는 훼손되
어 그 실체를 확인하기 어렵다.

정식은 진주 출신 노론계 학자로, 명나라가 망하고 청나라가 들어서자
대명의리(大明義理)를 내세우며 지리산 천왕봉 아래 덕산동(德山洞)으로
들어가 무이구곡을 경영하고 산수를 유람하며 그곳에 은거한 인물이다.

그가 '무이구곡'이라고 이름을 붙인 것은 자신이 사는 곳의 뒷산이 무이
산(武夷山)[14]이었기 때문이다. 그는 주자의 「무이도가」에 차운하여 「경차

---

13 울산대곡박물관, 『자연에서 찾은 이상향 九曲文化』, 「조선 구곡 일람」, 울산대곡박물
    관, 2010, 127~130쪽 참조.
14 지금은 이 산을 九曲山이라 부른다. 왜 무이산이라 명명하였는지 자세치 않다.

회암구곡도가시(敬次晦庵九曲櫂歌詩)」를 지었는데, 제1곡을 수홍교(垂虹橋), 제2곡을 옥녀봉(玉女峯), 제3곡을 농월담(弄月潭), 제4곡을 낙화담(落花潭), 제5곡을 대은병(大隱屏), 제6곡을 광풍뢰(光風瀨), 제7곡을 제월대(霽月臺), 제8곡을 고루암(鼓樓巖), 제9곡을 와룡폭(臥龍瀑)이라고 명명하였다.[15]

또 그는 자신이 사는 집의 이름을 무이정사(武夷精舍)라고 하여, 주자의 정신을 그대로 본받고자 하였다. 그리하여 그는 자신이 살고 있는 곳이 무이산(武夷山)이며, 구곡수(九曲水)도 주자가 살던 무이구곡과 합치된다는 점을 여러 사람에게 언급하여 무이구곡을 조선 땅에 만들려 하였다. 그리고 후에는 경상감사 김상로(金尙魯)에게 편지를 보내 강학할 수 있는 공간을 지어달라고 요청하기도 하였다.[16]

그런데 그가 설정한 구곡은 남명(南冥) 조식(曺植)을 제향하는 덕천서원 뒤쪽 산골짜기로, 배를 띄울 수 있는 곳이 전혀 아니며, 경치가 빼어난 아홉 굽이 명승이 있는 곳도 아니다. 그러한 데다 그는 학문적으로도 지역사회에 큰 영향을 끼칠 정도로 위상이 높지 못했다. 그러므로 그가 설정한 구곡은 당대에서 끝나고, 지역사회 인사들에게 공인을 받지 못하여 후인들에게 전승되지도 못하였다. 따라서 정식의 무이구곡은 그가 대명의리를 지키기 위한 장소적 의미를 갖는 데 지나지 않는다.

한편 안덕문(安德文)은 의령 남강 가에 구곡을 설정하여 「무이도가」에 차운하는 「의무이도가부전강구곡십수(擬武夷櫂歌賦前江九曲十首)」를 지었다.[17] 그는 자신이 경영한 구곡의 이름을 '전강구곡(前江九曲)'이라 명명

---

15 鄭栻, 『明庵集』 권3, 詩, 「敬次晦庵九曲櫂歌詩」.

16 鄭栻, 『明庵集』 권4, 書, 「上監司金公尙魯」.

17 安德文, 『宜庵集』 권1, 詩, 「擬武夷櫂歌賦前江九曲十首」.

하였는데, 시를 보면 구곡의 명칭을 하나하나 붙이지는 않았다. 즉 그는 구곡에 대한 인식은 있었지만, 자신의 정신적 이상을 붙일 구곡을 현실공간에 실제적으로 설정하지는 못한 듯하다.

이러한 경상남도의 구곡문화에 대한 현황을 두고 볼 때, 한 가지 의문이 든다. 남명을 제향하는 덕천서원 일대는 구곡을 경영할 만한 충분한 지형적 조건을 갖추고 있으며, 또 문화적으로도 구곡을 경영할 만한 충분한 여건이 있었다. 그런데 왜 이곳에는 덕산구곡(德山九曲) 또는 덕천구곡(德川九曲)이라는 명칭의 구곡이 설정되지 못한 것일까?

지리산 덕산에는 1576년 지역 유림들의 공의(公議)에 의해 남명 조식을 제향하는 덕산서원(德山書院)이 창건되었고, 1609년 '덕천서원(德川書院)'이라는 사액이 내려졌다. 덕천서원이 있는 덕산은 남명이 만년에 산천재(山天齋)를 짓고 은거하여 학문을 완성한 곳으로, 후대 남명학파의 본거지가 되었다.

또 이곳은 하나의 커다란 동천(洞天)으로, 입구에 남명이 명명한 입덕문(入德門) 및 도구대(陶丘臺)·탁영대(濯纓臺) 등 명승이 있다. 그리고 수양산(首陽山) 자락에 기다란 협곡이 형성되어 있고, 그 협곡 사이로 시천(矢川 : 덕천강)이 굽이굽이 흘러내려 구곡을 경영하기에 충분한 지형적인 조건을 갖추고 있다.

그런데 이곳에 구곡이 설정되지 못하였다. 그러다가 19세기 초 비로소 덕산구곡(德山九曲)이라는 명칭이 나타난다. 문헌상 덕산구곡 또는 덕천구곡이라는 명칭은, 19세기 하범운(河範運)이 처음 일컬었고, 20세기에 활동한 정기(鄭琦)의 문인 김규태(金奎泰)의 문집에 비로소 나타난다. 18세기 초까지 살았던 진주 사곡(士谷) 출신 하세응(河世應, 1671~1727)의 문집에는 '덕산구곡계(德山九曲溪)'라는 말이 보이지만, '덕산구곡'이라는 명칭은 보이지 않는다. 이를 보면 실제로 덕산구곡 또는 덕천구곡이 경영되지 못하였음을 알 수 있다.

한편 '덕천팔경(德川八景)'이라는 명칭은 이보다 앞 시대에 나타난다. 경북 인동(仁同) 약목(若木) 출신 신명구(申命耉, 1666~1742)는 중년에 지리산 덕산에 우거하였는데, 구곡을 설정하지 않고 팔경을 노래하였다. 그가 설정한 팔경은 덕문수석(德門水石)·세정송음(洗亭松陰)·구곡채하(九曲彩霞)·오대청취(五臺晴翠)·한봉추월(翰峯秋月)·사동모연(絲洞暮烟)·합연어화(合淵漁火)·평촌농구(平村農謳)이다.

한편 신명구의 「덕천팔경」에 이 지역의 하세응이 차운시를 지었는데, 그는 신명구가 정한 팔경의 장소는 그대로 따르면서도 경관은 조금 다르게 명명하였고, 차례도 약간 바꾸어 놓았다. 하세응의 「차신국수덕천팔경운(次申國叟德川八景韻)」에 보이는 팔경명칭은 덕문수석(德門水石)·세심송음(洗心松陰)·구곡조하(九曲朝霞)·사동모연(絲洞暮烟)·한봉추월(翰峯秋月)·오대청취(五臺晴翠)·합담어화(合潭漁火)·평촌농구(平村農謳)이다. 이 가운데 입덕문(入德門)·세심정(洗心亭)·사륜동(絲綸洞)·합담(合潭)·평촌(平村)은 시냇가에 접하고 있어 구곡의 범주에 넣을 수 있다.

이런 역사적 자료를 통해 다시 '덕천서원 일대에 왜 구곡이 설정되지 못한 것일까?'라는 질문으로 돌아가서 생각해 보기로 한다. 덕천구곡이 경영되지 못한 이유로는 이 지역 학자들의 구곡문화에 대한 인식이 부족했음을 지적하지 않을 수 없다.

팔경은 경관 위주로 설정하는 것이지만 구곡은 시내의 굽이를 위주로 설정하는 것이기 때문에 팔경을 정하는 것보다 더 어렵다. 따라서 덕천에 팔경만 거론되고 구곡이 설정되지 못한 것은 아홉 굽이의 명승을 정하기 어려웠기 때문일 수도 있다. 하지만 조선 후기 이 지역 인사들이

구곡문화에 대한 인식이 부족하여 덕산구곡을 설정하지 못한 점이 더 크게 부각된다.

19세기 초 퇴계 후손 이야순(李野淳)이 도산구곡(陶山九曲)을 설정하고, 또 옥산구곡(玉山九曲)도 설정할 것을 발의하여 회재(晦齋) 이언적(李彦迪)의 후손들과 옥산구곡을 설정한 것과 비교해 보면, 이 지역 인사들 중 구곡문화에 주목한 인물이 한 사람도 없었기 때문에 덕산구곡이 설정되지 못한 것임을 부인할 수 없다.

하범운이 처음으로 '덕산구곡'이라는 명칭을 썼지만, 그가 실제로 덕산구곡을 설정한 것은 아니다. 그것은 그의 덕산구곡시를 분석해 보면, 앞 시대 정식(鄭栻)이 설정한 무이구곡(武夷九曲)의 명칭을 거의 그대로 수용하면서 한두 곳의 명칭만 바꾼 것을 알 수 있다. 이를 보면, 그가 일컬은 덕산구곡은 실제로 무이구곡에 나아가 명칭을 바꾸어 쓴 것에 불과하다. 이에 대해서는 하범운의 덕산구곡시를 분석한 다음 장에서 상세히 논하기로 한다.

2. 삼산구곡시 창작 배경

'덕산구곡(德山九曲)'이라는 명칭을 처음 붙인 사람은 하범운(河範運)이다. 하범운은 1823년 11월 1일 예안(禮安)으로 가서 도산서원에 분향하고 이야순(李野淳)을 방문하였다. 그는 전에 교정을 부탁하러 왔던 족숙 하옥(河鋈)의 편지와 『남명집』을 한 질 가지고 가서 이야순에 올렸다. 그때 이야순은 하범운에게 자신이 지은 도산구곡시(陶山九曲詩)와 옥산구곡시(玉山九曲詩)를 보여주며, 돌아가 차운시를 지어 보내라고 요청하였다.

이야순은 1800년경 월천곡(月川曲)부터 단사곡(丹砂曲)까지 도산구곡

을 설정하고 도산구곡시를 지어 선배 조술도(趙述道)에게 보여주며 차운
시를 청하였다. 그 뒤 이이순(李頤淳, 1754~1832)이 운암곡(雲巖曲)부터
청량곡(淸凉曲)까지로 범위를 넓혀 도산구곡을 독자적으로 설정하였는
데, 이야순은 이를 보고 운암곡부터 청량곡까지로 범위를 넓혀 도산구곡
을 재차 설정하였다. 다만 그는 이이순이 설정한 구곡 가운데 제2곡 비암
곡(鼻巖曲)을 제외하고, 대신 역동서원(易東書院)이 있는 오담곡(鰲潭曲)
을 제3곡으로 추가하였다. 그 시기가 대략 1823년 4월 이전이다.

이야순은 도산구곡을 재차 설정한 뒤, 1823년 4월 경주 양동으로 가서
그곳의 유림들에게 권하여 함께 옥산구곡(玉山九曲)을 설정하고 옥산구
곡시를 지었다. 그는 이후 자신이 지은 도산구곡시와 옥산구곡시를 주위
사람들에게 보여주며 차운시를 청하였는데, 이정병(李鼎秉)·이정기(李鼎
基)·이종휴(李宗休)·신정주(申鼎周)·이가순(李家淳)·유병문(柳炳文)·이
시수(李蓍秀)·하범운(河範運)·유치호(柳致皥) 등이 차운시를 지어 보냈으
며, 후대 김영두(金泳斗)·최동익(崔東翼) 등은 이야순의 도산구곡시를 보
고 차운시를 지었다.

이렇게 하여 도산구곡은 주자의 무이구곡에 비유되면서 널리 알려지
게 되었고, 옥산구곡도 함께 알려지게 되었다.[18] 요컨대 19세기 초 이야
순에 의해 도산구곡이 정립되어 지역사회에서 공인을 받은 것이다.

하범운이 삼산구곡시(三山九曲詩)를 짓게 된 것은 1823년 11월 1일 예
안의 이야순을 방문했을 때 그가 차운시를 요청하였기 때문이다. 당시
이야순은 자신이 지은 도산구곡시와 옥산구곡시를 하범운에게 보여주

---

18 최석기, 「도산구곡 정립과정과 도산구곡시 창작배경」, 『한국한문학연구』 제53집, 한
국한문학회, 2014 참조.

며 차운시를 요청하였는데, 하범운은 집으로 돌아와 그 2수에 차운하는
한편, 덕산구곡시(德山九曲詩) 1수를 추가하여 이야순에게 보냈다.

그는 「근보무이도가운작삼산구곡봉정수정참봉이장야순안하이비오령
고사병소서(謹步武夷櫂歌韻作三山九曲奉呈漱亭參奉李丈野淳案下以備吾嶺
故事並小序)」라는 제목으로 삼산구곡시를 지어 보냈는데, 도산구곡·옥산
구곡과 함께 덕산구곡을 나란히 일컬은 것이 주목된다. 그는 이 시의
서문에서 다음과 같이 말하였다.

　　지난 계미년(1823) 가을 나는 선조의 문집을 교감하는 일로 예안에
　가서 수석정(漱石亭)에서 참봉 이장(李丈 : 李野淳)을 배알하였다. 이장
　은 하루 종일 꼿꼿하게 앉아서 가르치기를 게을리 하지 않았다. 돌아가
　겠다고 고하자, 이장이 도산구곡(陶山九曲)과 옥산구곡(玉山九曲)의 제
　목을 손수 써서 내게 주었다. 그리고 나로 하여금 화답해 보내라고 하였
　다. 그 분의 당부가 매우 간곡하여 학식이 천박하다는 이유로 거절할
　수 없는 점이 있었다. 이에 한가한 날 하나하나 화답하고 덕산구곡(德山
　九曲) 한 수를 붙여서 드디어 삼산(三山)의 구곡시를 완성하였다. 삼산에
　구곡이 있는 것은 도학의 원류의 성대함이 우리 영남에 있음을 보여주는
　것이다.[19]

하범운보다 한 세대 앞 의령 출신 안덕문(安德文)은 이언적(李彦迪)을
제향하는 옥산서원(玉山書院), 이황(李滉)을 제향하는 도산서원(陶山書院),

조식(曹植)을 제향하는 덕산서원(德山書院)을 영남의 삼산서원(三山書院)
으로 명명하고 그 명칭과 위상을 정립하여 표장하는 한편, 세 선생을 나란
히 추숭하는 융합의 학문정신을 드러냈다.[20]

안덕문의 이러한 노력으로 19세기 경상우도 남인계 학자들은 남명학
과 퇴계학을 융합하는 데 눈을 뜨게 되었고, 구한말에 활동한 면우(俛宇)
곽종석(郭鍾錫) 같은 학자는 '남명과 퇴계는 나이도 같고, 도도 같으며,
연원도 같다.'라고 노래하기도 하였다.[21]

하범운이 안덕문을 만났는지는 알 수 없으나, 안덕문이 삼산서원의
위상을 정립하여 세 선생을 영남의 대표적 선현으로 나란히 추숭하고자
한 정신은 전해 들었을 개연성이 매우 높다. 그것을 보여주는 것이 하범
운이 지은 삼산구곡시의 서문에 "삼산에 구곡이 있는 것은 도학의 원류
의 성대함이 우리 영남에 있음을 보여주는 것이다."라고 한 것이다.

이런 언급을 보면, 하범운은 안덕문이 정립한 삼산서원의 위상에 대해
익히 알고 있었던 듯하다. 이를 통해 볼 때, 하범운도 안덕문처럼 삼산서
원에 제향된 세 선생을 도학의 원류로 인식하고 '삼산(三山)'이라는 명칭
을 쓴 것을 확인할 수 있다.

따라서 그 역시 이러한 인식에 의해 이야순이 요청한 도산구곡과 옥산
구곡에 덕산구곡을 추가하여 삼산구곡(三山九曲)으로 명명하고서 도산
구곡시와 옥산구곡시에 차운하는 데서 그치지 않고 덕산구곡시를 추가

20 최석기, 「安德文의 三山書院 位相鼎立과 그 의미」, 『남명학연구』 제40집, 경상대 남
　　명학연구소, 2013, 165~191쪽 참조.
21 郭鍾錫, 『俛宇集』 권1, 「入德門賦」. "子獨不聞, 夫昔者斯文之未喪也, 有若陶山夫子
　　天降於江之左, 南冥先生壁立乎嶺之右, 年同庚交同神, 道同盛德同厚, 洙泗乎海外,
　　閩洛乎山南者否."

하여 삼산구곡시를 지어 보낸 것이다. 바로 여기에서 하범운의 정신지향
을 읽을 수 있다.

이러한 하범운의 정신지향은 안덕문이 삼산서원의 위상을 정립하여
표장한 것과 같은 맥락에서 이해할 수 있다. 이 점이 바로 하범운이 덕산
구곡을 도산구곡·옥산구곡과 나란히 드러내기 위해 삼산구곡시를 창작
한 배경이다.

Ⅳ. 덕산구곡시의 내용과 의미

하범운이 지은 삼산구곡시 가운데 도산구곡시는 이야순(李野淳)이 제
2차로 설정한 도산구곡의 명칭과 동일하며, 옥산구곡시도 이야순이 정
한 구곡명칭과 동일하다. 그것은 이야순이 지은 시에 그대로 차운하였기
때문이다. 그가 추가한 덕산구곡시(德山九曲詩)에도 구곡의 명칭이 모두
명기되어 있다.

앞에서 살펴보았듯이, '덕산구곡'이라는 명칭은 문헌기록상 하범운 이
전에는 보이지 않는다. 그런데 하범운은 어떻게 덕산구곡의 명칭을 명시
한 것일까? 하범운의 덕산구곡시에 보이는 구곡의 명칭을 앞 시대 정식
(鄭栻)이 설정한 무이구곡(武夷九曲)의 명칭과 비교해 도표로 제시하면
다음과 같다.

차례	鄭栻의 武夷九曲 명칭	河範運의 德山九曲 명칭	비고
제1곡	垂虹橋	垂虹橋曲	
제2곡	玉女峯	玉女峯曲	
제3곡	弄月潭	弄月潭曲	
제4곡	落花潭	落花潭曲	
제5곡	大隱屛	爛柯巖曲	명칭 개정
제6곡	光風瀨	光風軒曲	명칭 수정
제7곡	霽月臺	霽月臺曲	
제8곡	鼓樓巖	鼓樓巖曲	
제9곡	臥龍瀑	臥龍瀑曲	

하범운이 '덕산구곡'이라고 칭한 것을 정식이 설정한 무이구곡과 비교
해 보면, 제5곡의 명칭만 다를 뿐 나머지는 모두 동일함을 알 수 있다.
그렇다면 하범운은 정식이 설정한 구곡에 나아가 제5곡의 명칭을 난가
암곡(爛柯巖曲)으로 바꾸고, 제6곡 광풍뢰(光風瀨)는 광풍헌곡(光風軒曲)
으로 약간 바꾼 것을 알 수 있다.

즉 하범운은 이야순의 요청을 받고 도산구곡시·옥산구곡시에 차운하
는 한편, 남명을 제향하는 덕천서원이 있는 덕산 일대의 덕산구곡을 노
래한 덕산구곡시를 추가하여 도산구곡·옥산구곡과 함께 덕산구곡을 나
란히 드러내고자 하여, 정식이 설정한 무이구곡을 일부 수정해 덕산구곡
으로 명칭을 개정하고 그것을 바탕으로 덕산구곡시를 창작한 것이다.

그런데 그의 덕산구곡시를 살펴보면, 정식의 무이구곡시와는 내용이
매우 다른 것을 확인할 수 있다. 즉 하범운은 주자의 정신이 깃든 무이구
곡을 노래한 것이 아니라, 남명 조식의 정신이 깃든 덕산구곡을 노래하
고자 한 것을 알 수 있다. 이 점이 정식의 무이구곡시와 하범운의 덕산구

곡시가 확연히 구분되는 지점이다.

하범운이 지은 덕산구곡시의 서시(序詩)는 다음과 같다.

산 속에 덕을 숨기니 만물이 신령함 느끼고,　　潛德山中物感靈
신비한 용이 기운을 뿜어 아홉 못이 맑구나.　　神龍噓氣九淵清
우리 유가의 경(敬)과 의(義)를 누가 능히 이해하리,　吾家敬義誰能會
천고에 전한 참된 지결(旨訣) 정성(正聲)을 이어 짓네. 千古眞詮續正聲[22]

작자는 남명학의 요체인 경(敬)·의(義)를 천고의 진전(眞詮)으로 보면
서 그 지결(旨訣)을 이으려는 생각을 드러내고 있다. 이를 보면 남명의
덕산구곡을 염두고 지은 것이 분명해진다. 이러한 그의 덕산구곡시 서시
는 다음과 같은 정식의 서시와 판이하게 다르다.

주선생은 그 옛날 무이산의 신령함을 사랑했고,　　先生昔愛武夷靈
또 참된 근원 얻었는데 한결같이 물이 맑았네.　　又得眞源一樣清
천년토록 남기신 노래 구곡시에 남아 있으니,　　千載遺音留九曲
금옥의 악기가 내는 소리와 비교해 어떠하리.　　何如金玉發爲聲[23]

정식은 무이산과 무이구곡에 나아가 주자(朱子)를 존모하는 시상을 드
러내고 있는 반면, 하범운은 덕산과 덕산구곡에 나아가 남명(南冥)을 존
모하는 시상을 드러내고 있다. 정식은 남명을 제향하는 덕천서원 뒤편에
무이구곡을 설정하고 은거하였지만, 그의 시에는 남명에 대해 언급한

22　河範運, 『竹塢集』권1, 「謹步武夷櫂歌韻 作三山九曲 奉呈漱亭參奉李丈－野淳－案下
　　以備吾嶺故事－并小序－ 德山九曲」.
23　鄭栻, 『明庵集』권3, 「敬次晦庵九曲櫂歌詩」.

것이 거의 없다. 그의 무이구곡시는 오로지 주자의 정신을 본받고 현창하
는 데 마음이 가 있다. 반면 하범운의 시는 처음부터 남명의 정신이 깃든
덕산구곡을 드러내는 데 마음을 두고 있다.

하범운의 덕산구곡시를 살펴보면, 그가 남명의 학문과 정신을 본받고
따르고자 하는 의경(意境)이 그대로 표출되어 있다. 이제부터는 그의 덕
산구곡시를 차례로 살펴보며 그런 정신적 지향을 확인해 보기로 한다.

제1곡시는 수홍교곡(垂虹橋曲)을 노래한 시로 다음과 같다.

> 일곡이라 물길을 따라 배를 띄우고자 하노니,　　一曲緣蹊欲使船
> 문은 입덕문으로 통하고 물은 시천(矢川)으로 흐르네. 門連入德水連川
> 다리 무너진 뒤로 드리웠던 무지개도 끊어졌으니,　橋崩以後垂虹斷
> 산해 선생 사당 적막하고 연하도 쓸어버린 듯하네.　山海寥寥掃劫烟

제1곡은 수홍교(垂虹橋)가 있던 곳으로, 당시에는 무너져 없어진 듯하
다. 수홍교는 덕천서원 위쪽 시내에서 정식의 무이정사가 있는 구곡산
골짜기로 갈라지는 작은 시내의 다리 이름이다. 작자는 이곳의 물줄기가
남명이 명명한 입덕문(入德門)이 있는 시천(矢川)으로 통한다는 점을 언급
하고 있다. 곧 남명의 도학을 드러내고자 한 것이다. '산해(山海)'는 남명
이 은거하던 산해정(山海亭)을 의미하는 말로, 남명의 별호 중 하나이다.

작자는 이 시에도 남명을 언급하여 덕산구곡이 남명의 도학이 깃든
곳임을 은연중 노래하고 있다. 다만 남명을 제향하는 서원이 적막하여
이곳의 풍경이 쇠잔한 것을 안타까워하는 심경을 드러내고 있다.

제2곡시는 옥녀봉곡(玉女峯曲)을 노래한 시로 다음과 같다.

이곡이라 푸른 산엔 비취빛 봉우리들 모였고,　　二曲蒼鬢攢翠峯
화장한 선녀가 아리따운 자태로 서 있는 듯.　　粧成仙女揷花容
현상계로 마음과 눈이 치달리지 않도록 하려,　　不敎色界遊心目
자물쇠를 깊이깊이 몇 겹이나 잠가놓았는지.　　橐鑰深深鎖幾重

옥녀봉이 있는 제2곡을 노래한 시이기 때문에 미녀가 예쁘게 화장한 듯이 아름다운 자태를 형용하였는데, 작자는 다시 색욕을 경계하는 시상을 전개하여 심성수양을 중시한 도학자적 정신을 드러내고 있다. 이 시 역시 남명정신을 그대로 계승한 것이다.

남명은 문인 김우옹(金宇顒)·정구(鄭逑)에게 "천하에 제일 뚫기 어려운 관문이 화류관(花柳關)이다. 너희들은 이 관문을 능히 뚫고 나갈 수 있겠느냐?"라고 하여[24], 색욕을 극복하기 어려움을 말한 적이 있다. 작자는 아마도 이런 고사를 익히 알고 있었기 때문에 위와 같이 노래한 듯하다.

제3곡시는 농월담곡(弄月潭曲)을 노래한 시로 다음과 같다.

삼곡이라 빈 서재는 배 한 척을 그려 놓은 듯,　　三曲空齋若畫船
강물에 무지개처럼 드리운 달 그 옛날과 같네.　　滄江虹月似當年
오가는 길 평탄하고 험난함 손을 뒤집듯 변하니,　　揭來夷險翻然手
차고 기우는 사물의 이치 가련해 할 만하구나.　　物理盈虛堪可憐

이 시는 농월담(弄月潭)을 노래한 것인데, 영고성쇠하는 세상사의 변화를 안타깝게 여기는 심경을 읊고 있다. 남명이 떠나고 난 뒤 자기 시대의 쇠잔한 문물을 불변의 자연과 비교해 읊은 것이다.

---

24 曹植, 『南冥集』(아세아문화사, 1982) 권5, 金宇顒 撰 「行錄」. "謂宇顒逑曰 天下第一 鐵門關 是花柳關也 汝等能透此關否"

제4곡시는 낙화담곡(落花潭曲)을 노래한 시로 다음과 같다.

사곡이라 아련히 꿈속에서 보았던 그 바위,	四曲依然夢賫巖
바위틈 매화 비를 머금고 이리저리 떨어지네.	巖梅含雨落氉氉
바위틈에서 축대 쌓다가 상(商)나라 다스렸으니,	巖間版築歸商劃
경세제민의 넓은 포부 깃든 정승의 못이로세.	經濟恢恢相府潭

이 시는 은 고종(殷高宗)이 꿈속에서 현자를 보고 초상화를 그려 찾게 하였는데 부암(傅巖)의 들판에서 축대를 쌓던 부열(傅說)을 찾아 등용하여 정승을 삼아 지치를 이룩했다는 고사를 취해 쓴 것이다. 작자는 경세제민의 큰 포부를 가진 어진이가 초야에 은거하고 있는 점을 노래했는데, 남명을 염두에 두고 한 말이다.

제5곡시는 난가암곡(爛柯巖曲)을 노래한 시로 다음과 같다.

오곡이라 넝쿨 잡고 오르니 석실이 깊기도 한데,	五曲攀躋石室深
봉우리가 빨리 흐르는 세월 속에 우뚝 솟아 있네.	崢嶸歲月爛柯林
바둑 두는 것을 구경하며 선동과 함께 앉았으니,	觀棋幸與仙童坐
바둑판을 가져다 그대 마음속에 두었음을 알겠네.	認取紋枰落子心

제5곡은 하범운이 난가암곡(爛柯巖曲)으로 명칭을 바꾸어 설정한 곳인데, 정식의 시에 왕질(王質)의 고사를 인용해 '천추일국난가처(千秋一局爛柯處)'라고 노래한 것에 근거한 것이다. 난가(爛柯)는 중국 진(晉)나라 때 왕질(王質)이 석실산(石室山)으로 나무하러 가서 동자들이 바둑 두는 것을 구경하는 데 넋이 팔려 도끼자루가 썩을 정도로 세월이 흐른 것도 잊고 있었다는 일화이다. 선동(仙童)이 바둑을 두는 일화를 인용한 것은

은자의 삶을 은연중 드러낸 것이다.

　제6곡시는 광풍헌곡(光風軒曲)을 노래한 시로 다음과 같다.

　　육곡이라 남쪽 바다 위로 물굽이와 동떨어진 곳,　　六曲南溟上隔灣
　　높다란 덕천서원 경의당 낮에도 항상 닫혀 있네.　　堂高敬義晝常關
　　흉금이 상쾌하고 활달하여 묵은 때 전혀 없는데,　　胸襟快豁無塵垢
　　다락에 걸린 광풍헌이란 현판 만고토록 한가롭네.　　軒揭光風萬古閒

　제6곡 광풍헌에서 광풍제월(光風霽月)을 노래한 것이다. 광풍제월은 본디 송나라 때 황정견(黃庭堅)이 주돈이(周敦頤)의 인품이 매우 높고 흉중이 쇄락하여 광풍제월 같다고 한 데서 연유한 말로, 인욕과 물욕이 말끔하게 제거되어 구름 한 점 없는 맑은 하늘에 명월이 뜨고, 풀 위에 바람이 불어 그 물결에 밝은 빛의 바람이 유행하는 것처럼 맑고 깨끗하게 깨어 있는 정신세계를 가리킨다.

　작자는 이런 광풍헌에서 아래로 적막한 덕천서원을 바라보며 광풍제월의 흉금을 맛보고 있다. 덕천서원 경의당의 양쪽 방 이름 중 하나가 광풍헌(光風軒)이기 때문에 덕천서원 경의당(敬義堂)을 거론한 것이다. 이 시 역시 남명의 흉금을 광풍제월에 은근히 비유하면서 지금은 그러한 남명의 도가 쇠미해진 것을 안타까워한 것이다.

　제7곡시는 제월대곡(霽月臺曲)을 노래한 시로 다음과 같다.

　　칠곡이라 가벼운 배 저물녘에 여울을 내려가는데,　　七曲輕舟暮下灘
　　구름 한 점 없는 중천에 뜬 밝은 달 누가 보는가.　　中天霽月爲誰看
　　소미성 자취 감추자 덕산에 사시던 분 떠나셨는데,　　少微迹晦山人去
　　나 홀로 높은 제월대에 앉으니 밤의 빛이 차갑네.　　獨上高臺夜色寒

이 시도 제6곡시와 마찬가지로 남명의 광풍제월의 정신세계를 노래한 것이다. 다만 작자는 남명의 도는 맑은 하늘의 명월처럼 밝지만 남명이 떠난 세상은 밤기운처럼 차게 느끼고 있다. 자기 시대에 도가 쇠미해진 것을 탄식하는 정서가 깃들어 있다. 남명은 소미성의 정기를 받아 태어났다고 하며, 소미성은 처사(處士)를 상징하는 별이다.

제8곡시는 고루암곡(鼓樓巖曲)을 노래한 시로 다음과 같다.

> 팔곡이라 바위 문이 노에 의시해 열렸는데,　　　八曲巖扉倚棹開
> 고루의 동쪽 곁엔 시냇물이 모여 빙빙 도네.　　　鼓樓東畔水濚洄
> 조물주가 우공의 솜씨를 알고서 취해다가,　　　神工認取愚公手
> 특별히 우리나라로 산을 옮겨 온 것이리.　　　特地移山海國來

이 시는 고루암곡의 빼어난 형승을 노래한 것이다. 우공(愚公)은 우공이산(愚公移山)의 고사성어에 나오는 인물로 산을 옮긴 사람이다. 고루(鼓樓)는 높다란 누각에 큰 북을 설치해 두고 경보나 시각을 알릴 때 치던 높은 곳이다. 여기서는 바위가 고루처럼 높다랗다는 것을 형용한 것이다.

제9곡시는 와룡폭곡(臥龍瀑曲)을 노래한 시로 다음과 같다.

> 구곡이라 연못의 용 누워서 말이 없는데,　　　九曲淵龍臥默然
> 남양 땅은 산수 아름답고 또 앞에는 시내.　　　南陽山水又前川
> 제갈무후의 초상화를 걸어놓은 사람은 없고,　　　武候遺像無人揭
> 바다로 치달리는 여울이 위로 하늘에 접했네.　　　奔海湍流上接天

남양(南陽)은 제갈량(諸葛亮)이 포의(布衣)로 농사를 짓던 시절에 살던 곳이다. 제9곡이 와룡폭이기 때문에 제갈량의 고사를 인용한 것이다.

이 제9곡시는 구곡의 극처(極處)를 노래한 것이기 때문에 물의 근원이
위로 하늘에 접했다고 노래하여 본원(本源)·원두(源頭)를 중시하는 도학
의 정신을 드러내고 있다.

이상에서 하범운의 덕산구곡시를 살펴보았는데, 정식의 무이구곡에
서 구곡의 명칭을 취하였을 뿐, 시상은 남명의 도학이 깃든 덕산구곡을
드러내는 데 초점이 맞추어져 있다. 그래서 굽이굽이 형승의 아름다움을
노래하기보다는 그곳에서 남명을 추숭하고 자기 시대의 쇠락한 문풍을
탄식하는 작자의 정신세계를 드러내고 있다.

특히 광풍제월을 노래한 제6곡시와 제7곡시를 보면 이런 시상이 더욱
분명해진다. 제6곡시는 덕천서원 경의당을 거론하며 광풍제월의 흉금을
노래하고 있으며, 제7곡시는 남명이 떠나 도가 쇠미해진 세상에 제월대
에 홀로 앉아 있는 작자의 심경을 노래하고 있다.

제7곡시에 보이는 '소미성(少微星)'은 처사를 상징한다. 술사 남사고(南
師古)가 "올해는 소미성이 빛을 잃었으니, 재앙이 처사에게 있을 것이다."
라고 하였는데, 그 해에 남명이 별세했다고 전한다. 이를 두고 19세기
함안 출신 박치복(朴致馥)은 악부시에서 "천상에는 소미성, 인간 세상에
는 조남명. 남명이 이 세상에 내려오니, 소미성이 인간에 있었네. 소미성
이 빛을 잃자, 남명은 천상으로 돌아갔네."[25]라고 노래하였다.

하범운의 제7곡시에는 이와 같은 전설을 떠올리며 남명을 존모하는
마음을 간절히 드러내고 있다. 하범운의 제6곡시와 제7곡시는 덕천서원
경의당 양쪽 방 이름이 광풍헌(光風軒)과 제월헌(霽月軒)이기 때문에 명
칭이 동일하여 그와 연관해 시상을 전개한 것이다.

---

25 朴致馥, 『晚醒集』 권3, 『大東續樂府』 「少微星」.

이런 점을 두고 보면, 하범운이 도산구곡시·옥산구곡시에 덕산구곡시를 붙여 삼산구곡시를 지어서 이야순에게 보낸 것은, 안덕문이 덕산서원을 옥산서원·도산서원과 함께 삼산서원으로 명명하여 그 위상을 동등하게 하려고 했던 것과 같은 맥락에 있다고 하겠다. 다만 하범운은 덕산구곡이 설정되어 있지 않았고, 또 갑자기 자신이 설정할 수도 없었기 때문에 전에 정식이 정한 무이구곡을 덕산구곡으로 바꾸고 구곡의 명칭을 일부 수정하고서, 남명의 정신과 발자취가 깃든 구곡으로 그 내용을 채운 것이다. 그래서 남명의 발자취와 정신이 깃든 덕산구곡이 만들어진 것이다. 우리는 여기서 그가 덕산구곡시를 추가하여 삼산구곡시를 지은 의미를 찾을 수 있다.

이야순이 도산구곡을 재차 설정하고 도산구곡시를 지어 주위 사람들에게 차운시를 요청한 것처럼, 하범운은 적극적으로 덕산구곡을 현창하지 못하였다. 그는 이야순처럼 덕산구곡을 재설정하지 못하였고, 자신이 지은 덕산구곡시를 주위 사람들에 보여주며 차운시를 요청하지도 못하였다. 그리하여 덕산구곡이라는 명칭은 하범운에게서 그치고 진주권 학자들에게 널리 알려지지 못하였다.

그것은 그가 지역의 여론을 주도할 만한 위치에 있지 못한 측면도 있지만, 학술이 매우 침체된 당시의 분위기 속에서 남명의 정신과 발자취가 깃든 곳에 덕산구곡을 설정할 인식과 여유가 부족했기 때문이다. 이처럼 덕산구곡은 하범운에 의해 처음 거론되었는데, 더 이상 공론화되지 못하고 당대에서 그치고 말았다.

20세기 초 김규태(金奎泰, 1902~1966)가 지은 「덕천구곡차무이도가운(德川九曲次武夷櫂歌韻)」[26]에는 남명을 존모하고 추숭하는 의도가 드러나 있지 않으며, 구곡의 명칭도 나타나지 않고 있어서 하범운이 노래한 덕

산구곡시를 계승했다고 보기 어렵다. 김규태는 구례 출신으로 정기(鄭
琦)의 문인이다. 김규태의 덕천구곡은 내용상 덕산의 구곡을 노래한 것
이 아니기 때문에 그가 살던 지역에 독자적으로 덕천구곡을 설정하여
노래한 것으로 보인다.

후대 김황(金榥)은 하범운의 묘갈명에서 "옥산·도산·덕산 삼산의 구
곡에 구곡가(九曲歌)가 있는 것이 무이구곡가와 흡사하네. 그러니 세 선
생의 연원의 준적(準的)을 여기에서 알 수가 있네."[27]라고 하여, 삼삼구곡
에 구곡시가 있는 것이 주자의 무이구곡에 「무이도가」가 있는 것과 흡사
하다는 점을 들어 회재·퇴계·남명의 도학이 주자학에 연원을 두고 있음
을 환기하였다.

이는 하범운이 덕산구곡시를 지어 남명의 학문도 회재·퇴계의 학문
처럼 주자학에서 연원했음을 드러낸 것에 대해 그 의미를 크게 부여한
것이다. 이런 평은 하범운이 덕산구곡시를 지어 삼산구곡시에 넣은 정신
사적 의미를 잘 지적한 것이라 하겠다.

예전에는 지리산 덕산동으로 들어가는 입구의 협곡을 '수양검음(首陽
黔陰)'이라 하고, 덕산으로 들어가는 문을 '두류만학문(頭流萬壑門)'이라
하였다.[28] 그 협곡의 중간쯤에 있는 시냇가 바위에 남명이 '입덕문(入德
門)'이라는 이름을 붙여놓았다.

입덕문은 덕으로 들어가는 문이라는 뜻으로, 도학군자의 정신이 깃든

26 金圭泰, 『顧堂集』 권1.
27 河範運, 『竹塢集』 권4, 부록, 金榥 撰, 「墓碣銘幷序」. "玉山陶山德山 三之九曲有歌
    仿于武夷 淵源準的 卽此可知"
28 成汝信 撰, 『晉陽誌』 권1, 山川. "天王峯水 自法界寺 東流 由薩川村 達社祭峯下 東北
    流 爲薩川 又自鉏屹山 東流 由上流菴 達獐項洞 南流 爲三壯川 與薩川 合于兩堂村前
    是謂德川 盤回屈曲 不深不淺 入首陽黔陰兩峽 中出德川遷 所謂頭流萬壑門者 此也"

곳으로 들어가는 관문을 의미한다. 그리고 그 아래에 남명의 문인 도구(陶丘) 이제신(李濟臣)이 우거하던 곳이 있는데, 그 언덕을 도구대(陶丘臺)라 한다. 이곳이 덕산으로 들어가는 수양검음의 초입에 해당한다.

이 도구대로부터 입덕문을 거쳐 남명이 만년에 살던 산천재(山天齋)를 지나 덕천서원에 이르기까지, 그리고 송객정(送客亭)을 거쳐 대원사(大源寺)에 이르는 시냇가에는 구곡을 경영할 만한 명승 및 남명의 유적이 많다. 따라서 남명의 유적을 따라 덕산구곡이 경영되기에 충분한 여건을 가지고 있었는데, 안타깝게도 덕산구곡이 설정되지 못하였다.

도구대에서 오른쪽 계곡을 따라 올라가면 남명의 유적지인 백운동(白雲洞)이 나온다. 이 백운동 입구에 남명이 손수 심은 3백여 년이나 된 소나무가 있어, 이곳을 유람하는 사람들은 남명을 다시 대하는 듯이 공경심을 드러냈다. 또한 1870년대 이 지역의 김인섭(金麟燮)·권헌기(權憲璣)·박치복(朴致馥)·조성가(趙性家) 등 7인이 백운동을 유람하며 남명을 추모하였고, 1893년 김진호(金鎭祜)는 백운동에 '남명선생장구지소(南冥先生杖屨之所)' 8자를 바위에 새기며 남명을 추모하였다.[29]

백운동은 남명의 유적이 있는 데다 수석이 빼어나 이 지역 인사들의 유람장소로 각광을 받았다. 이 역시 구곡을 경영할 만한 곳인데, 구곡을 설정하지 못하였다. 백운동칠현(白雲洞七賢)의 한 사람인 박치복은 「백운동십팔곡염운공부(白雲洞十八曲拈韻共賦)」라는 시를 남겼고, 조성가도 「차백운동십이곡운(次白雲洞十二曲韻)」을 남겼다.

19세기 말 이 지역 학자들은 백운동에 12곡 또는 18곡의 명칭을 붙이기는 하였지만, 주자의 무이구곡의 정신을 계승하여 남명의 정신이 담긴

---

29 崔錫起, 『남명과 지리산』, 경인문화사, 2006, 110~119쪽 참조.

구곡을 경영하지 못하였다. 이를 두고 볼 때, 하범운 이후로도 이 지역 학자들은 남명의 유적지에 구곡을 설정하고 구곡시를 노래하여 주자의 무이구곡에 비견하려는 의식이 부족했다고 밖에 볼 수 없다.

V. 맺음말

이 글은 19세기 전반 경상우도 지역에서 활동한 하범운(河範運)이 삼산구곡시(三山九曲詩)를 창작한 것에 주목하여 그의 생애와 학문성향을 살펴보고, 덕산구곡의 내력과 삼산구곡시의 창작배경을 살펴본 뒤, 덕산구곡시를 분석하여 그 내용과 의미를 고찰한 것이다. 앞에서 논의한 것을 바탕으로 결론을 도출하면 다음과 같다.

하범운은 태계(台溪) 하진(河溍)의 6대손으로 19세기 전반 진주에서 활동한 남인계 학자이다. 그는 남명학과 퇴계학을 겸취하여 극도로 침체된 지역의 학풍과 기강을 부지하기 위해 노력한 인물이다. 그의 학문성향은 독서명리(讀書明理)와 한사근독(閑邪謹獨)으로 요약할 수 있는데, 의리를 종자로 삼고 그 의리를 일상에서 실천하는 삶을 지향하였다. 이러한 점은 심성을 존양하고 성찰하기 위해 지은 「자성잠(自省箴)」과 우리나라 역사를 소재로 쓴 장편 역사시 「산중회고(山中懷古)」에서 역사적 사건에 포폄(褒貶)을 붙여 춘추대의를 드러낸 데에서 확인할 수 있다.

경상우도 지역은 경상좌도 지역에 비해 구곡문화가 발달하지 못하였다. 그것은 지형적으로 구곡이 형성되기 어려울 뿐만 아니라, 이 지역 학자들이 구곡문화에 대한 인식이 부족했기 때문이다. 그리하여 남명을 제향한 덕천서원 인근에도 덕산구곡이 설정되지 못하였다. 그러다가 19세기 전반에 이르러서 하범운이 처음으로 덕산구곡이라는 명칭을 붙였다.

하범운은 1823년 안동으로 이야순을 방문하였을 때, 이야순이 도산구곡시와 옥산구곡시를 보여주며 차운을 청하여, 집으로 돌아와 차운시를 지어 보내면서 덕산구곡시를 추가하였다. 그리하여 회재·퇴계·남명을 제향하는 서원이 있는 곳을 '삼산(三山)'으로 칭하고, 이 삼산에 구곡이 있는 것은 도학의 원류가 영남에 있음을 보여주는 것이라 하여 '삼산구곡시'라고 명명하였다. 이는 앞 시대 안덕문(安德文)이 이 세 선생을 나란히 추숭하여 삼신서원(三山書院)의 명칭과 위상을 정립한 것과 같은 맥락에서 나타난 것이다. 이 점이 그가 삼산구곡시를 지어 덕산구곡을 도산구곡·옥산구곡과 나란히 드러내려 한 창작 배경에 해당한다.

하범운이 지은 삼산구곡시의 덕산구곡은 앞 시대 정식(鄭栻)이 덕천서원 뒤 산골짜기에 경영한 무이구곡(武夷九曲)에 나아가 곡명(曲名)을 일부 개정하고 명칭을 바꾼 것이다. 그런데 하범운의 덕산구곡시와 정식의 무이구곡시를 비교해 보면 내용이 판이하게 다른 것을 확인할 수 있다. 정식은 주자의 「무이도가」의 정신을 그대로 본받으려 하고 있는데, 하범운은 남명의 정신과 기절을 드러내는 데 초점을 맞추고 있다. 즉 그 내용이 거의 남명의 학문과 정신을 회고하고 추앙하며 자기 시대의 쇠미해진 도를 탄식하는 데 모아져 있다.

하범운이 삼산구곡시의 하나로 덕산구곡시를 추가한 것은, 안덕문이 삼산서원의 명칭과 위상을 정립한 정신을 계승하여 남명의 덕산을 옥산·도산과 하나로 합해 도의 연원과 학문의 본질이 같다는 점을 드러내려한 것이다. 여기에 그가 지은 삼산구곡시의 의미가 있다.

하범운의 이러한 노력에도 불구하고, 덕천서원이 있는 덕산에는 남명의 유적을 중심으로 덕산구곡이 설정되지 못하였다. 그것은 조선 후기

이 지역 인사들의 구곡문화에 대한 인식이 부족했기 때문이다. 그 중에서도 퇴계의 후손들이 도산구곡을 적극적으로 설정한 것처럼 남명의 후손들은 덕산구곡을 설정하는 데 적극적이지 못하였던 것이 덕산구곡이 설정되지 못한 가장 큰 원인이라 하겠다.

이 글은 『남명학연구』 제42집(경상대 남명학연구소, 2014)에 실린 「하범운의 삼산구곡시 창작배경과 덕산구곡시의 의미」를 수정 보완한 것이다.

덕산구곡 설정의 필요성과 의의

I. 문제의 소재

구곡문화(九曲文化)는 주자의 무이구곡(武夷九曲)을 본떠 산림에 은거하여 성명(性命)을 온전히 보전하며 천인합일을 지향하는 성리학적 사유에 의해 발달하였는데, 중국에서보다 오히려 조선에서 활짝 꽃을 피웠다.

성리학이 꽃피는 16세기 이후 조선의 학자들은 주거지 인근 산수에 구곡을 경영하여 주자의 정신을 본받아 천리를 관찰하며 천인합일을 지향하였다. 그리하여 16세기부터 일제강점기까지 이런 풍조가 이어지며 약 100여 개의 구곡이 조성되었다.[1]

남명(南冥) 조식(曺植, 1501~1572)이 만년에 은거하여 강학하던 덕산(德山 : 현 산청군 시천면)은 남명의 유적이 산재해 있는 도학(道學)의 성지일

---

[1] 울산대곡박물관에서 펴낸 『자연에서 찾은 이상향 구곡문화』(2010)에 의하면 조선시대 경영된 구곡은 서울에 1곳, 경기도에 2곳, 황해도에 2곳, 강원도에 3곳, 전라북도에 5곳, 전라남도에 2곳, 충청북도에 25곳, 충청남도에 4곳, 경상북도에 29곳, 대구에 2곳, 경상남도에 3곳, 부산에 1곳, 울산에 1곳 등 총 81곳이다. 그러나 구곡 연구자들은 이보다 더 많은 구곡이 경영된 것으로 보고 있다.

뿐만 아니라, 지리산 천왕봉에서 발원한 대원사(大源寺) 계곡의 시내가 흘러내려, 조선후기 이 지역 학자들은 도학의 원류가 흐르는 곳으로 인식하였다. 이처럼 덕산은 남명이 만년에 은거하여 학문을 완성한 곳으로 산수가 빼어나 구곡이 설정될 만한 문화적·지리적 배경이 충분하다. 그럼에도 불구하고 덕산구곡(德山九曲)이 아직까지 설정되지 못하였다.

그 이유는 무엇일까? 여러 측면에서 그 이유를 찾을 수 있겠지만, 필자는 다음과 같은 두 가지 점에 주목하고자 한다. 하나는 인조반정으로 북인정권이 몰락하면서 남명학파가 크게 위축되어 정치적·학술적으로 오랫동안 침체되었기 때문에 덕산구곡을 설정할 주체가 없었다는 점이다. 또 하나는 조선후기 경상우도의 학술적 침체로 인하여 이 지역 학자들의 구곡문화에 대한 이해가 타 지역에 비해 부족했다는 점이다.

덕산에 덕산구곡이 설정되지 못한 것은 남명을 위해서도, 이 지역 지성사를 위해서도 안타까운 일이다. 그런데 아직까지도 이에 대한 인식이 매우 부족하여 아무도 문제제기를 하지 않고 있다. 지금이라도 덕산구곡을 설정하여 남명의 정신지향이 주자의 무이구곡(武夷九曲)에 연원하였음을 알릴 필요가 있다.

이는 억지 주장이 아니라, 근세의 역사 속에서 그런 정신을 찾을 수 있다. 19세기 진주에서 활동한 하범운(河範運, 1792~1858)은 퇴계 이황의 후손 이야순(李野淳)의 요청으로 도산구곡시(陶山九曲詩)와 옥산구곡시(玉山九曲詩)에 차운하면서 덕산구곡시(德山九曲詩)를 추가해 삼산구곡(三山九曲)이라 명명하여 남명의 만년 은거지 덕산에도 구곡이 있음을 알리고자 하였다.

또 구한말의 곽종석(郭鍾錫, 1846~1919)은 덕산으로 들어가는 입구의 입덕문(入德門)을 소재로 남명의 도학이 없어질 것을 염려하여 「입덕문부(入德門賦)」를 지었는데, 그 중에 아래와 같은 내용이 있다.

> 옛날 우리 도가 없어지지 않았을 적엔,
> 하늘이 퇴계 선생 같은 분을 강좌에 내시고,
> 남명 선생을 강우지역에 우뚝 서게 하셨지요.
> 나이도 동갑에 정신적으로 교유하셨는데,
> 성대한 도와 후중한 덕이 모두 같았지요.
> 그 연원이 바다 밖으로 수수(洙水)·사수(泗水)에 닿았고,
> 산남으론 멀리 낙양(洛陽)·민중(閩中)까지 뻗혔던 것을.[2]

곽종석은 남명을 도학을 연 인물로 보아 퇴계와 나이도 같고 도도 같고 덕도 같고 연원도 같다고 하였다. 또 남명의 도학이 후세에 면면히 전승되어 내려온 점을 부각시키며 덕천서원을 도산서원·옥산서원과 함께 거론하면서 영남의 도학이 회재(晦齋)·퇴계·남명 세 선생에게 발원하였다고 하였다.[3]

곽종석의 이러한 인식을 통해, 우리는 남명학을 정당하게 평가하고 길이 전하기 위해 무엇을 어떻게 할 것인지 그 향방을 찾을 수 있다. 그 가운데 한 가지 일이 덕산구곡을 설정하여 산수에 깃든 남명의 정신을 복원하는 것이다.

필자는 남명의 도학을 널리 알리기 위해서는 하범운과 곽종석이 퇴계와 남명을 동등하게 본 시각을 바탕으로 덕천서원을 삼산서원으로 일컬

---

2 郭鍾錫, 『俛宇集』권1, 「入德門賦」. "夫昔者斯文之未喪也, 有若陶山夫子·天降於江之左, 南冥先生壁立乎嶺之右. 年同庚交同神, 道同盛德同厚, 洙泗乎海外, 閩洛乎山南者否."

3 최석기, 「면우 곽종석의 〈입덕문부〉에 대하여」, 『남명학연구』제47집, 경상대학교 남명학연구소, 2015, 35~68쪽 참조.

어지게 하는 한편, 덕산구곡을 도산구곡·옥산구곡과 함께 삼산구곡으로 널리 알려야 한다고 생각한다. 또 필자가 덕산구곡 설정을 제안하는 것은 주자학의 근본정신을 삶의 현장에 구현한 것이 바로 구곡으로, 조선 성리학의 본질을 체험할 수 있는 장소적 의미가 크기 때문이다.

이 글에서는 먼저 공자로부터 주자로 이어지는 동아시아 산수인식의 전통, 조선시대 구곡문화의 전개, 영남의 삼산서원과 삼산구곡에 대해 살펴본 뒤, 덕산구곡 설정의 필요성, 설정의 논거와 구곡의 실체, 덕산구곡 설정의 의의와 기대효과 등을 논구해 보고자 한다.

II. 동아시아 산수인식의 전통과 구곡문화

1. 동아시아 산수인식의 전통

1) 공맹(孔孟)의 산수인식과 천인합일(天人合一) 지향

공자는 산수를 통해 인간의 본성을 설명하면서 "지혜로운 자는 물을 좋아하고, 어진 자는 산을 좋아한다. 지혜로운 자는 동적이고, 어진 자는 정적이다. 지혜로운 자는 즐거워하고, 어진 자는 오래도록 제자리를 지킨다."[4]라고 하였다. 공자의 이런 담론 이후, 산수는 인성(人性)을 비추어 보는 상관물이 되었고, 공자가 말한 요산요수(樂山樂水)는 산수를 통해 내 본성의 인지(仁智)를 성찰하고 체득하는 의미로 받아들여져 인지지락(仁智之樂)이라 하였다.

또 공자의 제자 증점(曾點)은 자신의 이상을 "늦은 봄날 봄옷이 완성되

---

4 朱熹, 『論語集註』, 「雍也」 제23장. "知者樂水 仁者樂山 知者動 仁者靜 知者樂 仁者壽"

면 관을 쓴 어른 5~6인과 동자 6~7인과 함께 기수(沂水)에 가서 목욕하고 무우(舞雩)에서 바람을 쏘이고 시를 읊조리며 돌아오고 싶습니다."라고 말하여, 공자로부터 인정을 받았다.[5] 증점이 말한 것은 초야에서 자연에 동화되는 삶을 지향하는 가치관이다. 이러한 증점의 가치관을 후인들은 자연의 이치에 순응하며 사는 지취(志趣)로 인식하여 풍영지취(風詠之趣)라 하였다.

공자는 또 시냇가에서 흘러가는 물을 보고 "흘러가는 것은 이와 같구나. 밤낮으로 쉬지 않고 흐르는구나."라고 하였는데[6], 맹자는 이를 해석하여 "근원이 있는 샘물은 끊임없이 흘러나와 밤낮으로 쉬지 않고 흘러서 웅덩이를 채운 뒤에 흘러내려 사해에까지 이르니, 근본이 있는 것은 이와 같다. 공자께서는 바로 이 점을 취하신 것이다."라고 하였다.[7] 이러한 맹자의 해석에 따르면, 공자가 물을 보고 탄식한 것은 눈에 보이는 시냇물을 통해 그 근원을 생각한 것이다. 그것은 바로 공자가 산에서 인(仁)을, 물에서 지(智)를 읽어낸 사유이다.

그래서 맹자는 "물을 보는 데에는 방법이 있으니, 반드시 그 물결을 보아야 한다."[8]라고 하였다. 주자는 이 문구에 대해 "물결이 이는 여울을 보면, 그 근원에 근본이 있는 것을 알 수 있다."[9]라고 해석하였다. 사람

---

5 朱熹, 『論語集註』「先進」 제25장. "子路曾晳冉有公西華侍坐 子曰 以吾一日長乎爾 毋吾以也 居則曰不吾知也 如或知爾 則何以哉 子路率爾而對曰 …… 曰 莫春者 春服旣成 冠者五六人 童子六七人 浴乎沂 風乎舞雩 詠而歸 夫子喟然歎曰 吾與點也"

6 朱熹, 『論語集註』「子罕」 제17장. "子在川上曰 逝者如斯夫 不舍晝夜"

7 朱熹, 『孟子集註』「離婁下」 제18장. "徐子曰 仲尼亟稱水曰 水哉水哉 何取於水也 孟子曰 原泉混混 不舍晝夜 盈科而後進 放乎四海 有本者如是 是之取爾"

8 朱熹, 『孟子集註』「盡心上」 제24장. "觀水有術 必觀其瀾"

9 朱熹, 『孟子集註』「盡心上」 註. "觀水之瀾 則知其源之有本矣"

이 눈으로 보는 물결은 현상이고 작용이다. 현상을 통해 원두처(源頭處)
를 인식하고, 작용을 통해 본체를 꿰뚫어보는 것이 바로 맹자가 말한
물을 보는 방법이다. 이는 대상을 접하여 일어나는 감정에 이끌리지 말
고 나라는 존재의 근원인 본성을 인지하고 그와 하나가 되는 삶을 지향
하라는 것이니, 바로 천인합일을 가리킨다.

2) 주자의 산림은거와 천리체득

주자는 이런 공맹의 산수인식을 계승해 산수를 통해 천리를 관찰하고
자 하였고, 산림에 은거하여 천인합일을 지향하였다. 주자는 41세 이후
산림에 정사를 경영하고 은거하는 삶을 택하였는데, 무이정사(武夷精舍)
의 당명(堂名)을 인지당(仁智堂)이라 붙인 데에서 그런 정신을 확인할 수
있다.

주자는 인욕을 제거하고 천리를 보전하기 위해 무엇보다 나의 본원을
중시하였다. 그는 「관서유감(觀書有感)」이라는 시에서 다음과 같이 노래
했다.

반 이랑 네모난 못에 거울 하나 만들어졌는데,　　　半畝方塘一鑑開
그 속에 천광과 운영이 함께 배회를 하는구나　　　天光雲影共徘徊
너에게 묻노니 어찌하여 그처럼 맑단 말인가,　　　問渠那得淸如許
원두에서 활수가 흘러내림이 있기 때문이지요.　　　爲有源頭活水來[10]

이 시는 천광·운영을 통해 늘 천리가 유행하는 것을 관찰하는데, 못

---

10 朱熹, 『晦庵集』 권2, 「觀書有感」.

의 물이 맑아 천광·운영을 비출 수 있는 것은 원두에서 활수가 흘러내리기 때문임을 노래한 것이다.

주자는 무이산에 은거할 적에 「무이정사잡영(武夷精舍雜詠)」 12수, 「무이도가(武夷櫂歌)」 10수 등 수십 편의 시를 지었는데, 「무이정사잡영」은 무이정사 주변의 풍물을 읊은 것이다. 그 중에 인지당(仁智堂)을 노래한 시는 다음과 같다.

나는 인지의 마음을 부끄러워했는데,　　　　　　　我慙仁知心
우연히 절로 산수를 사랑하게 되었네.　　　　　　偶自愛山水
푸른 절벽은 예나 지금이나 변함없고,　　　　　　蒼崖無古今
푸른 시내는 날마다 천리를 흘러가네.　　　　　　碧澗日千里[11]

이 시를 보면, 앞의 2구에서는 공자가 말한 요산요수의 인지지락(仁智之樂)을 추구하고자 하는 마음을 읽을 수 있으며, 뒤의 2구에서는 산수속에 내재한 천리를 체득하고자 하는 정신을 읽을 수 있다. 주자는 이어 무이정사 은구재(隱求齋)를 다음과 같이 노래했다.

새벽 창가엔 숲의 그림자가 보이고,　　　　　　　晨窓林影開
밤중 머리맡엔 산속 샘물소리 들리네.　　　　　　夜枕山泉響
은거하러 왔으니 다시 무엇을 구할까,　　　　　　隱去復何求
말없는 가운데 구도심이 장구하네.　　　　　　　無言道心長[12]

11　李光地 等編, 『御纂朱子全書』 권66, 「武夷精舍雜詠 - 仁智堂」.
12　李光地 等編, 『御纂朱子全書』 권66, 「武夷精舍雜詠 - 隱求齋」.

주자가 산림에 은거한 것은 구도를 위함이고, 그것은 천리를 체득하여 본원에 도달하려 한 것이다. 이러한 구도심은 「무이도가」 제5곡을 노래한 시에 "어여라, 노래 속에 만고로 치닫는 마음.[欸乃聲中萬古心]"으로 표현되어 나타난다.

주자가 추구하는 도는 성인의 마음과 하나가 되는 것인데, 그런 마음을 주자는 「재거감흥이십수(齋居感興二十首)」 중 제10수에서 다음과 같이 노래했다.

> 공손히 천 년 전 성인들 마음 생각하니,　　　　　恭惟千載心
> 밝은 가을달이 차가운 물에 비춘 것 같네.　　　　秋月照寒水
> 노나라 선생, 어찌 일정한 스승이 있었던가,　　　魯叟何常師
> 산삭하고 기술하여 성인들 자취를 보존하셨네.　削述存聖軌[13]

이 시의 '추월(秋月)'은 밝음을 상징하고, '한수(寒水)'는 맑음을 상징한다. 즉 마음이 그처럼 밝고 맑다는 뜻이니, 본원을 회복한 성인의 마음이다. 이를 달리 말하면 극기복례(克己復禮)하여 그 처음을 회복한 상태이다.

주자는 이런 사상을 담아 「무이도가」를 창작했다. 이후 주자학이 지배이념으로 정착되면서 주자가 경영한 무이구곡과 「무이도가」는 주자학의 원류로 인식되었다. 이로부터 구곡문화가 발달하기 시작했다. 그런데 중국에서는 크게 발전하지 못하여 구곡문화가 널리 분포되어 있지 않다. 반면 조선에서는 산림에 은거한 학자들에게서 구곡문화가 크게 유행하여 100여 개의 구곡이 경영되었고, 「무이도가」에 차운한 시도 수백 편이나 된다.

---

13 朱熹, 『晦庵集』 권4, 「齋居感興二十首」.

2. 조선시대 구곡문화

1) 조선 선비의 산림은거와 천인합일 지향

조선시대 선비들은 공자로부터 주자로 이어지는 산수인식의 전통을 계승하여 산림에 은거해 천인합일을 지향하였다. 특히 16세기 사화기의 선비들은 출사를 꺼려하며 초야에서 위기지학에 전념하였다. 그 대표적인 인물이 명종 때 유일로 천거된 성수침(成守琛)·이항(李恒)·성운(成運)·조식(曺植)·조욱(趙昱)·김범(金範) 등이다.

또 과거를 통해 벼슬길에 나갔던 인물 중에서도 벼슬을 버리고 낙향하는 사람이 늘어났다. 이들은 주자의 정신을 계승하여 산림에 정사를 짓고 은거하여 장수(藏修)하였다. 퇴계가 도산서당 다락의 이름을 암서헌(巖棲軒)이라 붙인 데에서 그런 마음을 알 수 있다. 암서헌은 주자의 「운곡이십육영(雲谷二十六詠)」 중 「회암(晦庵)」이라는 시에서 취한 것이다.

<table>
<tr><td>생각나는구나, 그 옛날 병산옹께서,</td><td>憶昔屛山翁</td></tr>
<tr><td>나에게 일러주신 한 마디 그 가르침.</td><td>示我一言教</td></tr>
<tr><td>오래도록 그 가르침 자신할 수 없었는데,</td><td>自信久未能</td></tr>
<tr><td>이제야 산림에 은거해 작은 효험 바라네.</td><td>巖棲冀微效[14]</td></tr>
</table>

병산옹(屛山翁)은 주자의 스승 유자휘(劉子翬)를 가리킨다. 그는 주자에게 '원회(元晦)'라는 자(字)를 지어주었는데, 그 자사(字詞)에 "나무는 뿌리에 정기를 간직해야 봄날 화창하게 피어나고, 사람은 몸에 덕을 쌓아야 정신이 내면에서 충만해진다.[木晦於根 春容曄敷 人晦於身 神明內腴]"라

---

14 朱熹, 『晦庵集』 권6, 「雲谷二十六詠-晦庵」.

는 의미이다.

주자는 이런 스승의 가르침을 한 동안 실천하지 못했다. 그러다 40세가 넘어 그 가르침을 따르기 위해 회암(晦庵)을 짓고 은거하면서 위와 같이 노래한 것이다. 이것이 주자가 산림에 은거하여 심성을 수양하고자 한 정신이다. 그리고 퇴계 이황은 그런 정신을 그대로 실천하고자 도산서당 다락의 이름을 암서헌이라 붙인 것이다.

16세기 선비들은 사화를 경험하면서 출처(出處)의 문제를 심각하게 고심하였다. 그 대표적인 인물이 남명(南冥) 조식(曺植)이다. 그는 "내 어찌 산을 탐하고 물을 탐하여 지리산 왕래하기를 번거로워하지 않은 것이겠는가. 평생 의도한 계획이 있었으니, 오직 화산(華山)[15] 한 귀퉁이를 얻어 종신토록 살 곳으로 삼으려 했기 때문이다."[16]라고 하여, 깊은 산속에서 생을 마칠 각오를 하였다. 그리하여 마침내 61세 때 천왕봉 밑 덕산으로 들어가 산천재(山天齋)를 짓고 날마다 자신의 덕을 새롭게 향상시키기를 다짐하였다.

남명은 덕산으로 거처를 옮기면서 「덕산복거(德山卜居)」라는 시를 지었는데, 그 시에 "봄 산 어느 곳엔들 향기로운 풀이 없겠는가만, 내가 이곳으로 거처를 옮겨온 것은 천왕봉이 상제가 사는 하늘에 가까이 다가간 것을 사랑하기 때문."[17]이라고 하였다. 이를 보면 남명은 천왕봉을 도반으로 삼아 천도(天道)에 합하는 공부를 다짐한 것이다. 이를 통해 볼 때 남명도

---

15 華山은 중국 오악의 하나로 西岳에 해당하는 산인데, 여기서는 큰 산, 즉 지리산을 의미한다.

16 曺植, 『南冥集』 권2, 「遊頭流錄」, "豈直爲貪山貪水 而往來不憚煩也 百年齋計 唯欲借得華山一半 以作終老之地已"

17 曺植, 『南冥集』 권1, 「德山卜居」, "春山底處無芳草 只愛天王近帝居"

주자처럼 산림에 은거하여 천인합일을 지향한 것을 알 수 있다.

이처럼 조선시대 선비들은 산수에 묻혀 천리를 관찰하며 성명을 온전히 하는 삶을 지향하였는데, 안의현 원학동에 은거한 임훈(林薰, 1500~1584)은 산수를 대하는 마음을 다음과 같이 언급하였다.

> 산수는 천지간의 하나의 무정물이지만, 산에는 후중한 덕이 있고 물에는 주류(周流)하는 덕이 있으니 실로 사람의 인지지락(仁智之樂)에 근본이 되는 점이 있다. 그러므로 도를 구하는 세상 사람들은 요순과 공자에게서만 도를 구할 뿐만 아니라, 산수에 나아가서 도를 구하지 않은 적이 없다.[18]

임훈은 책 속에서만 도를 구하지 말고, 산수에 나아가 도를 구해야 한다는 점을 말하고 있다. 즉 산수를 통해 천리를 체득하는 것이 중요하다는 점을 언급한 것이다.

이이(李珥, 1536~1584)도 홍인우(洪仁祐)가 금강산 및 관동지방을 유람하고 쓴 「관동록(關東錄)」을 보고서 산수 유람의 본질이 인지(仁智)를 체득하는 데 있다는 점을 언급하였으며[19], 「우음(偶吟)」이라는 시에서 "산수의 흥취를 찾아서가 아니라, 나의 참된 본원을 온전히 하려는 것. 사물과 내가 하나의 본체로 합하면, 누가 주인이 되고 누가 객이 되리."[20]라고

---

18 林薰, 『葛川集』 권3, 「書兪子玉遊頭流錄後」. "山水者 天地間一無情之物 而厚重周流 實有資於仁智之樂矣 是以 世之求道者 不特於堯舜孔氏 而未嘗不之此焉"

19 洪仁祐, 『恥齋遺稿』 권3, 李珥 撰 「遊楓嶽錄跋」. "天壤之間 物各有理 上自日月星辰 下至草木山川 微至糟粕煨燼 皆道體所寓 無非至敎 而人雖朝夕寓目 不知厥理 則與不見何異哉 士之遊金剛自 亦目見而已 不能深知山水之趣 卽與百姓日用而不知自 無別矣 若洪丈 可謂深知山水之趣者乎 雖然 但知山水之趣 而不知道體 則亦無貴乎知山水矣 洪丈之知 豈止於此乎"

하여, 산수를 찾는 의미를 자신의 참된 본원을 찾는 것이라고 하였다.

이를 통해 보면, 조선 선비들은 산수를 통해 인지(仁智)를 체득하는 것을 학문의 본질로 인식하였음을 알 수 있다. 그런데 조선 선비들은 산수뿐만이 아니라, 일상의 자연을 대하면서 천리가 유행하고 있음을 늘 인지하려 하였다. 그 대표적인 인식방법이『중용』의 '연비어약(鳶飛魚躍)'을 통해 천리를 살피고 주자의 시에 보이는 '천광운영(天光雲影)'을 통해 천리를 살피는 것이다.

『중용』제12장 비은장(費隱章)에 "『시경』에 '솔개는 날아서 허공에 떠 있고, 물고기는 연못에서 뛰노네.'라고 하였는데, 이는 상하에 천리가 드러난 것을 말한 것이다.[詩云 鳶飛戾天 魚躍于淵 言其上下察也]"라고 하였다. 이는 솔개가 허공에 떠 있고, 물고기가 연못에서 뛰노는 것을 통해 자연의 이치를 일상에서 인지하고 체득해야 함을 말한 것이다.

비은장은 군자의 도는 작용의 측면인 비(費)만 있는 것이 아니고, 본체의 측면인 은(隱)도 있음을 말한 것으로, 군자는 작용이나 현상만 보지 말고 그것을 통해 그 이면의 본체까지 보아야 한다는 점을 말한 것이다. 이는 현상을 통해 근원을 생각하는 사유이다.

도산서원에서 정면을 바라볼 때, 왼쪽에 천연대(天淵臺)가 있고, 오른쪽에 천광운영대(天光雲影臺)가 있다. 천연대는 바로 '연비려천 어약우연(鳶飛戾天 魚躍于淵)'에서 취한 것으로, 허공에 떠 있는 솔개와 못에서 뛰노는 물고기를 통해 천리를 살피고자 하는 사유를 드러낸 것이다. 퇴계는 「천연대(天淵臺)」라는 시에서 다음과 같이 노래했다.

---

20 李珥,『栗谷全書』, 收拾 권1,「偶吟」. "非探山水興 聊以全吾眞 物我合一體 誰主誰爲客"

솔개 날고 물고기 뛰노는 것 누가 그렇게 시켰는가, 縱翼揚鱗孰使然
천지에 활발히 유행하는 이치 하늘과 못에 묘하구나. 流行活潑妙天淵
강가 언덕에서 온종일 마음의 눈을 열어놓고 보며, 江臺盡日開心眼
명성(明誠)을 말한『중용』한 편 두세 번 외워보네. 三復明誠一巨編[21]

　퇴계는 대(臺)의 이름을 천연대라 하고, 그 언덕에서 하루 종일 심안 (心眼)을 열어놓고 유행하는 천리를 관찰하면서 명선(明善)을 말미암아 성신(誠身)하는 내용의『중용』을 읊조리고 있다. 이는 곧 천인합일을 지향한 공부이다.

　또 주자의「관서유감(觀書有感)」이라는 시에 보이는 '천광운영(天光雲影)'도 천리를 관찰하는 대상물이다. 집 근처에 연못을 파 놓고 그 못에 비친 천광·운영을 보면서 천리가 유행하고 있음을 한시도 잊지 않으려 한 것이다. 이는 나의 본성을 한 순간도 잊어버리지 않으려는 정신을 반영한 것이다.

　퇴계는 이런 주자의 정신을 이어받아 도산서당 오른쪽 언덕을 천광운영대(天光雲影臺)라 명명하고서 다음과 같이 노래하였다.

근원에서 활수 흘러내려 천광·운영이 못에 비추니, 活水天雲鑑影光
책을 보다가 깊은 깨달음이 네모난 못에 있었다네. 觀書深喩在方塘
내 이제 맑은 연못가에서 그 뜻을 터득하였으니, 我今得在淸潭上
주자께서 그 당시 길이 감탄하신 것과 흡사하구나. 恰似當年感歎長[22]

21　李滉,『退溪集』권3,「陶山雜詠幷記-天淵臺」.
22　李滉,『退溪集』권3,「陶山雜詠幷記-天光雲影臺」.

이 시는 주자의 「관서유감」에 보이는 '천광운영'을 취해 노래한 것인데, 천광·운영처럼 눈으로 볼 수 있는 현상을 통해 도체(道體)를 언제나 인지하여 한 순간도 잊지 않고자 하는 사유를 드러낸 것이다.

2) 구곡문화의 전개

16세기 조선 선비들은 주자의 「무이도가(武夷櫂歌)」에 차운하는 시를 많이 남겼다. 성리학과 주자학에 대한 이해가 깊어지면서 유행처럼 번진 것이다. 그러는 과정에서 「무이도가」에 대한 해석을 두고 인물기흥(因物起興)의 서정시로 볼 것인가, 입도차제(入道次第)의 조도시(造道詩)로 볼 것인가 하는 논쟁이 일어나기도 하였다.

또한 무이구곡도(武夷九曲圖)가 전파되면서 무이구곡에 대한 관심이 증폭되었다. 무이구곡에 대한 관심은 퇴계에 이르러 본격적으로 나타났다. 퇴계는 『무이지(武夷志)』를 읽다가 「무이도가」에 차운하여 「한거독무이지차구곡도가운십수(閒居讀武夷志次九曲櫂歌韻十首)」를 지었다. 그리고 그의 문인 정구(鄭逑)도 「무이도가」에 차운하여 「앙화주부자무이구곡시운십수(仰和朱夫子武夷九曲詩韻十首)」를 지었다.

퇴계는 「무이도가」를 해석하면서 주자는 애초 학문으로 나아가는 차례를 노래하려는 의사가 없다고 생각해 「무이도가」를 입도차제(入道次第)로 본 진보(陳普)의 『도가주해(櫂歌註解)』의 설을 견강부회한 것으로 보았다. 퇴계는 「무이도가」에 차운하는 시를 지으면서 기본적으로 인물기흥(因物起興)의 흥(興)의 관점에서 차운하였다.

그런데 그 가운데 제9곡의 시를 지으면서 처음에는 극처(極處)로 보는 의경(意境)을 드러냈다가, 뒤에 극처에서 별도의 묘처(妙處)를 찾는 의경

으로 수정하였다. 이는 제9곡시에는 탁흥우의(托興寓意)한 점이 있다고
하여 흥(興)으로 보지 않고 비(比)로 보아 조도적(造道的) 관점으로 해석
한 것이다.[23]

퇴계는 1564년 문인 이담(李湛)이 보내온 무이구곡도를 보고 발문을
지었는데, 귓전에 뱃노래가 들리는 것 같다고 하였다. 그리고 당대에
태어나 무이정사 인지당(仁智堂)에서 주자를 모시고 날마다 도를 강론하
고, 주자의 문인들과 은구재(隱求齋)·관선재(觀善齋)에서 생활하지 못한
것을 못내 한스럽게 생각하였다.[24] 성구도 퇴계가 발문을 쓴 무이구곡도
를 가지고 있었으며, 『무이지』에 있는 무이산총도(武夷山總圖) 및 무이서
원도를 모사해 놓고 완상하였다.[25]

이처럼 16세기 후반 퇴계와 그의 문인들 사이에서 「무이도가」에 차운하
고 무이구곡도에 관심을 기울이기 시작하였는데, 주자를 존모하는 마음으
로 무이구곡과 무이정사를 상상하고 동경하는 것이 주류를 이루었다.

그런데 17세기 이후로는 무이구곡을 상상하고 동경하는 데서 그치지
않고 자신들이 머무는 공간에 직접 그와 같은 구곡을 경영하고자 하였다.
특히 서인계 학자들은 선현의 거처에 구곡이 없을 수 없다는 명분 아래
구곡을 경영해 이이(李珥)의 고산구곡(高山九曲), 송시열(宋時烈)의 화양
구곡(華陽九曲), 권상하(權尙夏)의 황강구곡(黃江九曲)으로 이어지는 계보

---

23 최석기, 「무이도가 수용양상과 도산구곡시의 성향」, 『퇴계학논총』 제23집, 퇴계학부
　　산연구원, 2014, 96~102쪽 참조.

24 李滉, 『退溪集』 권43, 「李仲久家藏武夷九曲圖跋」. "余昔在京師 求得數本 倩名畫摹
　　來 由其元來疏略 傳亦未盡 吾友李君仲久 近寄一本來 滿目雲烟 精妙曲盡 耳邊怳若
　　聞櫂歌矣 噫 吾與吾友 獨不得同其時 買舟幔亭峯下 輟棹於石門塢前 獲躋仁智堂 日
　　侍講道之餘 退而與諸門人 詠歌周旋於隱求觀善之間 以庶幾萬一也"

25 鄭逑, 『寒岡集』 권9, 「書武夷志附退溪李先生跋李仲久家藏武夷九曲圖後」 참조.

를 형성했다.[26] 이 시기 서인계 학풍은 주자학을 절대 존신하는 쪽으로
경도되어 있었는데, 주자학의 정신세계를 생활공간에 직접 건설하고자
하였다.

송시열은 이이가 국문으로 지은 「고산구곡가」를 한역(漢譯)하였을 뿐
만 아니라, 「무이도가」 10수에 차운하는 형식을 빌려 서시(序詩)는 자신
이 짓고, 나머지 9수는 김수항(金壽恒)·김창흡(金昌翕)·권상하(權尙夏)
등에게 나누어 짓게 해 「고산구곡시」를 창작하였다. 한편 김수증(金壽增)
은 강원도 화천에 농운정사(籠雲精舍)를 짓고 곡운구곡(谷雲九曲)을 직접
경영하였다. 이처럼 17세기 율곡학파는 선현의 유적지에 구곡을 경영하
거나 자신이 은거하는 곳에 구곡을 경영하여 독자적으로 구국문화를 형
성해 나갔다.

그런데 이 시기에는 기호지방 학자들뿐만 아니라, 영남지방의 학자들
도 독자적으로 자신이 살고 있는 곳에 구곡을 경영하였으니, 정구(鄭逑)·
성여신(成汝信)·이중경(李重慶)이 경영한 구곡이 그것이다. 다만 이들은
서인계 학자들처럼 도통론적 시각을 전제하지 않고 자신들의 구곡을 경
영하였다.

18세기로 넘어오면 학파를 불문하고 자신들이 생활하는 공간에 구곡
을 경영하여 전보다 훨씬 더 많은 구곡이 만들어졌다. 독자적으로 구곡
을 경영하는 풍조가 널리 유행하면서 퇴계의 후손 이이순(李頤淳)·이야
순(李野淳) 등은 퇴계의 발자취를 따라 도산서원을 중심으로 도산구곡(陶
山九曲)을 설정하였다. 퇴계는 도산 주변의 경관을 시로 노래하였지만

---

26 윤진영, 「구곡도의 전통과 백련구곡도」, 『자연에서 찾은 이상향 구곡문화』, 울산대곡
　　박물관, 2010, 159쪽 참조.

구곡을 경영하지는 못했다. 이를 안타깝게 여긴 후손들이 도산구곡의
경영에 나선 것이다. 이야순은 이이순이 설정한 구곡을 약간 수정하여
도산구곡을 재설정하고 주변 사람들에게 차운시를 요청하여 도산구곡
을 공식적으로 인정받으려 하였다.[27]

이야순은 도산구곡을 설정하는 데서 그치지 않고, 경주 양동에 있는
옥산서원을 방문했을 때 옥산구곡(玉山九曲)을 설정해야 한다고 제안하
였다. 이언적(李彦迪)의 유적지가 있는 경주 옥산서원 근처에는 19세기
전반까지 구곡을 경영한 것이 없었다. 1823년 옥산서원을 방문한 이야
순은 '선현의 유적지에 구곡이 없어서는 안 된다.'라고 하면서 구곡을
설정하자고 제안하여 그들과 함께 구곡을 경영하였다.[28]

19세기 후반 서양문물이 밀려오면서 도가 무너지는 것을 목격한 유학
자들은 도를 지키는 것을 사명으로 인식해 산속 깊숙이 은거하는 풍조
가 유행하였다. 이러한 분위기 속에서 위도의식(衛道意識)이 대두되어
그들이 은거한 계곡에 도를 보존한다는 명분으로 도처에서 구곡을 경영
하였다.

이상에서 조선시대 구곡문화의 전개양상을 간추려 보았는데, 16세기
에는 주자학이 정착하면서 주자를 존모하는 마음으로 「무이도가」에 차
운하는 시를 지어 무이구곡을 동경하다가, 17세기 이후로는 선현의 유적
지가 있는 현실 공간에 구곡을 경영하고 구곡시를 창작하거나 자신이

27 최석기, 「도산구곡 정립과정과 도산구곡시 창작배경」, 『한국한문학연구』 제53집, 한
국한문학회, 2014, 327~340쪽 참조.

28 李鼎基, 『蒼廬集』(경인문화사, 한국역대문집총서 2568) 권1, 「玉山九曲敬次武夷九
曲十首韻并識」. "歲黑羊孟夏之初 漱石李健之野淳 自浩亭南下 歷數處 携南鳴應而東
過琴湖 冒雨底平廬 留一日 …… 健之間及武夷九曲 而日 陶山有九曲 玉山 獨可無九
曲 蓋爲之品定乎 僉日諾 遂與溯上逐曲排準如數"

살고 있는 인근의 계곡에 나아가 독자적으로 구곡을 경영하고 구곡시를 창작하는 양상으로 전개되었다. 이런 현상은 18세기 이후 더욱 활발하게 전개되었으며, 19세기 후반 서양문물이 밀려오면서 위도의식의 소산으로 더욱 구곡경영이 늘어났다.

3. 영남의 삼산서원과 삼산구곡

1) 영남의 삼산서원(三山書院)

여기서 말하는 '삼산서원'은 '산(山)' 자가 들어간 영남의 대표적인 세 서원 도산서원·옥산서원·덕산서원을 지칭한다. 도산서원은 퇴계 이황을 제향하는 서원이고, 옥산서원은 회재 이언적을 제향하는 서원이며, 덕산서원은 남명 조식을 제향하는 서원이다. 덕산서원은 1609년 사액되면서 덕천서원(德川書院)으로 이름이 바뀌었다.

이 세 서원을 '삼산서원'으로 칭한 사례는 전에 없었다. 이 세 서원을 삼산서원이라 일컬은 것은 18세기 경상도 의령에 살던 의암(宜庵) 안덕문(安德文)에 의해서이다. 그러므로 여기서 말하는 '삼산'이라는 명칭은 유형의 명산을 의미하는 것이 아니라, 회재·퇴계·남명을 제향하는 세 서원을 상징적으로 의미하는 말이다.

안덕문은 과거를 포기한 뒤 산수에 지취(志趣)를 두고서 선현의 발길이 닿은 곳과 선현을 모신 곳을 직접 보고 탐방하는 것을 노년의 지향으로 삼았다.[29] 그는 「삼산도지서(三山圖誌序)」에서 명산으로 일컬어지는 것은 그 산이 높기 때문이 아니라 그곳에 사는 사람을 통해서 이름이 높아진

---

29 安德文, 『宜庵集』 권4, 雜著, 「東遊錄」. "余屯蹇於時 遂棄場屋之業 以桑榆暮景 寓之山水間 凡先賢杖屨之墟 俎豆之地 眼躅殆將遍矣"

것이라고 전제하면서, 공자가 태어난 니구산(尼丘山)과 주자가 은거한 무이산(武夷山)이 중국의 오악보다 유명한 것은 공자와 주자 때문이라고 하였다. 그리고서 다음과 같이 말하였다.

> 영남 72고을은 산이 웅장하고 물이 아름다우며, 예로부터 인재의 보고라고 일컬어졌다. 도덕과 문장, 절의(節義)와 충효에 빼어난 분들이 앞뒤로 태어나 그분들이 사시던 곳에 제향하는 서원을 세워 당호와 편액을 걸어놓았으니, 어느 곳인들 남쪽 지방 사람들이 본보기로 삼아 존모할 대상이 아니겠는가. 오직 경주의 옥산서원, 예안의 도산서원, 진주의 덕산서원은 회재·퇴계·남명 세 선생이 사시던 곳이며 제향을 받드는 곳이다. 그러니 이 삼산의 높은 경지에 올라가려면 이 세 현인을 말미암아 지향을 높이 해야 하지 않겠는가. 보잘것없는 나는 동방에서 태어나 자라 멀리 중국으로 가서 공자와 주자의 유적지를 볼 수 없으니, 이 삼산이 우리나라의 니구산과 무이산이 아니겠는가. 드디어 동쪽·남쪽 지역을 두루 유람하여 삼산서원의 원우(院宇)·대사(臺榭)·동학(洞壑)·임천(林泉)을 다 보았다. 화공에게 명하여 삼산서원을 그리게 하여 가운데 마루에 걸어두었고, 또 세 현인 문집 속의 시 약간 편에 차운하여 일상에서 늘 존모하는 마음을 붙였다.[30]

안덕문은 세 선생을 제향하는 옥산·도산·덕산을 니구산과 무이산에 비견하여 삼산이라는 명칭을 정립하였다. 그리고 세 선생의 경지에 오르

---

30 安德文, 『宜庵集』 권4, 序, 「三山圖誌序」, "嶺之南七十二州 山雄而水麗 古稱人材之府庫 道德文章 節義忠孝 前後踵出 杖屨之所止 俎豆之所設 扁堂楣而揭院額者 何莫非南州人士所矜式而尊慕之哉 惟月城之玉山 宣城之陶山 晉城之德山 卽晦齋退溪南冥三先生 棲息尸祝之所也 之三山之高 非由三賢而高哉 蔑余小子 生長偏邦 旣不能遠而之中國 得見二夫子遺墟 則三山乃我東之尼武也 遂遍東南 觀盡三山之院宇臺榭洞壑林泉 命畫工圖之 揭之中堂 又次三賢集中詩若干篇 以寓羹牆之慕云"

기 위해서는 세 선생을 통해 정신지향을 높게 할 때 가능하다고 하였다. 이 점이 바로 안덕문이 삼산서원의 개념을 정립하고, 삼산서원을 탐방하여 직접 그 정신을 체득하려 한 것이다.

안덕문은 화공에게 삼산도(三山圖)를 그리게 한 뒤, 「삼산도명(三山圖銘)」과 「삼산도지서(三山圖誌序)」를 지었으며, 삼산서원을 유람하면서 모두 서원을 노래하는 시를 지었다.[31] 「삼산도명」은 옥산도(玉山圖)·도산도(陶山圖)·덕산도(德山圖) 3수로 되어 있으며, 각 편은 4언 16구로 되어 있다.

이 가운데 눈에 띄는 대목이 옥산·도산·덕산 삼산 모두를 니구산·무이산과 같다고 노래한 점이다. 안덕문은 「삼산도명」의 「옥산도명(玉山圖銘)」에서는 '니구산·무이산과 나란히 솟아 푸르구나.[尼峀武岑 並峙蒼綠]'라고 하였으며, 「도산도명」에서는 '니구산과 나란히 솟구쳤고, 무이산과 똑같이 높구나.[尼邱並峙 武夷同嶤]'라고 하였으며, 「덕산도명」에서는 '도산·옥산과 함께 세 봉우리, 니구산·무이산과 한 기지 색이로세.[陶玉三峯 尼武一色]'라고 하였다.

이를 보면 안덕문은 세 선생의 학문이 모두 공자·주자를 상징하는 니구산·무이산과 다르지 않고 같다는 점을 강조한 것을 알 수 있다. 이는 세 선생의 연원을 공자·주자에 두어 모두 도학을 계승한 도학자로 보는 의식을 드러낸 것이다. 특히 노장사상이 들어 있다고 비판을 받은 남명의 학문도 공자에서 주자로 이어진 정맥에 있음을 분명히 한 것이다.

이는 기본적으로 세 선생의 연원을 공자와 주자에 두어 모두 도학자로

---

31 安德文, 『宜庵集』 권2에 「玉山書院」, 「陶山書院」, 「德山書院」 등의 제목으로 지은 시가 수록되어 있다.

보는 의식이며, 또한 세 선생의 학문적 차이보다는 연원이 같은 데서
나왔다는 도통의식을 반영한 것이다. 그리고 더 나아가 경상우도의 남명
이 경상좌도의 회재·퇴계와 같은 반열에 있는 도학자임을 천명한 것으
로, 남명의 학문을 회재·퇴계와 동일한 정맥으로 본 것이다.

2) 영남의 삼산구곡(三山九曲)과 덕산구곡(德山九曲)

'덕산구곡(德山九曲)'이라는 명칭을 처음 붙인 사람은 진주 출신 유하자
하범운(河範運)이다. 하범운은 1823년 11월 1일 예안(禮安)으로 가서 도산
서원에 분향하고, 퇴계의 후손 이야순(李野淳)을 방문하였다. 그때 이야
순은 하범운에게 자신이 지은 도산구곡시(陶山九曲詩)와 옥산구곡시(玉山
九曲詩)를 보여주며, 돌아가 차운시를 지어 보내라고 요청하였다. 하범운
은 집으로 돌아와 이야순의 도산구곡시·옥산구곡시에 차운하는 한편,
덕산구곡시(德山九曲詩) 1편을 추가하여 삼산구곡시를 지어 이야순에게
보냈다.

그는 이야순에게 차운시를 지어 보내면서 덕산구곡을 도산구곡·옥산
구곡과 함께 거론하였는데, 서문에서 다음과 같이 말하였다.

> 지난 계미년(1823) 가을 나는 선조의 문집을 교감하는 일로 예안에
> 가 수석정(漱石亭)에서 참봉 이장(李丈 : 李野淳)을 배알하였다. … 중
> 략 … 내가 돌아가겠다고 고하자, 이장이 도산구곡과 옥산구곡의 제목
> 을 손수 써서 내게 주었다. 그리고 나로 하여금 화답해 보내라고 하였
> 다. 그 분의 당부가 매우 간곡하여 학식이 천박하다는 이유로 거절할
> 수 없는 점이 있었다. 이에 한가한 날 하나하나 화답하고 덕산구곡 1편
> 을 붙여서 드디어 삼산의 구곡시를 완성하였다. 삼산에 구곡이 있는 것
> 은 도학의 원류의 성대함이 우리 영남에 있음을 보여주는 것이다.[32]

하범운이 "삼산에 구곡이 있는 것은 도학의 원류의 성대함이 우리 영
남에 있음을 보여주는 것이다."라고 한 것을 보면, 그 역시 안덕문처럼
삼산서원의 세 선생을 우리나라 도학의 원류로 인식하고 '삼산'이라는
명칭을 쓴 것을 알 수 있다.

이는 안덕문이 삼산서원의 위상을 정립하여 표장한 것과 같은 맥락에
서 이해할 수 있다. 이 점이 바로 하범운이 덕산구곡을 도산구곡·옥산구
곡과 나란히 드러내기 위해 삼산구곡시를 창작한 배경이다.

앞에서 언급했듯이 '덕산구곡'이라는 명칭은 문헌기록상 하범운 이전
에는 보이지 않는다. 그런데 하범운은 어떻게 덕산구곡시를 지으며 덕산
구곡의 명칭을 명시한 것일까? 하범운의 덕산구곡시에 보이는 구곡의
명칭을 앞 시대 정식(鄭栻, 1683~1746)이 지리산 덕산에 설정한 '무이구
곡'의 명칭과 비교해 도표로 제시하면 다음과 같다.

차례	鄭栻의 武夷九曲	河範運의 德山九曲	비고
제1곡	垂虹橋	垂虹橋曲	
제2곡	玉女峯	玉女峯曲	
제3곡	弄月潭	弄月潭曲	
제4곡	落花潭	落花潭曲	
제5곡	大隱屛	爛柯巖曲	명칭 개정
제6곡	光風瀨	光風軒曲	명칭 수정

---

32 河範運, 『竹塢集』 권1, 「謹步武夷櫂歌韻 作三山九曲 奉呈漱亭參奉李丈野淳案下 以
備吾嶺故事 並小序」. "粵癸未冬 余以先集校勘之事 往禮安 就拜參奉李丈於漱石亭上
李丈終日危坐 眷誨不倦 及告歸 手書陶山玉山二九曲題目 以贐之 使之和送 其意申申
有不可以寡陋而孤之者 乃以暇日 逐一拚和 附以德山一篇 遂成三山九曲 三山之有九
曲 所以見道學源流之盛 在於吾嶺云"

제7곡	霽月臺	霽月臺曲	
제8곡	鼓樓巖	鼓樓巖曲	
제9곡	臥龍瀑	臥龍瀑曲	

하범운이 '덕산구곡'이라고 칭한 것을 정식이 설정한 무이구곡과 비교
해 보면, 제5곡의 명칭만 다를 뿐 나머지는 모두 동일함을 알 수 있다.
그렇다면 하범운은 정식이 설정한 구곡에 나아가 제5곡 대은병(大隱屛)
을 난가암곡(爛柯巖曲)으로 바꾸고, 제6곡 광풍뢰(光風瀨)를 광풍헌곡(光
風軒曲)으로 바꾼 것을 알 수 있다. 즉 하범운은 이야순의 요청을 받고
도산구곡시·옥산구곡시에 차운하는 한편, 정식이 설정한 무이구곡의
명칭을 일부 수정해 덕산구곡의 명칭을 정하고서, 그것을 바탕으로 덕산
구곡시를 창작한 것이다.

그런데 그의 덕산구곡시를 살펴보면, 정식의 무이구곡시와는 다른 것을
확인할 수 있다. 즉 하범운은 주자의 정신이 깃든 무이구곡을 노래한 것이
아니라, 남명의 정신이 깃든 덕산구곡을 노래한 것이다. 이 점이 정식의
무이구곡시와 하범운의 덕산구곡시가 확연히 구분되는 지점이다. 하범운
이 지은 덕산구곡시의 서시(序詩)와 정식의 서시는 다음과 같다.

덕을 숨긴 산 속에 만물이 신령함을 느끼니,　　　　潛德山中物感靈
신비한 용이 기운을 뿜어 아홉 못이 맑구나.　　　　神龍噓氣九淵淸
우리 유가의 경과 의를 누가 능히 이해하리,　　　　吾家敬義誰能會
천고에 전한 참된 지결에 정성을 이어 짓네.　　　　千古眞詮續正聲[33]

33　河範運, 『竹塢集』 권1, 「謹步武夷櫂歌韻 作三山九曲 奉呈漱亭參奉李丈 -野淳- 案下
以備吾嶺故事 -幷小序- 德山九曲」.

주 선생은 그 옛날 무이산의 신령함을 사랑했고,	先生昔愛武夷靈
또 참된 근원 얻었는데 한결같이 물이 맑았네.	又得眞源一樣淸
천년토록 남기신 노래 구곡시에 남아 있으니,	千載遺音留九曲
금옥의 악기가 내는 소리와 비교해 어떠하리.	何如金玉發爲聲[34]

정식의 서시는 무이산과 무이구곡에 나아가 주자를 존모하는 시상을 드러내고 있다. 반면 하범운은 덕산과 덕산구곡에 나아가 남명을 존모하는 시상을 드러내고 있다. 정식은 남명을 제향하는 덕천서원 뒤의 구곡산(九曲山)에 무이구곡을 설정하고 은거하였지만, 그의 시에는 남명에 대한 언급이 거의 없다. 그의 무이구곡시는 오로지 주자의 정신을 본받고자 하는 내용으로 채워져 있다.

그런데 하범운의 서시는 남명학의 요체인 경(敬)·의(義)를 천고의 참된 가르침으로 보면서 그 지결(旨訣)을 계승하고자 하는 생각을 드러내고 있다. 이를 보면 덕산구곡은 남명을 염두에 두고 지은 것이 분명하다. 이처럼 하범운의 덕산구곡시 서시는 정식의 서시와는 판이하게 다르다.

하범운의 덕산구곡시는 정식의 무이구곡에서 구곡의 명칭을 취하였을 뿐, 시상(詩想)은 남명의 도학이 깃든 덕산구곡을 드러내는 데 초점이 맞추어져 있다. 그래서 굽이굽이 형승의 아름다움을 노래하기보다는 그곳에서 남명을 추숭하고 자기 시대의 쇠락한 문풍을 탄식하는 작가의식을 드러내고 있다.

특히 광풍·제월을 노래한 제6곡시와 제7곡시에 이런 시상이 분명히 드러나 있다. 제6곡시는 덕천서원 경의당(敬義堂)을 거론하며 광풍제월(光風霽月)의 흉금을 노래하고 있고, 제7곡시는 남명이 떠나 도가 쇠미해진

34 鄭栻, 『明庵集』 권3, 「敬次晦庵九曲櫂歌詩」.

세상에 제월대(霽月臺)에 홀로 앉아 있는 작자의 심경을 노래하고 있다.

하범운은 덕산구곡시를 지어 이야순에게 보낸 뒤, 이야순이 도산구곡을 재설정하고 도산구곡시를 지어 사람들에게 차운시를 요청한 것처럼 덕산구곡을 재설정하지 못하였고, 덕산구곡시를 주위 사람들에 보여주며 차운을 요청하지도 못하였다. 그리하여 덕산구곡이라는 명칭은 하범운에서 그치고 진주권 학자들에게 널리 알려지지 못하였다.

그것은 하범운이 경상우도 지역의 여론을 주도할 만한 위치에 있지 못한 측면도 있지만, 학술이 매우 침체된 당시 이 지역의 분위기 속에서 남명의 정신과 발자취가 깃든 곳에 덕산구곡을 설정해야 한다는 인식이 전반적으로 부족했기 때문이며, 도산구곡을 재설정한 이야순처럼 덕산구곡 설정을 주도할 주체가 없었기 때문이다.

Ⅲ. 덕산구곡 설정의 필요성과 의의

1. 덕산구곡 설정의 필요성

예전에는 지리산 덕산동으로 들어가는 입구의 협곡을 '수양검음(首陽黔陰)'이라 하고, 덕산으로 들어가는 문을 '두류만학문(頭流萬壑門)'이라 하였다.[35] 수양검음이라 한 것은 입구 오른쪽이 수양산이고, 왼쪽이 검음산이었기 때문이다.

이 협곡의 중간쯤 병목처럼 생긴 곳의 시냇가 바위에 남명이 '입덕문

---

35 成汝信 撰, 『晉陽誌』 권1, 山川. "天王峯水 自法界寺 東流 由薩川村 達社祭峯下 東北流 爲薩川 又自鉏屹山 東流 由上流菴 達獐項洞 南流 爲三壯川 與薩川 合于兩堂村前 是謂德川 盤回屈曲 不深不淺 入首陽黔陰兩峽 中出德川遷 所謂頭流萬壑門者 此也"

(入德門)'이라는 이름을 붙여놓았다. 입덕문은 '덕으로 들어가는 문'이라
는 뜻으로 송나라 때 정자(程子)가 『대학』을 논평한 말에서 취한 것인데,
도덕의 세계를 지향하는 도학군자의 정신이 투영된 이름이다. 그리고
그 하류에 남명의 문인 도구(陶丘) 이제신(李濟臣)이 우거하던 곳이 있는
데, 그 언덕을 후인들이 도구대(陶丘臺)라 불렀다. 이곳이 덕산으로 들어
가는 초입에 해당한다.

도구대에서 오른쪽 계곡을 따라 올라가면 남명의 유적지가 있는 백운
동(白雲洞)이 나온다. 이 백운동 입구에 남명이 손수 심은 3백여 년이나
된 소나무가 있어, 이곳을 유람하는 사람들은 남명을 대하는 듯 공경심
을 일으켰다.

또한 1870년대 이 지역의 김인섭(金麟燮)·권헌기(權憲璣)·박치복(朴致
馥)·조성가(趙性家) 등 7인이 백운동을 유람하며 남명을 추모하였고, 1893
년 김진호(金鎭祜)는 백운동에 '남명선생장구지소(南冥先生杖屨之所)' 8자
를 바위에 새겨 남명을 추모하기도 하였다.[36] 이처럼 백운동은 수석이
빼어난 데다 남명의 유적이 있어 이 지역 인사들이 유람을 하며 남명을
추모하던 장소였다.

도구대로부터 백운동을 들렀다가 다시 입덕문을 거쳐 남명이 만년에
살던 산천재(山天齋)를 지나 덕천서원에 이르기까지, 그리고 덕천서원 앞
세심정(洗心亭)·취성정(醉醒亭)에서 송객정(送客亭)을 거쳐 면상촌(面傷
村)을 지나 대원사(大源寺)에 이르는 시냇가에는 구곡을 경영할 만한 명승
및 남명의 발자취가 많다.

그런데도 안타깝게도 아직 덕산구곡이 설정되지 못하고 있다. 1824년

---

36 崔錫起, 『남명과 지리산』, 경인문화사, 110~119쪽 참조.

경 하범운이 덕산구곡을 포함해 삼산구곡시를 지었지만 덕산구곡을 설정하지는 못하였다. 그 후 박치복·조성가 등이 백운동 경관을 노래하는 시를 지었지만 구곡을 설정하고 구곡시를 짓지는 못하였다.

또한 하범운의 덕산구곡시는 남명의 유적이 없는 구곡산 작은 골짜기에 정식(鄭栻)이 설정한 무이구곡을 변용하여 지은 것이기에, 남명의 유적이 있는 입덕문·산천재·덕천서원·송객정 등 덕산의 주요 물굽이를 전체적으로 담아내지 못하였다. 즉 덕산에 산재한 구곡의 실체를 담아내지 못함으로써 명실상부한 덕산구곡이라고 할 수 없다.

후대 곽종석은 「입덕문부(入德門賦)」를 지어 남명의 도학이 퇴계와 동등하고 그 연원이 공자와 주자로부터 비롯되었음을 천명하면서도 덕산구곡을 설정하고 덕산구곡시를 창작하지는 못하였다.

우리는 여기서 19세기 초 퇴계의 후손 이야순이 도산구곡을 설정하고 도산구곡시를 새로 창작한 뒤 여러 사람들에게 차운시를 요청하여 도산구곡을 사회적으로 공인받으려 한 사실을 상기할 필요가 있다. 이런 관점에서 보면 비록 늦기는 하였지만 지금이라도 덕산구곡을 설정하고 덕산구곡시를 지어 덕산의 산수에도 구곡문화를 조성할 필요성이 대두된다.

덕산은 지리산 천왕봉에서 발원하는 깊은 골짜기의 시내가 양쪽에서 흘러내리고 산수가 수려하여 구곡을 조성할 만한 천혜의 자연경관을 갖고 있다. 게다가 남명의 유적지 및 남명의 후학들이 남명정신을 계승하려 한 정신이 깊게 스미어 있다. 그러므로 덕산구곡을 설정하면 덕산을 우리나라 도학의 성지로 만드는 데 크게 도움을 줄 것이다.

2. 덕산구곡 설정의 논거와 구곡의 실체

덕산구곡을 설정하기 위해서는 몇 가지 논리적 근거가 필요할 것이다. 이를 필자의 시각으로 제시하면 다음과 같다. 첫째, 남명의 정신과 유적이 깃들어 있는 곳이어야 한다. 둘째, 남명학을 계승한 후학들의 정신과 유적이 있는 곳이어야 한다. 셋째, 남명의 정신지향과 일치하는 장소적 의미가 있어야 한다.

이러한 논거에 의해 필자가 설정한 덕산구곡을 도표로 제시하면 다음과 같다.

차례	曲名	장소 및 논거	유적(상태)
제1곡	陶丘臺曲	산청군 단성면 자양리 구만마을 덕천강 가의 바위 언덕 남명의 문인 李濟臣이 스승을 따라와 은거하던 곳	陶丘臺(훼손)
제2곡	白雲洞曲	산청군 단성면 백운리 백운동 계곡 '南冥先生杖屨之所' 각자가 있는 龍門瀑布 주위 남명이 세 번이나 유람하며 은거지로 생각한 곳	南冥松(없음) 刻字(南冥先生杖屨之所)
제3곡	入德門曲 (濯纓臺曲)	산청군 단성면 백운리 덕천강 가 언덕 도덕의 세계로 들어가는 관문, 남명이 명명.	刻字(入德門, 濯纓臺)
제4곡	叩馬汀曲	산청군 시천면 사리 마근담 시내가 덕천강과 만나는 곳 伯夷가 周 武王의 말고삐를 잡고 간언한 곳(산천재 동편에 首陽山이 있어 생긴 설화로 청렴한 사람의 은거지)	백사장(훼손)
제5곡	山天齋曲	산청군 시천면 사리 남명이 61세 이후 은거하여 藏修하던 곳	山天齋
제6곡	醉醒亭曲 (德川書院)	산청군 시천면 원리 덕산중고등학교 앞 시냇가 정자 남명의 후학들이 남명 정신을 기리고 계승하던 장소	취성정(훼손, 洗心亭만 있음)
제7곡	送客亭曲	산청군 삼장면 덕교리 덕교마을 시냇가 남명이 문인 吳健을 전송하던 곳	송객정 터
제8곡	面傷村曲	산청군 삼장면 평촌리 명상마을 남명의 문인 吳健이 술에 취해 얼굴에 상처를 입은 곳	마을
제9곡	大源寺曲	산청군 삼장면 유평리 대원사 앞 계곡 남명이 찾은 장항동으로 후대 도의 근원지로 인식	사찰, 계곡

제1곡 도구대곡(陶丘臺曲)은 구만마을 위쪽 덕천강 가에 우뚝 솟은 바위언덕의 물굽이를 말한다. 도구대는 도로를 내면서 깎아냈기 때문에 지금은 그 위용을 찾아볼 수 없다. 도구대 밑에는 덕천강이 고여 빙빙 도는 시퍼런 못이 있는데 이곳을 태연(笞淵)이라 했다.

도구대는 남명의 문인 도구(陶丘) 이제신(李濟臣, 1510~1582)이 은거하여 노닐던 곳이므로 붙여진 이름이다. 도구대라는 이름은 이제신의 호를 따서 붙인 것인데, 그가 도구라는 호를 쓰게 된 것은 옛날 중국의 도주공(陶朱公)처럼 자신의 재주를 숨기고 은거하고자 하는 심경으로 붙인 것이다.

도주공은 월왕(越王) 구천(句踐)을 섬겨 오왕(吳王) 부차(夫差)를 멸망시킨 범려(范蠡)이다. 그는 복수를 한 뒤에 제(齊)나라로 가서 장사를 하여 큰 부자가 되었다. 제나라에서 그를 정승으로 삼으려 하자, 재물을 다 흩어버리고 도(陶)라는 곳으로 가서 스스로 도주공(陶朱公)이라 칭하였다.

인근에 살던 남명의 문인 하항(河沆)은 이런 이제신을 "신인(神人)·이인(異人)·불기인(不羈人) 이 셋이 합해 하나가 된 사람이다."[37]라고 평하였는데, 이 평어가 후대 이제신을 상징하는 말로 회자되었다. 이제신은 남명을 따라 이곳에 와서 은거하였는데, 그가 살던 곳이 덕산으로 들어가는 협곡의 입구에 위치하여 덕산구곡의 제1곡으로 설정해도 손색이 전혀 없다. 또한 이곳은 수양검음의 입구에 해당하기 때문에 제1곡으로서 제격이다.

제2곡 백운동곡(白雲洞曲)은 백운동 골짜기의 물굽이를 말한다. 백운

37 李濟臣, 『陶丘先生實記』 부록 권2, 河沆 撰 輓詞. "異人神人不羈人 三人合作一人身"

동 계곡의 시내는 도구대 아래 태연으로 흘러든다. 백운동은 이 주위에서 보기 드물게 하얀 화강암 암반이 드러나 수석이 아름답다. 이곳은 흰 구름의 백색에 하얀 너럭바위의 백색이 더해지고 시내에서 튀어 오르는 하얀 물방울의 백색이 더해져 세 가지 백색 이미지를 갖춘 곳이다. 남명은 이 계곡을 특별히 사랑하여 세 차례나 발걸음을 하였다.

백운동에는 박치복(朴致馥)·조성가(趙性家)·이도추(李道樞) 등이 지은 시에 12곡 또는 18곡의 명칭이 전하는데, 대표적 명승은 분설담(噴雪潭)·진로폭(振鷺瀑)·유상회(流觴洄)·용추(龍湫)·백련도(白練渡)·반타석(盤陀石)·용문폭포(龍門瀑布) 등이다. 1893년 김진호(金鎭祜) 등이 용문폭포 위의 바위에 '남명선생장구지소(南冥先生杖屨之所)'라는 각자를 새겨 넣었다.

또한 백운동 입구에는 남명이 심은 소나무가 있어서 이곳을 찾는 사람들은 그 소나무에서 남명의 천인벽립의 기상을 우러르곤 하였다. 안타깝게도 이 남명송(南冥松)은 일제강점기에 지각없는 어떤 사람이 베어버렸다. 백운동은 덕천강 본류가 아니고 도구대 바로 위에서 갈라진 지류에 위치해 있다. 그러나 구곡의 한 물굽이로 삼는 데에는 큰 문제가 없으니, 조선시대 설정한 구곡에도 그런 사례가 있기 때문이다.[38]

제3곡 입덕문곡(入德門曲)은 도구대에서 덕산으로 들어가는 협곡의 중간 지점 덕천강 가에 있는 물굽이를 말한다. 이곳은 수양검음이라 불리는 기다란 협곡의 중간 지점에 우뚝한 바위가 강가로 불쑥 나와 관문처럼 생긴 곳이다. 지금은 바위언덕을 깎아 도로를 내서 그 원형을 찾아볼 수 없다.

---

38 예컨대 張緯恒(1678~1736)이 현 영주시 평은면 내성천 변에 설정한 雲浦九曲의 제3곡 龍湫曲은 내성천 본류가 아닌 지류에 있다.

입덕문에는 배대유(裵大維, 1563~1632)가 쓴 '입덕문(入德門)'이라는 각자가 있었는데, 도로를 내면서 바위가 파손되어 모사한 각자를 바위에 새겨 도로 옆에다 세워놓았다. 입덕(入德)은 송나라 때 정자(程子)가 『대학』을 '덕으로 들어가는 문'과 같다고 한 데서 연유한 말로, 남명이 '도덕의 세계로 들어가는 관문'이라는 의미로 붙인 것이다.

입덕문 바로 옆에 탁영대라는 우뚝한 바위가 있는데, 그곳에 '탁영대(濯纓臺)'라는 각자가 있다. 탁영(濯纓)이란 말은 중국 고대 민요「창랑가(滄浪歌)」에서 연유한 것으로, 갓끈을 씻을 수 있을 정도로 물이 깨끗하다는 말이다. 즉 혼탁한 물이 흐르는 속세와 단절된 청정한 도덕의 세계가 그 안에 있음을 암시한다.

제4곡은 고마정곡(叩馬汀曲)으로 마근담에서 흘러내린 시내가 덕천강과 만나는 지점의 백사장이 있었던 물굽이를 말한다. 고마정은 백이·숙제가 주나라 무왕이 은나라 주왕(紂王)을 무력으로 정벌하려 하자, 말고삐를 붙잡고 무력정벌을 말린 백사장이라는 뜻이다. 마근담 계곡 동쪽에 수양산이 있어서 자연스럽게 이런 설화가 생겨난 듯하다.

그러니 실제로 백이·숙제가 말고삐를 붙잡고 간언한 곳이라기보다는 백이·숙제처럼 깊은 산속에 은거하며 청렴함을 지킨 사람이 살던 곳이라는 의미로 붙여진 이름일 것이다. 이러한 이미지는 인근에 살던 남명의 은거와 무관하지 않다. 사화기 덕산에 은거한 남명의 정신은 맹자가 성지청자(聖之淸者)로 칭송한 백이와 동질성을 갖는다. 이런 점에서 고마정곡은 청렴한 사람이 은거한 곳이라는 이미지를 강조하는 장치로, 남명의 도학을 상징하는 덕산구곡에 포함시켜도 전혀 어색하지 않다.

제5곡 산천재곡(山天齋曲)은 덕천강의 지류가 굽이돌아 흐르던 산천재 옆의 물굽이를 가리킨다. 남명이 은거할 당시 시냇가에 상정(橡亭)이라는 조그만 정자를 지었다고 한다. 실제로 불과 30년 전만 해도 산천재 바로 밑으로 흐르는 시천(矢川)의 지류가 있었다.

무이구곡이 그렇듯 제5곡은 산림에 은거한 주인공이 거주하는 정사가 있는 곳으로, 그 구곡의 중심에 해당한다. 예컨대 도산구곡의 제5곡은 도산서당이 있는 탁영담(濯纓潭)이고, 무이구곡 제5곡은 무이정사(武夷精舍) 앞의 물굽이이다. 산천재는 남명이 만년에 천왕봉을 도반으로 삼아 천인합일을 지향하던 곳이니, 덕산구곡의 제5곡이 되는 것은 이론의 여지가 없을 것이다.

제6곡 취성정곡(醉醒亭曲)은 중산리에서 흘러내린 시천과 대원사계곡에서 흘러내린 시내가 합류하는 곳 인근의 물굽이를 말한다. 이곳에 남명의 후학들이 세운 취성정이 있었다. 그리고 그 옆 덕천서원 앞에 세심정(洗心亭)이 있다.

취성정은 지금 그 흔적을 찾을 수 없다. 남명의 문인들은 덕천서원을 창건하고 시냇가에 정자를 세웠다. 이 정자는 처음 하항(河沆)이 세심정이라 명명했는데, 서원 창건을 주도한 최영경(崔永慶)이 취성정으로 바꿨다. 취성정은 남명이 허리춤에 늘 차고 다니던 성성자(惺惺子)와 무관하지 않다. 즉 술에 취한 것처럼 사욕과 물욕에 사로잡힌 혼몽한 마음을 늘 밤하늘의 초롱초롱한 별처럼 깨어 있게 하라는 뜻이다.

취성정은 정유재란 때 소실되었고, 1611년 중수할 적에 취성정으로 현판을 걸었다. 그런데 『덕천서원지』에 의하면 1815년 세심정 북쪽에 취성정을 다시 짓고 이름을 풍영정(風詠亭)으로 바꾸었다는 기록이 보인다. 이에 의하면 세심정과 취성정은 별개의 정자인 것을 알 수 있다. 또한 이 정자는 세심정 북쪽에 있다고 하였으니, 취성정은 두 물줄기가 합류하는 지점 가까이에 있었던 것으로 추정된다.

제7곡 송객정곡(送客亭曲)은 삼장면 덕교리 덕교마을에 있었던 송객정 앞 시내 물굽이를 말한다. 『남명선생편년』에 의하면, 1564년 7월 오건(吳健)이 덕산으로 남명을 찾아와 배알하고 떠날 때, 남명이 산천재에서 10리나 떨어진 곳까지 나가 전별주를 따라주며 배웅하였는데, 후인들이 그곳의 나무를 송객정이라 불렀다고 한다.

오건은 1558년 문과에 급제하여 이듬해 성주 훈도가 되었다. 1564년 성균관 학유에 제수되었는데, 상경하기 전에 남명을 찾아 뵌 듯하다. 19세기 경상우도 학자들은 내원사를 유람할 적에 이곳에서 사제지간의 아름다운 고사를 회상하면서 부러워하였다. 즉 당대에 태어나 남명의 제자가 되지 못한 것을 한스럽게 여긴 것이다.

제8곡 면상촌곡(面傷村曲)은 대원사 계곡과 밤머리재로 갈라지는 삼거리의 명상마을 앞 시내 물굽이를 말한다. 오건은 송객정에서 남명이 주는 전별주를 마시고 말을 타고 가다가 너무 취해 이 마을 앞에서 말에서 떨어져 얼굴에 상처를 입었다. 그리하여 마을 이름이 면상촌이 되었다. 그런데 지금은 그 음이 와전되어 명상마을로 되었다.

19세기 대원사 계곡을 유람하던 경상우도 학자들은 이 면상촌에 이르러 얼굴에 상처를 입은 오건을 부러워하며 자신들도 남명이 따라주는 전별주를 마시고 취하여 말에서 떨어지고 싶다고 하였다.

제9곡 대원사곡(大源寺曲)은 대원사 앞 시내 물굽이를 말한다. 대원사 계곡은 남명이 찾았던 장항동(獐項洞)이다. 장항은 '노루목'이니 좁고 긴 협곡을 의미한다. 남명 생전에는 대원사라는 명칭의 절은 없었던 듯하다. 남명의 문인 성여신(成汝信) 등이 처음 편찬한 『진양지(晉陽誌)』에 의하면 '장항동에 상류암(上流庵)이 있다'고 하였으니, 대원사 계곡 상류에 있던 암자인 듯하다.

대원사곡은 남명의 발자취가 닿은 곳인데 남아있는 시문이 없다. 19세기 경상우도 학자들은 대원사의 이름이 큰 근원[大源]인 점, 그리고 대원사 계곡의 물이 천왕봉 밑에서 발원하는 점에 의미를 부여하고, 한(漢)나라 때 동중서(董仲舒)가 "도의 큰 근원은 하늘에서 나온다.[道之大源出於天]"라고 한 말에 근거하여 이곳을 도체(道體)의 근원으로 인식하였다. 그리하여 대원사 계곡을 끝까지 거슬러 천왕봉에 오르는 구도여행을 하고자 하였다.

이러한 역사적 사실에 근거하여 덕산구곡을 위와 같이 설정하고, 남명의 정신이 깃든 도학의 원류가 흐르는 곳으로 그 의미를 부여하고자 한다.

3. 덕산구곡 설정의 의의와 기대효과

덕산구곡을 오늘날에 이르러 설정하는 것에 대해 무슨 의미가 있느냐고 반문할 수도 있다. 그러나 문화는 사람이 만들어가는 것이다. 경상북도 문경시 선유동에 있는 선유구곡(仙遊九曲)은 조선 후기 남한조(南漢朝) 등이 은거한 곳이지만, 구한말 유학자 정태진(丁泰鎭, 1876~1956)이 1947년 선유구곡시를 지어 비로소 선유구곡으로 거듭났다.

또한 충청북도 괴산군의 선유구곡(仙遊九曲)도 구한말 홍치유(洪致裕, 1879~1946) 등이 구곡시를 지으면서 현재는 구곡으로 거듭나 알려지고 있다. 도산구곡을 설정한 것이 1823년경이었으니 채 2백 년도 되지 않았고, 문경의 선유구곡과 괴산의 선유구곡을 설정한 지는 1백 년도 채 되지 않는다. 또한 우리나라 1백여 개의 구곡 중에 약 3분의 1 정도가 19세기 이후 경영된 것임을 감안하면, 오늘날 덕산구곡을 설정하고 경영하는 것도 별 무리가 없다고 생각한다.

　덕산구곡을 설정하고 경영하는 일은 18세기 안덕문이 삼산서원을 정립하여 어느 한 학파에 치우친 경향을 극복하고 세 선생을 모두 존숭하는 영남문화를 새로이 만들고자 한 정신을 계승하는 일이며, 19세기 하범운이 이야순의 청으로 삼산구곡시를 지으면서 덕산구곡이 없는 것을 무안하게 여겨 정식의 무이구곡을 변용해 덕산구곡시를 지은 정신을 계승하는 일이다.

　덕산구곡을 설정하는 의의는 다음과 같이 몇 가지 정리할 수 있다.

　첫째, 영남의 삼산서원과 삼산구곡을 정립하는 일로 조선시대 영남 도학의 위상을 재정립하는 일이다. 둘째, 덕산구곡을 설정하고 경영하면 미래에는 남명 도학의 원류가 흐르는 유적지로서 주목을 받을 수 있다. 셋째, 남명의 경의학(敬義學)에 기초하여 천인합일을 지향한 남명정신을 유적이 있는 현장에 투영하여 현대인들이 직접 체험할 수 있도록 한다.

　덕산구곡을 설정하고 경영하여 명승지로 만들면 다음과 같은 효과를 기대해 볼 수 있을 것이다.

　첫째, 남명유적지가 많은 덕산 일대를 명실상부한 도학의 성지로 정립할 수 있을 것이다. 둘째, 남명의 경의사상을 알리는 데 다양한 콘텐츠를 확보할 수 있을 것이다. 특히 경관이 수려한 산수자연 속에서 남명의 정신을 직접 체험할 수 있는 좋은 콘텐츠를 만들 수 있다. 셋째, 지리산의 위상과 가치를 더 제고할 수 있을 것이다. 지리산은 학덕이 높은 학자가 은거한 산이라는 이미지를 부각시켜 지리산의 명산문화를 정립하는 데 일조할 것이다.

Ⅳ. 맺음말

이 글은 덕산구곡의 설정이 왜 필요한지, 덕산구곡을 설정하는 근거는 무엇이어야 하는지, 덕산구곡의 실체는 구체적으로 어떤 장소인지, 덕산구곡 설정의 의의와 기대효과는 무엇인지를 논의하는 데 주안점을 두었다. 그러나 이것만을 논의하면 덕산구곡을 설정하는 문화적 배경에 대한 이해가 부족하기 때문에 앞에 공맹과 주자로 이어진 동아시아 산수인식의 전통과 구곡문화 및 조선시대 선비들의 산수인식과 구곡문화에 대해 개괄하였다.

그리고 경상우도 지역의 학술이 극도로 침체된 조선 후기 이 지역의 학자들이 남명학을 이어가기 위해 노력한 것 중에 삼산서원을 정립하여 회재·퇴계와 함께 남명을 추숭하고자 한 노력, 삼산구곡시를 지어 보내 도산구곡·옥산구곡과 함께 덕산구곡을 드러내기 위한 노력 등을 통해 무엇을 어떻게 하는 것이 남명학을 보전하고 계승하는 길인지를 찾아보려고 하였다.

이러한 이 지역 선현들의 정신을 계승하여 오늘날 뜻 있는 인사들이 우선적으로 해야 할 일이 덕산구곡을 설정하고 경영하여 덕산을 명실상부한 도학의 성지로 만들어나가는 것이다. 이는 남명학을 계승하고 체험할 수 있는 현장과 콘텐츠를 확보하는 중요한 일이다.

이를 통해 안덕문과 하범운이 추구한 영남의 세 선현을 함께 존모하는 새로운 학풍을 만들어나간다면 영남을 추로지향(鄒魯之鄕)으로 거듭나게 할 것이다. 그렇게 되면 영남이 공자가 살던 곡부(曲阜)나 주자가 은거한 무이산(武夷山)보다 못지않은 유학의 산실로 세계적인 주목을 받을 수 있을 것이다.

※ 부록 : 필자의 덕산구곡시(德山九曲詩)

德山九曲 用朱子武夷櫂歌韻

하늘에 닿은 우뚝한 두류산 천왕봉,	近帝壁立天王峯
거기서 발원해 흐르는 맑은 덕천강.	出焉流焉德川淸
산도 덕스럽고 물도 덕스러운 곳,	山名稱德水亦然
덕의 세계로 나가는 배 젓는 소리.	遡流入德棹歌聲

일곡이라 강가에서 어선을 빌려 타니,	一曲江邊乘漁船
도구대 그림자가 태연 속에 잠겼어라.	陶丘臺蘸苔淵川
도구옹 소식 없고 텅 빈 대만 남았는데,	陶丘臺空無消息
긴 협곡의 만학문은 안개 속에 잠겼네.	長峽萬壑鎖霧烟

이곡이라 흰 구름이 서려 있는 백운동,	二曲鋪白白雲洞
남명 선생 세 번 찾아 덕용을 펴신 곳.	冥翁三踏舒德容
하얀 물결 하얀 반석 하늘이 숨겨두어,	白玉白盤天藏籠
티 없는 흰 구름이 몇 겹이나 둘렀는지.	無累白雲鎖幾重

삼곡이라 입덕문 그대들은 보지 못하나,	三曲入德君不見
도덕으로 들어가는 관문 수년째 잠겼네.	造道關門閉數年
문 안의 물 맑아서 갓끈 씻기에 좋구나,	門內水淸可濯纓
맑은 물에 씻고 나니 그리운 마음 간절.	洗塵淸潭切自憐

사곡이라 고마정을 그대들도 들었으리,
수양산서 흘러내린 맑은 시내 기다라네.
백이 풍도 들으면 청렴한 이 나온다지,
어두운 산속 동네 연못에 비친 밝은 달.

四曲叩馬君亦聽
發源首陽淸川㲩
聞伯夷風廉者見
暗黑洞天月影潭

오곡이라 산천재 덕스러운 기운 깊구나,
천왕봉 벗 삼아서 우리 유학 일으킨 곳.
하늘을 떠받친 천왕봉을 아는 이 없으니,
천석종 소리만이 하늘 향해 울려 퍼지네.

五曲山天德氣深
道伴天王興儒林
擎天支柱無人識
千石鍾聲動天心

육곡이라 취성정 서원 앞의 물굽이 위,
멀리 숭덕사의 닫힌 내삼문이 보이네.
선생의 지결 걸린 경의당이 우뚝하니,
성성자 소리에 깨어난 마음 한가롭네.

六曲醉醒院前灣
望見崇德掩門關
懸揭敬義堂磊落
惺惺子聲醒中閑

칠곡이라 송객정은 오덕계를 보내던 곳,
작별하고 떠나면서 고개 돌려 보았다네.
손을 잡고 간곡히 출처대절 일러주던 곳,
한 그루 나무만 남아 쓸쓸하게 푸르도다.

七曲送客餞德溪
作別行路更回看
執手懇告大節處
只有樹在空翠寒

팔곡이라 면상촌이 넓고 크게 열렸구나,
대원사 계곡물이 흘러와서 돌아가는 곳.
오덕계 낙마하여 얼굴 상한 그 옛날 일,
후배들은 오히려 부러워하며 상상하였지.

八曲面傷村豁開
大源谷水流潾洄
德溪落馬面傷景
後進猶羨想像來

구곡이라 대원암 계곡 하늘이 숨겨둔 곳,   九曲古庵天藏然

하늘에서 흘러온 큰 근원이 흐르는 시내.   出於天之大源川

조개동으로 올라가며 도의 근원 물어 보리,   願問根源肇開路

경의검 품고 성성자 차고 어디 계신지를.   懷劍佩子在何天

이 글은 『남명학연구』 제51집(경상대 남명학연구소, 2016)에 실린
「덕산구곡 설정의 필요성과 의의」를 수정 보완한 것이다.

※ 부록 : 이호신 화백의 덕산구곡도(德山九曲圖)

제1곡도 陶丘臺

이호신 (94x60cm)

제2곡도 白雲洞

이호신 (94x60cm)

제3곡도 入德門, 濯纓臺

이호신 (94x60cm)

제4곡도 叩馬汀

이호신 (94x60cm)

제5곡도 山天齋

이호신 (94x60cm)

제6곡도 德川書院, 醉醒亭

이호신 (94x60cm)

제7곡도 送客亭

이호신 (94x60cm)

제8곡도 面傷村

이호신 (94x60cm)

제9곡도 大源寺

이호신 (94x60cm)

기호학파의 대표 구곡, 화양구곡

I. 동천구곡(洞天九曲) 문화의 이해

1. 동천문화의 이해

동(洞)은 물을 함께 쓰는 사람들이 사는 동네를 의미하는 말이다. 지금은 행정단위의 명칭으로 쓰이지만, 예전에는 계곡에서 흘러내리는 물을 함께 쓰는 사람들이 모여 사는 곳을 동(洞)이라 하였다.

그런데 이런 동(洞)은 산과 물, 즉 계곡을 중심으로 한 명칭이다. 여기에 그 계곡의 공간, 즉 허공까지 합하여 보면 산으로 둘러막히고 위로 뻥 뚫린 공간이 있음을 알 수 있는데, 이런 공간을 동천(洞天)이라 불렀다. 그러니까 동천은 사방이 산으로 둘러있고 그 안에 뻥 뚫린 공간이 형성된 하나의 세계를 동천이라 한다.

우리나라에는 산지가 많기 때문에 이런 동천이 곳곳에 형성되었고, 큰 동천 안에 또 작은 동천이 수없이 많이 만들어졌다. 예컨대 지리산 화개동(花開洞)을 예로 들어보면, 현재의 화개면 지역 전체를 화개동천이라 할 수 있는데, 그 안에 청학동(靑鶴洞)·삼신동(三神洞) 등 작은 동천이 수없이 많다.

중국에서 발달한 도교(道敎)에서는 신선들이 사는 곳을 동천이라고 하는데, 36개의 동천이 있다고 한다. 대체로 신선들은 속세의 티끌과 거리를 둔 곳에 살기 때문에 그들이 사는 산속의 유명한 동네를 36동천이라 부른 것이리라. 귀거래사(歸去來辭)를 지은 진(晉)나라 때 학자 도잠(陶潛)은 「도화원기(桃花源記)」를 지었는데, 이 글에 나오는 무릉도원(武陵桃源)과 같은 곳이 바로 동천의 대표적인 장소라 하겠다. 당나라 두광정(杜光庭)은 『동천복지기(洞天福地記)』를 저술하였는데, 중국에 36동천과 72복지가 있다고 하였다.

신라 시대 최치원(崔致遠)은 현실세계에 회의를 느끼고 만년에는 가야산과 지리산에 들어가 은거하였는데, 가야산의 홍류동(紅流洞), 지리산의 청학동(靑鶴洞)·삼신동(三神洞)··고운동(孤雲洞) 등이 그의 발길이 닿아 후대 이름난 동천이 되었다.

최치원처럼 현실세계에서 뜻을 펴지 못한 불우한 지식인들이 현실적 불화가 없는 산골짜기를 찾아 들어가 은거함으로써 동천문화가 발달하기 시작하였다. 예컨대 고려 무신집권기 이인로(李仁老)가 지리산 청학동을 찾아 신응사(神凝寺)까지 왔다가 찾지 못하고 돌아간 것에서 그런 문화를 짐작해 볼 수 있다.

조선시대 유학자들은 주자학적 이념에 의해 산림에 은거하여 천인합일(天人合一)을 추구하는 것이 가장 이상적인 삶이라 생각하였다. 그리하여 그들은 산수가 좋은 곳을 찾아 유람하며 인지지락(仁智之樂)을 즐기기도 하고, 산수가 좋은 곳에 정자를 지어놓고 일상에서 본성을 잊지 않으려 하였다. 이로 인하여 동천구곡문화가 발달하였다.

또 16세기 사화기에 벼슬길에 나아가기를 꺼려하고 산림에 은거하여

성명(性命)을 온전히 보전하려 함으로써 이런 동천문화가 급속하게 발전
하였다. 또 주자학에 대한 이해가 심화되고 주자의 무이정사(武夷精舍)와
무이구곡(武夷九曲)에 대한 정보가 알려지면서 산림에 은거하여 도를 구
하는 것을 벼슬보다 가치 있게 여김으로써 동천문화가 확산되었다.

우리나라의 대표적인 동천이 지리산 청학동(靑鶴洞)과 속리산 우복동
(牛腹洞)인데, 이런 동천은 현실정치의 학정이 미치지 않는 별천지로 민
중들이 마음 놓고 살 수 있는 낙토(樂土), 즉 이상향의 성격을 갖고 있다.
그리하여 세상이 혼란스러울 때 또는 난리가 났을 때 피신할 수 있는
장소로 민간에 널리 알려졌다.

2. 구곡문화의 이해

구곡(九曲)은 '아홉 굽이의 시내'라는 뜻으로, 주자의 무이구곡(武夷九
曲)에 그 연원을 두고 있다. 그러니까 구곡은 굽이진 계곡과 시내가 어우
러진 산수문화를 의미하는 것으로, 공자가 말한 요산요수(樂山樂水)의 인
지지락(仁智之樂)을 추구하는 정신에서 연유한 것이다.

구곡의 구(九)는 동양사상에서 가장 큰 숫자를 의미한다. 『주역』에 노
양(老陽)을 구(九)라 하고 노음(老陰)을 육(六)이라 하였으니, 구(九)는 숫
자의 극(極)을 의미한다. 곡(曲)은 물줄기가 굽이진 곳을 뜻한다. 요컨대
구곡은 물줄기가 굽이도는 계곡으로, 시냇가의 명승 아홉 곳을 선정하여
말하는 것이다.

구곡문화는 송나라 때 주자가 무이산(武夷山)에 은거하면서 무이구곡
(武夷九曲)을 경영하고, 「무이도가(武夷櫂歌)」를 지어 노래함으로써 생겨
났다.

　무이산은 요(堯)임금 시대 800세나 살았다고 하는 신선의 시조 팽조
(彭祖)가 은거한 곳으로 복건성(福建省) 서북부 지역에 있다. 그의 아들
팽무(彭武)와 팽이(彭夷)가 홍수가 나서 물에 잠기자 산굽이를 뚫어 물이
빠지게 하여 백성들을 구제함으로써 '팽무와 팽이가 사는 산'이라는 뜻
으로 산의 이름이 생겨났다고 전한다.

　이처럼 무이산은 신선세계로 알려진 곳이었는데, 송나라 때 주자가
들어가 은거함으로써 신유학의 산실로 거듭났다. 그리하여 후대에는 주
자의 정신이 투영된 산으로 인식되어, 공자가 태어난 니구산(尼丘山)과
함께 유학자의 산으로 알려졌다.

　주자는 무이산에 무이구곡을 경영하였는데, 그 대략을 정리하면 다음
과 같다.

차례	曲名	위치
제1곡	升眞洞	武夷宮 앞 晴川 일대
제2곡	玉女峯	鐵飯嶂을 지나 浴香潭 북쪽 위
제3곡	仙機岩	小藏峰 절벽에 越人의 懸棺葬具 船棺(架壑船)이 있음
제4곡	金鷄岩	大藏峰 아래의 시내 臥龍潭
제5곡	鐵笛亭	隱屛峰 아래 주자가 창건한 武夷精舍 있음
제6곡	仙掌峯	老鴉灘 옆
제7곡	石唐寺	獺控灘 옆
제8곡	鼓樓岩	芙蓉灘 東西
제9곡	新村市	霽雲峰 아래 星村鎭, 洞天

아래의 지도는 조선시대 널리 유행한 「무이구곡총도(武夷九曲總圖)」
인데, 무이정사가 있는 제5곡을 중심에 두고 크게 그리고 나머지를 좌우
에 배열하여 그렸다. 이 그림은 실제의 무이구곡과 차이가 많이 나서,
이 그림을 보고 현장에 가서 본 사람들은 자신이 본 무이구곡이 아니라
고 하는 해프닝을 낫기도 하였다.

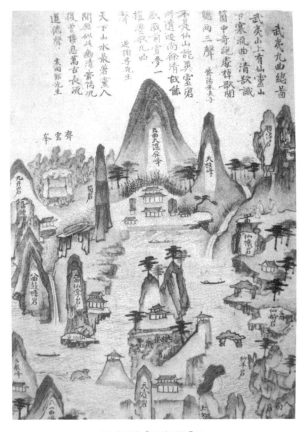

조선시대 「무이구곡총도」

주자가 지은 「무이도가(武夷櫂歌)」를 소개하면 다음과 같다. 서시(序詩)를 포함하여 모두 10수로 칠언절구로 되어 있다.

순희(淳熙) 갑진년(1184년) 2월, 무이정사(武夷精舍)에서 한가히 지낼 적에 장난삼아 「무이도가」 10수를 지어, 함께 유람한 이들에게 보여주고 서로 한바탕 웃었다.

무이산 위에는 신선들이 살고 있고,	武夷山上有仙靈
산 아랜 푸른 시내 굽이굽이 맑도다.	山下寒流曲曲清
그 안의 기이한 절경 알고자 한다면,	欲識箇中奇絕處
뱃노래 두어 가락 한가로이 들어보소.	櫂歌閒聽兩三聲

일곡이라 시냇가에 낚싯배를 띄우니,	一曲溪邊上釣船
만정봉 그림자가 맑은 내에 잠겨있네.	幔亭峰影蘸晴川
무지개다리 끊어지자 소식조차 없고,	虹橋一斷無消息
온 골짝 바위마다 푸른 안개 자욱하네.	萬壑千巖鎖翠烟

이곡이라 우뚝하니 솟아있는 옥녀봉,	二曲亭亭玉女峯
꽃을 꽂고 물가에서 누굴 위해 꾸몄는가?	挿花臨水爲誰容
도인은 양대의 꿈 다시 꾸지 않으니,	道人不復荒臺夢
앞산에 스민 흥취 푸르름이 몇 겹인가.	興入前山翠幾重

삼곡이라 가학선을 그대는 보았는가,	三曲君看架壑船
노 젓기를 멈춘 지 몇 해이던고?	不知停櫂幾何年
상전이 벽해 되어 지금처럼 변했으니,	桑田海水今如許
물거품 같은 인생 가련타 어이하리.	泡沫風燈敢自憐

사곡이라 동서에 두 봉우리 우뚝한데,　　　四曲東西兩石巖
바위틈 꽃잎 이슬 푸른 물에 번져가네.　　巖花垂露碧㲯㲚
금계 울음 그치자 본 사람 다시 없고,　　金雞叫罷無人見
빈 산엔 달빛 가득, 와룡담엔 물이 그득.　月滿空山水滿潭

오곡이라 산 높고 구름 깊어,　　　　　　五曲山高雲氣深
능개가 늘 끼여 평림이 어둑어둑.　　　　長時烟雨暗平林
숲 속의 이 늙은이 알아주는 이 없으니,　林間有客無人識
어여라! 뱃노래에 만고 수심 서려있네.　欸乃聲中萬古心

육곡이라. 푸른 물굽 창병봉을 휘감고,　　六曲蒼屏遶碧灣
띠집에는 온종일 사립문 닫혀있네.　　　　茅茨終日掩柴關
나그네 노 멈추니 바위 꽃잎 떨어지고,　　客來倚櫂巖花落
새들도 놀라잖는 한가로운 봄날이여.　　　猿鳥不驚春意閑

칠곡이라 노를 저어 푸른 여울 오르며,　　七曲移船上碧灘
은병봉과 선장암을 다시금 돌아보네.　　　隱屏仙掌更回看
사람들은 말들 하지 이곳엔 절경 없고,　　人言此處無佳景
쓸쓸한 석당만 덩그렇게 남았다고.　　　　只有石堂空翠寒

팔곡이라 안개 속에 산세는 트여가고,　　八曲風烟勢欲開
고루암 아래로 물줄기 감아 도네.　　　　鼓樓巖下水潆洄
이곳에 절경 없다 말하지 마소,　　　　　莫言此處無佳景
여기까지 와 본 사람 없어서라네.　　　　自是遊人不上來

구곡이 다하려니 눈앞이 확 트이고,　　　九曲將窮眼豁然
싱그러운 뽕나무 밭 평천이 나타나네.　　桑麻雨露見平川
어부는 다시금 무릉도원 찾아가나,　　　漁郎更覓桃源路
이 곳 말고 별천지 어디 있으랴.　　　　除是人間別有天

우리나라의 구곡문화는 조선시대 16세기 주희의 「무이도가」에 차운 시를 짓고, 사화기에 주자의 산림은거를 본받아 산림에 은거하여 성명(性命)을 온전히 보존하려고 한 데에서 유래하여, 구한말까지 크게 유행하였다. 특히 당쟁의 소용돌이 속에서 낙향하여 산림에 은거한 사람들, 벼슬길에 나아가기를 포기하고 학문에 전념하면서 산수에 지취(志趣)를 둔 사람들에 의해 구곡문화가 발달하였다. 그리고 구한말 도가 망하고 나라가 망할 위기에 처하자, 유학자들은 도를 지키고 보전하기 위해 산림에 은거하여 구곡을 경영하였다.

지리적 특성상 구곡이 발달한 충청북도와 경상북도의 백두대간이 뻗어 내리는 북서쪽 또는 동남쪽 경사면의 골짜기에 구곡이 가장 많이 분포되어 있다. 경상북도와 충청북도에만 모두 50여 개의 구곡이 있는데, 이는 조선시대 설정된 약 100여 개 구곡의 절반이나 된다.

Ⅱ. 화양구곡

1. 화양구곡의 명칭과 의미

차례	명칭	형상	의미
제1곡	擎天璧	하늘을 떠받치고 있는 石壁 篆書로 쓴 擎天璧 刻字	人倫의 기강을 부지하는 정신
제2곡	雲影潭	天光·雲影이 비치는 못 雲影潭 刻字	天理를 관찰하고 체득하는 곳
제3곡	泣弓巖	宋時烈이 孝宗 忌日에 哭泣한 바위 읍궁암 앞에 萬東廟가 있음 泣弓巖 刻字가 있었다고 함	군주를 思慕하던 곳 義理 정신

제4곡	金沙潭	금빛 모래가 있는 못 金沙潭 刻字, 바위에 刻字 다수 있음	밝고 맑은 精神 상징 學問精神
제5곡	瞻星臺	별자리를 관측하는 대, 천문관측	義理를 변치 않는 정신
제6곡	凌雲臺	구름을 뚫고 솟구친 바위	우뚝한 節操의 기상
제7곡	臥龍巖	용이 누워 있는 듯한 바위, 와룡선생	羞恥를 雪辱하고자 하는 정신 諸葛亮의 정신
제8곡	鶴巢臺	학이 깃들어 살던 대, 은거지	무도한 현실을 떠난 은자의 삶
제9곡	巴串	시내가 巴 자 모양으로 흐름 반석의 물길이 串 자와 같아 붙인 이름	別天地

　화양구곡(華陽九曲)이라는 명칭은 송시열의 문인 한수재(寒水齋) 권상하(權尙夏)가 정한 것이고, 전각(篆刻)은 단암(丹巖) 민진원(閔鎭遠)의 글씨이다.

　화양구곡의 화양(華陽)은 황양(黃楊)에서 나왔다고 하는 설이 있다. 화양동은 예전에 황양동(黃楊洞)이라고도 불렀는데, 그것은 이 산에 황양목(黃楊木)이 많이 나서 그렇게 이름을 붙인 것이라고 한다. 이황(李滉)의 「선유동팔영(仙遊洞八詠)」 중에 제4경을 '황양상춘(黃楊賞春)'이라 한 것을 보면, 황양동에서 봄날의 경치를 구경하는 것이 유명했던 듯하다.

　또 화양(華陽)이란 말은 『서경』의 '화산의 남쪽에 말을 돌려보내네.[歸馬于華山之陽]'에서 취한 것이라는 설이 있는데, 이때의 화양은 '화산의 남쪽'이란 의미이다. 화산은 중국의 오악 중 하나로 매우 높은 산을 의미하며, 대체로 은자들이 은거해 사는 곳을 지칭하기도 한다. 또한 주나라 무왕(武王)이 은나라를 정벌하고 나서 말[馬]을 화산의 남쪽에 방목하여 전쟁종식을 선언한 것을 의미하기도 한다.

　화양구곡의 명칭 중 특별히 이해하기 어려운 것이 제9곡의 명칭인 파곶(巴串)이다. 파곶은 본래 파곶(葩串)으로 쓰다가 파곶(巴串)으로 바뀐 것이다. 파(葩)는 '꽃'을 말하고, 곶(串)은 '뚫고 지나가다', 또는 '흘러가다'라는 뜻이다. 그러니까 파곶은 원래 '너럭바위에 꽃무늬 모양으로 흘러가는 물줄기'라는 뜻으로 붙여진 이름인 듯하다.

후대 파곶(巴串)이라고 부른 것에 대해, 정래교(鄭來僑, 1681~1757)는 "냇물이 파(巴) 자 모양으로 굽이돌아 소리소리 세차구나.[泉廻巴字聲聲激]"라고 하였다. 이에 의하면, 반석 사이로 흘러가는 물의 모양이 파(巴)자처럼 생겨서 그렇게 이름을 붙인 것을 알 수 있다.

화양구곡은 효종 때 북벌을 주장한 송시열(宋時烈)의 정신지향을 그대로 담아 놓은 곳이다. 그러므로 화양구곡은 경관이 빼어난 화양동 명승에 송시열의 대명의리(大明義理) 사상을 투영해 놓은 장소라 해도 과언이 아닐 것이다.

이러한 대명의리 사상에는 오랑캐 문화인 이(夷)를 배척하고 중화문명인 화(華)를 지키는 곳으로서의 상징성이 매우 크다. 요컨대 조선후기 중국 청나라에는 중화문명이 없고, 조선만이 중화문명을 간직하고 있다는 소중화(小中華) 의식을 반영한 것이라 하겠다.

이곳은 이런 의식에 기초하여 대명의리를 고취시키고, 존주양이(尊周攘夷)의 춘추대의를 현실세계에 구현한 곳으로서의 장소적 의미가 크다. 그러니까 춘추대의와 대명의리를 기억하는 장소가 된 것이다.

2. 화양구곡의 장소적 특징

1) 제1곡 경천벽(擎天壁)

제1곡의 이름은 경천벽(擎天壁)이다. 경(擎)은 '들다', '높이 들어 올리다', '떠받치다'는 뜻이 있으니, 경천벽은 사람이 손으로 하늘이 무너지

경천대 경관   성해응의 『연경재집』에 실린 경천대

않게 떠받치고 있다는 의미로 붙인 이름이다. 오른쪽 바위의 면에 '경천
벽(擎天壁)'이란 각자가 있다.

　왼쪽 사진에 보듯이 초목이 무성한 계절에 가면 석벽의 위용을 볼 수
없지만, 오른쪽 그림에서 보듯이 잎이 지고나면 시냇가에 수직으로 우뚝
솟은 절벽이 드러나 하늘을 떠받치는 지주처럼 보인다.

　조선 선비들은 냇가 또는 강가의 우뚝 솟은 절벽을 보면, 지리학적으
로 주상절리(柱狀節理)라는 인식을 하기 보다는 인륜이 무너지지 않게
하늘을 떠받치는 지주석으로 생각하였다. 그래서 곳곳에 경천대(擎天臺)
또는 경천벽(擎天壁)이라는 명칭이 생겨나게 되었다.

　송시열의 문인 권상하가 쓴 「우암선생화상찬(尤庵先生畵像贊)」에 "한 손
으로 이미 쓰러진 상태에서 천주를 떠받드셨네.[擎天柱於旣倒]"라고 하였
다. 즉 스승 송시열이 이미 문명이 없어진 무도한 세상에 살면서 다시 하늘
을 떠받칠 기둥을 들어 올려 문명의 도가 없어지지 않게 했다는 말이다.

2) 제2곡 운영담(雲影潭)

제2곡 운영담은 석벽이 있는 못에 붙인 이름이다. 주자의 「관서유감 (觀書有感)」이라는 시에 "반 이랑 네모 난 못에 하나의 거울이 만들어지 니, 천광과 운영이 함께 배회하네.[一畝方塘一鑑開 天光雲影共排徊]"라는 구절이 있는데, 여기서 그 이름을 취한 것이다. 주자는 독서를 하다가 감회가 일어나 이 시를 지었는데, 천광(天光)과 운영(雲影)을 통해 일상 에서 천리(天理)가 유행하고 있는 것을 잊지 않는 것이 본성을 온전히 유지하는 길임을 깨우친 듯하다.

연못이 거울처럼 맑아서 하늘의 파란 빛, 흘러가는 흰 구름의 그림자 가 모두 비춘다. 그냥 무심히 하늘을 볼 때는 이런 것을 특별히 인식하지 못하는데, 연못이라는 틀 속에 비춘 것을 보면 하늘빛과 구름 그림자를 통해 천리가 한 순간도 쉬지 않고 운행하고 있음을 인지할 수 있다. 마찬 가지로 우리 마음속의 본성도 우리가 잊고 살아서 모르지, 늘 우리 마음 속에 존재하고 있으니, 이를 인지하고 잊지 않을 때 본성에 순응하는 삶을 살 수 있다. 이런 사유가 바로 주자의 「관서유감」을 통해 조선의 선비들이 가졌던 마음이다.

화양구곡 제2곡의 운영담은 절경이다. 지금은 둑을 막아 못이 제법 크다. 그리고 사진에 보이듯이 못가의 석벽이 자못 위용을 갖추고 있다. 그 바위 아래에 운영담(雲影潭)이라는 각자가 보인다.

운영담 경관   운영담 각자

이곳에서는 못에 비친 구름 그림자를 통해 내 존재의 본체, 즉 본성을
잊지 않고 살고자 하는 정신이 스미어 있다. 구름 그림자는 발하여 움직
이는 작용, 또는 현상을 의미한다. 사람의 마음으로 비유하자면 마음에
서 일어나는 생각이나 감정과 같은 것들이다. 그러니 이곳은 내 마음에
서 일어난 감정을 돌아보는 장소로서 그 의미가 작지 않다. '나는 누구인
가?' 또는 '나는 어디로부터 왔는가?'라는 등의 화두는 나라고 하는 존재
의 본질을 찾는 첫 번째 물음인데, 그것을 찾는 길은 내 마음에서 일어난
감정을 객관적으로 돌아보는 것이다.

3) 제3곡 앞의 만동묘(萬東廟)와 화양서원(華陽書院)

만동묘의 연혁에 대해 간추려 소개하면 다음과 같다.

민정중(閔鼎重)은 1669년(현종 10) 10월부터 약 4개월 동안 중국 북경
에 사신으로 다녀왔다. 당시는 명나라가 망하고 청나라가 들어섰을 때인
데, 그는 북경에서 명나라 의종(毅宗)의 친필 '비례부동(非禮不動)' 4자를
얻어가지고 돌아와 송시열에게 주었다.

송시열은 1674년(현종 15) 이 글씨를 화양동 절벽에 새기고, 그 원본은 환장암(煥章庵 : 현 彩雲庵) 옆에 운한각(雲漢閣)을 지어 보관하고서, 그곳을 지키는 승려로 하여금 잘 관리하게 하였다. 또 김수항(金壽恒)은 장편의 글을 지어 그 일을 기록해 놓았다.

1689년(숙종 15) 송시열이 사약을 받고 죽을 때, 명나라 신종(神宗)과 의종(毅宗)의 사당을 세워 제사를 지내라고 문인 권상하에게 유명(遺命)으로 부탁하였다. 권상하는 스승의 명에 따라 1703년 민정중·정호(鄭澔) 등과 함께 만동묘(萬東廟)를 창건하고 명나라 신종·의종의 신위를 봉안하여 제사를 지냈다.

만동묘라는 이름은 경기도 가평군에 있는 '조종암(朝宗巖)'에 새긴 선조(宣祖)의 어필 '만절필동(萬折必東)'을 모사하여 '만(萬)' 자와 '동(東)' 자를 취해 지은 것이다. 만절필동은 황하의 물줄기가 수없이 꺾어지며 흐를지라도 반드시 동쪽으로 흘러간다는 뜻으로 충신의 절개를 상징하는데, 여기서는 그처럼 명나라에 대한 조선의 의리도 변함없다는 의미이다. 만동묘는 한 마디로 대명의리를 상징하는 장소이다.

만동묘는 1726년(영조 2) 민진원(閔鎭遠)이 중수하고 그 전말을 조정에 보고하자, 조정에서는 제전(祭田)·노비를 하사하였다. 그리고 1744년에는 충청도 관찰사로 하여금 묘우(廟宇)를 중수하게 하였다. 1747년에는 이재(李縡)가 짓고, 유척기(俞拓基)가 전서(篆書)를 쓴 묘정비(廟庭碑)가 세워졌다. 1776년 정조가 어필로 사액(賜額)하였다. 1809년(순조 9) 기존의 사당을 헐고 다시 지었다. 1844년(헌종 10) 봄·가을로 충청도 관찰사가 제사를 지냈다.

만동묘

이후 만동묘는 유생들의 집회장소가 되어 그 폐단이 서원보다 더욱 심하였다. 그리하여 1865년(고종 2) 조정에서는 한양의 대보단(大報壇)에서 명나라 황제에게 제사를 지내니 사적으로 제사를 지낼 필요가 없다는 이유로, 현판을 대보단 경봉각(敬奉閣)으로 옮기고 만동묘를 철폐하였다.

1873년 대원군이 권좌에서 물러나자, 기호학파의 송래희(宋來熙) · 임헌회(任憲晦) · 이항로(李恒老) · 최익현(崔益鉉) · 송근수(宋近洙) · 송병선(宋秉璿) 등이 소를 올려 만동묘 복원을 청하였고, 그 이듬해 1874년 왕명으로 다시 복원되었다. 1907년 왜병이 의병을 토벌하기 위해 환장암(煥章庵)과 운한각(雲漢閣)을 불태웠다. 1908년 일본 통감이 만동묘를 폐철하였다. 1910년 송병순(宋秉珣) 등이 존화계(尊華契)를 조직하여 제사를 받들도록 하였다. 일제강점기에는 유림들의 주선으로 비밀리에 제사를 지냈다. 1942

년 만동묘 건물이 철거되었다.

　화양서원(華陽書院)은 만동묘 옆에 세운 서원이다. 1695년(숙종 21) 노론의 영수 송시열을 제향하기 위해 그의 문인 권상하·정호 등이 주선하여 세웠다. 서원을 세우게 된 것은 송시열이 병자호란 이후 이곳에 은거하면서 학문을 연마하고 후진을 양성한 데다, 명나라의 마지막 황제인 의종(毅宗)의 '비례부동(非禮不動)' 4자의 필적을 구하여 화양계곡의 암벽에 새겨놓고 친히 '대명천지 숭정일월(大明天地 崇禎日月)'이라는 각자를 새겨 존명대의(尊明大義)의 장소로 삼았기 때문이다. 그리하여 화양서원은 송시열을 제향하는 서원 가운데 대표적인 곳이 되었다.

　1999년 '우암 송시열 유적'으로 지정되어 복원되었다. 아래 오른쪽의 조선시대 만동묘를 그린 그림과 비교해 보면 옛날의 모습과 다른 것을 알 수 있다.

현재의 만동묘와 화양서원 조감도

성해응의 만동묘와 화양서원

만동묘의 문인 성공문(星拱門)은 『논어』「위정(爲政)」의 "덕으로 정사를 행하는 것은 비유하자면 북극성이 제자리에 있으면 여러 별들이 북극성을 향하는 것과 같다.[爲政以德 譬如北辰居其所 而衆星共之]"라고 한 데에서 취한 것으로, 사당에 봉안한 명나라 황제를 북극성에 비유한 것이다.

만동묘 아래에 있는 풍천재(風泉齋)는 『시경』「비풍(匪風)」·「하천(下泉)」의 뜻을 취한 것으로, 현인이 국운이 쇠하는 것을 처량히 여겨 걱정한다는 의미로 붙인 것이다. 즉 송시열의 대명의리를 드러낸 이름이다. 전사청(奠祀廳)은 제사를 받들어 모시는 집이라는 뜻이고, 증반청(蒸飯廳)은 제사 때의 제수를 마련하는 곳이다.

만동묘는 조선후기 붕당으로 보면 노론의 영수였던 송시열의 정신이 담긴 곳이기 때문에 이곳을 찾는 사람들의 시선도 당색에 따라 동일하지 않았다. 전해 내려오는 일화 중에 다음과 같은 내용이 있다.

처음 동구로 들어올 때 산천을 두루 돌아보면서 "좋다! 좋다!"라고 하며, 동천 안으로 들어와서는 반드시 암자의 중을 부르고, 서원을 지날 때에는 눈을 부릅뜨고 손을 휘저으며 기침을 하고 침을 뱉기를 함부로 하며, 만동묘를 지날 때에는 공경하거나 근신을 하지 않는 자는 남인(南人)이다. 동천에 들어올 때 산수를 자세히 보지 않고, 서원과 만동묘에 이르러서는 반드시 중들에게 허물이 있는 것을 자세히 살펴 잔소리를 하며 성가시게 구는 것은 노론(老論)이다. 동천에 들어와서 산수만을 보고 서원과 만동묘를 지날 때에는 존경하는 마음이 없으나, 또한 너무 거만한 태도도 짓지 않고 바쁘게 지나가는 자는 소북(小北)이다. 동천에 들어올 적에 좌우로 산천을 돌아보며, 혹 냇가에 앉거나 바위에 기대었다가, 서원에 이르러서는 조심스럽게 뜰에서 절하고 자세히 서적을 보며 감탄하기를 마지않으며, 만동묘에 이르러서는 처마만 쳐다보아도 이미 깊은 감회가 생기고, 전(殿) 안을 봉심(奉審)하고 몸을 굽혀 뜰을 지나며,

암자에 이르러서는 중들의 생활을 자세히 묻고 밤에는 늙은 중을 불러
담화하면서 산중의 일을 묻는 자는 소론(少論)이다.

이는 만동묘 건너편 암서재(巖棲齋) 옆에 있던 환장암(煥章庵)에 살던
승려가 전하는 일화 중 일부이다. 어떤 승려가 이 절에 거처한 지 30년이
되었는데, 이곳에 오는 유자들의 행동거지를 보면 그가 어느 당파의 사
람인지 쉽게 구별할 수 있었다고 한다. 이처럼 당색에 따라 만동묘를
대하는 태도도 사뭇 달랐음을 알 수 있다.

4) 제3곡 읍궁암(泣弓巖)

읍궁암은 송시열이 몸을 활[弓]처럼 구부리고 슬피 운 바위라는 뜻이
다. 송시열은 효종이 북벌의 꿈을 이루지 못하고 일찍 승하한 것을 슬퍼
하여 새벽마다 한양 도성을 향해 활처럼 몸을 구부리고 엎드려 통곡하였
다고 한다.
송시열은 「5월 4일」이라는 제목의 시에서 다음과 같이 읊었다.

이 날이 어떤 날인지 아신다면,	此日知何日
신의 외로운 충정 하늘에서 굽어보시리.	孤衷上帝臨
새벽에 통곡을 하고 난 뒤에,	侵晨痛哭後
무릎을 안고 다시 길이 읊조리네.	抱膝更長吟[1]

---

1 宋時烈, 『宋子大全』, 권2, 「五月四日」.

읍궁암 경관

읍궁암은 만동묘 앞 시냇가에 있는 넓은 너럭바위이다. 제4곡인 금사
담 조금 못 미친 지점에 있다. 읍궁암 위에 난 여러 개의 구멍은 읍궁암
비(泣弓巖碑)를 세웠던 흔적이다. 홍수가 나면 이 비석이 물길에 휩쓸려
떠내려가 다시 같은 비석을 만들어 세웠다고 한다. 지금은 안내 표지판
앞에 몇 기의 읍궁암비를 모아 놓았다.

5) 제4곡 금사담(金沙潭)

읍궁암에서 약 100미터 정도의 상류 지점 시내 물속에 금빛 모래가 펼쳐져 있고, 그 건너편에는 우뚝한 바위가 있으며, 그 바위 위에 송시열이 은거하던 암서재(巖棲齋)가 있다. 시내에 금빛 모래가 깔려 있고, 건너편 바위 절벽 밑에는 물이 고여 못이 되어서 금사담(金沙潭)이라 칭한 것이다.

암서재 경관

암서재는 주자의 「운곡이십육영(雲谷二十六詠)」 중 「회암(晦庵)」이라는 시에 "생각나네, 그 옛날 병산옹께서, 나에게 한 마디 가르침을 주신 말씀. 그 말씀 오래 자신할 수 없었는데, 이제 은거를 하니 작은 효험 있기를.[憶昔屛山翁 示我一言敎 自信久未能 巖棲冀微效]"라고 한 데서 취한 것이다.

병산옹은 주자의 스승 유자휘(劉子翬)를 가리킨다. 유자휘는 주자의

자를 원회(元晦)라 하고, "나무는 뿌리에 양분을 갈무리해야 봄날의 자태
가 화려하게 피어나고, 사람은 자기 몸에 덕을 쌓아야 신명이 내면에
충만해진다.[木晦於根 春容曄敷 人晦於身 神明內腴]"라고 하였다.

주자는 41세 때 모친상을 당했는데, 그해 운곡(雲谷)에 회암(晦庵)을
짓고 산림에 은거할 마음을 먹었다. 조선의 선비들은 이러한 주자의 삶
의 방식을 본받아 산림에 은거하여 덕성을 함양하며 성명(性命)을 온전
히 하는 지향을 고취시켰다. 예컨대 퇴계 이황도 만년에 도산서당을 짓
고 은거하면서 조그만 다락의 이름을 암서헌(巖棲軒)이라고 하였으니,
곧 주자의 삶을 방식을 따르겠다는 의지를 드러낸 것이다.

금사담은 시냇물 속에 금빛 모래가 널려 있어서 경계가 밝으며, 시냇
가에 우뚝한 바위가 있어서 경관이 더욱 수려하다. 그 바위의 면에 각자
가 몇 개 새겨져 있는데, 그 의미를 간략히 살펴보기로 한다.

금사담(金沙潭)이라는 각자는 전서(篆書)로 세로로 쓰여 있다. 그 밑에
'화양수석 대명건곤(華陽水石 大明乾坤)'이라는 각자가 있는데, "화양동
의 수석, 큰 명나라의 세상"이라는 의미이다. 암서재로 오르는 길의 오
른쪽 바위에 '창오운단 무이산공(蒼梧雲斷 武夷山空)'이라는 각자가 세로
로 쓰여 있다. 창오(蒼梧)는 순(舜)임금이 순수하다가 붕어한 곳으로, 후
대에는 임금이 죽은 장소를 지칭한다. '창오운단'이라는 말은 '창오의 구
름이 끊어지고'라는 뜻으로, 조선 효종대왕이 승하했다는 말이다. 그 다
음 '무이산공(武夷山空)'은 주자가 은거하던 무이산(武夷山)이 텅 비었다.'
는 말로, 주자의 도, 곧 대의(大義)가 없어졌음을 의미한다.

이 각자의 의미는 명나라가 망하고 청나라가 들어선 뒤, 조선 효종이
북벌을 계획하다가 뜻을 이루지 못하고 만 것을 안타까워한 것이다. 이
각자는 송시열이 쓴 글씨이다.

‘창오운단 무이산공’이라는 각자 오른쪽에 역시 세로로 ‘충효절의(忠孝
節義)’라는 큰 글씨의 각자가 있다. 이는 ‘충효와 절의’가 그 무엇보다
중요함을 드러낸 것으로, 명나라 태조의 어필을 1913년 인본(印本)하여
새긴 것이라고 한다. 아래 그림에 이 각자가 보이지 않는 것은 이 각자가
후대에 새겨졌기 때문이다.

성해응의 암서재 경관과 각자

암서재의 시판(詩板)에는 송시열이 지은 다음과 같은 시가 걸려 있다.

시냇가 바위 절벽 위를 닦아서,	溪邊石崖闢
그 사이에다 정자를 지었다네.	作亭於其間
고요히 앉아 경서의 가르침 찾으며,	靜坐尋經訓
한순간이라도 그 말씀 따르고자 하네.	分寸欲躋攀[2]

---

2 宋時烈, 『宋子大全』 권2, 「華陽洞巖上精舍吟」.

이 시는 1669년(현종 10) 12월에 지은 것이니, 송시열의 나이 63세 때 지은 것이다.

아래의 그림에서 보듯이 암서재와 제6곡 능운대 사이에 환장암(煥章庵)이 있었는데, 이 명칭은 『논어』「태백(泰伯)」의 "빛나도다! 그에게 문장이 있음이여.[煥乎其有文章]"라고 한 말에서 취한 것이다. 이 암자는 암서재를 지키고 관리하게 하기 위해 지은 것으로, 승려가 머물며 그 일을 담당했다.

성해응의 환장암 주변 경관

환장암 운한각(雲漢閣)에는 서책은 물론 여러 유물이 보관되어 있었는
데, 1737년 화양구곡을 유람한 윤심형(尹心衡, 1698~1754)은 다음과 같
은 기록을 남겼다.

　환장암으로 들어갔다가, 운한각(雲漢閣)에 올라 감실 위의 족자에 '비
례물동(非禮勿動)' 4자가 있는 것을 보았는데, 숭정황제(崇禎皇帝)의 어
필을 우리 영조(英祖)께서 명하여 모사해 새긴 것이다. 그 밑에 소지(小
識)가 있었는데, 당시는 숭정 99년 병자년[3]이었다. 또 감실 벽 밑에 여덟
조각의 돌이 있었는데, '사무사(思無邪)'·'맥상요준경북두 누전순악동
남훈(陌上堯尊傾北斗 樓前舜樂動南薰)'·'비담박무이명지 비녕정무이치
원(非澹泊無以明志 非寧靜無以致遠)'·'옥온산함휘 주장택자미(玉蘊山
含輝 珠藏澤自媚)' 41자가 서각(書刻)되어 있었다. 참판 이선(李選)이 강
화도의 국가 수장고에서 명나라 황제의 어필을 모사해 오고, 우암 선생
이 조각돌에 그것을 새겨 간직한 것이다. 여덟 조각에 여덟 가지 소리가
있다고 말하는데, 그 돌조각을 두드리니 과연 살벌한 상성(商聲)의 기이
한 소리가 쟁쟁하게 귓전에 들렸다. 기이하다고 하겠다. 암자의 상방(上
房)에 들어가니, 한 노승이 소제를 하여 자리를 만들어주고, 벽의 감실을
열어 붉은 보자기로 싼 궤짝을 받들어 내왔는데, 그 안에 만력황제(萬曆
皇帝 : 神宗)의 어서(御書) 2통, 숭정황제(崇禎皇帝 : 毅宗)의 어서 1통,
붉은 붓 1자루, 숭정 10년 정축년(1637)에 만든 대통력(大統曆) 1책이
있었다. 대통력의 말미에는 수암(遂菴 : 權尙夏)·장암(丈巖 : 鄭澔) 등
여러 선생이 쓴 소지(小識)가 있었다. 또 오른쪽 감실을 열고 궤짝 한
개를 받들어 내왔는데, 그 안에는『황명진신록(皇明搢紳錄)』·『존주록
(尊周錄)』·애각진본(崖刻眞本)·숭정일월(崇禎日月)·『존주별집(尊周別
集)』, 장암(丈巖)·수암(遂菴)의 필적, 갑신연화(甲申筵話)·환장암시(煥

3 병자년 : 병오년의 잘못인 듯함. 숭정 99년은 1726년이고, 이해는 병오년이다.

章菴詩)·대명도시(大明稻詩)·소경서시(紹慶書詩), 만동묘를 창건할 때의 문적(文蹟) 등 모두 11건의 문서가 있었다. 일일이 받들고 살펴보았는데, 명나라 두 황제의 글씨는 오래될수록 더욱 새롭게 보여 필묵이 찬란하였으며, 은하수가 밝게 비추는 듯했다. 손을 씻고 어루만지니, 오열을 금할 수 없는 감동이 있었다.[4]

1765년 화양구곡을 유람한 강정환(姜鼎煥, 1741~1816)도 환장암에서 여러 가지 유물을 보고 여러 가지 흥미로운 이야기를 기록해 놓았는데, 그 가운데 다음과 같은 일화가 있다.

> 바위 위에 한 칸의 운한각(雲漢閣)이 지어져 있었다. 옛날 노봉공(老峯公 : 閔鼎重)이 연경에 사신 갔을 적에 만력황제의 어필을 구매하려 했는데, 어떤 사람이 큰 글씨로 '비례부동(非禮不動)' 4자를 쓴 것을 가지고 와서 보여주며 말하기를 "이는 숭정황제의 어필입니다."라고 하였다. 노봉공이 후하게 값을 주려고 하였지만, 그 사람은 받지 않고서 그 말을 들은 것을 자신을 더럽힌 것처럼 하였다. 이 사람은 아마 명나라의 의로운 선비였을 것이다. 노봉은 황제가 하사한 것처럼 그 글씨를 받들고 돌아와 우암 선생에게 주자, 우암 선생은 족자로 만들어 간직했다. 우암 선생은 또 절벽 바위에 이 글씨를 새겼다.[5]

우리는 이 자료를 통해 명나라 의종(毅宗)의 어필로 전해지는 '비례부동(非禮不動)' 4자를 구입하게 된 내력을 알 수 있다. 이 일화가 사실이라면 '명나라가 망하고 청나라가 들어섰는데, 어떻게 조선의 사신이 명나라 신종의 어필을 받을 수 있었을까?'라는 의혹을 말끔히 씻을 수 있다.

---

4 尹心衡, 『臨齋文集』 권10, 「記行」.

5 姜鼎煥, 『典庵集』 권5, 「遊華陽洞記」.

6) 제5곡 첨성대(瞻星臺)

첨성대는 별자리를 관측하는 대라는 뜻으로 우뚝한 바위에 붙인 이름이다. 밤하늘의 별자리는 북극성을 중심으로 돌기 때문에 북극성은 천하를 다스리는 천자를 상징한다. 첨성대는 바로 이런 북극성을 우러러보며 천체의 중심으로 여기는 사유를 투영한 장소이다. 그래서 이곳에 명나라 황제의 글씨를 새긴 것이다.

성해응(成海應)의 『연경재집(研經齋集)』에 실린 그림에 의하면, 첨성대 석면에는 민정중(閔鼎重)이 중국에서 구해 온 명나라 마지막 황제 의종(毅宗)의 친필로 전해지는 '비례부동(非禮不動)'을 새긴 각자, 명나라 신종(神宗)의 글씨로 전해지는 '옥조빙호(玉藻氷壺)'를 새긴 각자, 그리고 조선 선조(宣祖)의 어필 '만절필동(萬折必東)'을 모사하여 새긴 각자가 있었음을 알 수 있다.

왼쪽에 새긴 각자 '비례부동(非禮不動)'은 명나라 의종의 어필로 전해지는데, 민정중이 북경에 사신으로 갔다가 어떤 사람에게 구해 온 것이다. 왼쪽의 그림에 의하면 '비례부동' 각자 왼쪽에 '옥조빙호(玉藻氷壺)' 4자가 새겨진 것을 확인할 수 있다. '옥조(玉藻)'는 임금의 면류관에 다는 옥구슬을 의미하고, '빙호(氷壺)'는 얼음을 담는 백옥 항아리를 말한다. 따라서 '옥조빙호'는 옥처럼 깨끗함을 의미한다. 이 글씨는 임진 왜란 때 우리를 구원해준 명나라 신종(神宗)의 어필로 전해진다.

성해응의 첨성대 경관

『화양동지(華陽洞志)』에 의하면 "신종(神宗) 황제의 망극한 은혜로 우리가 살 수 있었으니 만세가 되어도 잊지 못할 것이다. 이제 친히 쓴 글씨 네 글자가 우리나라에 전해졌으니, 하늘의 뜻이 어찌 우연이라 하겠는가. 배신 송시열, 그의 문인 권상하와 이선직(李先稷) 등이 의종(毅宗)의 어필 왼쪽에 4자를 새기니, 천억 년을 함께 전할 것이다. 때는 숭정(崇禎) 90년 정유년(1717) 8월." 이라고 하였으니, 1717년 송시열의 문인들이 새겨 넣은 것을 알 수 있다.

또 '비례부동' 각자 밑에 '대명천지 숭정일월(大明天地 崇禎日月)'이라는 각자가 있는데, 이는 '큰 명나라의 세상, 숭정 황제의 책력을 쓰는 세상'이라는 뜻이다. 대명의리를 드러낸 것으로, 송시열이 쓴 글씨라고 전한다.

오른쪽 바위 면에 있는 선조의 어필인 '만절필동(萬折必東)'은 '황하는 만 번이나 굽이돌아 흘러도 반드시 동쪽으로 흐른다.'는 뜻인데, 『순자』라는 책에 보이는 공자의 말씀이다. 이 말은 아무리 곡절이 많을지라도 결국에는 지향하는 바와 같이 된다는 말로, 충신의 절개나 의리를 상징하는 말로 쓰였다.

첨성대 경관   첨성대 각자   만절필동 각자

첨성대의 각자가 새겨진 바위 면

7) 제6곡 능운대(凌雲臺)

첨성대에서 시내를 건너면 채운사(彩雲寺)로 가는 길목 왼쪽에 우뚝 솟은 바위가 있는데, 이곳이 바로 제6곡 능운대이다. '능운'이라는 말은 '구름을 뚫고 허공으로 우뚝 솟았다.'는 말이니, 드높은 지절(志節)을 의미한다. 능운대 위에 소나무가 있는데 홀로 빼어나 선비의 절의(節義)를 상징적으로 보여준다.

능운대 경관

능운대 각자

8) 제7곡 와룡암(臥龍巖)

와룡암은 용처럼 서려 있는 바위라는 뜻인데, 세상에 드러나지 않는 덕을 간직하고 있던 와룡선생(臥龍先生) 제갈량(諸葛亮)을 비유하는 뜻으로 붙인 것이다.

성해응(成海應)은 "우암(尤庵 : 송시열) 선생이 효종에게 알아줌을 입은 것은 제갈무후(諸葛武侯 : 제갈량)가 소열황제(昭烈皇帝 : 유비)에게 알아줌을 받은 것과 같다. 제갈무후는 소열황제를 위해 기산(祁山)에서 군대를 출동했다. 우암 선생은 조정에 거처하며 계획하기를 주도면밀하게 하였다. 그러나 둘 다 성공하지 못한 것은 모두 하늘의 뜻이다. 선생이 다시 산중으로 돌아와 용처럼 칩거하였으니, 이는 제갈무후가 알아주는 군주를 만나기 전의 모습이다."라고 하였다.

이러한 기록에 의하면, 와룡암이라고 이름을 붙인 것은 송시열을 제갈량에 비유하여 붙인 이름임을 알 수 있다.

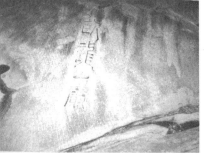

와룡암 각자

9) 제8곡 학소대(鶴巢臺)

학소대는 '학의 둥지가 있는 대'라는 뜻이다. 강정환(姜鼎煥)의 「유화양 동기(遊華陽洞記)」에는 "학소대는 형상이 학이 숲 위로 날아올라 둥지를 빙빙 돌다가 내려다보고 날아가는 것 같다. 이곳에서는 떨어지는 폭포소 리와 옥구슬 같은 물방울을 내뿜는 소리가 들린다. 이곳이 제8곡이 된 다."라고 하였으니, 학이 살던 곳, 즉 은군자가 살던 곳을 상징한다.

학소대 경관

10) 제9곡 파곶(巴串)

파곶(巴串)은 파천(巴川)이라고도 한다. 앞에서 설명했듯이 본래는 파 곶(葩串)이라고 했으니, 너럭바위 위로 흐르는 물줄기가 꽃무늬 모양처럼 보여서 붙여진 이름일 것이다. 후에는 파(巴) 자 모양으로 물줄기가 흘러 가기 때문에 파곶(巴串)이라 불렀다고 한다. 곶(串)은 '뚫고 지나가다' 또 는 '꿰다'라는 뜻이 있으니, 물줄기가 너럭바위의 위를 뚫고 흘러간다는 말이다.

파곶 경관   파곶 각자

Ⅲ. 화양구곡 관련 시문

1. 박윤원(朴胤源)의 「제화양구곡(題華陽九曲)」

화양구곡(華陽九曲)을 노래한 시와 이곳을 유람하고 쓴 기행문은 상당히 많다. 왜냐하면 이곳이 노론의 영수였던 송시열의 정신이 고스란히 담긴 곳으로, 노론계 인사들이 꼭 한 번 와보고 싶었던 곳이기 때문이다. 그런데다가 화양구곡은 경관이 빼어나고 수석이 아름다우니, 산수 유람을 즐기는 사람들에게는 평생 한번쯤 꼭 가보아야 할 명승이었다.

조선후기 김원행(金元行)의 문인으로 학문에 전념한 박윤원(朴胤源, 1734~1799)은 화양구곡을 찾아 아래와 같은 「제화양구곡(題華陽九曲)」[6]이라는 시를 지었다.

---

6 朴胤源, 『近齋集』 권3.

경천벽 擎天壁

밝은 시내는 절로 느릿느릿 흘러가는데,	清泉流自緩
푸른 절벽은 하늘을 떠받치듯 솟아났네.	蒼壁撑天起
높고 높이 천 길이나 솟은 우뚝한 기상,	巖巖千仞像
우리 송 우암 선생을 생각나게 하는구나.	懷我宋夫子

운영담 雲影潭

밝은 못은 투명한 거울처럼 청명한데,	澄潭明似鏡
구름 그림자와 하늘빛[7] 함께 노니네.	雲影共天光
흘러가는 물에서 마음의 묘리를 보니,	活水觀心妙
이는 자양[8]의 주자에서 비롯된 것이네.	知自朱紫陽

읍궁암 泣弓巖

효종 임금 승하하신 제삿날[9]이 되면,	鼎湖弓墮日
통곡하며 해마다 이 바위에 오르셨지.	痛哭每登臨
시냇물 그 오열을 간직한 듯 소리 내,	泉聲帶餘咽
지나던 나그네도 구슬프게 읊조리네.	過客亦悲吟

금사담 金沙潭

모래가 밝으니 바위는 더욱 하얀데,	沙明石逾白
텅 빈 못은 본래 절로 맑기만 하네.	空潭本自清
이 물은 우리 마음 씻기에 알맞으니,	正須洗我心

---

7 제2구의 雲影·天光은 주자의 「觀書有感」 중 "半畝方塘一鑑開 天光雲影共徘徊"라는
　구절에서 따온 것이다.

8 紫陽 : 주자가 살던 지명으로, 주자의 호로도 쓰인다.

9 제삿날 : 원문의 '鼎湖'는 黃帝가 荊山에서 솥을 주조한 뒤 용을 타고 승천할 적에
　활을 떨어뜨린 곳이다. 함께 따라가지 못한 신하들이 그 활을 안고 울부짖었다고 한
　다. 후대에는 돌아가신 선왕을 사모한다는 의미로 쓰인다.

어찌 단지 우리 갓끈을 씻을 뿐이리.   豈但濯我纓

능운대 凌雲臺

소슬한 숲 소나무 노송나무 속에,   蕭森松檜裏
비취빛 절벽이 구름 위로 솟았네.   翠壁上干雲
하얀 바위는 어찌 그리 가지런하며,   白石何齒齒
시냇물 어찌 그리 부단히 흐르는가.   流水何沄沄

와룡암 臥龍巖

움푹한 웅덩이 가물어도 마르지 않으니,   窪坎旱不渴
아마도 그 속에 용이 서려 있는 듯하네.   尙疑龍蜿蜒
한 승려가 갈라진 바위틈을 가리키며,   僧指石罅裂
이곳이 용이 서려 있는 굴이라 말하네.   云是蟠處穿

첨성대 瞻星臺

큰 바위가 푸른 하늘에 솟아 있으니,   穹石倚靑天
부여잡고 올라서 별을 딸 수 있으리.   攀登星可捫
때때로 산들바람 살랑살랑 불어오고,   有時輕風至
물 뿌리면 움츠려서 무늬를 드러내네.   吹水蹙成紋

학소대 鶴巢臺

맑은 학 울음소리 들을 수 있을 듯해,   淸唳如可聞
도사들이 높은 바위에 깃들어 살았네.   羽衣棲高巖
소나무와 삼나무 그림자 드리운 곳은,   松杉落影處
물빛이 쪽빛보다 더 푸르기만 하구나.   水色碧於藍

파곶 巴串

동천으로 들어올 땐 기암괴석이 많더니,   入洞多奇石

이곳에 이르니 너럭바위 크게 펼쳐졌네.	到此大盤陀
맑은 시내 파 자 모양으로 흘러내려서,	澄溪巴字回
완연히 굽이굽이 흐르는 강물과 같구나.	宛若江之巴

2. 하익범의 「화양동」

하익범(河益範)은 진주 사람으로 하징(河憕)의 후손인데, 선대로부터 노론의 당색을 갖고 송시열의 집안과 세교가 있었다. 하익범은 송시열의 후손 송환기(宋煥箕) 및 기호예학의 대가인 이의조(李宜朝)에게 수학한 인물이다. 그는 스승을 뵈러 회덕(懷德)에 갔다가 인근에 있는 화양구곡을 탐방하였다.

하익범은 화양동(華陽洞)을 유람하면서 송시열이 주자의 「무이도가」에 차운한 시에 다시 차운하는 시를 지었는데[10], 아래와 같다.

인걸은 원래 지령을 모아놓은 것,	人傑元來鍾地靈
화양동 산수는 무이구곡처럼 맑구나.	華陽山水武夷淸
누가 두 분[11] 마음을 전한 묘결을 알리,	誰知二子傳心妙
굽이마다 무이도가를 크게 불러보네.	曲曲棹歌大厥聲

경천벽 擎天壁

나는 일곡에서 고기잡이배 찾아가는데,	我從一曲訪漁船
천 층 우뚝한 절벽 시냇물을 진압하네.	壁立千層壓逝川
명나라를 받들어야 이 세상이 존재하니,	擎得大明天地在
우암 선생의 풍광 찾아 예 온 것 아닐세.	先生非爲管風烟

---

10 河益範, 『士農窩文集』권1, 「華陽洞 謹次尤菴先生所次武夷櫂歌詩韻」.
11 두 분 : 주자와 송시열을 가리킨다.

운영담 雲影潭

이곡이라 맑은 못에 푸른 봉우리 에워싸니,　二曲淸潭繞碧峰
하늘빛과 구름 그림자 진면목을 드러내네.　天光雲影露眞容
여기서 연비어약[12]의 이치 살필 수 있나니,.　這間欲察鳶魚理
내 집 못까지 물 대려면 몇 겹이나 막혔나.　注我方塘隔幾重

읍궁암 泣弓巖

삼곡이라 높다란 바위 떠난 임금 그리워하며,　三曲高巖憶去仙
부질없이 궁검 들고서 해마다 슬퍼하시던 곳.　謾將弓釰泣年年
외로운 충정을 알아줄 밝은 하늘 위에 있기에,　孤衷上有明天識
무릎 안고 길게 읊조렸으니 참으로 가련하네.　抱膝長吟眞可憐

암서재 巖棲齋

사곡이라 암서재가 바위 위에 서 있는데,　四曲書齋起此巖
짝을 부르는 운학이 긴 깃털을 씻는구나.　喚儔雲鶴刷毿毵
오늘은 텅 빈 집에 아무도 보이지 않고,　虛堂此日無人見
단지 금빛 모래만이 옛 못 가에 가득하네.　只有金沙滿古潭

누운대 漏雲臺

오곡이라 산은 높고 물은 다시 깊은 곳,　五曲山高水更深
이따금씩 구름 속 비가 숲을 적시누나.　有時雲雨漏平林
도가 없어진 지 오랜 뒤에 내 태어나니,　千秋道喪吾生晩
당시 이 마음을 묻지 못한 게 한스럽네.　恨未當時問此心

12　鳶飛魚躍 : 『중용』에 보이는 말로, "솔개는 날아서 하늘에 이르고 물고기는 연못에서 뛰네"라는 뜻이다. 이는 하늘과 지상에 천리가 유행하는 것을 직접 관찰할 수 있는 대상으로, 후대에는 천리가 이 세상에 드러난 것을 뜻하는 말로 쓰였다.

첨성대 瞻星臺

육곡이라 층층의 언덕 비취빛 물굽이 진압하고,　　六曲層臺壓翠灣
어느 밤에나 구름 걷힐까 별을 보며 헤아리네.　　瞻星何夜闢雲關
도서[13]가 어긋나지 않아 선기옥형[14]대로 운행해,　　圖書不爽璣衡運
온갖 이치가 밝게 빛나니 뜻이 절로 한가로워라.　　萬理昭回意自閒

와룡담 臥龍巖

칠곡이라 와룡암 바위 아래는 여울일세,　　七曲臥龍巖下灘
천 년 동안 서린 모습 참으로 볼 만하네.　　千年蟠屈正堪看
그 풍모 암암리 밝은 은하수와 계합하니,　　風期暗與漢昭契
내 장차 갖옷 입고 모진 추위 견디리라.　　將以貂裘禦歲寒

학소대 鶴巢臺

팔곡이라 겹겹이 가렸던 구름이 걷히니,　　八曲雲屏千疊開
소나무에 둥지 튼 학이 때맞춰 돌아오네.　　松邊巢鶴有時回
학 울음소리 구름 속 하늘까지 들리니,　　九皐聲聞雲霄逈
이제부터 새들은 날아오르지 못하리라.　　自是凡禽不上來

파곶 巴串

구곡이라 조물주 솜씨 이곳에서 보는구나,　　九曲天工見信然
한 곳에 바위 열리자 평평한 내가 되었네.　　巖開一串作平川
선생께선 이런 여러 명승을 가지셨으니,　　先生有此諸名勝
이곳은 인간 세상이 아니라 별천지로세.　　除是人間別有天

13　圖書 : 복희씨 때 황하에서 나온 河圖와 우임금 때 洛水에서 나온 洛書를 말함.

14　璇璣玉衡 : 고대 천문을 관측하던 혼천의를 말함.

3) 송달수의 「화양구곡」

송달수(宋達洙)는 송시열의 8세손으로 송흠학(宋欽學)의 아들이며, 송치규(宋穉圭)에게 수학하였다. 송달수는 송시열의 후손이기 때문에 선조의 정신이 투영된 화양구곡(華陽九曲)에 이르러 감회가 남달랐을 것이다. 그가 지은 「화양구곡」[15]은 아래와 같다.

하늘이 대현을 내시고 땅이 신령한 곳 열어,	天降大賢地闢靈
화양동의 물줄기가 맑은 무이구곡에 닿았네.	華陽水接武夷淸
불변의 소나무가 홀로 춘추대의를 드러내고,	寒松獨帶王春色
만고 세월 남은 풍도 명성이 다하지 않았네.	萬古遺風不盡聲

일곡이라 봄 물결에 배 띄울 수 있어 오니,	一曲春波可運船
하늘에 꽂힌 푸른 절벽 깊은 냇가에 섰구나.	揷天蒼壁傍深川
애써 한 손으로 기울어져 가는 기둥 부지하며,	聊將隻手扶傾柱
우뚝 서 있으니 어찌 일찍 세파에 물들었으리.	卓立何曾染世烟

– 이는 경천벽을 노래한 것이다. 右擎天壁 –

이곡이라 차가운 못 푸른 봉우리 드리웠는데,	二曲寒潭倒碧峰
흰 구름이 한번 지나자 산 모습을 가려버리네.	白雲一抹掩山容
때로 내려가 인간 세상에 비를 뿌리기도 하고,	有時去作人間雨
다시 숲속으로 돌아가서 겹겹으로 덮어버리네.	還向林端鎖幾重

– 이는 운영담을 노래한 것이다. 右雲影潭 –

삼곡이라 바위머리 낚시 배를 매었는데,	三曲巖頭繫釣船
봄 깊은 정사는 하루가 일 년처럼 기네.	春深精舍日如年

---

15 宋達洙, 『守宗齋集』 권1, 「華陽九曲」.

찬 냇물 여전히 선왕 그리는[16] 눈물 머금고,　　　　　寒流尙帶號弓淚
밤낮으로 울며 흐르니 가장 슬퍼할 만하네.　　　　　晝夜鳴鳴最可憐

　　－ 이는 읍궁암을 노래한 것이다. 右泣弓巖 －

사곡이라 진경 찾아 가파른 바위로 오르니,　　　　　四曲尋眞上巉巖
집 주위 몇 그루 솔이 푸른 솔잎 드리웠네.　　　　　疎松繞屋翠交毿
금빛 모래 옥 같은 바위 선경을 펼쳐놓으니,　　　　　金沙玉石開仙境
천년토록 한 못에 비친 명월 같은 마음이길.　　　　　千載心期月一潭

　　－ 이는 금사담을 노래한 것이다. 右金沙潭 －

오곡이라 구곡 산행 점점 더 깊어지는데,　　　　　　五曲山行漸向深
첨성대 위로 보이는 높다랗게 빼어난 숲.　　　　　　瞻星臺上秀穹林
조물주가 솜씨 발휘해 절벽 바위 깎아내어,　　　　　天公費巧磨崖石
외로운 신하 고달픈 마음 달래길 기다렸네.　　　　　留待孤臣寓苦心

　　－ 이는 첨성대를 노래한 것이다. 右瞻星臺 －

육곡이라 층층대가 푸른 냇가에 서 있는데,　　　　　六曲層臺倚綠灣
높은 곳을 걸어올라 겹겹 관문에 이르렀네.　　　　　凌高闊步透重關
숲속 새들 지저귀고 나무마다 꽃 피었는데,　　　　　幽禽對話花交樹
마음껏 둘러보며 온 종일 한가로이 보내네.　　　　　杖屨翛然盡日閒

　　－ 이는 능운대를 노래한 것이다. 右凌雲臺 －

칠곡이라 푸른 언덕에 백석이 있는 여울,　　　　　　七曲蒼崖白石灘
누운 용의 신비한 흔적 오래 서서 보았네.　　　　　　臥龍神迹永留看
깊숙이 잠겼지만 절로 밝은 덕을 가져서,　　　　　　潛藏自有陽昭德

16　원문의 '號弓'은 黃帝가 승천할 때 떨어뜨린 활을 잡고서 신하들이 사모하여 통곡하였
　　　다는 고사를 말한다. 후대에는 신하들이 선왕을 사모하는 마음을 나타내는 뜻으로
　　　쓰였다.

끝내 구름을 뚫고 구천의 하늘로 오르리.   終透重陰九野寒

– 이는 와룡암을 노래한 것이다. 右臥龍巖 –

팔곡이라 구름이 가렸다가 다시 열리니,   八曲雲烟合復開

푸른 솔이 우뚝 선 곳 냇물이 굽이도네.   蒼松挺立水灣洄

그윽한 심정 여러 바위에 뒤늦게 의탁하니,   幽情晚托千巖友

산문을 향하지 말게 손이 온다고 알릴 테니.   莫向山扉報客來

– 이는 학소대를 노래한 것이다. 右鶴巢臺 –

구곡이라 파계는 구곡 중에 가장 넓은데,   九曲巴溪最豁然

눈처럼 하얀 돌에 옥구슬 뿜어내는 시내,   雪鋪寒石玉噴川

갈수록 참다운 근원에 온 줄 비로소 느끼니,   行行始悟眞源到

빼어난 경관 모두 이 동천에다 옮겨 놓은 듯.   勝景都輸此洞天

– 이는 파곶을 노래한 것이다. 右巴串 –

4. 강정환의 「유화양동기」

강정환(姜鼎煥)은 김원행(金元行)의 문인으로 정조가 규장각 강의(講義)를 교정하는 책임을 맡겼던 인물이다. 그는 1765년 화양동을 유람하고 「유화양동기(遊華陽洞記)」[17]를 지었는데, 그 내용은 다음과 같다.

화양동은 곧 우리나라 무이산(武夷山)으로, 우리 문정공(文正公) 우암(尤庵 : 宋時烈) 선생이 노니시던 곳이다. 나는 늦게 태어나 당시에 선생을 모실 수가 없었다. 단지 높은 산을 우러르고 높은 행실을 따르는 사모함이 있을 뿐이다. 이에 을유년(1765) 3월 정유일 나는 속리산

---

17   姜鼎煥, 『典庵集』 권5, 「遊華陽洞記」.

에서 곧장 화양동으로 달려갔다. 그곳에 이르러 사당에 가서 배알하였
다. 현판에 걸린 '화양서원(華陽書院)' 4자는 우리 성상[英祖]의 어필이
다. 정사로 돌아와 우암 선생의 영정에 절하였다. 영정에는 태산처럼
높고 높은 기상이 우뚝하게 깃들어 있었다. 농암(農巖 : 金昌協) 선생이
이른바 '삼백 년 동안의 기운이 모인 분이다'라고 한 말이 과언이 아니
다. 한수재(寒水齋 : 權尙夏) 선생의 초상이 서쪽 모서리에 배향되어 있
었는데, 화락하게 곁에서 모시고 있는 듯하였다. 서책·지팡이·궤석·
선기옥형(璇璣玉衡)·의물(儀物)은 수택이 완연하여 감히 가까이서 볼
수가 없었다.

　만동묘가 성공문(星拱門) 북쪽에 있는데, 신위 없이 명나라 신종(神
宗)·의종(毅宗) 두 황제를 봉안하고 있다. 이는 '한 칸의 초가집에 초소
왕(楚昭王)을 제사하네.[一間茅屋祭昭王]'[18]의 뜻을 취한 것이다. 이날
밤 환장암(煥章庵)에서 묵었다. 암자의 편액은 우암 선생의 글씨이다.
북쪽 벽에 「환장암가(煥章庵歌)」가 걸려 있는데, 문곡(文谷 : 金壽恒) 선
생이 지은 것이다.

　무술일. 새벽에 일어나 세수를 하고 『존주록(尊周錄)』을 읽었다. 그리
고서 청음(淸陰 : 金尙憲)·문곡(文谷)·수암(遂菴)·장암(丈巖 : 鄭澔)·한
천(寒泉 : 李縡) 선생 등의 유묵을 열람하였다. 그중 '황명력(皇明曆)'이
라는 것이 있었는데, 만력황제(萬曆皇帝 : 神宗)가 우리나라에 반포한
것으로, 우리 선조(宣祖)께서 이를 청음 상공에게 하사하신 것이다. 또
중국 붓 한 자루가 보관되어 있었는데, 붓 뚜껑에 '만력년조(萬曆年造)'
4자가 새겨져 있고, 허리 부분에 또 곡구(谷口)[19]에서 사람을 전송하는
오언율시를 새겨 놓았다. 기록 중에 「대명도가(大明稻歌)」가 있어서 내
가 벼[稻]의 내력을 물었더니, 노승이 답하기를 "이는 명나라 황제의 춘

---

18 이 시구는 당나라 때 韓愈의 시에 보인다. 초나라 유민들이 당나라 때까지도 초나라
　　소왕에게 사사로이 제사를 지내고 있었음을 노래한 것이다.
19 谷口 : 중국 섬서성 淳化縣의 지명.

추 향사에 쓸 물건으로 대개 호남의 사인(士人)이 보내 온 것이라고 합니다.”라고 하였다.

바위 위에 운한각(雲漢閣) 한 칸을 지었다. 옛날 노봉공(老峯公:閔鼎重)이 연경에 사신 갔을 적에 만력황제의 어필을 구매하려 했는데, 어떤 사람이 큰 글씨로 ‘비례부동(非禮不動)’ 4자를 쓴 것을 가지고 와서 보여주며 말하기를 “이는 숭정황제의 어필입니다.”라고 하였다. 노봉공이 후하게 값을 주려고 하였지만, 그 사람은 받지 않고서 그 말을 들은 것을 자신을 더럽힌 것처럼 하였다. 이 사람은 아마 명나라의 의로운 선비였을 것이다. 노봉은 황제가 하사한 것처럼 그 글씨를 받들고 돌아와 우암 선생에게 주자, 우암 선생은 족자로 만들어 간직했다. 우암 선생은 또 절벽 바위에 이 글씨를 새겼다.

또 강정환은 이 「유화양동기」에 화양구곡의 아홉 굽이 명승에 대해 모두 그 의미를 풀이해 놓았는데, 그 내용은 아래와 같다.

화양동에는 구곡이 있다. 제1곡은 경천벽(擎天壁)이다. 천 길 우뚝한 바위가 서 있어서 그 기세가 허공에 솟구쳤다. 화상찬(畫像讚)[20]에 이른바 ‘한 손으로 이미 쓰러진 데서 천주를 받드셨네.’라는 점을 여기에서 상상해 볼 수 있다. 제2곡은 운영담(雲影潭)이다. 진덕문(進德門) 밖에 있다. 흘러오는 물이 끊임없이 흐르고 거울처럼 맑다. 주자께서 이른바 ‘천광과 운영이 함께 배회하네.[天光雲影共排徊]’[21]라고 하신 것이 바로 이 뜻이다.

제3곡은 읍궁암(泣弓巖)이다. 우암 선생은 일찍이 효종의 기일이 되면 이 바위에서 통곡하셨다. 이름이 그로 인하여 붙여진 것이다. 작은

---

20 畫像讚 : 권상하의 『한수재집』 권22에 실린 「尤庵先生畫像讚」을 가리킨다.
21 이 시구는 주자의 「觀書有感」이라는 시에 보인다.

비석을 세워 우암 선생이 지은 오언절구를 새겨 넣었다. 제4곡은 금사
담(金沙潭)이다. 물이 활발하게 흐르고 모래가 밝다. 햇빛과 달빛을 따
라 찬란한 것이 마치 금이 솟아나는 듯하다. 바위 위에 한 칸의 암서재
(巖棲齋)가 있다. 선생이 일찍이 이곳에서 기거하시며 쉬셨다고 한다.

첨성대(瞻星臺)는 몇 보 거리의 각자가 있는 벼랑에 있다. 이곳에 오르
면 대명(大明)을 생각하고 북극성을 우러러 볼 수 있다. 이곳이 제5곡이
된다. 능운대(凌雲臺)는 우뚝하게 높이 솟아 있다. 그곳에 가면 마치 허
공을 딛고 구름을 헤치는 듯하다. 그 위에 두 그루 소나무가 있는데 매우
빼어나다. 이곳이 제6곡이 된다. 와룡암(臥龍巖)은 용처럼 서려 있는
바위인데, 그 드러나지 않는 덕을 간직하고 있다. 이곳이 제7곡이 된다.

학소대(鶴巢臺)는 형상이 학이 숲 위로 날아올라 둥지를 빙빙 돌다가
내려다보고 날아가는 것 같다. 이곳에서는 떨어지는 폭포소리와 옥구슬
같은 물방울을 내뿜는 소리가 들린다. 이곳이 제8곡이 된다. 파곶(巴串)
은 물줄기가 굽이돌아 흘러 '파(巴)' 자 모양이 되었는데, 형상이 흡사
하나로 꿰뚫은 듯하다. 위아래 한 덩어리 바위는 마치 백옥을 펼쳐 놓은
듯하다. 여기가 구곡의 머리가 된다. 격조와 운치가 첫 번째로 일컬어진
다. 냇가에 파곡사(葩谷寺)의 옛 터가 있다. 또 '한천파정자 전각구곡호
(寒泉破亭子 篆刻九曲號)'라는 각자가 있는데, 단암(丹巖) 민공(閔公)이
쓴 글씨이다. 노승이 재계하고 그 각자를 보며 말하기를 "아! 화양동은
바로 오늘날의 대명천지(大明天地)입니다."라고 하였다.

노선생께서는 효종의 알아주심을 성대히 입고서 개연히 대명을 위
해 설욕을 할 의지를 품으셨다. 그런데 불행히도 효종께서 승하하시어
그 소원을 이룰 길이 없었다. 이에 만력황제의 어필을 모사해서 화양동
의 바위에 새기고서 추모하는 마음을 담아놓으셨다. 이는 천고 영웅의
탄식을 불러일으키고, 지하에서 귀신들을 울게 할 만하다. 대명은 우
리나라에 재조(再造)의 은혜가 있다. 선생은 대명에 대해 존주(尊周)의
의리를 지니셨다. 그러니 우리나라가 오랑캐 금수의 경지에 떨어짐을
면하게 된 것은, 대명이 내려준 은혜와 선생의 공이다. 아! 창오(蒼梧)

의 구름은 끊어지고, 무이산은 텅 비었네. 나는 누구에게 의지하리. 마침내 눈물을 흘리면서 이 기문을 짓는다.

우리는 이 강정환의 「유화양동기」를 통해 화양구곡의 명칭에 담긴 의미와 내력을 소상히 알 수 있다.

백두대간 자락의 신선세계, 선유동

I. 선유동 개관

1. 선유동과 선유구곡

조선시대 선비들은 산수를 통해 천리를 체득하여 성명(性命)을 온전히 하는 천인합일을 지향하였지만, 때로는 산수에서 세속의 번민을 잊고 탈속적 선취(脫俗的仙趣)를 추구하기도 하였다. 그러한 정신을 투영한 대표적인 구곡이 경북 문경(聞慶)과 충북 괴산(槐山)에 있는 선유동(仙遊洞)이다.

지금은 이 두 곳 모두 구곡(九曲)이라 부르지만, 조선시대에는 대체로 선유동(仙遊洞)이라 불렀다. 구곡이라고 이름을 붙이기에는 범위가 너무 좁아 동천(洞天)에 해당하는 곳이다. 그러다 구한말에 이르러 이곳을 선유구곡으로 일컬은 이들이 나타난다.

이 두 곳 구곡의 명칭을 모두 선유구곡이라 하고, 지금도 그렇게 부른다. 조선시대 사람들도 이런 명칭에 대해 혼란스러워하였다. 또 어떤 사람들은 자기가 사는 곳을 내선유구곡(內仙遊九曲)이라 하고, 그 너머 다른 지방의 구곡을 외선유구곡(外仙遊九曲)이라 하였다. 그래서 더욱 혼란을 가중시켰다. 이에 필자는 이 두 명승을 문경의 선유구곡은 동선유구곡(東仙遊九曲)이라 하고, 괴산의 선유구곡은 서선유구곡(西仙遊九曲)으로 부르기로 한다.

이 두 구곡은 백두대간의 동쪽과 서쪽 경사면에 위치하고 있는데, 조선시대에는 대체로 선유동(仙遊洞)이라 칭하였다. 그리고 자신들이 사는 곳을 '내선유(內仙遊)'라 하고, 다른 지역을 '외선유(外仙遊)'라고 하였다. 그러니까 문경 사람들은 괴산의 선유동을 외선유라고 불렀으며, 괴산 사람들은 문경의 선유동을 외선유라고 불렀다.

거듭 말하지만 조선시대에는 이곳이 구곡보다는 동천(洞天)으로 더 알려져 있었다. 그것은 계곡이 아홉 굽이나 될 정도로 굽이진 곳이 충분하지 않기 때문이고, 또 범위가 좁기 때문이다.

특히 동선유동은 구곡으로 경영되지 못하여 '선유동'이라 일컬었다. 영남 출신으로 상주에 살던 정경세(鄭經世)는 '동선유동(東仙遊洞)'이라 칭하였고, 기호 지방의 김창협(金昌協) 등은 '외선유동(外仙遊洞)'이라 칭하였다. 필자는 정경세의 설에 근거하여 문경의 선유동은 동선유동으로, 괴산의 선유동은 서선유동으로 칭하기로 한다.

아울러 지금은 이곳을 모두 선유구곡이라고 하고 있는데, 원칙적으로 구곡의 요건에 많이 미흡하기 때문에 동천의 개념으로 보는 것이 옳다고 생각한다. 다만 지자체에서 선유구곡으로 명명하여 주민들이 대부분 구곡으로 일컫고 있기 때문에 구곡이라는 명칭을 쓰는 것에 대해 잘못이라고 말할 생각은 없다.

2. 동선유동의 내력

동선유동은 괴산의 화양동(華陽洞)과 백중세의 명승으로 알려졌는데,
18세기 초 김창협의 문인 이재(李縡, 1680~1746)가 화양구곡 제9곡인 파
곶 근처에 정자를 짓고 은거한 뒤, 종제 이유(李維)로 하여금 동선유동
학소대(鶴巢臺) 근처에 둔산정사(屯山精舍)를 짓게 함으로써 우봉 이씨(牛
峯李氏)의 소유지가 되었다.

그 뒤 영남 출신 퇴계학파 남한조(南漢朝, 1744~1809)가 그곳에 들어가
옥하정(玉霞亭)을 짓고 은거하였다.[22] 그는 그곳에서 주자의 「운곡잡영(雲
谷雜詠)」 제1수의 운자를 따라 '선유동(仙遊洞)'이라는 제목으로 서시(序
詩) 1수를 짓고, 이어 영사석(靈槎石)·세심대(洗心臺)·관란대(觀瀾臺)·탁
영담(濯纓潭)·영귀암(詠歸巖)·난생뢰(鸞笙瀨)·옥석대(玉舃臺) 등 일곱 곳
의 명칭을 정하고 각각 칠언절구 1수씩 노래하였다. 그러니까 남한조는
구곡의 개념으로 이런 명칭을 정한 것이 아니고, 은거지 주변의 명승
일곱 곳에 대해 노래한 것이다.

남한조가 정한 일곱 곳의 명칭을 보면, 난생뢰·옥석대를 제외하고는
모두 유교사상에 입각해 명명한 것을 알 수 있으며, 난생뢰·옥석대를
노래한 시도 신선의 고사를 거론하지 않고 자신의 선취(仙趣)를 담담히
노래하고 있을 뿐이다. 이를 통해 우리는 남한조가 주자의 무이구곡을
본떠 구곡을 설정한 것이 아니고, 「운곡잡영」의 형식을 빌려 주변의 경

---

22 남한조와 절친하게 지낸 鄭宗魯의 「余聞聞喜山水多絶勝 欲一遊賞久矣 甲寅淸和 友
人南宗伯邀我共遊於其別庄仙遊洞 振袂入杜陵 聯鑣作行 宗伯之弟朝伯 余之季兒象
觀偕焉 自陽山歷內外仙洞及巴串龍遊諸勝 只得若干首 方欲追賦其景物 而恨無起余
者 適會文瑞來到 遂與共賦」에 "名區一失主 百年爲空谷 南君有仙骨 餐霞此中獨"이라
고 하였다.

관을 노래한 것을 알 수 있다.

그 뒤 남한조의 후손들이 남한조의 유적지에 구곡을 경영하지 못하여 남씨의 소유가 되지 못하였다. 그러다 19세기 말 문경에 살던 이재(李縡)의 후손 이만용(李萬用, 1839~1915) 등이 옥석대 위쪽에다 학천정(鶴泉亭)을 짓고 이재의 초상을 봉안함으로써[23] 다시 우봉 이씨의 소유가 되었다.

일제침략시기 영주 출신으로 곽종석(郭鍾錫)의 문인 정태진(丁泰鎭, 1876~1956)은 독립운동을 하다가 옥고를 치른 뒤 문경에 은거하였는데, 이곳 동선유동에 선유구곡을 실정하고 구곡시를 지음으로써 동선유동을 선유구곡(仙遊九曲)으로 거듭나게 하였다. 그래서 지금은 문경의 선유구곡으로 알려져 있다.

정태진이 설정한 선유구곡을 남한조가 정한 일곱 곳의 명칭과 비교해 보면 다음과 같다.

南漢朝가 정한 仙遊洞 일곱 명승	丁泰鎭이 정한 仙遊九曲	비고
	제1곡 玉霞臺	정태진 추가
靈槎石	제2곡 靈槎石	
	제3곡 活淸潭	정태진 추가
洗心臺	제4곡 洗心臺	
觀瀾臺	제5곡 觀瀾潭	정태진 臺를 潭으로 바꿈
濯纓潭	제6곡 濯淸臺	정태진 潭을 臺로, 濯纓을 濯淸으로 바꿈
詠歸巖	제7곡 詠歸巖	
鸞笙瀨	제8곡 鸞笙瀨	
玉鳥臺	제9곡 玉鳥臺	

---

23 宋秉璿, 『淵齋集』 권27, 「鶴泉亭記」.

정태진은 남한조가 정한 일곱 곳의 명승에 옥하대(玉霞臺)·활청담(活淸潭)을 추가하여 구곡으로 완성하고, 제3곡의 명칭을 담(潭)에서 대(臺)로, 제4곡의 명칭을 대(臺)에서 담(潭)으로 바꾸었으며, 제4곡의 명칭을 탁영담(濯纓潭)에서 탁청대(濯淸臺)로 바꾸었다.

정태진은 제2곡시에 "한 길로 원두(源頭) 찾으면 신선을 만나리라."라고 하였으며, 제8곡시에 "반석 여울 물소리는 생황을 연주하듯, 가물가물 신선 자취 어디서 찾아보나. 예로부터 선계에는 신이한 일 많으니, 구름 속의 닭과 개 유안(劉安)이 기르던 것."이라고 하였으며, 제9곡시에 "선인이 남기고 간 신발 지금 어디 있는가, 섭현(葉縣)에서 날아온 오리 두 마리 있으리라."라고 하였다.[24]

또 정태진은 제8곡시에서 『신선전(神仙傳)』에 보이는 유안(劉安)의 고사를 떠올리며 자신도 신선이 되고자 하는 강렬한 바람을 노래하고 있으며, 제9곡시에서는 『후한서』「방술열전(方術列傳)」에 보이는 섭현(葉縣) 수령 왕교(王喬)의 고사를 떠올리며 왕교의 신발을 찾고자 하는 심경을 노래하고 있다.

이는 산림에 은거하여 도체(道體)를 체득하고자 하는 도학적 사유와는 다른 것이다. 정태진은 독립운동을 하다가 옥고를 치르고 난 뒤 현실을 떠나 갈등이 없는 선계로 가고 싶은 마음을 노래한 듯하다.

3. 서선유동의 내력

괴산의 선유동도 본래는 선유동(仙遊洞)·내선유동(內仙遊洞)·외선유동(外仙遊洞)·선유팔경(仙遊八景) 등으로 불리었으며, 구곡으로 일컫지

---

24 丁泰鎮, 『畏齋集』 권2, 「仙遊九曲」.

않았다.

이상주는 이곳에 구곡을 경영한 사람을 제9곡 은선암(隱仙岩)에 "김시찬(金時粲)·이보상(李普祥)·정술조(鄭述祚) 및 동주 이상간(洞主李尙侃) 등이 임신년 구월 일에 쓰다."라고 새긴 각자에 의거하여, 1752년 김시찬 등이 최초로 구곡을 경영했다고 주장하였다.[25] 이들이 이 바위에 각자를 남겼다고 하여 구곡을 설정했다고 보는 것은 논거가 미약하다.

필자는 우선 이들이 남긴 구곡시가 없고, 구곡을 경영했다는 기록도 없으며, 18세기 후반 남한조(南漢朝)가 이곳을 유람하면서 남긴 시에 구곡의 명칭이 보이지 않고 '외선유동(外仙遊洞)'으로 되어 있으며, 일제강점기 정태진(丁泰鎭)이 지은 시의 제목에 「외선유동(外仙遊洞)」·「외선유구경(外仙遊九景)」 등으로 나타나는 것으로 볼 때, 김시찬 등이 구곡을 경영했다고 보기 어렵다. 따라서 서선유동은 전통명승의 하나인 동천으로 알려졌던 듯하다.

서선유동을 노래한 구곡시가 등장하는 것은 일제침략시기 홍치유(洪致裕, 1879~1946)의 「선유구곡(仙遊九曲)」이 유일하다. 홍치유는 의병장 이강년(李康秊)의 종사관으로 활약하다 나라를 빼앗긴 뒤 배일운동(排日運動)을 한 인물이다.

홍치유가 언제 무슨 연유로 「선유구곡」이라는 시를 지었는지는 알 수 없다. 다만 제1곡 선유동문(仙遊洞門)을 노래한 시에 "유람객이 바위 문 앞으로 들어가려 하는 순간, 선계의 바람 땅을 쓸고 불어옴을 이미 느끼네.[遊人試向臺前路 已覺仙風拂地來]"[26]라고 한 것을 보면, 유람을 하러 왔

---

25 권석환 주편, 『한중팔경구곡과 산수문화』, 이회, 2004, 406~412쪽 참조.
26 洪致裕, 『兼山集』, 「仙遊九曲」.

다가 이 구곡시를 지은 것으로 보인다.

홍치유의 「선유구곡」에 보이는 곡명(曲名)은 정태진의 「외선유구경(外仙遊九景)」의 명칭과 거의 일치하는데, 순서가 약간 다를 뿐이다. 이를 보면, 홍치유 이전에는 구곡을 설정한 적이 없었고, 선유동으로 불리면서 명승 몇 곳의 이름이 전해진 것을 알 수 있다.

또한 지형지세로 볼 때 제5곡 와룡폭(臥龍瀑)으로부터 제9곡 은선암(隱仙岩)까지는 독자적인 곡(曲)을 형성하지 못하고 한 곳에 모여 있기 때문에 물굽이를 중심으로 설정하는 구곡과는 합치되지 않는 점이 있다. 정태진의 구경(九景)이 홍치유의 구곡과 순서가 다른 것도 제6곡부터 제9곡까지 한 곳에 모여 있기 때문이다.

홍치유는 제9곡 은선암(隱仙岩)을 노래한 시에 "훵하니 뚫린 바위굴 사람이 들어갈 만하니, 그 속에 숨은 은자가 살았음을 또한 알겠네. 그대는 띠풀을 베어다 폐허된 터를 수리하게, 산언덕에 주인 없으니 아무도 막지 않으리."[27]라고 하였다.

이를 보면 일제강점기에 현실세계를 벗어나 은거하고자 하는 작가의 마음을 읽을 수 있다. 이 역시 작자가 선유동에서 느끼는 탈속적 선취를 노래한 것이다. 구곡시가 모두 도학자가 추구하는 천인합일을 노래한 것은 아니지만, 구곡이 주자의 무이구곡에서 유래한 점과 조선 선비들이 구곡을 경영하게 된 배경이 산수에서 도체를 체득하고자 하는 정신지향이 근간을 이루고 있기 때문에 홍치유의 구곡시는 동떨어진 느낌이 든다.

---

27 洪致裕, 『兼山集』, 「仙遊九曲-隱仙岩」. "嵞谺石广可容人 也識斯間有隱倫 請子誅茅 修廢址 山阿無主不禁嚬"

II. 서선유동

1. 서선유동의 명승과 의미

서선유동(西仙遊洞)은 충청북도 괴산군 청천면 송면리 일대에 있는 명승을 말한다.

이곳은 멀지 않은 하류의 화양동과 합하여 모두 선유동이라 불렀다. 조선시대 선인들은 이 일대의 명승을 선유팔경(仙遊八景)으로 설정하고 시를 지어 아름다움을 노래했는데, 그 중심에 칠송정(七松亭)이 있어서 칠송팔경 또는 칠송정팔경으로도 불렀다. 칠송정은 현 청천면 송면리 송정마을에 있던 정자이다.

이곳에 처음으로 팔경을 설정한 사람은 이곳에 살던 이녕(李寧, 1514~1570)이라고 한다. 이름을 이령(李領)이라고도 하며, 자는 영지(領之) 또는 영지(寧之), 호는 칠송거사(七松居士), 기우자(騎牛子), 화관옹(樺冠翁), 본관은 경주이다.[28] 이상주의 주장에 의하면 이만헌(李萬憲, 1608~?)의 문집 『소산공문집(小山公文集)』에 「칠송거사전(七松居士傳)」이 실려 있어서 어떤 인물인지 소상히 알 수 있다고 한다.

또 중종의 딸 정순옹주(貞順翁主)와 혼인하여 여성위(礪城尉)에 봉해진 송인(宋寅, 1516~1584)은 당대 석학들과 폭넓게 교유했고 전국을 유람하였는데, 이녕에게 준 시의 서문에 다음과 같이 말하고 있다.

이녕은 만년에 청주 청천현(淸川縣) 동쪽 30리 지점의 파곶산(葩串山) 선유동(仙遊洞)에 집을 지었는데, 집 주위에 일곱 그루의 소나무가

---

28 이상주, 「괴산군 선유동의 전설적·선취적 인물 이녕의 가계와 생애」, 『중원문화논총』 제5집, 충북대학교 중원문화연구소, 2001 참조.

있어서 칠송(七松)으로 이름을 붙였다. 그는 항상 누런 소를 타고 임야
(林野)를 왕래하면서 흥취에 맞게 하였다. 그러므로 또한 자호를 기우
자(騎牛子)라고 하였다.[29]

이 글의 제목이 '칠송거사에게 주다'라는 점으로 보아, 송인은 칠송거
사를 만나 그가 사는 삶의 지향을 직접 보고 들은 것을 알 수 있다. 이상
주는 송인이 칠송거사에 준 이 시의 서문에 의거하여, 이녕과 박지화(朴
枝華)·신응시(辛應時) 등이 함께 선유팔경을 설정한 것으로 보았다.

동시대 보은 속리산 밑에 은거한 학자 성운(成運, 1497~1579)은 이곳의
명승 여덟 곳을 정해 칠송팔경(七松八景)이라고 칭하고「칠송팔경」이라
는 시를 지었는데, 이에 의하면, 송정대월(松亭待月), 문암수계(門巖修契),
화양상춘(華陽賞春), 파곶심승(葩串尋僧), 사평목우(沙坪牧牛), 선동방학
(仙洞訪鶴), 화산채약(花山採藥), 기탄수조(岐灘垂釣)로 되어 있다.[30]

또 이황(李滉, 1501~1570)이 1570년에 지은 「선유동팔영(仙遊洞八詠)」[31]
이라는 시에 의하면 팔영의 명칭이 송정대월(松亭待月), 엄암수계(广巖修
禊), 황양상춘(黃陽賞春), 파곶심승(葩串尋僧), 사평목우(沙坪牧牛), 선동
방학(仙洞訪鶴), 화산채약(花山採藥), 기탄조어(岐灘釣魚)로 되어 있다. 명
칭이 몇 군데 약간 다를 뿐 거의 같은 것을 알 수 있으니, 성운과 이황이
선유팔경을 노래할 적에는 선유팔경이 어느 정도 정착된 것을 짐작할
수 있다.

이상주는 송정(松亭)을 청천면 송면리 송정마을 송면교회가 있는 자리

29 宋寅, 『頤庵集』

30 成運, 『大谷集』권상, 「七松八景」.

31 李滉, 『退溪集』권5, 續內集, 「仙遊洞八詠」.

로, 문암(門巖)은 청천면 명암리 청천자연학습원 근처로, 화양(華陽)은
화양리 금사담 주변으로, 파곶(葩串)은 지금의 화양구곡 제9곡 파곶으
로, 사평(沙坪)은 청천면 이평리로, 선동(仙洞)은 청천면 삼송4리로, 화
산(花山)은 상주시 화북면 화산리로, 기탄(岐灘)은 청천면 지촌리로 추정
하였다.[32]

칠송거사 이녕이 청량산을 유람하러 가다가 이황을 찾아갔는데, 이때
이황이 「증이거사(贈李居士)」[33]라는 시를 지어주었다. 이 시에 "선유동팔
영시에 차운하여 그대 떠나는 길에 수네.[聊和八詠贈子去]"라고 하였으
니, 당시 이녕의 선유동팔영시가 있었음을 알 수 있다.

서선유동 팔영 가운데 선유동(仙遊洞), 파곶(葩串), 화양동(華陽洞)이
가장 명승으로 알려진 듯하다. 선유동에는 기이한 수석이 한 곳에 모여
있어 선취(仙趣)를 느끼기에 좋은 명승이며, 파곶에는 파곶사(葩串寺)라
는 절이 있었고 또 시내에 너럭바위가 넓게 펼쳐져 있고 경계가 밝고
깨끗하여 유람객이 사랑할 만한 곳이며, 화양동은 금사담(金沙潭)이 있
는 곳으로 수석이 빼어나 훗날 송시열이 암서재(巖棲齋)를 지은 곳이다.

서선유동은 조선시대 내내 선유동으로 불렸다. 17세기 김창협(金昌協,
1651~1708), 19세기 송병선(宋秉璿, 1836~1905) 등이 모두 서선유동을 선
유동으로 칭한 것을 보면, 이러한 사실을 알 수 있다. 이처럼 서선유동은
선유동 또는 내선유동으로 불리다가, 구한말 홍치유의 「선유구곡(仙遊九
曲)」이라는 시가 나옴으로써 구곡으로 불리기 시작하였다.

이에 대해 이상주는 서선유동 은선암(隱仙巖 : 선유구곡의 제9곡)에 "김

---

32 이상주, 「선유팔경과 선유구곡에 관한 고찰」, 『한문학보』 제7집, 우리한문학회, 2002
   참조.
33 李滉, 『退溪集』 권5, 續內集, 「贈李居士」.

시찬(金時粲)·이보상(李普祥)·정술조(鄭述祚) 및 동주(洞主) 이상간(李尚
侃) 임신(壬申) 구월일(九月日)"이라고 새겨진 각자에 의거하고, 인근 연
하구곡(煙霞九曲)의 설정자 노성도(盧性度)와 갈은구곡(葛隱九曲)의 설정
자 전덕호(全德浩)도 암벽에 자신의 이름을 새겨놓았다는 점을 들어 "이
런 사례로 보아 위에 제시한 네 사람을 선유구곡의 설정자로 단정하고자
한다."라고 하였다. 그리고 그 시기를 이들이 활동하던 시기를 참조하여
1752년 임신년 9월로 보았다.

그러나 바위에 이름을 새겨놓았다는 점, 그리고 다른 구곡에 설정자
의 이름을 새겨놓았다는 점을 들어 이들이 구곡을 설정했다고 단정하는
것은 무리가 있다. 이들이 구곡을 설정했다면 구곡시가 있었을 것인데
구곡시가 전혀 발견되지 않고 있으며, 또한 이들 이후의 사람들에게서도
그런 흔적을 전혀 발견할 수 없다. 이런 점에서 필자는 이들이 구곡을
설정했다고 보지 않는다. 이들은 선유동의 명승에 명명을 하고 유람을
기념하기 위해 이름을 새겼을 가능성이 크다.

오늘날에는 서선유동의 선유구곡을 다음과 같이 정하고 있다. 이는
근대 인물 홍치유가 지은 선유구곡시에 근거해 붙인 것이다. 이를 도표
로 정리하면 다음과 같다.

차례	曲名	의미 및 특징
제1곡	仙遊洞門	선유동으로 들어가는 입구 동문 각자 : 仙遊洞門
제2곡	擎天壁	하늘을 떠받치고 있는 절벽
제3곡	鶴巢岩	학이 깃들어 살던 바위
제4곡	鍊丹爐	단약을 달이는 화로
제5곡	臥龍爆	용이 누워있는 폭포

차례	曲名	의미 및 특징
제6곡	爛柯臺	바둑을 두다가 도끼자루가 썩은 대
제7곡	碁局岩	바둑을 두던 바위 각자 : 碁局巖
제8곡	龜岩	거북바위
제9곡	隱仙岩	신선이 은거하던 바위 각자 : 隱仙巖 　　金時粲 李普祥 鄭述祚 洞主李尙侃 壬申 九月日

　　문경의 동선유동(동선유구곡)을 노래한 구한말의 정태진(丁泰鎭)은 서선유동의 경관을 구곡시로 노래하지 않고 팔경을 노래한 것처럼 구경(九景)을 노래했다. 구곡시는 아홉 굽이의 명승을 하나의 동선으로 연관지어 노래한 것이고, 팔경시는 여덟 곳 명승을 별도로 노래한 것이 일반적인 특징인데, 정태진은 서선유동에 대해 팔경시처럼 구경을 노래하였다. 이는 당시에 구곡이 설정되지 않고 알려지지 않았음을 간접적으로 시사한다.

　　홍치유의 구곡 명칭과 정태진이 노래한 구경의 명칭을 도표로 비교하면 다음과 같다.

구곡	丁泰鎭의 九景	洪致裕의 九曲	현재의 九曲
제1곡	石門	仙遊洞門	仙遊洞門
제2곡	擎天壁	擎天壁	擎天壁
제3곡	鶴巢臺	鶴巢岩	鶴巢岩
제4곡	煉丹爐	錬丹爐	錬丹爐
제5곡	臥龍瀑	臥龍瀑	臥龍瀑
제6곡	龜巖	爛柯臺	爛柯臺

구곡	丁泰鎭의 九景	洪致裕의 九曲	현재의 九曲
제7곡	碁局巖	碁局岩	碁局岩
제8곡	爛柯臺	龜岩	龜巖
제9곡	隱仙臺	隱仙岩	隱仙巖

　이를 보면 구암(龜巖)과 난가대(爛柯臺)의 순서가 바뀌고, 은선대가 은선암으로 바뀐 것을 알 수 있다. 사실 현장에 가 보면 와룡폭부터 은선암까지 다섯 곳은 한 장소에 모여 있다. 따라서 전혀 물굽이를 구분할 수 없으며, 시내 한 복판 또는 시냇가의 우뚝한 바위이기 때문에 차례를 정하기가 쉽지 않다. 이런 점에서 이곳은 구곡이라기보다는 동천으로 부르는 것이 타당하다.

上 : 구암
下 : 은선암

선유동문

2. 서선유동 관련 시문

1) 조경의 「선유동기」

18세기에 활동한 조경(趙璥, 1727~1787)은 서선유동을 유람하고 「선유동기(仙遊洞記)」[34]를 남겼는데, 당시 서선유동의 모습을 짐작해 볼 수 있는 자료인지라 소개하기로 한다. 조경은 자가 경서(景瑞), 호는 하서(荷棲), 본관은 풍양(豊壤)이다. 1763년 증광시 문과에 급제하여 예문관 검열을 거쳐 대사성·공조 참판 등을 지냈다.

　　화양동으로부터 거슬러 올라와 동쪽으로 10리를 가면 그곳에 선유동이 있는데, 이곳은 귀선(鬼仙)이 사는 곳으로 일컬어진다. 그 산은 높고 바위가 솟아올라 준험하며, 벼랑 사이에는 종종 심하게 마모되고 깎여서 그 바위가 기괴하고 특이한 모양이 많다. 웅크리고 있는 것은 마치 범과 같고, 엎드려 있는 것은 마치 낙타와 같으며, 목을 구부리고 드리운 모양은 목마른 사슴이 물을 마시는 듯하고, 머리를 들고 돌아보는 모양은 놀란 이리가 막 뛰쳐나오는 듯하다. 또 햇볕에 등을 쬐고 있는 거북이, 매가 발을 움켜쥐고 낚아챌 듯한 모습을 한 바위가 있는데, 그 모양이 가지각색이었다. 그리고 물이 돌에 부딪히고 뒤흔들어서 서로 부딪치게 하는데 그 소리가 사자의 포효와 같아, 문득 그곳에 다가서면 눈을 휘둥그레 뜨고 보지 않는 사람이 없다. 대개 화양동은 넓고 밝으며, 선유동은 깊고 좁다. 그리고 화양동은 길게 이어진 바위가 많으며, 선유동의 모든 암벽은 모두 겹겹이 다투듯 뻗어 있다. 이 때문에 선유동을 지나는 물은 반드시 거세고 굴절이 많아 그 변화가 지극하다. 화양동에 이르러 비로소 막힘이 없으니, 사람에 비유하자면 선유동은 용맹스런 장수가 적과 싸우는 모습이며, 화양동은 태평성대의 어진 재

---

[34] 趙璥, 『荷棲集』 권7, 「仙遊洞記」.

상이 패옥에 인끈을 늘어뜨리고 목소리와 안색을 바꾸지 않아도 백성
들이 스스로 복종하는 모습이다. 그러나 선유동과 화양동을 유람한 사
람들은 반드시 선유동이 낫다고 하는데, 나는 무슨 생각으로 그렇게 말
하는지 모르겠다. 이 해 8월 10일 다시 화양동으로 들어가 두루 선유동
을 돌아보고 대략 이처럼 기록한다.

조경이 서선유동을 귀선(鬼仙)이 사는 곳으로 지칭하면서 화양동과 비
교해 논하고 있는 것이 흥미롭게 느껴진다. 그는 지형지세를 비교해 설
명할 뿐만 아니라, 상징성을 드러내 서선유동은 용맹스런 장수가 적과
싸우는 형상으로 비유하고, 화양동은 태평성대 어진 재상이 패옥에 인끈
을 늘어뜨리고 백성들을 다스리는 덕스러운 모습으로 형용하였다. 그리
고 마지막에 결론적으로 선유동을 화양동보다 낫다고 하는 세인들의 평
에 동의하지 않고 있다.

더욱 흥미로운 것은 조경은 1747년 화양동을 유람하였는데, 당시 화
양구곡이 있었음에도 불구하고 여전히 화양동으로 지칭하고 있다는 점
이다. 또한 당시 서선유동에는 동주 이상간(李尙侃)이 살고 있었으니, 그
가 비록 선유구곡을 설정하기 전이기는 하지만 그를 만나보았을 가능성
이 매우 높다. 그런데 그에 대한 언급이 전혀 없다.

2) 정태진의 「외선유구경」

정태진(丁泰鎭, 1876~1956)의 호는 외재(畏齋), 본관은 나주(羅州)이다.
경북 영주 출신으로, 일제가 나라를 빼앗자 경북 춘양에 은거하던 곽종
석(郭鍾錫)에게 나아가 수학한 인물이다. 정태진은 1910년 국권을 빼앗
기자 이승희(李承熙)·조정규(趙貞奎) 등과 국권회복을 위해 논의하였으

며, 1919년 파리강화회의에 제출할 독립청원서에 서명하였다. 이는 스 승 곽종석의 영향을 받은 것으로 여겨진다. 정태진은 군자금 모집과 동 지 규합을 위한 활동을 벌이다가 체포되어 대구 감옥에서 옥고를 치른 뒤 문경에 은거하였다.

그는 동선유동에 대해 구곡시를 지어 동선유동을 선유구곡으로 다시 불리게 한 장본인인데, 인근에 있던 서선유동을 유람하면서는 구곡시로 노래하지 않고 구경(九景)을 노래하는 시 「외선유구경(外仙遊九景)」[35]을 남겼다. 앞에서 언급했듯이 경상도 사람들은 문경의 선유동을 내선유동 이라 하고, 괴산의 선유동을 외선유동이라 하였는데, 정태진도 그런 명 칭을 따라 외선유동 구경을 노래한 것이다. 그가 남긴 「외선유구경」은 다음과 같다.

석문 石門

동천은 깊고도 넓은데 바위가 문이 되고,	洞天寥廓石爲門
항상 구름과 안개 끼어 밝은 해를 가리네.	常有雲霞白日昏
우리들의 신선 유람 이곳부터 시작하니,	吾輩仙遊從此始
세간의 티끌과 소란함이 어디에 있겠는가.	世間何處有塵喧

경천벽 擎天壁

아름다운 이름 옛날 어느 해에 시작됐나,	嘉名肇錫昔何年
한 절벽이 우뚝 솟아 하늘까지 닿았구나.	一壁嵒嶢擎九天
곧게 솟아 능히 떠받치는 기상을 이루니,	矗立眞能成氣像
몇 번이나 강산이 변해도 홀로 푸르구나.	幾經桑海獨蒼然

---

35 丁泰鎭, 『畏齋文集』(장서각 D3B 1864, 마이크로필름 MF35/5970-5971) 권2.

학소대 鶴巢臺

붉은 머리 흰털 학이 옛날 여기 살았다지,　　丹頂皓衣昔此巢

바위틈으로 소나무 가지 끝만 겨우 보이네.　　巖罅惟見古松梢

그것 보고 곧바로 신선을 찾고자 하지만,　　秉渠直欲追仙路

끊어진 절벽 구름 가려 만날 수가 없구나.　　壁斷雲悠不可交

연단로 煉丹爐

단약을 만드는 비결 어찌 지금은 없나,　　成丹要訣奈今無

바위 위에 노닌 신선 화로를 남겼는데.　　巖上遊仙遺煉爐

세상사람 흰 머리 많다고 탄식을 하여,　　堪歎世人多白髮

헛된 도구 의지하려 헛소문이 전해졌네.　　只憑虛器浪傳呼

와용폭 臥龍瀑

흰 용이 누워 있는 듯한 긴 폭포를 오래 보니,　　瀑布長看臥白龍

우레 같은 소리 백설 같은 물방울 매일 뿌리네.　　轟雷噴雪日撞舂

장관을 온전히 옮겨 놓은 것 이곳에서 지극하니,　　全輸壯觀茲焉極

마음과 안목도 서늘해져 상쾌한 기운 따르누나.　　心目冷然爽氣從

구암 龜巖

거북을 태워서 치는 점 해석할 이 없어서,　　無人解占灼神龜

황량한 여기에 방치하니 기괴한 듯하구나.　　放置荒閒等怪奇

응당 폭포의 용과 함께 오래도록 칩거하여,　　應與瀑龍長蟄伏

그 신령한 기운을 쌓아 밝은 때 기다리게.　　蓄他靈異待明時

기국암 碁局巖

바위 위의 늙은 신선 바둑 두기 좋아하여,　　巖上老仙愛看碁

나무하는 나무꾼과 어울려 바둑을 두었네.　　欄柯樵者也相隨

한가한 마음 자적하는 곳 기심이 사라지니,　　閒情適處機心息

바둑을 두지만 승부에는 전혀 관심 없다네.	局外輸贏摠不知

난가대 爛柯臺

바위 위의 바둑판 마치니 물소리가 요란하고,	巖仙碁罷水聲多
누대 위서 그 누가 옛날 도끼자루를 썩게 했나.	臺上何人昔爛柯
진경은 깊은 곳에 있다는 사실 알게 되었으니,	眞境方知深處在
시내 건너에서 자지가[36] 소리 들리는 듯하구나.	隔溪如聞紫芝歌

은선대 隱仙臺

선인은 이미 떠났지만 바위는 아직 남았네,	仙人己去尙餘巖
한번 바위 문을 들어서니 세속과 멀어졌다.	一入巖門謝俗凡
하고 많은 세상 기미 어찌 가벼이 말하리,	紛拏世機那管說
예로부터 말을 할 땐 신중하라 경계하였네.	古來金口戒三緘

3) 홍치유의 「선유구곡시」

서선유동을 구곡으로 설정하고 구곡시를 남긴 사람은 홍치유(洪致裕 1879~1946)이다. 그의 자는 응원(應遠), 호는 겸산(兼山), 본관은 남양(南陽)이다. 이강년(李康秊)이 영남에서 의병을 일으키자, 그의 종사관으로 활약하였다. 나라를 일제에 빼앗긴 뒤에는 충북 보은을 중심으로 배일운동(排日運動)과 계몽운동을 주도하였다. 홍치유는 일제강점기 서선유동을 유람하면서 아래와 같은 「선유구곡시(仙遊九曲詩)」를 지었는데, 그의 문집 『겸산집(兼山集)』에 전한다.

---

36 紫芝歌 : 진시황 때의 어지러운 시기에 세상에 피해 은거한 商山四皓가 불렀다는 노래.

제1곡 선유동문 仙遊洞門

선유구곡 산이 깊어 한 물줄기 감아 도는데,	九曲山深一水回
검푸른 바위 중간이 뚫려 동구 문을 열었네.	蒼巖中坼洞門開
유람객이 바위 문 앞으로 들어가려 하는 순간,	遊人試向臺前路
선계의 바람 땅을 쓸고 불어옴을 이미 느끼네.	已覺仙風拂地來

제2곡 경천벽 擎天壁

푸른 절벽 허공을 받치고 높은 기상 자임하니,	翠壁撑空任自高
높고 높아 거센 물결도 막을 수 있을 듯하네.	巖巖如可抗狂濤
너는 지금 비록 하늘을 떠받칠 힘이 있지만,	而今縱有扶天力
산중에서 좋은 세월 만나지 못하니 어찌하랴.	奈爾瀕荒未遇遭

제3곡 학소암 鶴巢岩

바위 위에 언제부터 학의 둥지 있었던가,	巖上何年鶴有巢
노송은 예전처럼 구름 끝에서 보호하네.	老松依舊護雲梢
산인은 신선과 노니는 꿈 다시 꾸지 못하고,	山人不復遊仙夢
푸른 안개가 구곡을 감싸는 것을 볼 뿐일세.	只見蒼烟鎖九皐

제4곡 연단로 鍊丹爐

신선은 떠나갔지만 연단로는 아직도 남았구나,	仙翁一去尙餘爐
하늘이 기이한 형상을 깎아 한 점 티도 없네.	天鑿奇形點滓無
누가 다시 연단 회복해 이 속세를 치유할까,	誰復煉丹醫此俗
밤이 되자 구슬 같은 이슬방울이 떨어지네.	夜來瓊露至今濡

제5곡 와룡폭 臥龍瀑

신령한 비늘의 거대한 용이 바위를 베고 누워,	神麟巨服枕雲根
우레 소리에 물방울 뿜어대 대낮에도 어둑어둑.	噴薄雷霆白日昏
인간 세상을 향해 성대한 비를 내려주지 않고,	不向人間成沛雨

| 선계에 오래 머물며 속세의 소리에 말이 없네. | 長留仙界嗛塵喧 |

제6곡 난가대 爛柯臺

나무꾼 노인 여기 와서 돌아갈 줄 잊었다는데,	樵翁到此却忘廻
세월이 너무도 흘러 바위에 벌써 이끼 끼었네.	歲月蒼茫石已苔
세상의 흥망에 대해 사람들은 알지 못하는데,	世局興亡人不識
천추의 세월 속에 난가대만이 남아 있구나.	千秋惟有爛柯臺

제7곡 기국암 碁局嵓

난가대 옆에 나란히 기국암이 서 있는데,	爛柯臺畔列仙碁
시냇가의 성근 소나무 그림 같은 경치로세.	流水疎松畫景奇
오래 앉아 있으니 흡사 상산의 노인[37] 같아,	坐久依然商皓我
서산에 해가 더디 지는 것을 알지 못하네.	不知西日下山遲

제8곡 구암 龜嵓

늙은 거북처럼 머리와 등이 우뚝 솟았는데,	窿然頂背老龜如
계곡과 시내의 운무가 불어내고 뿜어내네.	谷霧溪烟任呴嘘
무슨 의도로 조화옹이 이 바위 남겼을까,	何意化翁遺此物
이끼 낀 무늬 오히려 홍범구주 글[38] 같네.	苔紋猶似範疇書

제9곡 은선암 隱仙嵓

휑하니 뚫린 바위 굴 사람이 들어갈 만하니,	谽谺石广可容人
그 속에 숨은 은자가 살았음을 또한 알겠네.	也識斯間有隱倫
그대는 띠풀을 베어다 폐허된 터를 수리하게,	請子誅茅修廢址
산언덕에 주인 없으니 아무도 막지 않으리.	山阿無主不禁嚬

---

37 상산의 노인 : 진시황 때 세상을 피해 은거한 商山四皓를 말함.

38 홍범구주의 글 : 중국 하나라 禹임금 때 洛水에서 나타난 거북이 등에 적혀 있던 九章
의 글.

앞에서 언급했듯이, 홍치유의 「선유구곡시」는 정태진이 지은 「외선유구경」과 비교해 볼 때, 구암(龜巖)과 난가대(爛柯臺)의 순서가 바뀌고, 은선대(隱仙臺)가 은선암(隱仙嵒)으로 바뀐 것을 알 수 있다. 제6곡 난가대부터 제9곡 은선암은 한 곳에 모여 있고 곡(曲)이 없기 때문에 순서를 정하기가 어렵다. 아마도 이 때문에 개인의 시각에 따라 달리 본 것이다. 또한 정태진이 구곡시로 짓지 않고 구경시(九景詩)로 지은 것도 구곡으로 볼 수 없기 때문인 듯하다.

Ⅲ. 동선유동

1. 동선유동의 명승과 의미

동선유동(東仙遊洞)은 경북 문경시 가은읍 완장리에 있다. 가은에서 괴산으로 넘어가는 계곡에 명승이 펼쳐져 있다. 앞에서 언급했듯이, 이곳은 영남 퇴계학파의 남한조(南漢朝, 1744~1809)가 옥하정(玉霞亭)을 짓고 은거하던 곳이다. 남한조는 이곳에서 주자의 「운곡잡영(雲谷雜詠)」 제1수의 운자를 따라 '선유동(仙遊洞)'이라는 제목으로 서시(序詩) 1수를 짓고, 이어 영사석(靈槎石)·세심대(洗心臺)·관란대(觀瀾臺)·탁영담(濯纓潭)·영귀암(詠歸巖)·난생뢰(鸞笙瀨)·옥석대(玉鳥臺) 등 일곱 곳의 명승을 노래하였다.

이후 19세기 말 문경에 살던 이재(李縡)의 후손 이만용(李萬用, 1839~1915) 등이 옥석대 위쪽에다 학천정(鶴泉亭)을 짓고 이재의 초상을 봉안함으로써 다시 우봉 이씨의 소유가 되었다.

일제강점기 정태진(丁泰鎭, 1876~1956)이 남한조가 노래한 명승 일곱

곳에 두 곳을 추가하여 선유구곡을 설정하고 선유구곡시를 지음으로써
동선유동을 선유구곡(仙遊九曲)으로 거듭나게 하였다. 그래서 지금은 문
경의 선유구곡으로 알려져 있다. 정태진이 정한 선유구곡의 명칭에 대해
간략히 살펴보면 다음과 같다.

제1곡 옥하대(玉霞臺). 옥(玉)은 옥구슬처럼 보이는 시내의 하얀 물결
을 가리키며, 하(霞)는 햇빛을 받은 붉은 운무(雲霧)를 말한다. 옥하대라
는 명칭은 옥구슬 같은 하얀 물방울이 튀오르는 시내의 반석 위로 붉은
안개가 피어나는 대라는 뜻이다. 이는 곧 신선세계의 입구를 의미한다.
이 옥하대는 남한조가 명승으로 노래하지 않은 곳인데, 정태진이 설정하
여 추가한 것이다.

제2곡 영사석(靈槎石). 영(靈)은 신령스럽다는 뜻이고, 사(槎)는 뗏목
으로 은하수까지 타고 갈 수 있는 신령스러운 배를 말하는데, 너럭바위
가 뗏목처럼 생겨서 그렇게 이름을 붙인 것이다. 이 배는 신선세계로
가는 배를 의미한다.

제3곡 활청담(活淸潭). 활(活)은 활수(活水)로 물의 근원에서 끊임없이
솟아나 흐르는 물을 의미한다. 물이 끊임없이 흘러내려 언제나 맑게 고
인 못은 세속적 티끌이 없는 청정한 경계를 의미한다. 맑은 못의 물을
보면서 내 존재의 근원을 찾아가는 생각을 하는 장소이다.

제4곡 세심대(洗心臺). 『주역』「계사전 상」에 "성인은 이로써 마음을
씻고서 은밀한 데에 물러나 은거한다.[聖人以此洗心 退藏於密]"라고 한 데
에서 취한 이름이다. 이치에 따라 마음속 티끌을 씻어내고 산림에 은거
하여 온전함 삶을 보전하려는 마음을 드러낸 이름이다.

제5곡 관란담(觀瀾潭). 관란(觀瀾)이란 『맹자』에 "물을 보는 데 방법이
있으니, 반드시 그 물결을 보아야 한다.[觀水有術 必觀其瀾]"라는 문구에

서 취한 것이다. 물을 보는 방법으로 물결을 보라는 말은 얼른 이해하기 어렵다.

흔히 이 말을 두고, 물결을 문채가 나는 것으로 보아 군자는 문채가 나야 한다는 뜻으로 이해하는데 원래의 의미는 그렇지 않다. 물결은 눈에 잘 보이는 하얀 포말이다. 물이 흘러가는 것은 멀리서 느끼기 어렵다. 그러나 하얀 물결은 멀리서도 쉽게 볼 수 있다. 즉 쉽게 볼 수 있는 물결을 통해 그 물이 어디에서 발원하여 흘러오는 것인지 그 근원을 보라는 말이다. 이것이 물을 보는 방법이다. 이는 곧 일상에서 자신의 근본을 돌아보라는 말이다.

제6곡 탁청대(濯淸臺). 중국 고대 민요 「창랑가(滄浪歌)」에 "창랑의 물이 맑으면 나의 갓끈을 씻을 수 있고, 창랑의 물이 탁하면 나의 발을 씻을 수 있네.[滄浪之水 淸兮 可以濯我纓, 滄浪之水 濁兮 可以濯我足]"라는 데에서 취해, 흔히 탁영담(濯纓潭) 또는 탁영대(濯纓臺)라는 명칭을 붙인다. 이는 갓끈을 씻을 수 있는 맑은 물이 흐르는 곳이라는 의미로, 심성을 수양해 인욕(人欲)을 깨끗이 씻어내는 것을 상징한다.

제7곡 영귀암(詠歸巖). 영귀(詠歸)는 『논어』에 보이는 증점(曾點)의 "기수에서 목욕하고, 무우에서 바람을 쐬고 시를 읊조리며 돌아오고자 합니다.[浴乎沂 風乎舞雩 詠而歸]"라는 말에서 취한 것이다. 다른 사람들은 정치권에 나아가 각자 자신의 뜻을 펴보겠다고 하였는데, 증점은 자연에 동화되어 산수 속에서 성명(性命)을 온전히 보전하며 사는 것을 가장 큰 가치로 여긴 말이다.

제8곡 난생뢰(鸞笙瀬). 난(鸞)은 신선이 타는 난새이며, 생(笙)은 피리의 종류인 생황이다. 난생이라는 말은 신선이 부른 피리를 말한다. 난생뢰는 신선이 난생을 연주하는 듯한 소리를 내는 여울이라는 뜻이니, 곧 이곳이 신선의 세계임을 의미한다.

제9곡 옥석대(玉舃臺). 옥석(玉舃)은 옥으로 만든 신발을 말하니, 곧 신선의 신발을 의미한다. 중국 고대 안기생(安期生)이라는 사람은 황제(黃帝)와 노자(老子)의 설을 배우고 동해(東海) 가에서 약을 팔았는데, 진시황(秦始皇)이 동쪽을 순시할 적에 그와 더불어 3일 밤낮을 이야기하였다. 그리고 안기생은 붉은 옥으로 장식한 신발 한 켤레를 남겨두고 사라졌다. 진시황이 사신을 파견하여 그를 찾게 하였으나 찾을 수 없었다고 한다. 옥석이란 말은 하늘로 올라간 신선이 남겨둔 옥으로 된 신발이라는 뜻으로, 신선의 신발을 가리킨다.

정태진이 추가한 동선유구곡 제1곡 옥하대(玉霞臺)에는 각자를 찾을 수 없다. 아마 각자를 새기지 못한 듯하다. 제2곡 영사석(靈槎石)은 각자가 있다. 제3곡 활청담(活淸潭)에도 바위에 각자가 있다.

제2곡 영사석   제3곡 활청담

제4곡 세심대(洗心臺), 제5곡 관란담(觀瀾潭)에도 각자가 있다.

제4곡 세심대   제5곡 관란담

제6곡 탁청대(濯淸臺), 제7곡 영귀암(詠歸巖)에도 각자가 있다.

제6곡 탁청대   제7곡 영귀암

제8곡 난생뢰   제9곡 옥석대

제8곡 난생뢰(鸞笙瀨), 제9곡 옥석대(玉鳥臺)가 구곡 중 가장 빼어난 경관인데, 역시 각자가 있다. 이곳에 이르면 마치 신선세계에 온 듯한 느낌이 든다.

제1곡을 제외하고 나머지 8곡에 모두 각자가 있는데, 글씨체가 동일하지 않다. 전서(篆書)로 쓴 세심대(洗心臺), 영귀암(詠歸巖), 옥석대(玉鳥臺) 등은 유사하지만, 그 외의 각자는 한 사람이 쓴 글씨가 아닌 듯하며 서체도 일정하지 않다.

서선유동과 동선유동 모두 주자의 무이구곡의 정신과는 일정한 거리가 있다. 즉 주자의 무이구곡은 제1곡으로부터 차례차례 도의 경지로 나아가 제9곡에 이르면 극처(極處)에 이르는 도학적 정신세계를 드러낸 것이다. 반면 이 두 선유동천의 명승은 그야말로 현실의 불화를 잊고 티끌세상과 일정하게 거리를 두는 신선세계에서의 선취(仙趣)를 주제로 하고 있다. 이런 점에서 도학자의 구도적 정신세계를 노래한 구곡과 일정한 변별성이 있다.

제9곡 옥석대 위에 이재(李縡)의 후손 이만용(李萬用)이 지은 학천정(鶴泉亭)이 있다. 정자 오른쪽 석벽에 '산고수장(山高水長)'이라는 각자가 있다. 또 정자 맞은 편 석벽에 '남근흥암 서접화양(南近興巖 西接華陽)'이라는 각자가 있는데, "남쪽으로는 흥암서원에 가깝고, 서쪽으로는 화양서원에 접해 있네."라는 뜻이다. 흥암서원은 상주에 있는 송준길(宋浚吉)을 제향하는 서원이고, 화양서원은 화양동에 있는 송시열(宋時烈)을 제향하는 서원이다. 곧 학천정 주인의 학문 연원을 드러낸 것이다.

정자 맞은 편 절벽에 최치원(崔致遠)의 글씨라고 전해오는 '선유동(仙遊洞)'이라는 각자가 있다. 1793년 남한조(南漢朝)가 지은 「선유동잡영병서(仙遊洞雜詠幷序)」에는 누구의 글씨인지 모르겠다고 하였다. 그리고

'선유구곡(仙遊九曲)'이라는 각자는 제3곡에 우거하던 처사 홍정(鴻亭) 신필정(申弼貞)이 새긴 것이라고 전한다.

2. 동선유동의 역사와 문화

상주에 살던 유학자 정경세(鄭經世, 1563~1633)는 백두대간 불한령(不寒嶺)을 기준으로 동쪽과 서쪽에 모두 아름다운 산수가 있는 선유동이 있다고 하면서 아래와 같은 「동선유동 반석에 쓰다」라는 시를 지었다.

두 선유동 사이좋게 서로 이웃 되었는데,　　　兩仙遊洞好相隣
중간에 있는 한 고개엔 구름이 떠있네.　　　只隔中間一嶺雲
이름난 명승을 두고 우열을 논하지 말게,　　　莫把名區評甲乙
하늘이 시내와 바위 공평히 나눠줬다네.　　　天將水石與平分[39]

정경세는 동쪽 문경의 선유동을 동선유동이라 칭하고 있다. 그러니까 자연스럽게 괴산의 선유동은 서선유동이라 칭한 것이다. 필자는 이 설에 따라 괴산의 선유동을 서선유동이라 하고, 문경의 선유동을 동선유동이라 한 것이다.

동선유동은 백두대간 경사면 동쪽에 위치하고 있는데, 북쪽에는 희양산(曦陽山 : 999m), 남쪽에는 청화산(靑華山 : 984m)이 우뚝 솟아 있다. 가까이에는 북쪽에 장성봉(915m), 서쪽에 대야산(大冶山 : 931m), 남쪽에 둔덕산(屯德山 : 970m), 동쪽에는 뇌정산(991m)이 둘러 있으며, 계곡의 물이 동쪽으로 흘러간다.

---

[39]　鄭經世, 『愚伏集』 권2, 「題東仙遊洞盤石」.

둔덕산 북쪽 계곡에 유명한 용추폭포(龍湫瀑布)가 있는데, 동선유동의
상류에 해당한다.

동선유동은 가은읍 완장리(完章里)에 있다. '완장'이란 명칭은 완장(浣
腸)에서 유래했다고 하는데, 두 가지 설이 있다. 하나는 정경세(鄭經世)
가 이곳에 이르러 아름다운 산수를 보고서 '가슴속의 티끌을 씻어낼 수
있다.'라는 뜻으로 붙였다는 것이고, 하나는 임진왜란 때 명나라 장수
이여송(李如松)의 종사관 두사충(杜士沖)이 이곳의 경관을 보고서 '창자
를 시원하게 한다.'라고 말한 데에서 유래했다는 설이다.

기호학파 김창협(金昌協)의 문인 도암(陶庵) 이재(李縡, 1680~1746)는
노론 낙론계(洛論系)의 큰 유학자이다. 그는 괴산 화양구곡 제9곡 파곶(巴
串) 근처에 와서 우거하였고, 또 둔덕산 용추폭포 아래 봉암촌(蜂巖村)에
도 와서 우거하였다.

이재의 아우 이유(李維)는 1738년 형이 우거하던 용추 아래 선유구곡
옥석대(玉鳥臺) 위쪽에 학천정(鶴泉亭)을 짓고 와서 우거하였다. 이재의
문인 송명흠(宋明欽, 1705~1768)은 학천정에서 그리 멀지 않은 상주 우복
동(牛腹洞) 입구 병천(瓶泉)에 병천정사(瓶泉精舍)를 짓고 우거하였는데,
학천정으로 이유를 찾아와 시를 짓기도 하였다.

이를 통해 알 수 있듯이, 그전에는 17세기 후반부터 18세기 전반기에
기호 지방의 노론 낙론계 인사들이 화양구곡에서 그리 멀지 않은 백두대
간 동쪽 사면의 산수가 좋은 곳에 와서 터를 잡고 우거하였다.

한편 상주 출신으로 이상정(李象靖)의 문인인 남한조(南漢朝)는 1786년
선유구곡 제3곡 근처에 와서 옥하정(玉霞亭)을 짓고 우거하였다. 그는
주자의 「운곡잡영(雲谷雜詠)」에 차운하여 「선유동잡영(仙遊洞雜詠)」 8수
를 지었는데, 구곡을 설정하여 노래한 것이 아니고 우거지 주변의 명승

일곱 곳을 잡영시로 노래한 것이다.

그러나 위의 도표에서 보았듯이 차례대로 일곱 곳을 노래한 것을 알 수 있으니, 구곡을 설정하지는 않았지만 구곡의 변형으로 칠곡을 염두에 두었다고 볼 수 있다. 남한조의 「선유동잡영병서」에 의하면, 신정필(申貞弼)이 구곡의 각자를 새겨 넣었다고 하였으니, 남한조보다 앞 시대에 이미 구곡으로 일컫은 사람이 있었음을 알 수 있다. 그렇지만 구곡시를 남긴 것이 없고, 또 주위 사람들에게 구곡으로 인정을 받지 못하여 선유 구곡으로 알려지지 못하고 동선유동으로 일컬어진 것이다.

18세기 이유(李維)가 학천정을 짓고 와서 우거할 때는 이 선유동이 거의 그들의 소유였다. 그런데 그 뒤 후손들이 그곳을 지키지 못하여 다시 주인이 없는 동천이 되고 말았다. 그때 남한조가 들어가 잠시 선유동의 주인이 된 것이다.

상주에 살던 남한조의 동문 정종로(鄭宗魯, 1738~1816)는 다음과 같은 시를 지었다.

이름난 명승이 주인을 잃어서,	名區一失主
오래도록 빈 골짜기 되었구나.	百年爲空谷
남군(南君)은 선풍도골이 있어서,	南君有仙骨
연하 먹으며 이곳에 홀로 사네.	餐霞此中獨[40]

정종로는 남한조의 「선유동잡영」에 차운하여 지은 시의 첫 수이다.

---

40 鄭宗魯, 『立齋集』권2, 「余聞聞喜山水多絶勝 欲一遊賞久矣 甲寅清和 友人南宗伯邀 我共遊於其別庄仙遊洞 振袂入杜陵 聯鑣作行 宗伯之弟朝伯 余之季兒象觀偕焉 自陽 山歷內外仙洞及巴串龍遊諸勝 只得若干首 方欲追賦其景物 而恨無起余者 適會文瑞 來到 遂與共賦」.

이 시를 보면 동선유동에 한 동안 주인이 없었음을 알 수 있으며, 남한조가 들어와 한 때 주인이 되었음을 알 수 있다. 남한조가 옥하정을 짓고 이곳에 은거하였으나, 그의 사후 옥하정은 다시 주인이 없게 되었다.

1901년 이재의 후손 이인구(李寅九)·이만용(李萬用)이 이강준(李康準)·채영진(蔡永震)·김중진(金中鎭) 등과 함께 도모해 학천정을 중수하고, 그 옆에 별채를 지어 이재의 영정을 봉안한 영각(影閣)을 완성하였다.

1902년 기호학파 홍직필(洪直弼)의 문인 서찬규(徐贊奎, 1825~1905)가 지은 「영각기(影閣記)」에 의하면, 이재의 영정은 용인 한천서원(寒泉書院)에 봉안하고 있었는데, 서원이 훼철된 뒤 종손의 집에 보관하다가 이때 이곳으로 옮겨 봉안했다고 한다.

서찬규는 이곳이 송시열의 위패를 봉안한 괴산의 화양서원(華陽書院), 송준길의 위패를 봉안한 상주의 흥암서원(興巖書院)과 함께 정족(鼎足)의 형세를 취하고 있다고 하였으니, 이재의 위상을 기호학파의 삼선생(三先生)으로 높이려 한 것이다. 이런 의도를 담아 '남쪽으로는 흥암서원에 가깝고, 서쪽으로는 화양서원에 접해 있네.'라는 내용으로 인근의 바위에 '남근흥암 서접화양(南近興巖 西接華陽)'이라는 각자를 새겨 넣었다.

이재의 영정을 봉안한 영각 뒤의 바위에 '산고수장(山高水長)'이라는 큰 글씨의 각자가 있다. 이 문구는 송나라 때 범중엄(范仲淹)의 「엄선생사당기(嚴先生祠堂記)」에서 유래한 말로, 이재의 학문과 풍도가 높은 산처럼 변치 않고 영원히 긴 강물처럼 멀리 멀리 전해질 것이라는 뜻이다.

학천정 경관

남근흥암 서접화양 각자

산고수장 각자

　학천정 조금 하류의 선유구곡 제9곡인 옥석대의 바위 위에는 을사오
적의 한 사람인 이완용(李完用)이 쓴 ‘학천(鶴泉)’이라는 각자가 있다.

2. 동선유동 관련 시문

1) 선유동을 노래한 시

가. 동선유동의 반석에 쓰다 정경세(鄭經世, 1563~1633)

두 선유동 사이좋게 서로 이웃이 되었는데,	兩仙遊洞好相隣
중간의 한 고개엔 흰 구름만 떠있네.	只隔中間一嶺雲
이름난 명승을 두고 우열을 논하지 말게,	莫把名區評甲乙
하늘이 시내와 바위 공평히 나눠줬다네.	天將水石與平分[41]

나. 외선유동 김창흡(金昌翕, 1653~1722)

푸른 시내 깊기도 얕기도 한데,	靑溪深淺流
높고 낮은 바위는 모두가 흰색.	高下一白石
예로부터 서로 깨끗이 씻어주어,	終古相漱雪
이처럼 유리 빛 명승을 빚어냈네.	作此玻瓈色
정이 가는 곳이면 곧 안장을 풀고,	解鞍情便止
가다 앉다 하며 마음 내키는 대로.	行坐信所適
넝쿨 속엔 때늦은 꽃이 피어 있고,	晩花翳綠蘿
푸른 벼랑엔 산새 높이 지저귀네.	高鳥吟靑壁
바위 봉우리 구름 속에 묻혔고,	巖嶂閉陰岑
인가 멀어 나무꾼 길도 막혔네.	人遠樵路隔
모든 생물 하나같이 정적에 잠겨,	羣物一以靜
구름과 해 절로 맑게 흘러가네.	雲日自淸歷
한낮에 마침 상서로운 바람 불어,	景風方晝至
나뭇가지 흔들어서 정적을 깨우네.	披拂叩冥寂

---

41 鄭經世, 『愚伏集』 권2, 「題東仙遊洞盤石」.

옛날 어떤 신선이 예서 노닐었나,　　　游者古何儸
지금에는 그 흔적 끊어져 버렸네.　　　後來遂絶跡
흔들리는 패옥소리 들리지 않고,　　　風珮無遺聲
영지 같은 신선초도 찾을 수 없네.　　　芝英不可覓
맑은 샘물로 죽순을 데치고 삶아,　　　清泉瀹苦竹
이것으로 불로선약을 삼아볼거나.　　　聊以比靈液[42]

다. 선유동즉경　정종로(鄭宗魯, 1738~1816)

하루 종일 산 속에 앉아 있었더니,　　　盡日坐山間
옷소매 속에 푸른 기운이 가득하네,　　　衣袂滿空翠
저녁노을이 맑은 시내로 들어오니,　　　返照入清溪
숲과 산이 다시 그윽하고 화려하네.　　　林巒更幽麗[43]

라. 선유동에서 종백(宗伯 : 南漢朝)의 시에 차운함　정종로(鄭宗魯)

지팡이 짚고 선유동으로 들어가니,　　　杖藜入仙洞
경치를 따라 가느라 쉬지도 못하네.　　　逐境行不歇
시내 따라 펼쳐진 한결같은 수석이,　　　沿溪一水石
서로 번갈아 형승과 소리를 뽐내네.　　　互改形聲出
자세히 보려고 하나 겨를이 없어서,　　　入矚領不暇
조용히 들으면서 읊조리다 그치네.　　　靜聆吟爲輟
서성이며 이곳저곳 가리키는 사이,　　　徘徊指點間
한낮의 해가 기우는 줄도 몰랐네.　　　未覺移午日
점점 동천 깊숙한 곳에 들어가니,　　　轉入洞天深
마치 인간 세상과 단절된 듯하네.　　　若與人世絶

42 金昌協, 『農巖集』 권3, 「外儸遊洞」.
43 鄭宗魯, 『立齋集』 권2, 「仙遊洞卽景 次雲谷第二絶韻」.

산신령은 우리에게 성 내지 마소,	山靈莫相嗔
내 이미 벼슬자리 사양하고 왔다오.	吾已謝簪紱
그윽하고 깊숙한 산골 선경 속에,	窈窕仙峽裏
맑은 시냇물 하얀 반석이 펼쳐졌네.	清水與白石
물결이 바위에 부딪치는 악률 소리,	激觸宮商音
백설처럼 하얗고 구슬처럼 매끄럽네.	漱雪瓊瑤色
널따란 너럭바위와 맑고 맑은 냇물,	盤陀與澄澈
구비마다 신령한 선원으로 제격일세.	曲曲靈源適
붉은 연하가 이 동천에 가득하기에,	丹霞滿洞天
검은 학 절벽 위를 누각으로 삼았네.	玄鶴樓崖壁
온갖 형상 제각기 그윽하고 빼어나,	萬狀各幽絕
인간 세상과 영원히 격리되어 버렸네.	人寰爲永隔
예로부터 고상한 취미를 가진 은사들,	古來高蹈士
몇 사람이나 찾아와 마음껏 노닐었나.	幾人恣遊歷
아름다운 벗이 있으니 바로 남종백[44],	有美南宗伯
이곳에서 만년에 발자취를 멈추었네.	於焉晚栖跡
한 차례 붓을 들어 진경을 그리더니,	一筆寫眞境
나에게 붓을 주며 차운하라 청하네.	寄我和韻覓
시를 읊조리자 입에 향기가 나서,	諷誦口生香
신선의 음료로 양치하듯 황홀하네.	悅嗽靈漿液[45]

마. 나는 문희(聞喜 : 문경)의 산수에 절경이 많다고 듣고서……

정종로(鄭宗魯)

---

44 南宗伯 : 南漢朝(1744~1809)를 말함. 宗伯은 남한조의 자이다. 호는 損齋, 본관은 의령이다. 정종로와 함께 李象靖의 문하에서 수학하였다. 문경의 선유동에 玉霞亭을 짓고 은거하였다.

45 鄭宗魯, 『立齋集』 권2, 「仙遊洞次宗伯韻」.

선유동 仙遊洞

이름난 구역이 주인을 잃어,	名區一失主
오래도록 빈 골짜기 되었네.	百年爲空谷
벗 남군[46]은 선풍도골이 있어서,	南君有仙骨
연하 먹으며 홀로 이 속에 사네.	餐霞此中獨

영사석 靈槎石

만일 배를 띄울 수 없다면,	若其不可泛
어찌하여 계곡이라 하겠나.	胡爲乎谿谷
내 이 뗏목 타고 가고자 하니,	我欲乘之去
창주[47]에 가 홀로 도인 찾으리.	滄洲訪道獨

난생뢰 鸞笙瀨

맑고 명랑한 자란[48] 탄 신선 음악,	寥亮紫鸞笙
이 골짜기에서 울려 나온다고 하네.	云出此山谷
사방을 둘러봐도 사람 없어 적막한데,	四顧寂無人
음악 소리 여울 속에서 저 혼자 나네.	聲在瀨中獨

옥석대 玉鳥臺

선인이 옥 신을 여기다 두었다지,	仙人留玉鳥
이 골짜기서 그 말을 전해 들었네.	傳聞於此谷
그 신을 찾아도 찾을 수가 없어서,	求之不可得
처량한 마음에 우두커니 홀로 섰네.	怊悵立焉獨

---

46 南君 : 南漢朝를 가리킨다.

47 滄洲 : 주자의 호. 주자가 복건성 建陽縣 考亭에 滄洲精舍를 짓고 강학하였다.

48 紫鸞 : 전설 속의 신비한 새로, 신선이 타고 다닌다고 한다.

탁영담 濯纓潭

한 줄기 창랑의 물[49] 같은 시내가,	一道滄浪水
깊은 계곡에서 맑고 맑게 흐르네.	清澈流深谷
저 갓끈을 씻던 사람이 생각나니,	懷彼濯纓人
홀로 세파를 따라 옮기지 않았네.[50]	與世推移獨

관란대 觀瀾臺

신령한 근원 끝까지 찾을 수 없어,	靈源窮不得
물 흐르는 계곡에서 서성이고 있네.	徘徊流水谷
문득 급하게 흐르는 여울 바라보니,	忽觀湍急處
그 본원을 비로소 혼자 깨달았네.[51]	其本始悟獨

세심대 洗心臺

강한에 빨아 가을볕에 말린 듯[52] 깨끗하니,	秋陽江漢水
그 옛날 의란곡[53]에 와 있는 듯 아련하네.	邈矣猗蘭谷

---

49 창랑의 물 : 중국 전설 속의 물 이름. "창랑의 물이 맑으면 나의 갓끈을 씻고, 창랑의
물이 탁하면 나의 발을 씻으리."라는 민요가 있다.

50 이 내용은 屈原의 「漁父辭」에 보이는 "성인은 사물에 구애되지 않고 세파와 더불어
옮겨 간다.[聖人不凝滯於物而能與世推移]"는 뜻을 원용해 쓴 것이다. 창랑의 물도 「어
부사」에 "창랑의 물이 맑으면 나의 갓끈을 씻고, 창랑의 물이 흐리면 나의 발을 씻으리.
[滄浪之水清兮 可以濯吾纓 滄浪之水濁兮 可以濯吾足]"라는 내용을 취한 것이다.

51 『맹자』「盡心上」에 "물을 보는 데 방법이 있으니, 반드시 그 물결을 보아야 한다.[觀水
有術 必觀其瀾]"고 한 데서 연유한 말로, 눈에 보이는 물결을 통해 그 근원을 미루어
헤아린다는 뜻이다.

52 『맹자』「滕文公 上」에 보이는 "장강과 한수의 깨끗한 물에 세탁을 하여, 따가운 가을
볕에 말린 것 같네[江漢以濯之 秋陽以暴之]"에서 따온 말로, 증자가 공자의 도를 비유
한 말이다. 한 점 티끌도 없이 깨끗한 마음을 비유한다.

53 의란곡 : 공자가 천하를 주유한 뒤 노나라로 돌아와 골짜기에 은거할 때, 그윽한 향기
를 풍기는 난초를 보고 알아주는 군주를 만나지 못한 자신에 비유하여 거문고 곡인
猗蘭操를 작곡했다고 한다. 의란곡은 바로 그처럼 아름다운 향기를 지닌 골짜기라는

상쾌한 마음 있어 문득 이 땅을 차지하니,　　　爽心忽有地
이 흐르는 시냇물에 홀로 내 마음을 씻네.　　　洗我此流獨

영귀암 詠歸巖

그 옛날 기수(沂水)와 무우(舞雩)[54]라 한들,　　　沂水與舞雩
어찌 반드시 이 골짜기보다 더 나으리.　　　豈必勝此谷
시 읊고 돌아갈 때 절로 즐거움 있으니,　　　詠歸自有樂
증점(曾點)만 홀로 누리지 말도록 하게.[55]　　　莫敎點也獨

내외선유동 內外仙遊洞

하늘이 신령스런 선굴을 만들 적에,　　　天作靈仙窟
안팎으로 골짜기를 나누어 배치했네.　　　分置內外谷
만물은 모두 다 상대가 있으니,　　　萬物皆有對
이름난 명승지도 혼자만이 아니리라.　　　名區宜不獨[56]

뜻이다.

54 沂水와 舞雩 : 『논어』 「선진」에 공자의 제자 증점이 "기수에 가서 목욕하고, 무우에 가서 바람을 쐬고, 시를 읊조리며 돌아오고자 합니다."라고 자신의 뜻을 말한 내용을 가리킨다. 기수는 산동성 중부 남쪽으로 흐르는 강이고, 무우는 그 근처의 지명이다.

55 『논어』 「선진」에 보이는 내용이다. 공자가 제자들에게 각자의 뜻을 물었는데, 증점은 "기수에 가서 목욕하고 무우에서 바람 쐬고 시를 읊조리며 돌아오겠습니다."라고 하였다.

56 鄭宗魯, 『立齋集』권2, 「余聞聞喜山水多絕勝 欲一遊賞久矣 甲寅淸和 友人南宗伯邀 我共遊於其別庄仙遊洞 振袂入杜陵 聯鑣作行 宗伯之弟朝伯 余之季兒象觀偕焉 自陽 山歷內外仙洞及巴串龍遊諸勝 只得若干首 方欲追賦其景物 而恨無起余者 適會文瑞 來到 遂與共賦」.

바. 선유동 남한조(南漢朝, 1744~1809)

어찌 굳이 선계의 도사들만이,	何必羽衣客
이곳에서 신선처럼 노닐겠는가.	爲仙遊此谷
매번 이 산문으로 들어올 때마다,	每一入山門
표연히 세상을 떠나 나 홀로 있네.	飄然遺世獨

영사석 靈槎石

은하수 물가에 묶여있지 않고,	不繫銀河渚
이 깊은 계곡에 길게 누웠구나.	偃臥此深谷
찾아와 나루를 묻는 이 없어,	無人來問津
그 외로움을 혼자서 읊조리네.	也自嘯詠獨

세심대 洗心臺

그치지 않기 때문에 허물도 없나니,	不息故無累
흐르는 저 계곡의 물을 보시게나.	請看流水谷
그러므로 공자가 냇가에서 하신 말씀[57]을,	所以川上訓
주자는 근독(謹獨)의 뜻으로 발명하였네.[58]	晦翁發謹獨

관란대 觀瀾臺

졸졸졸 흘러내리는 산속의 물이,	涓涓山下水
계곡을 뚫고 나가기란 어려운 일.	艱難透壑谷
감(坎)의 형통은 물격(物格)과 같으니,[59]	坎亨同物格

---

57 공자가 …… 말씀 :『논어』「자한」에 보이는 "子在川上曰 逝者如斯夫 不舍晝夜"라고 한 말을 가리킨다.

58 주자는 …… 발명하였네 :『주자어류』권36, 「논어-자한」에 "能愼獨 則無間斷而其理 不窮 若不愼獨 便有欲來參入裏面 便間斷了 如何 便會如川流底意"라고 하였다.

59 坎의 …… 같으니 : 坎은 水를 상징하니, '감의 형통'은 물이 흘러내려간다는 뜻이다.

이 이치 횡거(橫渠)⁶⁰가 홀로 터득했네.　　　　　此理橫渠獨

탁영담 濯纓潭

작은 티끌도 용납하지 않는 물굽이,　　　　　不受微塵浣
온 종일 텅 빈 계곡을 맑게 흐르네.　　　　　終日湛空谷
갓 끈을 씻는 것도 원하지 않을 텐데,　　　　　濯纓猶不願
그대 어찌 홀로 발을 씻는단 말인가.　　　　　濯足子何獨

영귀암 詠歸巖

바위 위의 시냇물 맑고도 잔잔하니,　　　　　石澗清且漪
이 계곡 세수하고 몸을 씻을 만하네.　　　　　盥濯堪此谷
몇몇 동지들과 시 읊조리며 돌아가니,　　　　　詠歸同數子
그 묘한 지취를 누가 홀로 깨닫는지.　　　　　妙趣誰覺獨

난생뢰 鸞笙瀨

소나무 그림자 우뚝한 절벽에서 너울대고,　　　　　松影舞峭壁
여울물 소리는 먼 골짜기까지 여운이 있네.　　　　　灘聲韻遙谷
구령(緱嶺)⁶¹은 진정 있는 것인지 없는지,　　　　　緱嶺誠有無
신령스런 송뢰 소리를 나 홀로 들었도다.　　　　　靈籟吾聞獨

옥석대 玉鳥臺

유리 같은 반석에서 옥 같은 물 쏟아내,　　　　　琉璃瀉玉流
수정처럼 찬란한 빛 온 계곡에 가득하네.　　　　　晶瑩滿一谷

物格은 『대학』 팔조목의 공효로, 사물의 이치를 궁구하여 사물의 이치가 내게 이른 것을 말한다. 즉 이치를 터득했다는 뜻이다.

60 橫渠 : 북송 때 학자 張載의 호. 장횡거가 이 이치를 홀로 터득했다고 한 것이 무엇을 말하는지 자세치 않다.

61 緱嶺 : 중국 전설 속의 緱氏山으로 이곳에서 도를 닦으면 신선이 된다고 한다.

너럭바위 위엔 우연히 웅덩이도 있으니,　　　　石上偶成窪
기이한 명승이 어찌 그것들뿐이겠는가.　　　　奇勝渠豈獨[62]

사. 선유동에 들어가 회포를 쓰다 남한조(南漢朝)

선정(仙亭)에 오지 않은 지 벌써 네 해가 되었네,　不向仙亭已四年
바람 부는 다락에 홀로 기대니 생각이 처량하다.　風軒獨倚思悽然
내 찾아와 노는 것이 뜸하다 산신령이 화내어서,　山靈嗔我來遊闊
짐짓 세찬 장맛비로 정자 앞 시냇물 넘치게 하네.　故遣狂霖漲前川[63]

아. 내선유동 정태진(丁泰鎭, 1876~1956)

십년을 꿈꾸다 이렇게 한 번 찾아오니,　　十載經營此一遊
선유동문 깊숙한 곳 흥취가 끝이 없네.　　洞門深處興悠悠
맑은 시내 굽이굽이 원두에서 흘러오고,　清溪曲曲靈源瀉
늙은 돌은 울룩불룩 푸른빛이 감도누나.　老石磷磷積翠浮
아득히 오랜 뒤에 은자 자취 찾아보네,　　曠世蒼茫追隱跡
어느 때나 터를 닦고 좋은 계책 얻을까.　幾時粧點獲勝籌
한 해가 다가도 선약 얻을 소식 없으니,　金丹歲暮無消息
부끄러이 세상을 향해 백발을 탄식하네.　羞向人間歎白頭[64]

62　南漢朝, 『損齋集』 권1, 「仙遊洞 用朱子雲谷第一絕韻」.
63　南漢朝, 『損齋集』 권1, 「入仙遊洞志懷」.
64　丁泰鎭, 『畏齋集』 권2, 「內仙遊洞」.

2) 선유구곡(仙遊九曲)을 노래한 시

가. 선유구곡 정태진(丁泰鎭, 1876~1956)

옥하대 玉霞臺

흰 바위에 아침 햇살 비추어 밝게 빛나고,
맑은 시내 찬 물방울 안개 붉게 피어나네.
각자를 한가로이 찾지만 분별하기 어렵고,
옥하대 위 저 허공에 흰 구름만 떠있구나.

白石朝暾相暎華
晶流寒玉紫騰霞
開尋題字迷難辨
只有白雲臺上遲

영사석 靈槎石

너럭바위를 뗏목 삼아 신령을 찾아가다,
시내 속에 정박한 지 아득히 오랜 세월.
곁의 벼랑에도 선인의 자취 남아있으니,
한 길로 원두 찾으면 신선을 만나리라.

以石爲槎喚作靈
中流停著歲冥冥
傍崖又有仙人掌
一路窮源指可聽

활청담 活淸潭

정처에서 흘러가는 물을 바라보는 마음,
못 속이 활발하여 못의 물이 청결하네.
본래의 맑고 활발함 흐리게 하지 말게,
한 이치 허명하면 도가 절로 생기리라.

靜處從看動處情
潭心活活水方淸
本來淸活休相溷
一理虛明道自生

세심대 洗心臺

허명한 한 이치가 본디 내 마음인데,
부질없이 세상사에 깊이 물들었구나.
세심대에 올라 한 번 씻길 생각하니,
어찌 묵은 때를 조금이라도 남기겠나.

虛明一理本吾心
枉被紛囂容染深
到得玆臺思一洗
肯留滓穢分毫侵

관란담 觀瀾潭

못 위의 급한 물살 쏟아지며 이는 물결,	潭上湍流瀉作瀾
이 못에 이르러선 그 기세가 잔잔하네.	到來潭處勢全寬
본래 이와 같이 근본이 있는 물결 보며,	觀他有本元如是
차가운 수면 위로 내 마음을 비춰보네.	照得吾心一鑑寒

탁청대 濯淸臺

대 앞으로 흐르는 내 일어나는 가는 물결,	臺前流水絲漪橫
한 번 긴 갓끈 씻으니 온갖 근심 가볍구나.	一濯長纓萬累輕
손옹이 여기 계실 때 느낀 지취 상상하니,	想像損翁當日趣
푸른 시내 한 굽이서 오롯한 마음 밝아지네.	滄浪一曲玩心明

영귀암 詠歸巖

물가에서 온 종일 맑은 풍광 즐기다가,	臨流盡日弄晴暉
때 맞춰 바람 쐬고 시 읊으며 돌아오네.	風浴隨時可詠歸
기수·무우 아니어도 뜻을 펼 수 있으니,	不必沂雩能撰志
바위 대에서 자족하며 봄옷을 펄럭이네.	巖臺自足振春衣

난생뢰 鸞笙瀨

반석 여울 물소리는 생황을 연주하듯,	琮琤石瀨奏笙鸞
가물가물 신선 자취 어디서 찾아보나.	縹渺仙踪底處看
예로부터 선계[65]엔 신이한 일 많으니,	從古閬林多怪秘
구름 속의 닭과 개 유안이 기르던 것.[66]	雲間鷄犬是劉安

---

65 선계 : 원문의 閬林은 곤륜산 위에 있는 신선이 사는 산의 숲을 말한다.

66 구름 …… 것 : 『神仙傳』에 의하면, 淮南王 劉安이 임종할 때 먹고 남은 단약 그릇을 뜰에 놓아두었는데, 그 집의 닭과 개가 그것을 핥아먹고 모두 신선이 되어 하늘로 올라가 천상에서 닭이 울고 구름 속에서 개가 짖었다고 한다.

옥석대 玉鳥臺

계곡에 누운 반석 위엔 거울 같은 맑은 물,	全石跨溪鏡面開
움푹한 곳 폭포 되고 불룩한 곳 대 되었네.	凹爲泉瀑峙爲臺
선인이 남기고 간 신발 지금 어디 있는가,	仙人遺鳥今何在
섭현에서 날아온 오리 두 마리 있으리라.[67]	應有雙鳧葉縣來[68]

3) 학천정(鶴泉亭)을 노래한 시

가. 학천정 옛 시에 차운하다 송명흠(宋明欽, 1705~1768)

서선유동은 기이하면서 굽이지고,	西仙奇而曲
동선유동은 곧으면서 청명하다네.	東仙直且淸
그 중간에 학천정 그윽한 곳 있으니,	中有鶴泉幽
이 선생[69]을 길이길이 생각나게 하네.	緬憶李先生
선생과 선생의 아우 대심(大心)[70]이,	先生與大心
심력을 다해 이 정자를 경영했다네.	徒勞此經營
이십 년간 나는 이곳을 지나지 않았으니,	廿載不復過
서주(西州)의 심정[71]처럼 슬퍼했기 때문.	惻愴西州情

---

67 섭현에서 …… 있으리라 : 後漢 明帝 때 仙人 王喬는 神術이 있었다. 그가 일찍이 葉縣
   令으로 있으면서 매월 초하루와 보름날 마다 수레도 타지 않고 머나먼 길을 와서
   조정의 조회에 참석하였다. 천자가 그것을 괴이하게 여겨 그 연유를 알아보게 하였는
   데, 그가 올 때마다 오리 두 마리가 동남쪽에서 날아왔다. 이에 그물을 쳐서 그 오리를
   잡아놓고 보니, 바로 왕교의 신발이었다고 한다.(『後漢書』「方術列傳」)
68 丁泰鎭, 『畏齋集)』권2, 「仙遊九曲」.
69 이 선생 : 宋明欽의 스승인 李縡를 말함.
70 大心 : 이재의 아우로 학천정을 경영한 李維의 字.
71 西州의 심정 : 晉나라 羊曇은 謝安에게 총애를 받았는데, 사안이 죽자 그가 살던 西州
   의 문으로 지나가지 않았다. 그러다 어느 날 술에 취해 자신도 모르게 서주의 문에
   이르러 통곡을 하였다고 한다. 여기서는 이 시를 지은 송명흠이 벗 이유가 세상을
   떠난 뒤로 차마 이 학천정을 찾지 못하다가 20년이 지난 이제 다시 찾아오게 되었다는

깎아지른 듯한 희양산의 하얀 봉우리,	削立曦陽峯
지상에서 우뚝 솟은 만 길의 바위덩이.	拔地萬仞石
쏜살같은 여물 물은 격렬하게 흘러가니,	奔湍下激盪
장대하구나 그 형상 힘센 역사 같다네.	壯哉五丁力
정숙하고 단아한 야유암(夜遊巖)이여,	窈窕夜遊巖
고운 선생의 발자취를 상상하게 하네.	想像孤雲跡
지금은 꿈속의 혼을 수고롭게 하지만,	至今勞夢魂
너를 전송하며 마음껏 유람을 하는구나.	送爾恣遊歷[72]

4) 선유동기(仙遊洞記) 이만부(李萬敷, 1664~1732)

희양산(曦陽山)에서 동구를 10리 쯤 벗어나 남쪽으로 죽문촌(竹門村)을 지나가니 서편으로 완장(浣腸)으로 들어간다. 완장 위로 시내를 따라 몇 리를 가면 물이 더욱 맑고 바위는 더욱 널찍하다. 선유동 입구에는 신원 백(申元伯)[73]의 산재(山齋)가 있고, 산재의 서편 수 십 보쯤에 골짜기가 하나 이루어져 있는데, 위아래는 모두 바위이다. 깨끗하고 반들반들하며 모퉁이가 반듯하여 마치 섬돌이나 평상, 혹은 자리 같고 혹은 돌계단을 깔아 놓은 것 같았다. 가운데 길이 하나 나 있다. 우묵하게 돌구유[石槽]가 되어 물이 위에서 쏟아져 구유 속으로 들어가는 것이 마치 은가루 구슬을 뿌리는 것 같다. 손으로 받아서 양치질하니 차마 일어설 수가 없었다. 저물어지자 노을과 구름이 상서롭게 피어올라 갑자기 모여 들었다. 두

슬픈 심경을 말한 것이다.

72 宋明欽, 『櫟泉集』 권3, 「賦鶴泉舊韻 送時淵與諸友尋二仙洞二」.

73 申元伯(1656~1729) : 申弼貞을 말함. 元伯은 그의 자이며, 호는 病翁, 본관은 평산이다. 1728년 李麟佐의 난이 일어나자, 병중인데도 아들 申思日에게 계략을 일러주어 의병을 모아 적도가 남하하지 못하게 막고 민심을 안정시켰다. 영달에 뜻을 두지 않고 성리학에만 전심하였다. 동선유동에 각자를 쓴 인물로 전해진다.

벼랑에는 축축하고 서늘한 기운이 내려왔고 바위 뒤는 밝고 맑아 겨드랑
이에 날개가 돋아나는 듯하였다. 산재의 승려가 점심을 가져 와서 바위에
차려두고 가라고 하였는데 몇 가지 푸성귀가 아주 맛이 좋았다.[74]

5) 학천정기(鶴泉亭記) 송병선(宋秉璿, 1836~1905)

선유동(仙遊洞)은 호서와 영남의 사이에 있는데, 내외의 구별이 있다.
수석의 경치가 화양동(華陽洞)과 서로 백중세이다. 도암(陶菴) 이재(李縡)[75]
선생이 일찍이 파곶(巴串)에다 정자 몇 칸을 지었다. 그리고 그 제도를
따라 종제 지암공(知菴公) 이유(李維)로 하여금 외동(外洞)에다 둔산정사
(屯山精舍)를 짓게 하였다. 용추(龍湫)가 그 위에서 흘러들고 학소대(鶴巢
臺)가 그 아래에 우뚝 솟아 산림과 천석이 이미 비범한 경계가 아니다.
그런데 하물며 선생이 지나가는 정채(精彩)를 입었음에 있어서랴. 이에
선유동 경관에는 모두 정사가 있게 되어 남쪽 고을에서 그 이름을 드러내
게 되었다. 선원을 유람하는 세상 사람들은 이 근원을 끝까지 찾고서야
그만두려 하지 않는 자가 없었다.

그 뒤 불행히도 탄식을 금할 수 없는 화재를 당하여, 땅은 황폐해져서
무성한 풀로 뒤덮였다. 단지 높은 산과 긴 시내만 보일 뿐이어서, 유람객
은 이곳저곳을 가리키며 탄식을 하지 않는 이가 없었다. 지난해 도암
선생의 후손 이인구(李寅九)와 이만용(李萬用)이 이를 개탄하여 이강준
(李康準)·채영진(蔡永震)·김중진(金中鎭) 등과 함께 도모해 뜻을 모아 다

---

74 李萬敷, 『息山集』別集 권2, 「仙遊洞記」.

75 李縡(1680~1746) : 자는 熙卿, 호는 陶菴·寒泉, 본관은 우봉이다. 金昌協의 문인으
    로, 1702년 문과에 급제하여 대제학 등을 지냈다. 인물성동이논쟁에서는 낙론의 입장
    을 견지하였다.

시 정사를 세우기로 하였다. 그러자 원근의 사림들도 그 소식을 듣고 기뻐하며 능력에 따라 도왔다.

아! 이는 선생의 유풍과 여운이 사람들을 깊이 감동시킨 것이 아니겠는가? 지금까지 없어지지 않고 남아 있는 것이, 그 누가 시켜서 그런 것이겠는가? 오직 그 옛터가 너무 깊숙한 곳인지라, 화재를 당할까 두려웠다. 그래서 사림들이 의논하여 그 남쪽 1리 지점인 봉암(蜂巖) 옥석대(玉鳥臺) 위쪽에다 정자를 옮겨 짓고, 이름을 바꾸어 '학천(鶴泉)'이라 하였다. 비록 그 터와 정사의 이름이 옛날의 정사와 다르지만, 그 선생이 소요하시던 장소는 같은 곳이다. 정자가 세워진 뒤, 또 곁에다 누각 하나를 세우고 선생의 유상(遺像)을 봉안하려 하였다. 이는 선생을 존숭하는 도리에 한이 없게 될 뿐만 아니라, 또한 주자가 이른바 '사람들로 하여금 우러러보고 흥기하게 한다.'고 한 것이 아니겠는가?

이해 봄, 여러 선비들이 강좌를 개설하고 나에게 청하였다. 나는 실로 감당할 수 없었지만, 또한 쇠한 세상에 쉽게 만날 수 없는 일인지라, 이에 서로 더불어 『대학』을 강론하였다. 그리고서 그들에게 말하기를 "여러 군자들이 선생을 위하여 이 정자를 중수했으니, 현인을 존숭하는 정성과 덕을 사모하는 마음이 지극하다고 하겠습니다. 그러나 존숭하고 사모하는 실상이 어찌 단지 이 정자를 중수하는 일에서 그칠 따름이겠습니까? 반드시 이곳에서 일삼을 바가 있습니다. 무릇 선생의 도는 『대학』에서 벗어나지 않으니, 그 성의·정심·수신·제가의 설을 밤낮으로 강론하고 익혀서 글을 읽는 소리가 성대하게 들린다면, 선생이 남기신 향기를 채취해서 퇴폐한 오늘날의 풍속을 격려하는 것이 마땅히 어떠하겠습니까?"라고 하였다.

아! 슬프다. 오늘날 세상은 천리(天理)가 날마다 쇠하고 인욕(人慾)이

날마다 자라나고 있다. 이 혼란스러운 세상에는 성실하고 전일한 마음을
갖게 하는 공자의 학문만한 것이 없다. 바라건대 여러 군자들이 서로
면려하여 이 혼돈한 시대에 선생의 도를 영원히 없어지지 않게 한다면,
어찌 성대하지 않겠는가? 여러 유생들이 또 정자에 기문을 청하기에,
드디어 이 말로써 고한다.

　　임인년(1902) 8월 하순 은진 송병선(宋秉璿)이 쓰다.[76]

　　이러한 내용의 송병선의 「학천정기」를 통해, 우리는 이 정자의 내력
과 의미를 알 수 있다.

---

76 宋秉璿, 『淵齋集』 권27, 「鶴泉亭記」.

세상과 동떨어진 별천지, 우복동

I. 우복동 개요

1. 경관 개요

우복동(牛腹洞)은 옛날 '속리산 우복동(俗離山 牛腹洞)'으로 일컬어진 동천(洞天)으로, 이규경(李圭景)의 「낙토가작토구변증설(樂土可作菟裘辨證說)」에는 문경·상주·보은·연풍(延豊)의 경계에 있다고 하였다. 지금은 상주시 화북면 일대 및 문경시 농암면 내서리의 병천·우복동 등을 포함하는 곳이다.

예전의 행정구역은 유역권·생활권을 중심으로 경계를 정하였는데, 지금의 행정구역은 일제강점기에 정한 것으로 유역권·생활권과는 매우 동떨어진 경계가 많다. 옛날의 우복동이 그런 곳 중 하나이다.

우복동은 산줄기로 보면, 백두대간의 남쪽 경사면에 위치한 동천으로, 북쪽으로는 백두대간이 뻗어 내린 청화산(靑華山, 984m), 서쪽으로는 속리산 문장대(文莊臺, 1054m), 남쪽으로는 도장산(道藏山, 828m)이 에워싸고 있으며, 동쪽으로는 쌍룡계곡(雙龍谿谷)의 협곡이 길게 이어진 동천(洞

天)이다.

유역권으로 말하면, 쌍룡계곡의 좁은 협곡이 길게 이어지다가 현 쌍룡터널 옆의 용추(龍湫)에 이르러 바위와 소(沼)가 겹겹이 가로막아 사람이 발길을 들여놓을 수 없게 하였다. 그래서 세속과 단절된 별천지로 알려지게 되었다.

용추를 지나 1km 남짓 상류에 병천(瓶泉)이 있다. 병천은 시내에 하얀 반석이 넓게 펼쳐지고 중간에 용이 할퀴고 지나간 듯한 물길이 나 있다. 이곳은 쌍룡계곡의 마지막 제9곡의 경계이며, 동시에 이른바 우복동의 초입에 해당한다.

용추로부터 시내를 따라 현 화북면 소재지로 이어지는 계곡을 통틀어 용유동(龍遊洞)이라 한다. 용이 뚫고 지나가며 노닐던 곳이라고 하여 용유동이라고 이름이 붙여졌다. 쌍룡계곡의 좁은 협곡을 용이 뚫고 지나간 것으로 생각한 것이다. 산줄기가 뻗어 내린 것만을 용(龍)으로 보지 않고, 물이 흘러내린 골짜기도 용으로 본 것이다. 그것은 계곡에 암반이 드러나 용이 뚫고 지나간 것처럼 여겼기 때문이다.

넓은 의미로 현 화북면 일대를 예전에는 용유동이라 부르기도 하고, 우복동이라 부르기도 하였다. 또 비결서에 나오는 말에 따라 여덟 명의 판서가 나올 곳이라 하여 팔판동(八判洞)이라 부르기도 하였다.

그 안에 다시 쌍룡계곡의 끝자락인 병천에서 화북면 소재지로 올라가는 골짜기를 용유동, 병천에서 오른쪽 시내를 따라 들어가는 골짜기를 우복동, 화북면 소재지 조금 위에서 서쪽 속리산 문장대로 이어진 골짜기를 장암동(壯岩洞), 화북면 소재지 조금 남쪽에서 서쪽 속리산 천황봉으로 오르는 골짜기를 장각동(長角洞)이라 하였다. 그러니까 넓은 의미의 우복동 안에 또 작은 골짜기의 동천을 각기 그렇게 부른 것이다.

이 동천이 바로 도연명(陶淵明)의 「도화원기(桃花源記)」에 나오는 도화원과 같은 곳으로 알려진 우복동이다. 그래서 우복동 안에서도 다시 진짜 우복동이라고 하는 진우복동이 생겨난 것이다.

도화원은 정치권력의 폭력이 미치지 않아 민간인이 마음 놓고 편안히 살 수 있는 이상적인 세계로, 절대 권력으로부터 고통 받지 않고 즐거운 생을 영위할 수 있는 낙토(樂土)를 의미한다. 그래서 세상이 어수선하고 권력의 폭압으로부터 도피하고자 했던 사람들이 늘 찾고자 동경했던 곳이다. 즉 피세(避世)의 낙토를 상징하는 대표적인 곳이 이른바 「도화원기」에 나오는 도화원인데, 우리나라에서 대표적인 그런 도화원이 바로 상주의 우복동이다.

우복동은 속세에서 멀리 떨어져 있는 속리산 자락에 있는 동천(洞天)이다. 이곳은 예전에 사람이 많이 살지 않고 사람이 쉽게 접근할 수 없는 동떨어진 외딴 곳이었다. 청주나 보은 방면에서도 접근이 쉽지 않고, 문경이나 상주 방면에서도 접근이 쉽지 않은 사람이 거의 살지 않는 곳이었다. 그러므로 이곳은 세상과 단절된 곳, 세상의 난리를 피할 수 있는 곳, 정치권력으로부터 수탈을 당하지 않고 편안히 마음 놓고 살 수 있는 공간으로 인식되어 피세의 길지로 소문이 나게 된 것이다.

우복동은 지리산 청학동(靑鶴洞)과 함께 우리나라 대표적인 동천복지(洞天福地)로서 복을 누리며 걱정 없이 살 만한 곳으로 알려져 동천이다. 이곳은 현실에서 멀리 떨어져 있어서 정치권력의 횡포가 미치지 않으며, 토질이 비옥하고 물이 좋아 사람이 농사를 지으며 살 만한 곳이다.

이곳은 병천을 제외하면 천석(泉石)이 빼어나게 아름다운 명승이 별로 없다. 따라서 명승지라기보다는 겹겹이 산으로 둘러싸여 있고 세상과 단절된 별천지로서의 특징이 있다고 하겠다.

　이런 곳이 우리나라에 여러 곳 있는데, 지리산 청학동, 덕유산 원학동과 비교해 보면, 각기 다른 특징이 발견된다. 지리산 청학동은 그야말로 신선(神仙)이 사는 곳으로, 신선의 세계이다. 처음 청학동으로 지목된 곳은 쌍계사 위 불일폭포 근처로 청학봉과 백학봉이 있는 곳이다. 이곳은 학이 사는 곳으로, 곧 신선이 사는 곳이다. 따라서 인간이 살 수 있는 곳이 아니며, 인간의 발걸음을 허락하지 않는 곳이다. 그러므로 그곳이 어디인지 속인이 쉽게 찾을 수 없다.

　원학동은 원숭이와 학이 사는 곳이지만, 이는 은자가 벗하는 동물로 신선이 타고 다니는 학과는 다른 이미지이다. 우선 지리적으로 골이 깊고 동천이 넓어서 농사를 지을 수 있는 공간이 충분하기 때문에 학자들이 은거하여 살 만한 곳이다. 그런데다가 산수의 경관이 아름다워 더욱 이름이 났다. 실제로 원학동에는 일찍부터 사대부들이 은거하여 이름난 학자들이 배출되었다. 따라서 원학동은 산수가 아름다운 명승지, 도회지에서 멀리 떨어진 곳이라는 이미지가 있다.

　반면 우복동은 청학동처럼 신선이 사는 선계, 또는 원학동처럼 학자가 숨어 사는 은거지의 이미지가 없다. 우복동은 신선 또는 학자가 사는 곳과는 구별되는 일반인이 숨어 살 만한 곳이다. 우복동에 강선대(降仙臺) 등의 명승이 있지만, 신선의 이미지는 매우 약하며, 그것도 후대에 붙여진 이름이 대부분이다. 또한 이 마을에 유학자가 은거하기도 하였지만, 구한말 이전에는 유학자들이 거의 살지 않았던 듯하다.

　우복동은 세속을 피해 편안히 살 수 있는 피세(避世)의 낙토(樂土)라는 이미지가 다른 동천과 다른 특징이다. 우복동은 풍수지리적으로 붙여진 이름일 것이며, 용유동은 옛날 사람들이 지형의 특징을 보고 붙인 이름이다. 이곳을 일명 '속리산 우복동'이라고도 하니, 세상과 동떨어진 산간

마을을 의미한다고 하겠다.

2. 『택리지』의 용유동

이중환(李重煥)의 『택리지』에는 용유동(龍遊洞)을 아래와 같이 기술해 놓았다.

> 속리산 남쪽에 환적대(幻寂臺)가 있는데, 그곳은 수많은 봉우리와 계곡이 있고 바위가 뾰족뾰족하고 골짜기가 깊숙하여 사람들이 가는 길을 모른다. 이 골짜기의 물줄기가 합쳐져서 작은 시내가 되어 작은 웅덩이를 지나 청화산 남쪽을 따라 동쪽으로 용추(龍湫)에 흘러든다. 이곳이 병천(甁川)이다. 시내 남쪽은 도장산이니, 또한 속리산의 한 줄기가 뻗어 내려 솟은 산으로 청화산과 가까이서 마주하고 있다. 이 두 산 사이의 공간으로 용추 위쪽을 통칭해서 용유동이라 한다.
>
> 용유동 안의 평지는 모두 반석이다. 큰 시내가 서쪽에서 북쪽으로 흐른다. 시냇물이 반석 위를 흘러가며 넓게 펼쳐져 있는데, 이 시냇물이 우뚝한 바위를 만나면 작은 폭포가 되고, 좁고 깊은 곳을 만나면 작은 계곡물이 되고, 모나고 넓은 곳을 만나면 작은 못이 되고, 둥글고 움푹한 곳을 만나면 작은 우물이 된다. 또 평탄한 곳을 만나면 냇물이 진주를 꿰어놓은 주렴처럼 보이고, 빙빙 도는 곳을 만나면 길게 피어오르는 향불의 연기처럼 보인다. 바위는 구유[槽] 같기도 하고, 솥[鼎] 같기도 하고, 가마솥[釜] 같기도 하고, 절구[臼] 같기도 하다. 또한 바위를 쌓아 만든 산 같기도 하고 작은 섬들이 모여 있는 것 같기도 하다. 또한 바위 모양이 양이나 호랑이 같기도 하고, 닭이나 개 같기도 하여 기이하고 괴상하다. 그리고 냇물이 빙빙 둘러 굽이굽이 돌아 흐르는데 세차게 흘러내리기도 하고, 고요하게 고여 있기도 하며, 격렬하게 쏟아지기도 하고, 동이를 거꾸로 들어 쏟아 붓는 듯하기도 하다. 양쪽 언덕에는 수목이

우거져 있고, 골짜기의 바람은 서늘하니, 아마도 천하의 기이한 경관일 것이다. 동천 중앙에 역천(櫟泉) 송명흠(宋明欽)의 병천정사(甁泉精舍)가 있다. 청화산 동쪽에는 선유산(仙遊山)이 있다.[1]

『택리지』에서 말하는 용유동이 현 상주시 화북면 일대의 우복동이라고 하는 곳이다.

Ⅱ. 용유동

1. 용유동(龍遊洞)으로 가는 긴 협곡, 쌍룡구곡(雙龍九曲)

경상도에서 충청도로 가는 대표적인 옛길이 문경새재이다. 문경에서 괴산으로 넘어가는 가은읍 완장리 불한령(不寒嶺)은 사람들의 통행이 그리 잦지는 않았지만 예전부터 사람이 다니던 길이 있었다. 그런데 상주에서 화북면 우복동으로 가는 길은 워낙 험해서 사람의 왕래가 거의 없었다.

그중에서도 가장 험난한 길이 쌍룡계곡의 용추(龍湫) 지점이다. 지금은 터널이 뚫려 있어서 그 험한 형세를 경험할 수 없지만, 옛날에는 이 용추를 경계로 하여 우복동의 안과 밖이 구별되기도 하였다. 17세기에

---

1 李重煥, 『擇里志』. "俗離南有幻寂臺 千峰萬壑 巉巖幽邃 人不知其逕路 是谷之水 合爲小川 渡小垌 循青華山南而東注龍湫 是爲甁川 川南爲道藏山 亦俗離一支來會 與青華偪側相對 而兩山之間 龍湫以上 通稱龍遊洞 洞中平地 皆盤石 大川自西至北 濶展平鋪於石上 遇石之峻嶒處則爲小瀑 遇石之狹凹處則爲小澗 遇石之方廣處則爲小池 遇石之圓坎處則爲小井 遇平坦處 水如眞珠簾 洄洑處 水如香煙篆 石如槽如鼎如釜如臼 如石假山 如小島嶼 如羊虎 如鷄犬 奇奇怪怪 而水環繞旋轉 或澎湃 或淳潅 或激射 或倒瀉 兩崖 樹木蕭瑟 而谷風凄冽 殆天下之奇觀也 當中 有宋櫟泉甁泉精舍 青華山東北有仙遊山"

활동한 기호학파의 김창협(金昌協, 1651~1708)은 이곳의 지형을 다음과
같이 기록해 놓았다.

> 용추(龍湫)는 병천(甁川)에서 시내를 따라 몇 리를 내려온 지점인데,
> 이곳도 하나의 바위로 되어 있고 좌우의 바위 절벽이 매우 장대하다.
> 물이 휘감아 도는 위아래의 두 못은 매우 깊고 검푸른 빛을 띠며 숲이
> 우거져 오래 앉아 있을 수 없다.[2]

'좌우의 바위 절벽이 매우 장대하다.'고 한 것을 지금은 터널이 나 있
어 실감하기가 어려운데, 이곳은 쌍룡계곡의 협곡 중에서도 가장 병목에
해당하는 곳으로 가파른 절벽 사이로 물이 쏟아져 내리고 그 밑에 시퍼
런 못이 형성된 곳이다. 그리고 그 밑에는 거대한 바위들이 시내 한복판
에 널려 있어 길을 찾기가 어렵다.

전국의 어느 용추나 마찬가지지만, 용추에는 용이 살고 있다고 믿었
다. 그래서 대체로 저명한 용추는 모두 옛날 기우제를 지내던 곳이다.
18세기에 활동한 상주에 살던 정종로(鄭宗魯, 1738~1816)는 이상정(李象
靖)의 문인으로 퇴계학통을 이은 남한조(南漢朝)와 절친하게 지내며 인
근의 산수가 아름다운 곳을 두루 유람하였는데, 용추를 구경하고 다음과
같이 노래했다.

> 검푸르게 깊은 못 그 깊이 알 수 없는데,　　　　　　　沈黑若無底
> 바람소리 천둥소리 수시로 골짝에 울리네.　　　　　　風雷時動谷

2　金昌協, 『農巖集』 권23, 「華陽諸勝記」. "龍湫 自甁川 循溪下數里 而是亦全石以成
　　左右巖壁甚壯偉 水滙上下二湫 沈沈黝碧陰森 不可久坐也"

하늘을 나는 용에게 내 삼가 물어보노니,　　　　借問天飛物

어찌하여 오랫동안 못 속에 잠겨 있는가.　　　　胡爲久潛獨[3]

　남한조가 동선유동에 옥하정(玉霞亭)을 짓고 은거함으로써 이들의 산수 유람이 본격화되었다. 그러나 남한조와 정종로 모두 동선유동과 쌍룡계곡에 구곡을 경영하지는 않았다. 쌍룡계곡에 구곡을 경영한 것은 근대에 들어와서야 가능했다.

　문경시 농암면 내서리 쌍룡교 위쪽에서 내서천과 쌍룡천이 합류하는데 이 두 시내의 물줄기를 두 마리의 용에 비유하여 쌍룡계곡이라 한 것이다. 이곳에 근대의 인물 민우식(閔禹植, 1885~1973)이 사우정(四友亭)을 세우고, 내서천과 쌍룡천에 쌍룡구곡을 경영하였으며, 아래와 같은 쌍룡구곡시(雙龍九曲詩)를 남겼다. 지금도 사우정이 시냇가 바위 위에 남아 있다.

서시(序詩)

한 폭의 용추 언덕엔 사우정이 자리하고,　　　　一幅龍岡四友亭

세 산[4]이 모이고 두 시내 합해 흐르네.　　　　三山會合兩溪㶏

이곳의 산과 시내 아홉 굽이 간직했으니,　　　　此地溪山藏九曲

하늘이 명승을 만드는 데 정성을 쏟았네.　　　　天敎形勝最丁寧

3　鄭宗魯, 『立齋集』 권1, 「余聞聞喜山水多絶勝 欲一遊賞久矣 甲寅淸和 友人南宗伯邀我共遊於其別庄仙遊洞 振袂入杜陵 聯鑣作行 宗伯之弟朝伯 余之季兒象觀借焉 自陽山歷內外仙洞及巴串龍遊諸勝 只得若干首 方欲追賦其景物 而恨無起余者 適會文瑞來到 遂與共賦-龍湫」.

4　세 산 : 사우정에서 북쪽의 시루봉, 서쪽의 도장산, 남쪽의 다락골 동쪽 봉우리(637m)를 가리키는 듯하다.

제1곡 입문(入門)

일곡이라 찾아오니 도에 들어가는 문일세,	一曲來由入道門
양쪽 언덕 절벽 솟아 좁은 길이 어둡구나.	兩邊峭壁路中昏
굳세게 나아가 전진하길 그치지 않으리니,	行行立脚進無已
한걸음씩 나아가면 저절로 근원에 닿으리.	次第前頭自有源

제2곡 지도(志道)

이곡이라 우뚝 솟구친 도에 뜻을 둔 바위,	二曲峭然志道石
세찬 시내 막아 선 모습 정히 지주석일세.	橫流截立定如碣
세차게 쏟아지는 물결 때로 덮어버리지만,	飛淙奔瀑時相過
머리 돌리지 않으니 의지 더욱 명백하구나.	猶不回頭去益白

제3곡 우연(于淵)

삼곡이라 우연은 거울처럼 맑은 물결,	三曲于淵一鏡磨
천연의 묵은 바위에 절로 움집 생겼네.	天然古石自成窩
바람 잦아 물결 없고 봄볕도 따뜻한데,	浪息風恬春日暖
물고기 떼 이리저리 한가로이 노니누나.	魚群閃恕任委他

제4곡 여천대(戾天台)

사곡이라 하늘에 닿을 듯한 높은 대,	四曲戾天千尺臺
일찍이 저 높은 곳에 이른 사람 없네.	無人曾昔到崔嵬
여기 사는 솔개만이 자기 본성 알아,	惟有巢鳶能識性
구만리 장풍 타고 마음대로 나는구나.	長風九萬任飛回

제5곡 방화동(放化洞)

오곡이라 세속에서 벗어난 곳 방화동,	五曲超然放化洞
그중에서 빼어나고 그중에서 제일일세.	拔乎其萃出乎衆
손꼽아 보니 몇 사람이나 여기 왔던가.	屈指幾人能到斯

하늘과 땅 고요하여 긴 꿈에 취하노라. 乾坤寂寂醉長夢

제6곡 안도석(安道石)

육곡이라 빼어나게 도를 편안히 한 바위, 六曲挺然安道石
시내 한 가운데 우뚝하게 높이 솟았구나. 中流載特百千尺
지금은 높아서 오를 수 없다 말하지 말라, 休說而今高莫攀
문을 통해 나가면 자취를 좇을 수 있으리. 由門進道可追跡

제7곡 낙경대(樂耕台)

칠곡이라 몸소 밭 갈고 이대에서 즐기니, 七曲躬耕樂此臺
감나무 뽕나무와 콩을 비 오자 심었다네. 柿桑豆菽雨初栽
남산에서 김매고 돌아와 저녁에 누우니, 鋤罷南山歸臥夕
자식 손자 둘러앉아 책 읽자고 재촉하네. 兒孫環匝讀書催

제8곡 광명암(廣明岩)

팔곡이라 기이한 바위 넓고 또한 밝으니, 八曲奇巖廣且明
맑은 물에 뛰는 고기 둘이 서로 정답구나. 水澄魚躍兩相情
바람과 구름 물과 고기 진실로 우연 아니니, 風雲魚水誠非偶
나의 명덕 미루어 넓혀 민중을 이롭게 하리. 推廣吾明利衆生

제9곡 홍류동(紅流洞)

구곡이라 붉은 물결 별난 동천이 있구나, 九曲紅流別有洞
복사꽃잎 떠오는 시내 속된 세상 사양하네. 桃花春水謝塵關
구름은 멧부리서 나오고 새는 저녁에 돌아오며, 始焉出岫終知還
길짐승으론 기린 있고 날짐승으론 봉황이 사네. 獸有麒麟鳥有鳳[5]

---

5 閔禹植, 『華雲遺稿』 권1, 「雙龍九曲詩」.

사우정 경관

민우식은 부친 민영석(閔泳奭, 1868~1920)을 위하여 쌍룡계곡 입구에
사우정(四友亭)을 세우고 쌍룡구곡을 경영하였는데, 그것은 아래와 같은
그의 기록을 통해서 확인할 수 있다.

땅에 이름이 있는 것은 『주역』에 상(象)이 있는 것과 같으니, 사람들이
그 뜻을 취하는 데 달려있다. 속리산 동쪽 20리 지점에 세 산이 모이고
두 시내가 합하는 곳이 있는데, '쌍룡'이라 한다. 사우정이 곧 그곳에
있다. 무릇 용은 신성한 동물이니, 사람 중에 성인이 있는 것과 같다.
그런데 '쌍룡'이라 이름을 붙인 것은 대체로 용이 둘 있기 때문이니, 잠룡
(潛龍)과 현룡(見龍)이 있는 것을 말한다. 또 쌍룡으로 구곡의 명칭을
삼았으니, 이는 내가 그렇게 명명한 것이다. 혹 그 곳의 명칭을 따라
그 의미를 보존한 경우가 있으니, 곧 '지도(志道)'·'안도(安道)'가 그런
경우이다. 혹 그곳의 명칭을 따라 더하거나 줄인 것이 있으니, 곧 '방화

(放化)'·'홍류(紅流)'·'광명(廣明)'이 그런 경우이다. 혹 그곳의 근사한
점을 따라 이름을 붙인 것이 있으니, 곧 '입문(入門)'·'우연(于淵)'·'여천
(戾天)'·'낙경(樂耕)'이 그런 경우이다. 입문은 도에 들어가는 문을 말하
며, 지도는 도에 뜻을 둔다는 말이다. 우연·여천은 타고난 본성을 해치
지 않고 그대로 따르는 솔성(率性)을 말하며, 방화는『맹자』의 '대이화지
(大而化之)'[6]의 경지를 말하며, 안도는 도에 편안함을 말한다. 이 6곡은
공부할 때 덕에 나아가는 차례로써 말한 것이다. 곧『주역』건괘의 초구
효 '잠룡물용(潛龍勿用)'의 상이니, 정자(程子)가 이른바 '덕을 감추고
길러 때를 기다린다.'라고 한 경우이다. 낙경이란 안빈낙도를 말하니,
곧『주역』건괘 구이효의 '현룡재전(見龍在田)'의 상이니, 순임금이 밭을
갈고 고기를 잡던 시절이다. 광명이란 천하에 명덕을 넓게 밝히는 것을
말하니, 곧『주역』건괘의 구사효와 구오효의 상이다. 홍류란 세상을
피해 사는 도화원을 말하니,『주역』건괘 상구효를 경계하는 상이니,
'물러나 겸손히 하면 후회가 없다'는 뜻이다. 이 3곡은 세상에 나아가거
나 물러남, 도를 행하고 감추는 출처행장(出處行藏)으로 말한 것이다.[7]

이 쌍룡구곡시의 발문을 보면, 구곡의 명칭이 무엇을 의미하는지, 구

---

6 大而化之 :『맹자』「盡心下」에 보이는 말로, 그 덕을 크게 하여 저절로 자신을 변화시
키는 경지를 말한다. 맹자는 善, 信, 美, 大, 聖, 神의 여섯 단계를 설정했는데, 대이화
지는 聖의 경지를 가리킨다.

7 閔禹植,『華雲遺稿』권1,「書雙龍九曲詩後」. "地之有名 猶易之有象 在人之取義焉 俗
離東二十里 有三山會兩水合處 曰雙龍 四友亭 卽其地也 夫龍靈也 猶人之有聖也 而曰
雙 蓋二焉故也 有潛龍見龍之謂也 又有九曲之稱 是余之所以命名也 或有因其名而存
之者 乃志道安道之謂也 或有因其名而增刪者 乃放化紅流廣明之謂也 或有因其近似
者而名之者 乃入門于淵戾天樂耕之謂也 入門者 入道門之謂也 志道者 志於道之謂也
于淵戾天 率性之謂也 放化 卽大而化之之謂也 安道 安於道之謂也 此六曲 以工夫之進
德次第言之 卽乾之初九 潛龍勿用之象 程子所謂晦養俟時者也 其曰樂耕 安貧樂道之
謂也 卽乾之九二 見龍在田之象 大舜所以田漁時者也 其曰廣明 廣明德於天下之謂 卽
乾之九四九五之象 其曰紅流 遯世桃源之謂 戒乾之上九 退遜無悔之意 此三曲 以出
處行藏言之也"

곡의 명칭을 어떻게 정했는지를 알 수가 있다. 이를 간략히 정리해 보면
다음과 같다.

우선 '쌍룡(雙龍)'이라는 명칭은 두 시내가 합하기 때문에 붙였다고 하
였으니, 용추에서 흘러내리는 쌍룡천과 내서리에서 흘러내리는 내서천
을 두 마리의 용으로 본 것이다. 지금은 이곳의 지명이 되었는데, 지명
역시 이런 의미로 붙인 것이다. 그런데 민우식은 여기에 『주역』의 역학
적 의미를 더하여 아직 세상에 드러나지 않은 잠룡(潛龍)과 세상에 나타
난 현룡(見龍)의 의미를 덧붙였다.

다음 그는 구곡의 명칭을 정하면서 지명을 그대로 쓴 것도 있고, 지명
을 약간 고친 것도 있고, 지형지세와 근사한 의미로 이름을 붙인 것도
있다고 하였는데, 이를 정리하면 다음과 같다.

지명을 그대로 쓴 경우는 제2곡의 명칭인 지도(志道)와 제6곡의 명칭
인 안도석(安道石)이다. 이는 '도에 뜻을 두다.' 그리고 '도에 편안하다.'
라는 의미이다.

지명을 따르되 약간 수정을 가한 경우는 제5곡 방화동(放化洞), 제8곡
광명암(廣明岩), 제9곡 홍류동(紅流洞)이다. 아마도 방화·광명·홍류 등
의 지명이 있었는데, 이런 지명을 그대로 살리면서 의미를 덧붙여 한자표
기를 다르게 한 것이다.

또 그곳의 지형지세와 근사한 의미로 이름을 지어 붙인 경우는 제1곡
입문(入門), 제3곡 우연(于淵), 제4곡 여천대(戾天台), 제7곡 낙경대(樂耕
台)이다. 제1곡 입문은 도덕의 세계로 들어가는 문이라는 뜻으로 붙인
이름이다.

다시 차례대로 구곡의 명칭에 대한 의미를 살펴보면 다음과 같다. 제1
곡 입문(入門)은 도덕의 세계로 들어가는 문이라는 뜻이다. 제2곡 지도

(志道)는 도를 구하는 데 정신지향을 둔다는 뜻이다.

제3곡 우연(于淵)과 제4곡 여천대(戾天台)는『중용』의 '연비려천 어약우연(鳶飛戾天 魚躍于淵)'에서 취한 것인데, 민우식은 본성을 해치지 않고 그대로 순응하며 사는 솔성(率性)을 말한 것이라고 하였다. '연비려천 어약우연'은 조선시대 성리학자들이 가장 애용하던 문구 중에 하나로, '솔개는 날아서 하늘에 떠 있고, 물고기는 연못에서 뛰노네.'라는 뜻이다.

이는 허공에 떠 있는 솔개와 연못에서 뛰노는 물고기를 통해 이 세상에 천리(天理)가 늘 유행하고 있는 것을 인지하여 본성을 해치지 않고 순응하는 삶을 가장 이상적으로 여기는 사유를 담아 놓은 것이다.『중용』에 본성을 해치지 않고 순응하는 것을 도(道)라고 하였으니, 바로 그런 도를 구하고자 하는 의지표명을 한 것이다. 제3곡의 이름을 우연으로 하고, 제4곡의 이름을 여천으로 한 것은 땅 위의 못에서 유행하는 천리를 먼저 보고, 하늘에 드러낸 천리의 유행을 나중에 본다는 차례를 따른 것이다.

제5곡 방화동(放化洞)은『맹자』에서 성(聖)의 경지로 말한 '그 덕을 크게 하여 저절로 자신을 변화시키는 경지'를 의미한다. 제6곡 안도석(安道石)은 도에 편안하다는 뜻으로 붙인 이름이다.

민우식은 제1곡부터 제6곡까지는 잠룡(潛龍)으로 비유하여 학자가 자신을 드러내지 않고 공부를 하여 덕을 성취하는 차례로 보았다. 그리고 제7곡 낙경대(樂耕台)부터는 현룡(見龍)으로 보아 순(舜)임금이 농사를 짓고 물고기를 잡으며 살던 시절의 안빈낙도(安貧樂道)를 상징하는 것으로 의미를 부여하였다. 제8곡 광명암(廣明岩)은 자신의 명덕을 넓게 밝히는 것으로 보고, 제9곡 홍류동(紅流洞)은 세상을 피해 사는 도화원(桃花源)으로 보아 '물러나 겸손히 하면 후회가 없다.'는 의미로 붙였다.

이러한 구곡의 명칭은 도가 망한 시대를 산 한 지식의 정신지향을 잘 드러낸 것이라 할 수 있다. 민우식은 첩첩산중의 바위와 못에 이런 의미를 담아 쌍룡구곡을 개척하고 설정하여 무명의 쌍룡계곡을 정신문화가 찬란히 빛나는 쌍룡구곡으로 거듭나게 하였다.

민우식은 제3곡 바위 위에 선친의 뜻을 받들어 사우정(四友亭)을 지었는데, 직접 「사우정기(四友亭記)」까지 남겼다. 이 기록에 의하면 사우정은 1923년 또는 1933년에 지었으며, 사우(四友)는 산(山)·물[水]·바람[風]·달[月]로 지상의 고산유수(高山流水)와 하늘의 청풍명월(淸風明月)을 벗하며 노닐고자 한 은군자의 정신지향을 드러낸 것임을 알 수 있다.[8]

2. 용유동 입구의 명승, 병천(瓶泉)

병천(瓶川)은 '병목처럼 생긴 시내'라는 뜻으로, 옛 이름은 병천(屛川)이다. 김창협(金昌協, 1651~1708)은 "병천(屛川)은 문경 땅에 있는데, 화양동과 40리쯤 떨어진 곳이다. 동천이 모두 한 덩어리 바위로 되어 있고, 바위는 모두 흰색이다. 완연히 파곶과 마찬가지이다. 규모가 비록 작지만, 기이한 곳은 파곶보다 낫기도 하다."[9]라고 평하였다.

지금 병천은 문경시와 상주시의 경계에 있다. 김창협의 논평처럼 병천은 한 덩어리의 너럭바위가 시내에 넓게 깔려 있고 그 사이로 시내가 흐르는데, 너럭바위에 기괴한 모양의 돌개구멍이 수없이 형성되어 있다. 그리고 바위가 하얗기 때문에 깨끗하고 상쾌한 경관이미지를 보여준다. 화양구곡의 제9곡인 파곶(巴串)과 비교했는데, 면적은 파곶보다 조금 작지만 경관의 이미지는 파곶보다 오히려 낫다.

---

8 閔禹植, 『華雲遺稿』 권1, 「四友亭記」.
9 金昌協, 『農巖集』 권23, 「華陽諸勝記」.

병천정사 현판   빙청실 현판

이처럼 병천은 17세기 기호 지방의 학자들에게 알려진 명승이었지만, 그곳에 들어가 은거한 사람은 없었다. 그러다 18세기 초 송준길(宋浚吉)의 증손인 송요좌(宋堯佐, 1678~1723)가 병천에 들어가 병천정사(瓶泉精舍)를 짓고 기거하며 구곡을 설정함으로써 송씨(宋氏)의 별서(別墅)가 되었다. 송요좌는 "병천의 맑고 웅장함은 법도가 있다."고 품평하였다.[10]

송요좌의 아들로 이재(李縡)에게 수학한 송문흠(宋文欽, 1710~1752)은 송요좌가 병천정사를 경영하고 주변을 개척한 일을 기록해 놓았는데, 병천의 경관을 다음과 같이 묘사해 놓았다.

병천(瓶泉)의 옛 이름은 병천(屛川)으로, 두 산이 병풍 같아서 붙여진 이름이다. 그 골짜기는 모두 큰 반석으로 되어 있는데, 바위색이 밝고 매끄러워 빙설과 같으며, 울쑥불쑥 움푹한 곳과 돌출한 곳이 있으며, 지렁이가 기어가는 듯 구불구불하다. 물이 그 가운데로 흘러 영롱하고 기괴함이 이름하고 형용할 수 없다. 교룡이 서리고 할퀸 흔적과

---

10 宋文欽,『閒靜堂集』권7,「瓶泉記略」."先君愛好山水 游陟遠及 而每稱瓶泉之勝 嘗評之曰 瓶泉淸壯有法度"

대략 같다. 그러므로 또 '용유동(龍游洞)'이라고도 한다. 시냇물이 바위
사이로 흐르다가 못으로 흘러드는데, 큰 바위가 물이 흘러드는 곳을 덮
어서 병의 주둥이[甁口]와 같은 점이 있다. 그러므로 선군[宋堯佐]께서
'병천(甁泉)'이라고 이름을 바꾸셨다.[11]

　이를 보면 병천정사 앞의 도장산(道藏山)과 뒤의 청화산(淸華山)이 병
풍처럼 둘러 있어서 병천(屛川)이라 한 것을 알 수 있으며, 송요좌가 병
천의 지형을 보다 섬세히 관찰하여 병목처럼 생긴 바위를 특징으로 포착
하여 병천(甁泉)으로 바꾼 것을 알 수 있다.

병천의 경관

11　宋文欽, 『閑靜堂集』 권7, 「甁泉記略」. "甁泉舊名屛川 以兩山如屛故名 其礎皆大盤陀
　　石色瑩滑如冰雪 窪隆出沒 盤屈蜿蟺 水由中行 玲瓏怪巧 不可名狀 略如蛟龍盤攪之跡
　　故又謂之龍游洞 水由石間下注于潭 而大石覆其注 有如甁口 故先君更名曰甁泉 卽其
　　北阿 爲亭曰玲瓏亭 中四楹爲室曰冰淸室 外周八楹 東南爲軒 西北爲夾室 總名曰甁泉
　　精舍"

송요좌는 1703년 병천 북쪽 언덕에 정자를 짓고 '영롱정(玲瓏亭)'이라 편액을 하고, 가운데 방을 만들어 '빙청실(冰淸室)'이라 하고, 동남쪽으로 다락을 만들고 서북쪽으로 협실(夾室)을 만들고서 이를 총괄하여 '병천정사(甁泉精舍)'라고 이름을 붙였다.[12]

송요좌는 병천정사를 중심으로 상류 수백 보 지점 두 물줄기가 만나는 곳의 큰 바위를 조기(釣磯)라 하고, 속리산에서 흘러내리는 시내를 남간(南澗), 북쪽 청화산에서 흘러내리는 시내를 북간(北澗)이라 명명하였다. 그리고 청화산 골짜기의 북간을 거슬러 오르면 깊은 골짜기를 만나는데 그곳을 귀운동(歸雲洞)이라 하고, 그 골짜기에 열 개의 기둥으로 된 집이 있는데 청은당(淸隱堂)이라 한다고 하였다. 남간을 거슬러 오르면 연좌암(宴坐岩)이 있는데, 그곳의 초당을 남간정사(南澗精舍)라 한다고 하였다. 또 병천정사에서 하류로 2리쯤 내려가면 거대한 바위 머리가 못 위로 들어가 있는데, 이를 청요담(淸瑤潭)이라 하며, 다시 3리쯤 내려가면 용추(龍湫)가 있으며 청옥협(靑玉峽)을 지나간다고 하였다. 그리고 5리를 내려가면 쌍룡사(雙龍寺)가 있다고 하였다.[13]

송요좌는 병천정사에서 반년쯤 기거하다가 떠나고 승려로 하여금 살게 하였는데, 집이 기울어지고 무너져 그의 아들들이 1733년 다시 지었다.

---

12 宋文欽, 『閒靜堂集』 권7, 「甁泉記略」. "肅宗二十九年癸未 始築玲瓏亭 次第置堂舍 區畫形勝 定爲九曲 甁泉卽第六曲也 巖巒溪潭 皆標名號 亭臺之屬 多所規布 疏泉鑿池 蒔花種果 書籍必藏於是 以爲歸老之計 而卒不遂焉"

13 宋文欽, 『閒靜堂集』 권7, 「甁泉記略」. "自亭右 泝溪而上數百步 有巨石 當二溪之會曰 釣磯 溪自南來者曰南澗 源出於俗離山 自北來者曰北澗 源出於淸華山 泝北澗而上 得蓬谷曰歸雲洞 洞中有屋十楹曰淸隱堂 泝南澗而上 至宴坐巖之下 有草堂曰南澗精舍 自亭沿溪而下二里 爲靑瑤潭 有巨石斗入潭上 高可數十尺 頂平廣 擬置一柱亭 名之曰太極 又三里爲龍湫 過靑玉峽 又五里爲雙龍寺 自雙龍至龍湫 石色蒼黑 兩壁矗天 陰森險阻 若有神物 殆天所以限嶺外也"

　　송요좌가 병천정사에 머물 때 기호지방의 학자들이 찾아와 노닐었는
데, 이현익(李顯益, 1678~1717)이 찾아와 지은 시가 전한다.

태화산(청화산)은 우뚝 하늘까지 솟았고,	太華屹造天
속리산은 산 중에서 가장 높이 치솟았네.	俗離聳衆岫
용유동이 이 두 산 사이에 들어 있는데,	龍遊在其間
바위 골짜기 모두 기이하고 빼어나네.	巖壑儘奇秀
푸른 시내와 여러 못들이 흘러내리며,	水綠疊潭開
늘어선 절벽엔 무성한 넝쿨 늘어졌네.	壁列垂蘿茂
소나무와 노송나무 고금에 울창하며,	松檜欝古今
흰 구름은 밤낮으로 항상 머물러 있네.	白雲宿夜晝
나의 벗은 도심이 넘치는 사람인데,	吾友多道心
이곳에다 정사를 지어놓고 은거하네.	精舍此結搆
수석과 샘물이 창문 앞에 펼쳐 있고,	石泉在戶牖
청풍과 명월은 고요하여 때가 없네.	風月靜無垢
벗은 나를 보면 명승을 자랑했는데,	見我誇勝絶
함께 유람하길 약속한 지 오래됐네.	偕遊約已舊
봄바람이 불어와 문득 화창해지니,	春風忽澹蕩
유람하고 싶은 생각 어찌나 간절한지.	歸興一何富
벗과 함께 골짜기 입구에 들어서니,	提携入洞門
지팡이 짚고 가다 그윽한 곳 만나네.	杖策延幽覯
냇가에 서면 눈이 놀라도록 아름답고,	臨流復駭目
냇가 바위 누가 저리 다듬어 놓았나.	巖石孰雕鏤
오목한 바위 구멍 술잔을 둔 듯하고,	凹如實罇罍
깨끗하여 그릇을 대신할 수 있겠네.	潔可代椀豆
승려는 용이 볕을 쬔 곳이라 하지만,	僧言是龍曝
나는 귀신의 기침소리처럼 의심했네.	我疑爲鬼嗽

오리쯤 나아가자 깊은 못 나타났는데,	五里得深湫
그윽하고 괴이함 이곳에 다 모였네.	幽恠此輻湊
기이한 바위가 양쪽 절벽을 갈랐고,	奇石擘兩崖
물이 모여 양쪽 구멍에서 쏟아지네.	積水湧雙竇
검푸르게 깊어 바닥이 보이지 않으니,	黝黑而無底
들여다 보려다 도리어 고개를 움츠리네.	窺覬還縮首
묵묵히 앉아서 이 조화를 생각하지만,	默坐念造化
황홀하여 도무지 궁구할 수 없구나.	怳忽不可究
돌아가니 산 속의 해는 벌써 저물고,	歸來山日暮
남기가 옷소매 속에 가득 하구나.	烟嵐滿衣袖
노거사 집에 찾아가 하룻밤 묵었는데,	就宿盧居士
창밖에서 호랑이 싸우는 소리가 들리네.	窓前聞虎鬪[14]

이 시를 보면 병천정사의 경관이 눈에 선하게 그려지는 듯하다.

송요좌가 별세한 뒤, 병천정사는 그의 맏아들 송명흠(宋明欽, 1705~
1768)의 별서로 쓰였다. 송명흠은 이재(李縡)의 문인으로 천거에 의해 여
러 차례 관직에 제수되었으나 나아가지 않았으며, 만년에는 경연관에
임명되어 정치문제를 논하다가 영조의 비위를 거슬러 파직되었다. 송명
흠이 병천정사에서 동생 송문흠에게 보낸 아래의 시를 보면 당시의 풍경
과 정취를 느낄 수 있다.

사흘 동안 남풍 불어 운무가 걷히지 않는데,	三日南風霧不開
산골 마을마다 나무를 심어 매화꽃이 하얗구나.	山山樹稼皎如梅
외로운 정자에서 밤새도록 빗소리를 들었는데,	孤齋竟夜聽天雨

---

14 李顯益, 『正菴集』 권1, 「入瓶泉宋道能權敬仲來會」.

골짝마다 세찬 물소리 천지에 요란히 진동하네.　　　萬壑奔流動地雷
청화산 우뚝한 봉우리엔 사람들이 이르지 않고,　　　華嶽巉嵒人未到
조정의 드넓은 뜰엔 꿈속에도 돌아가기 어렵네.　　　龍湖空闊夢難廻
멀리서 알겠구나, 너는 죽창 푸른 등불 아래서,　　　遙知竹牖靑燈下
홀로 쇠잔한 화로를 끼고 술잔을 들고 있겠지.　　　獨擁殘鑪懶擧杯[15]

송명흠은 벼슬에 연연하지 않고 성명(性命)을 온전히 보전하는 삶을
택한 듯하다. 아래의 시를 보면 산림에 은거하여 자적하는 그의 심경을
엿볼 수 있다.

온갖 새들 새벽 창가에서 울어대는데,　　　百鳥啼窻曉
서쪽 봉우리엔 조각달이 기우는구나.　　　西峯片月斜
산골 아이가 차가운 물을 길어다가,　　　山童汲寒水
바위 위에서 향기로운 찻물 끓이네.　　　石竈賣香茶
차 맛은 쓴 맛 속에서 느낄 수 있고,　　　味向苦中得
기운은 고요한 곳에서 온화해지네.　　　氣從靜處和
기쁘게 마음에 합하는 이 좋은 경계,　　　怡然心會境
드디어 세상의 속진과 멀리 떨어졌네.　　　遂與世塵退[16]

아래의 시는 송명흠이 친하게 지냈던 민우수(閔遇洙, 1694~1756)가 찾
아와 시를 주고받으며 자신의 속내를 드러낸 것인데, 역시 산수 속에
묻혀 사는 도학자적 정신세계를 보여주고 있다.

---

15 宋明欽, 『櫟泉文集』 권1, 「甁泉夜雨 書寄士行」.
16 宋明欽, 『櫟泉文集』 권1, 「甁泉漫吟」.

저 맑은 시냇물은 떠서 마실 수 있고,　　　　　維澗可飮
저 산의 나무들은 취사를 할 수 있네.　　　　維木可餐
목총 나물 삶아 먹어 처량하다만,　　　　　　木蔥以悄
시냇물은 푸르고도 차갑기만 하네.　　　　　澗紺而寒
내 선고께서 지으신 이 작은 정자,　　　　　先人之築
이 바위 여울에 있음을 사랑하네.　　　　　　愛此巖湍
나는 성현이 남긴 경전을 품고,　　　　　　　我抱遺經
마음속을 통렬히 밝게 하리라.　　　　　　　　痛徹心肝[17]

송명흠은 병천정사에서 찾아오는 학생들을 가르치기도 한 듯한데, 제
생(諸生)의 시에 차운한 것이 몇 수 있다. 그 가운데 아래의 시는 그 자신
의 정신지향을 잘 보여주고 있다.

부슬비 막 개였는데 해는 서산에 지려고 하고,　　小雨初收日欲西
매미는 요란하게 울어대고 새들은 낮게 나네.　　蟬鳴如沸鳥飛低
이 사이 오히려 빈한하게 사는 지취가 있으니,　　此間尙有寒棲趣
소나무 그늘에 고요히 앉아 시냇물을 굽어보네.　　靜坐松陰俯玉溪[18]

18세기 병천의 모습을 어떠했을까? 한양 출신으로 이광사(李匡師)의
아들인 이긍익(李肯翊, 1736~1806)은 병천정사 주위의 산천 경개를 다음
과 같이 기술해 놓았다.

속리산 남쪽에 환적대(幻寂臺)가 있다. 온갖 바위와 골짜기로 가득하

17　宋明欽, 『櫟泉文集』 권1, 「瓶泉 次蟾村閔叔遇洙韻」.
18　宋明欽, 『櫟泉文集』 권3, 「瓶泉和諸生韻」.

여 오솔길도 찾기가 어렵다. 시냇물이 청화산(靑華山)에서 나와 동쪽으로 흘러 용추(龍湫)로 흘러드는데 이곳이 병천(瓶川)이다. 시내 남쪽의 도장산(道藏山)은 청화산과 마주 보고 있다. 두 산 사이, 용추로부터 그 위쪽을 통틀어 용유동(龍游洞)이라 칭한다. 동천 안의 평지는 모두 반석으로 되어 있다. 큰 시내가 반석 위로 펼쳐져 흐르면서 작은 폭포가 되기도 하고, 작은 못이 되기도 하고, 수렴(水簾)이 되기도 하였다. 바위 모양이 구유[槽] 같기도 하고, 절구 같기도 하고, 짐승 같기도 하여 천태만상으로 매우 기이하고 괴이하다. 그곳에 송씨(宋氏)의 정자가 있다.[19]

한편 상주에 살던 정종로(鄭宗魯)의 아들 정상관(鄭象觀, 1776~1820)은 병천의 모습을 다음과 같이 묘사해 놓았다.

이날 동쪽으로 가서 장암(壯巖)으로 나와 하용유동(下龍遊洞)에서 묵었다. 찬선(贊善) 송 역천(宋櫟泉 : 宋明欽) 공이 시내에 정자를 지었는데, 모두 너럭바위이다. 바위가 괴이하여 천태만상이었다. 남선생(南漢朝)은 "천지가 개벽하던 초기에 바위가 응결되어 아직 견고해지지 않은 상태에서 모래와 물결에 마모가 되어 생긴 것이다"라고 하셨고, 부친께서는 나무[木]와 흙[土]이 서로 침범하는 이치를 미루어서 "용이 놀다간 흔적이다."라고 하셨다. 그리고 함께 시를 지어 그 점을 분변하셨다. 시냇가 정자에 수천 권의 장서가 보관되어 있는데, 대개 고금의 특이한 서책들이라고 한다.[20]

---

19 李肯翊, 『燃藜室記述』別集 권16, 「地理典故」, 「山川形勝-瓶川」. "瓶川 俗離南有幻寂臺 千巖萬壑 不知徑路 有川循靑華山 東注龍湫 是爲瓶川 川南道藏山 與靑華相對 兩山之間 龍湫以上 通稱龍游洞 洞中平地皆盤石 大川瀾鋪石上 爲小瀑 爲小潭 爲水簾 如槽如臼如獸 千態萬象 奇奇怪怪 中有宋氏亭舍"

20 鄭象觀, 『谷口園記』권6, 「蓬壺第一史-瓶泉」. "是日 東出壯巖 宿下龍遊洞 宋贊善櫟泉公 築水中 皆石 石詭異萬狀 南先生以爲 開闢之初 石凝未堅 沙礜波蝕之所爲 大人推 木土相賊之理 以爲龍遊之跡 俱作詩 卞之 溪上亭 藏書累千卷 籠封之 大抵古今異書云"

구한말 송시열의 후손 송병선(宋秉璿, 1836~1905)도 용유동을 유람하면서 병천 일대의 모습을 다음과 같이 기술해 놓았다.

　　비치령(飛雉嶺)을 넘어 굽이굽이 돌아 병천(瓶泉)으로 내려오니, 천석의 빼어남과 운림(雲林)의 깊숙함이 이미 범속한 경계가 아니었다. 수중 바위 하나에 '회란(回瀾)'이란 2자가 새겨져 있었다. 바위 색은 깨끗하나 매끄러움이 오히려 부족했다. 그 격조와 운치가 맑고 기이했지만 경관이 길게 이어지지 못하였다. 그러나 화양구곡의 제1곡에는 해당될 수 있다. 이곳은 생각하니 역천(櫟泉 : 宋明欽)의 별장이 있던 곳으로, 남겨진 정자가 그 바위 위에 있다. 시내를 따라 1~2리를 가자 길가에 와석(臥石)이 있었는데, '동문(洞門)' 2자가 새겨져 있었다. 획이 커서 서까래만 하였다. 세상에서 전하는 말에 양 봉래(楊蓬萊:楊士彦)의 글씨라고 한다.[21]

병천 시내의 바위에 새겨진 각자 '회란(回瀾)'은 회광란장백천(回狂瀾障百川)의 준말로, 미친 듯이 흘러내리는 물결을 되돌리고 온갖 시내를 막아 동쪽으로 흐르게 한다는 뜻이다. 즉 휩쓸리는 세태를 바로잡아 비정상을 정상으로 되돌려 놓는다는 의미가 있다. 거센 물결이 사납게 흐르다가 큰 바위를 만나면 되돌아 흐르기 때문에 유속이 느려지니, 회란석은 미친 듯이 치달리는 세상의 변화를 막아 정상으로 돌려놓는다는 의미를 갖는다. 위 인용문 중 '동문(洞門)'은 '동천(洞天)'을 잘못 표기한 것이다.

병천정사 현판에 걸린 「병천정사중수기(瓶泉精舍重修記)」는 현대 인물

---

21 宋秉璿,『淵齋集』권22,「遊華陽諸名勝記」. "踰飛雉嶺 邐迤下瓶泉 泉石之勝 雲林之邃 已非凡境也 水中一巖 刻回瀾二字 而石色尚欠瑩膩 其格韻清奇 不能脩長 然亦可以當華陽一曲矣 是惟櫟泉別業 而遺亭在其上焉 沿流行一二里 路傍臥石 刻洞門二字 畫大如椽 世傳楊蓬萊筆"

송병구(宋秉俅)가 지은 것으로, 이 기문에 의하면 1998년 경상북도와 상
주시의 주선으로 병천정사를 중수한 사실을 알 수 있다.

3. 우복동의 중심, 용유동

용유동(龍遊洞)은 쌍룡구곡의 상류에 있는 병천부터 그 위쪽의 여러
골짜기를 아우른 동천을 통틀어서 일컫는 명칭이다. 이름은 글자 그대로
용이 뚫고 지나갔다는 의미로 붙인 것인데, 이래의 쌍룡계곡과 연관해서
지은 것이다.

상주에 살던 이만부(李萬敷, 1664~1732)는 용유동을 유람하고 기문을
남겼는데, 쌍룡계곡을 거쳐 용유동 일대에 이르는 경관을 별천지로 칭하
면서 다음과 같이 묘사해 놓았다.

> 쌍룡계곡을 지나는데 몇 굽이나 되는지 알 수 없었다. 안천(按遷)과
> 부천(負遷)을 지나자, 동천이 비로소 확 트여 따로 별천지가 나타났다.
> 동천 위와 아래로는 반석이 펼쳐져 있는데, 색깔은 희고 매끄럽고 윤택
> 했다. 깨끗하여 침조차 뱉을 수 없었다. 물이 반석을 덮고 흐르다 빈틈이
> 있으면 꺾어져서 흘러갔다. 물이 모여 졸졸졸 소리를 내며 흐르는데,
> 그 메아리가 더욱 맑아서 마치 거문고와 생황을 연주하는 듯하였다. 바
> 위 위에는 가끔 돌로 만든 제방이 있었는데, 큰 것은 가마솥만 하고,
> 작은 것은 물동이나 바리때와 같았다. 속설에는 용 발톱의 흔적이라 전
> 한다. 곁에는 기이하게 생긴 바위와 괴이한 나무와 이상한 화초가 많았
> 다. 산새들이 기가 가득 쌓인 곳을 출입하는데, 울음소리가 사람들을
> 업신여기는 것 같기도 하고, 혹 사람들을 머물기를 권하며 떠나가는 것
> 을 애석히 여기는 것 같기도 하였다. 시냇가에 송씨(宋氏)의 정자가 있었
> 다. 동천 위는 장암(裝巖)[22]이라 하였다. 동쪽으로는 오십도(五十島 : 상

오리)를 경유하여 상락(上洛 : 상주)으로 통하고, 서쪽으로는 호서의 상당(上黨 : 청주)으로 내려간다.[23]

이 기록에 의하면, 용추 주변의 협곡이 얼마나 험한 지를 알 수가 있다. 안천(按遷)과 부천(負遷)의 천(遷)은 우리말로 벼랑을 뜻하는 '벼리'이니, 안천은 '절벽을 안고 가는 벼리'라는 말이고, 부천은 '절벽을 등지고 가는 벼리'라는 말인 듯하다. 이만부는 쌍룡계곡 상류에 별천지가 펼쳐져 있는데, 그곳이 용유동이라고 하였다.

근기 지방의 실학자 성호(星湖) 이익(李瀷)은 용유동을 다음과 같이 기술해 놓았다.

'용은 바위를 보지 않는다.'[24]는 옛말은, 용이 분노하여 일어날 때 돌을 부수어 막힘이 없음을 말하는 것이다. 나는 젊은 시절 유람을 좋아했기 때문에 기이한 일을 자주 보았다. 속리산 옆에 용유동이 있는데, 떨어져 내리는 폭포가 아주 깊다. 그 아래쪽에는 위와 아래에 두 개의 용추가 있는데, 깊이를 헤아릴 수 없다. 또 그곳에는 물고기와 개구리도 살지 않으며, 어두컴컴하고 시커멓다. 내려다보면 두려워할 만하다. 만약 신비한 용이 그 속에 살지 않는다면, 두 산 사이로 여름철 장마가 질 때 언덕이 갑자기 무너지고 돌들이 흘러내려 순식간에 도랑을 메워버리고 말 것이다. 이 지방 사람들의 말에 "이 용추는 옛날이나 지

---

22 裝巖 : 현 경상북도 상주시 화북면 장암리를 가리키는 듯하다.

23 李萬敷, 『息山集』別集 권2, 「龍遊洞記」. "涉谿不知幾曲 過按遷負遷 洞府始開豁然 別得天地 洞上下鋪石 色白滑潤 潔不容唾 水抱石得礧屈折 注下淙淙 響益清 若奏琴瑟 笙竽 巖上時有石圩 大如釜小如盆如鉢 俗傳龍爪之痕 旁側多詭巖惟木異草 禽鳥出入 積氣中 鳴若傲人 或若勸留 惜其去者 溪上有宋氏亭 洞上曰裝巖 東由五十島通上洛 西下湖西上黨"

24 이 말은 남송 때 사람 張端義의 『貴耳集』卷下에 보인다.

금이나 늘 변함이 없다."고 한다. 어째서일까? 가뭄이 들면 오물이 그
속에 들어가게 되는데, 그러면 반드시 폭우를 내려서 씻어버리니, 용
의 신비한 조화를 징험할 수 있다.[25]

예전 사람들은 암반이 드러난 계곡의 기괴한 바위를 보면, 용(龍)이
뚫고 지나가면서 생긴 흔적이라고 생각했다. 그리고 용추처럼 깊은 못
속에는 신비로운 조화를 부리는 용이 산다고 생각했다. 그래서 가뭄이
들면 그런 곳에 가서 기우제를 지내는 것이 일반적인 관례였고, 수령의
중요한 업무 중 하나였다. 그러니까 용은 우주 자연의 신비로운 조화를
일으키는 신물(神物)로 여긴 것이다.

기호 지방의 학자 김창흡(金昌翕, 1653~1722)도 용유동을 유람하면서
계곡의 기암괴석을 용이 만든 조화로 생각하여 다음과 같이 노래했다.

용유동엔 저절로 기암괴석 많으니,	龍遊自奇巖
용이 잡아당기고 할퀴어서 만든 것.	龍所挐攫於
비로소 마음과 안목이 명랑해지니,	始至心目朗
바위 모두 서리·백설처럼 하얗구나.	石皆霜雪如
세차게 쏟아지는 시내를 자세히 보니,	細觀所噴薄
물이 돌고 부딪히는 바위 모양 제각각.	回軋石貌殊
영롱한 물방울 여러 웅덩이로 모이는데,	玲瓏百竅注
옥으로 만든 연적에서 뿜어대는 듯하네.	含吐玉蟾蜍
넓게 움푹 패여 그 밑에 못이 되었는데,	展拓有下潭

---

25 李瀷, 『星湖僿說』 권6, 「萬物門-龍遊洞」. "古語云 龍不見石 謂龍之怒起抉石 無所碍
也 余少好遊覽 多見奇異 俗離之旁 有龍遊洞 瀑落甚高下 有上下二湫深 不可測 且無魚
蝦 窅冥黝黑 俯視可怖 苟非神物藏在其中 兩山之間 水潦之際 垠崖劃崩 亂石簸走 宜
頃刻塡滿 而土人云 古如是今如是 何也 歲旱則投腥穢之物 而必暴雨洗滌 可以驗矣"

둥근 면적이 열 이랑의 농토만 하구나.	圓可十畝餘
맑고 맑아 눈썹도 비추어 볼 수 있을 듯,	澄澄鑑燭眉
출렁이는 모습은 바람에 옷자락 흩날리듯.	漾漾風吹裾
흰 안개는 푸른 소나무 위에서 청정하고,	煙霜淨松翠
해 그림자는 텅 빈 시내를 따라 옮기네.	日影隨溪虛
적막하기만 한 용의 소식이여,	寂寥龍消息
적막하기만 한 용의 소식이여,	寂寥龍消息
가볍게 움직이는 피라미를 보네.	輕浮見儵魚
깊숙한 용유동 구경을 다 끝내고서,	淺深賞已殫
소슬한 기분으로 태초에 의탁하네.	蕭條寄太初[26]

용의 신비로운 조화를 보면서 느낀 김창흡은 우주 자연의 지각 변화가 일어난 태초의 세상을 떠올리며 시상을 마무리하고 있다.

18세기 후반 상주에 살던 정종로(鄭宗魯, 1738~1816)와 동선유동에 옥하정(玉霞亭)을 짓고 한때 은거한 남한조(南漢朝, 1744~1809)는 당대의 저명한 학자이다. 이들은 퇴계학파 이상정(李象靖)의 문하에서 수학한 동문으로 함께 동선유동·용유동 등을 유람하였는데, 용유동에 이르러 기암괴석을 구경한 뒤 시를 주고받으며 논쟁을 하였다. 그 내용은 이렇다. 남한조는 용이 조화를 부린 것이 아니라 천지자연의 자연스러운 조화라는 것이고, 정종로는 용이 지나가면서 만들어진 조화라는 것이다. 이는 자연지리에 대한 성리학자들의 논쟁이라는 점에서 주목해 볼 만하다.

정종로는 용유동 등을 구경한 뒤에 용유동에 대해 다음과 같은 시를 지어 남한조에게 보여주었다.

---

26 金昌翕, 『三淵集』 권7, 「龍游洞」.

괴이하구나, 옛날 용이 노닐던 곳이여,　　　　　　可怪龍遊處

바위 모양 괴이하게 골짜기에 가득하네.　　　　　石形詭滿谷

반석을 뚫고 간 흔적 어지러이 남았으니,　　　　　亂印盤屈痕

또한 한 마리 용이 혼자 노닌 것 아니네.　　　　　也非一鱗獨[27]

　이 시를 보면 정종로는 쌍룡계곡의 기암괴석이 어려 마리의 용이 반석
을 뚫고 지나가며 남긴 흔적이라고 생각한 것을 알 수 있다. 그런데 이에
대해 남한조는 생각이 달랐다. 그는 그것은 어디까지나 자연의 조화라는
관점이다. 남한조는 정종로의 견해에 동의하지 않고 자신의 소견을 아래
와 같은 짧막한 시로 먼저 표현했다.

내가 듣기로 동해 바다 위는,　　　　　　　　　　吾聞東海上

기괴하여 만물이 모이는 곳이라 하네.　　　　　　奇詭萬物谷

세상 사람들 자기 소견에 가려서,　　　　　　　　世人蔽所見

용이 혼자 놀던 흔적이라 의심하네.　　　　　　　遂疑龍遊獨[28]

　아마 용유동을 유람하면서 여러 사람들이 각자 자기 소견으로 '한 마
리 용이 지나간 흔적이다', 또는 '여러 마리의 용이 뚫고 지나간 흔적이
다'는 등등의 말이 있었던 듯하다. 정종로는 한 마리 용이 노닌 흔적이
아니라고 한 것인데, 남한조는 그의 견해에 동의하지 않은 것이다.

　남한조는 유람을 한 뒤, 이 점에 대해 궁구를 한 듯하다. 그리고서

---

27 鄭宗魯, 『立齋集』 권1, 「余聞聞喜山水多絶勝 欲一遊賞久矣 甲寅淸和 友人南宗伯邀
我共遊於其別庄仙遊洞 振袂入杜陵 聯鑣作行 宗伯之弟朝伯 余之季兒象觀偕焉 自陽
山歷內外仙洞及巴串龍遊諸勝 只得若干首 方欲追賦其景物 而恨無起余者 適會文瑞
來到 遂與共賦-龍遊洞」.

28 南漢朝, 『損齋集』 권1, 「龍游洞」.

아래와 같은 의미심장한 시를 지어 정종로에게 보여주었다.

청화산(淸華山)의 남쪽에,	淸華山之陽
용유동이라는 동천이 있네.	有洞名龍遊
큰 반석이 온 골짜기에 펼쳐 있는데,	大石亘一壑
희고 옥 같은 돌이 시내에 깔려 있네.	皓瑩承溪流
맑은 물굽이와 세차게 흐르는 여울에는,	澄灣與激湍
왕왕 기이하고 화려한 형승이 있는데,	往往作奇麗
바위의 장대함은 더욱 기괴하다네.	石壯尤詭怪
깜짝 놀라서 오랫동안 살펴보니,	驚駭久乃諦
파인 곳은 항아리나 물동이 같기도 하고,	或陷如甕盎
웅덩이는 가마솥이나 발 달린 솥과 같네.	或窪如釜錡
혹 한 폭의 비단을 찢어 놓은 듯한데,	或如裂幅帛
쾌도로 멋대로 조각내 펴놓은 듯하네.	快刀恣分披
또 비옥한 땅을 갈아놓는 것 같은데,	又如耕肥壤
쇠스랑으로 도랑과 두둑을 만든 듯하네.	鐵杷疏溝塍
평평한 곳은 다시 무늬가 형성되어,	平處更成紋
비늘 껍질이 가늘게 서로 이어진 듯.	鱗甲細相承
기이하구나, 바위에 새겨진 교묘한 솜씨,	異哉鑴鑿巧
반수(班倕)[29]도 능히 할 수 없을 걸세.	班倕莫能施
민간에 괴이한 말 좋아하는 사람 많으니,	氓俗多好怪
용이 이렇게 만든 것이라 서로 전하네.	相傳龍所爲
식견 높은 사인들 박식한 언변으로,	達士騁辯博
더 부연하여 기이한 설을 생산하네.	鋪衍駕奇說
용은 나무의 정기 타고난 신물이며,	龍者木之神
바위는 흙을 골격으로 삼는다 하네.	石乃爲土骨

---

29 班倕 : 춘추시대 匠人 公輪班과 요임금 때의 장인 倕를 말함.

그 이치 나무가 흙을 제압하듯 상극이라,	其理有相克
용이 다닐 적엔 바위를 없는 듯 여긴다네.	龍行不見石
그러므로 용이 휘젓고 다닌 자리는,	所以揮霍處
지렁이가 진흙을 기어간 자국 같다 하네.	若蚓行泥跡
용이 서려 머물던 자리는 구덩이가 생기고,	蟠屈成窪坎
용이 움킨 곳은 바위가 갈라졌다고 하네.	挐攫卽分坼
신물이 기교를 멋대로 부리니,	神物逞技巧
변화를 어찌 예측할 수 있겠냐고 하네.	幻變那可測
이 말이 심히 고원하고 오묘하시만,	此言甚高妙
용렬한 나는 그 말을 듣고 놀랐다네.	下士聞瞠若
일찍이 생각해보니 이 세상에는,	嘗思天地內
기이하고 괴이한 일 끝이 없다네.	奇詭無窮極
산해경(山海經)과 지리지에서,	山經及地誌
시험 삼아 한두 가지 예를 들어 보겠네.	試擧其萬一
단계(端溪)의 화초석(花草石)[30]은,	端溪花草石
누가 지극하고 오묘하게 새겨 놓았나.	點染誰臻妙
영릉(零陵)의 석병장(石屛障)[31]은,	零陵石屛障
얼마나 정제되고 교묘하게 다듬었나.	剪裁何整巧
강원도 총석의 수많은 돌기둥 무더기,	叢石千萬柱
하나하나 먹줄을 치고 깎아 만든 듯.	一一如繩削
금강산의 일만 이천 봉우리,	金剛萬二峯
하나하나 옥을 다듬어 놓은 듯.	箇箇如鏤玉
대자연은 작용이 본래 다양하니,	大塊本多般
어찌 모두 용이 재주를 펼친 것이리.	豈盡龍倆伎

---

30 端溪의 花草石 : 단계는 광동성 高要縣의 지명으로 벼루를 만드는 돌이 생산되는 곳
    이다. 화초석은 화초 무늬를 새긴 벼루를 말하는 듯하다.
31 零陵의 石屛障 : 호남성 永州市에 있는 병풍 같은 바위.

내 소견으로는 세상이 생성될 적에,	吾意融結初
만물은 물에서 형체를 갖게 되었네.	萬有形於水
찌꺼기는 응결되어 핵이 되었으며,	查滓凝作核
표면은 단단하고 연한 것이 섞였네.	肌理間硬脆
흐르는 물은 항상 물결이 일렁이니,	洪流常蕩瀁
그 연한 부분을 침식해서 제거하네.	齧去其脆理
뻥 뚫린 골짜기는 빈 공간이 되고,	谽谺成空隙
굽이진 곳으로 물이 흘러 내렸네.	屈曲隨水勢
그대는 보지 못했는가, 저 목가산이,	不見木假山
여울과 모래에 침식되어 만들어진 것을.	蕩蝕湍沙際
표피가 다 없어지면 골격만이 남으니,	膚盡骨乃存
그윽하게 바위골짜기가 생겨난 것일세.	窈然生巖壑
사람들이 모두 괴이하게 여기지 않음은,	人皆不之怪
항상 눈으로 보아온 것이기 때문이네.	爲是常目擊
떳떳한 이치로써 그 변화를 살펴보면,	以常觀其變
변화는 떳떳한 이치를 벗어나지 않네.	變非常理外
지혜로운 자는 아는 것이 지나쳐서,	智者知之過
점점 그윽하고 어두운 곳으로 들어가네.	轉入幽且昧
천 년 만 년 오랜 세월이 지났지만,	爾來千萬年
용이 바위를 움키었다는 말 듣지 못했네.	不聞龍攫石
용의 신령스러움 근거할 바 있다고 해도,	龍神有所憑
어찌 용의 발톱과 뿔에 달려있는 것이랴.	豈在爪與角
비록 큰 영웅이 있다고 하더라도,	雖有大英雄
자기 생각만 하면 스스로 가벼워진다네.	自用則自輕
가령 용이 참으로 바위를 움켜쥐었다면,	使龍眞攫石
어찌하여 영물이 될 수 있었겠는가.	何以爲物靈
장화(張華)[32]가 박물지를 저술하여,	張華著博物
허황된 말들이 넘쳐흐르게 되었네.	汗漫流荒虛

그 웅변이 한 번 나온 뒤로는,	雄辯一以出
휩쓸리듯 세인들이 다투어 추향했네.	靡然世爭趨
떳떳한 도리를 따르는 일 천근하지만,	循常雖近局
유행하는 세속을 따라 무너지지 않네.	不隨流俗壞
시를 지어 어리석고 비루한 생각 서술하니,	爲詩述迷陋
괴이함 말하지 않은 공자 말씀[33]에 따른 것.	敢附不語怪[34]

이처럼 남한조는 세간의 용이 신비한 조화를 부려 만든 것이라는 설을 괴이한 설로 치부하고, 용유동의 기암괴석은 대자연의 조화의 작용에 의해 만들어진 것이라는 주장을 하고 있다.

이에 대해 동문 정종로는 가만히 있을 수 없었던 듯하다. 그리하여 그 역시 장편시를 지어 반박하였는데, 「용유동의 바위 형상이 기괴한데, 남종백(南宗伯 : 南漢朝)은 용이 노닐어서 그렇게 된 것이 아니라 조화의 자연스러움이라고 하며, 변론하는 시 수십 구를 지어 나에게 보여주었다. 그 말이 참으로 식견이 없는 것은 아니지만, 내 생각으로는 천지간의 만물의 이치는 어느 곳인들 있지 않음이 없으며, 또 하나의 설만으로 개괄하기는 어렵다고 여겼다. 그러므로 그의 의견에 반론하고, 또 이 시를 지어 보여준다.」라는 긴 제목만 보아도 그 내용을 유추할 수 있다.

---

32 張華 : 晉나라 때 시인으로, 『博物志』를 저술하였다. 『박물지』는 신선과 기이한 인간, 민간의 전설 등에 관한 이야기를 기록한 책이다.

33 이는 『논어』 「술이」에 보이는 "공자께서는 괴이하고 힘세고 패란하고 귀신에 관한 일은 말씀하지 않으셨다."고 한 구절을 가리킨다.

34 南漢朝, 『損齋集』 권1, 「龍遊洞盤石」.

세상에는 용유동에 관한 전설 전하니,	世傳龍遊洞
용이 지나다닌 흔적 완연히 있다 하네.	宛有龍遊跡
내가 일찍이 찾아가 그곳을 살펴보니,	我嘗往見之
커다란 너럭바위 하나 누워 있었다네.	乃在一巨石
바위는 빛깔이 하얀데다 깨끗했으며,	石色皓而潔
넓고 길게 계곡 전체에 걸쳐 있었네.	廣袤亘一谷
그 위론 맑은 시내가 부단히 흐르고,	上承淸溪流
아래로는 깊은 못이 임하여 푸르렀네.	下臨深潭碧
넓고 장대하게 펼쳐진 모습 기이하니,	異哉磅礡面
기이한 형상 한둘이 아닐 만큼 많았네.	詭狀不一足
움푹 파인 모양 항아리나 물동이 같으며,	或陷甕盎若
웅덩이는 가마솥이나 세발솥과 비슷하네.	或窪釜錡若
절구 같기도 하고 구유 같기도 한데,	若臼復若槽
어떤 것은 밑바닥까지 갈라지기도 했네.	間或徹底坼
이 같은 형상의 바위들 무수히 많은데,	若此者無數
오목하고 볼록하며 또 구불구불 했네.	凹凸又回曲
이를 일러 천태만상이라 할 수 있으니,	云是百千狀
모두 용이 꿈틀거려 만들어진 형상이네.	摠由龍戲躍
나는 처음 또한 그 말 믿지 않았으니,	我始亦不信
이 일을 누가 직접 눈으로 보았던가.	玆事誰目擊
이 세상에 굳세고 단단한 물건으론,	天下堅硬物
바위와 서로 견줄 만한 것이 없다네.	莫與石相敵
용이 아무리 변화가 신묘하다 하지만,	龍雖變化神
어찌 능히 바위를 마음대로 바꾸겠나.	安能便革易
가만히 생각하다 문득 깨달음이 있어,	靜思忽有悟
그 이치 매우 명백하다는 것 알았네.	厥理殊明白
바위는 바로 흙[土]의 골격이 되며,	石是土之骨
용은 곧 동쪽의 목(木)에 해당하네.	龍乃震方木

원래부터 목은 토에 대해서,	從來木於土
힘들이지 않고 능히 제압하네.	其克不費力
보통 나무뿌리가 뻗어나간 곳을 보면,	尋常引根處
바위 뚫고 나간 것 틈이 없는 듯하네.	穿石如無隔
하물며 사령(四靈)³⁵ 중 하나인 용은,	矧玆四靈一
목의 정기를 타고 난 것이 특별하네.	木精稟所獨
듣자 하니 용이 지나다닐 적에는,	聞其經行時
바위를 만나도 쳐다보지 않는다네.	遇石初不覿
허공을 지나치듯이 개의치 않아서,	若從虛空過
조금도 구애되어 걸림이 없다 하네.	少無拘礙著
저 물속의 물고기로 비유할 수 있으니,	譬彼水中魚
물은 본래 물고기 눈에 보이지 않는다네.	水本不入矚
이 형기로 이뤄진 사람에 비유하자면,	譬此氣中人
형기의 시초는 형체를 볼 수 없다네.	氣初不形目
그러므로 용은 바위를 노닐 수 있으니,	故能遊此石
원하는 대로 뚫고 지나다닐 수 있다네.	貫穿惟所欲
선명하게 남아 있는 반석 위의 흔적은,	歷歷盤屈痕
크고 작은 것들 모두 참으로 분명하네.	大小皆眞的
매우 커서 항아리나 동이처럼 생긴 것은,	大而甕與盆
용의 옆구리와 배가 스쳐 생긴 줄 알겠고,	認是當脅腹
작아서 가마솥이나 발 달린 솥처럼 생긴 것은,	小而釜與錡
발로 밟고 지나가서 만들어진 것인 줄 알겠네.	認是當趾蹠
절구 모양은 발톱으로 얕게 찍어 생긴 것이고,	臼爲淺下爪
구유 모양은 등뼈로 깊이 눌러 형성된 것이네.	槽爲深沒脊
그 밑바닥까지 갈라진 것처럼 생긴 것은,	若其徹底坼
용이 못에서 출입할 적에 생긴 것이라네.	是自潭出入

---

35 四靈 : 네 가지 신령스러운 동물로, 기린·봉황·거북이·용을 가리킨다.

하물며 그 몸통이 지나간 자리와,	況其身所經
그 발로 붙잡고 지나갔던 곳에는,	與夫足所攫
바위의 결이 모두 가늘고 부드러우며,	石理皆細膩
둥글고 매끄러워 모나고 뾰족하지 않네.	圓滑無稜角
갑옷 같은 비늘 지닌 용의 흔적 아니라면,	若非鱗甲痕
그 누가 능히 마음대로 바위를 다듬었으리.	誰能任鍊削
그런 까닭에 나는 그에 관한 설을 짓고,	我故爲之說
다시 시를 짓고 편지를 써서 보냈네.	間復形詩牘
나의 벗 남군은 한번 보고 웃으면서,	南友見而笑
글을 지어 보내 변석을 극진히 하였네.	騁辭極辨析
그가 보낸 글에 이르기를,	
"만물은 형질이 있는데,	謂言萬有形
모두 물의 움직임을 말미암네.	摠由水蕩激
금강산(金剛山)은 누가 다듬었고,	金剛誰彫鏤
총석(叢石)[36]은 누가 깎아 만들었나.	叢石誰鏤刻
저 목가산(木假山)[37]이란 것도,	維彼木假山
물결과 모래에 닳아서 만들어진 것.	亦緣濤沙礐
대자연은 작용이 본래 다양하니,	大塊本多般
용이 만들었다는 말 옳지 못하네."	龍變逞不得
벗의 논설에 깊이 감동을 받았으니,	深感故人論
떳떳한 도에 근거해 나를 권면하였네.	據常向我勘
돌아보건대 오직 이 세상에는,	顧惟天地間
사물의 이치 모두 알기 어렵네.	物理難盡識
물체를 녹이는 것으론 불만한 것이 없으나,	鑠物莫如火

---

36 叢石 : 강원도 통천군에 동해 바닷가에 있는 돌무더기.
37 木假山 : 나무로 만든 산 모양의 형상을 가리킨다. 宋나라 때 蘇洵의 「木假山記」에 그에 관한 내용이 상세히 기록되어 있다.

화서(火鼠)³⁸는 유독 불에 녹지 않는다네.	火鼠獨不鑠
물체를 응축시키는 데는 얼음만한 것 없으나,	縮物莫如冰
빙잠(冰蠶)³⁹은 유독 움츠려들지 않는다네.	冰蠶獨不縮
강철은 이 세상에서 가장 단단하지만,	金鐵天下剛
정안(井犴)⁴⁰은 도리어 먹을 수 있다네.	井犴還能食
간수는 세상에서 가장 짠 것이지만,	鹽鹵天下鹹
낙타는 도리어 그것을 먹을 수 있다네.	橐駝還能喫
묘수(猫溲)⁴¹는 흙속으로 뚫고 들길 잘하여,	猫溲利滲壤
눈 깜빡할 사이에 한 길을 파 들어간다네.	尋丈透一瞥
두꺼비 기름은 옥을 자르는 데 이로우니,	蟾肪利切玉
접촉하는 것은 모두 쪼개버린다네.	所著皆成劈
코끼리뼈는 쥐를 만나면 부서지고,	象骨遇鼠破
호랑이 이빨은 닭을 씹으면 빠진다네.	虎齒咀雞豁
굳센 암석은 영양의 뿔과 부딪치면,	剛石値羚角
부딪힌 곳은 깨져 가루처럼 된다네.	隨擊碎如屑
바늘이 자석에게 끌려가는 것은,	針爲磁石引
실이 서로 연결된 것과 다름없네.	無異絲聯絡
지푸라기가 호박(琥珀)에 끌려와 붙는 것은,	芥被琥珀拾
또한 아교로 엉겨 붙게 하는 것과 비슷하네.	亦似膠點綴
구리와 호도는 이로 씹어보면,	銅與胡桃嚼
부드럽고 연한 납과 다르지 않네.	不殊鉛柔弱
천 가지 기이함과 만 가지 괴상함은,	千奇與萬怪
헤아려 보려 해도 번거롭고 너무 많네.	欲數煩更僕

---

38 火鼠 : 火山 속에서 산다는 전설 속의 쥐.

39 冰蠶 : 눈 속에서 자란다는 전설 속의 누에.

40 井犴 : 쇠를 먹는 전설 속의 짐승인 듯함.

41 猫溲 : 두더지와 유사한 짐승인 듯함.

천천히 그 연유를 궁구해 보면,	徐而究厥故
요점은 오적(五賊)[42]에서 벗어나지 않네.	要不出五賊
오적은 만물에 흩어져 있지만,	五賊播萬物
움직이면 서로 소멸함이 있다네.	動有相消剋
물이 왕성하면 불은 죽고,	水旺則火死
불이 왕성하면 물은 마르네.	火盛而水涸
어째서 나무의 정기 타고난 용이,	奈何木精龍
흙의 정기만을 다스리지 못하겠나.	土精獨未克
내가 용이 변화시킨 곳 살펴보니,	吾觀龍變化
신령스럽고 괴이함 헤아릴 수 없네.	靈怪信莫測
바람과 구름이 어떤 곳에서 피어나면,	風雲特地乘
밝은 광경은 잠시 어둑어둑 가라앉네.	光景暫時伏
뇌성벽력이 치고 폭우가 몰아치면,	霹靂與涷雨
순식간에 제멋대로 휩쓸어버리네.	頃刻任揮攉
그 기세는 강하를 뒤집을 만하고,	勢足翻江河
그 힘은 능히 산악을 꺾을 듯하네.	力能摧山岳
굽이굽이 서린 용의 형체 상상하면,	想像蜿蜒體
그 둘레는 백 사람이 두를 정도이며,	連抱圍絜百
구불구불한 모양은 누운 소나무 같고,	屈曲如偃松
그 길이는 곧게 뻗은 잣나무와 같으리.	伸長如直柏
다만 형상의 유형으로 살펴보면,	第以象類觀
나무의 한 족속이 분명하네.	分明木之族
태호(太暤) 복희씨의 일원의 기가,	太暤一元氣
그에게 모두 모여 빼어남을 길렀네.	於焉都鍾毓
어떤 생물인지 아직 논할 수 없으니,	未論甚麼物
지나가는 데 누가 막을 수 있겠는가.	所過誰扞格

---

42 五賊 : 命·物·時·功·神을 말한다.

하물며 이곳의 이른바 바위들은,	矧玆所謂石
본래 흙이 응결되어 빚어진 것이네.	本是土凝結
사람이 보기엔 그 단단함 지극한 듯하지만,	人看極其頑
용이 볼 적에는 원래 물체가 없는 듯하리.	龍視元無物
용이 접촉하는 곳은 바로 구멍이 뚫리고,	著處便成虛
용이 지나간 흔적은 기이하게 빼어나리.	其跡斯奇特
어떤 이는 용이 노닌 것을 의심하지만,	或疑龍之遊
헤아려보면 반드시 예나 지금이나 같으리.	計必今猶昔
어찌하여 이 세상의 바위들은,	如何天下石
다시 형태를 바꾸는 일이 없는가.	更無形變革
이 또한 그 이유를 생각하지 않은 것,	此亦未之思
오늘날은 천지가 개벽하던 때와 다르네.	今時異開闢
저 용이 자유롭게 지나간 곳,	彼其縱鱗處
옛날에는 큰 골짜기였으리.	於古是大壑
한 번 세상이 크게 바뀐 뒤로는,	一自變桑後
사방의 대양이 곧 그의 집 되었네.	四洋乃其宅
대양 속의 암석임을 분명히 아니,	了知洋中石
신령한 자취가 억겁 속에 꿈틀대네.	靈跡動千億
어떤 이는 용이 노닐 적에,	或疑龍之遊
흙 속을 뚫고 지난 것을 의심하며,	土壤亦穿歷
또한 토양 위에도 찾을 만한 흔적,	不聞土壤上
있다는 말을 듣지 못했다고 하네.	云有跡可覓
이 또한 그 이유 생각하지 못한 것.	此亦未之思
부드러움은 견고함과는 다르다네.	軟脆殊堅確
저 용이 떨치고 일어난 곳은,	彼其奮身地
평평한 육지가 함몰되어 연못이 된 곳.	平陸陷爲澤
비록 그 흔적을 남기기는 하였지만,	縱使有其痕
이지러지는 것은 어찌할 수 없었으리.	無奈卽虧缺

어찌 바위에 남기는 것만 하리,	豈若留於石
예로부터 바위는 갈라진 적 없는데.	終古不曾泐
그대는 물이 침식했다 주장하지만,	抑子水齧論
이치를 설명함이 미흡한 듯하네.	說理猶未洽
옛날 세상이 혼돈 속에 있을 때,	維昔鴻濛初
물은 분명 세상에 넘쳐흘렀으리.	水固寰宇溢
모르겠지만 이런 때를 당해서,	不識當此時
활활 타오르는 불만 없었겠는가.	獨無火烈烈
혼돈 속에서 막 나눠지려 할 적에,	混沌方欲判
찌꺼기는 점차 무겁고 탁해졌으리.	查滓漸重濁
이러한 가운데서 물과 불은,	箇中水與火
요동치며 서로 침범하지 않았네.	震盪不相射
음양이 번갈아가며 일을 주관하여,	陰陽迭用事
부침하면서 각각의 직무를 다했네.	升沈各效職
건조한 기운이 상승하여 오르자,	燥氣騰而上
산악이 마침내 우뚝하게 솟았네.	山嶽逐峭拔
온습한 기운이 가라앉아 내려가자,	濕氣潤而下
강하가 마침내 물이 솟아 흘렀네.	江河逐蕩潏
그러므로 저 뭇 산의 형상은,	故彼衆山形
뾰족한 것이 불이 늘어선 듯하네.	尖者若火列
그 산은 암석으로 봉우리 삼으니,	其以石爲峯
건조한 기운의 지극한 점을 다시 보네.	采見燥之極
골격이 세워진 초기에는 살이 없으니,	骨立初無肌
어찌 물이 침식하는 작용을 다하겠나.	豈盡水齧食
옥처럼 다듬고 자로 잰 듯 자른 것은,	玉鏤與繩削
물이 침식해서 그리 된 것만은 아닐세.	非但水磨觸
하늘처럼 둥글고 땅처럼 네모난 난 것,	天規與地矩
높고 낮은 것이 삼엄하게 뒤섞여 있네.	高下森交錯

주자가 파도에 비유한 것은,	晦翁波浪譬
산세에 의거하여 말한 것일 뿐.	只據山勢說
어찌 또한 상부에 올라가서,	盍又就上面
두루 세밀하게 궁구하지 않았겠나.	周徧究細密
물이 침식했다는 설 분명히 있지만,	水說固當存
불에 관한 설 또한 빠뜨리기 어렵네.	火說亦難闕
한 번 융합되고 한 번 응결되어,	一瀜而一結
만물은 이처럼 형질을 이룬 것.	萬有斯成質
모두 물의 침식에 의한 것이라 하니,	今日皆於水
편벽된 생각에 빠져있는 것이 아닌가.	無乃失偏僻
대저 조화의 오묘함은,	大抵造化妙
모두 오적을 말미암아 나온다네.	盡由五賊出
비록 동물이 하는 것일지라도,	雖動物所爲
또한 조화옹이 설정해 놓은 것.	亦造化所設
용이 지나가 암석이 변형되는 것도,	龍過石變形
그 또한 이런 이치 가운데 하나라네.	是亦其理一
바라건대 그대는 심사숙고하여,	願君且深思
나의 말 끝내 물리치지 말아주게.	我言難終斥[43]

남한조와 정종로의 장편시 2수는 당대 자연지리에 대한 학자들의 수준 높은 논쟁이라고 여겨진다. 오늘날의 자연과학적 지식으로 보면 웃음이 나올 수도 있겠지만, 과학적 사유가 아직 발달하기 전의 지식인들이 생각한 자연에 대한 이해에도 귀담아 들어볼 점이 있다.

---

43 鄭宗魯, 『立齋集』 권1, 「龍遊洞石形之詭怪 南宗伯以爲非龍遊所致 乃造化自然 作辨破詩累十句以示我 其言固不爲無見 而余意天地間物理無所不有 亦難以一槩論 故反其意 又作此詩奉寄」.

병천의 회란석

병천에는 시내 바위에 '회란석(廻瀾石)'이라는 각자가 있다. '회란(廻瀾)'은 앞에서도 말했듯이, 미친 듯이 세차게 흐르는 물을 돌아가게 하는 바위라는 뜻으로, 걷잡을 수 없는 세태를 되돌려 정상으로 돌이킨다는 의미를 갖는다. 병천정사를 창건한 송요좌(宋堯佐)가 새긴 것으로 추정된다.

병천에서 화북면 소재지 방향으로 시내를 따라 올라가면 시내 오른쪽 밭 가운데 우뚝한 바위가 덩그렇게 보인다. 이 바위가 연좌암(宴坐巖)이다. 연좌암에는 '연좌석(宴坐石)'이라는 각자가 있다. 연좌(宴坐)란 '편안히 앉아 있다'는 뜻으로, 당나라 때 시인 백거이(白居易)가 지은 「병중연좌(病中宴坐)」라는 시의 "작은 연못가에 편안히 앉으니, 청풍이 수시로 옷깃을 흔드네.[宴坐小池畔 淸風時動襟]"에서 취한 듯하다. 이 글씨도 병천정사를 창건한 송요좌가 새긴 것으로 추정된다. 송요좌는 이 근처에 남간정사(南澗精舍)를 짓고 은거한 적이 있다.

연좌암

영지산 대은병

연좌암 뒤편의 산이 영지산(靈芝山)인데, 그 산기슭 바위 면에 '대은병 (大隱屛)'이라는 각자가 있고, 그 위에 '영지산(靈芝山)'이라는 각자가 있다. 이 각자 옆에 '천명석(千命碩)과 김상묵(金尙默)이 1947년 음력 2월에 새겼다.'고 기록되어 있다. '대은병'이라는 이름은 주자가 은거한 무이산 (武夷山)의 봉우리 은병봉(隱屛峯)에서 취한 것으로, '크게 은거한다'는 의미이다. 이 글씨도 병천정사를 창건한 송요좌가 썼을 것으로 추정된다. '대은병(大隱屛)' 옆에 '숭정주갑후무자춘(崇禎周甲後戊子春)'이란 각자가 있으니, 이때는 1708년 봄이다.

화북면에는 시비공원(詩碑公園)이 조성되어 있는데, 근대인 김상묵(金 尙默)이 지은 「연좌암(宴坐巖)」이라는 제목의 아래와 같은 시가 있다.

맑고 맑은 깨끗한 시내 언덕엔 단풍나무 있는데,　　　湛湛淸溪上有楓
신선이 노닐던 대는 적막하고 백운이 덮여 있네.　　　仙臺幽寂白雲叢
술 깨니 사람은 떠나고 물속의 달만 배회하는데,　　　酒醒人去水中月
피리 불며 벗이 오고 소나무 밑에 바람이 부네.　　　吹笛來朋松下風

연좌암에서 시내를 따라 화북면 소재지 방향으로 더 올라가면 시내 오른쪽에 가파른 절벽이 병풍처럼 펼쳐져 있는데, 그곳이 바로 강선대(降仙臺)이다. 이곳은 경치가 매우 빼어나 펜션이 여러 채 들어서 있다. 시비 공원에 있는 근대인 임학식(林鶴植)이 지은 「강선대」라는 시는 다음과 같다.

용이 노닐고 거북이 사는 별천지 용유동,	龍遊龜伏別天地
무릉도원의 옥석대인가 의심이 드는구나.	疑是桃源玉石臺
선선들이 마주 앉아서 바둑을 두는 듯,	仙降圍棋如對坐
산 높고 물 맑아 속세의 티끌 멀리했네.	山高水麗遠塵埃

강선대 뒤쪽 산이 승무산(僧舞山)인데, 시비공원에 있는 정재원(鄭在元)의 시에 다음과 같이 노래했다.

겹겹이 늘어선 산 모양에 경관 물색 새롭고,	疊疊山容景色新
청화산과 문장대가 아름다운 이웃이 됐네.	靑華文壯作芳隣
여래와 대덕이 서로 함께 모여 있는 듯,	如來大德如相在
화기와 훈풍이 항상 봄날처럼 훈훈하네.	和氣薰風恒似春

화북면 소재지에서 남쪽으로 49번 도로를 따라 상주 방향으로 내려가다 보면 왼쪽 산기슭에 반쯤 누운 비석 같은 바위 면에 초서로 쓴 '동천(洞天)'이라는 각자가 있는데, 양사언(楊士彦, 1531~1586)의 글씨로 추정된다. 금강산 만폭동에 쓴 양사언의 '봉래풍악 원화동천(蓬萊楓嶽 元化洞天)'의 글씨와 유사하다고 한다. 병천정사를 창건한 송요좌의 아들 송문흠(宋文欽)도 「병천기략(屛泉記略)」에서 양사언의 글씨라고 하였다. 이 각자는 이곳이 우복동(牛腹洞)임을 상징하는 단서로 전해진다.

Ⅲ. 우복동

1. 우복동 전설

우복동(牛腹洞)은 지리산 청학동(靑鶴洞)과 함께 우리나라의 대표적인 동천복지이다. 그런데 청학동은 신선세계의 이미지가 더 우세하고, 우복동은 도화원 같은 피세(避世)의 낙토(樂土)라는 이미지가 더 강하다.

세상이 혼란스러울 때 민간에서는 난리를 피하고 목숨을 부지할 수 있는 길지를 찾아 가족을 이끌고 떠나는 사람들이 많았다. 그러므로 그런 피세의 길지는 신비감을 더하여 이상세계의 별천지로 채색되었다. 민간에서 유행하는 비결서에 그런 내용이 담겨 있었다.

옥룡자(玉龍子) 도선국사(道詵國師, 827~898)가 지은 것으로 전해지는 아래의 시는 그런 신비로움을 만든 장본이 되었다.

청화산 남쪽 동천에 좋은 형국 열렸으니,	靑華山南好局開
매화 휘장 속에 절로 세 대가 만들어졌네.	梅花帳裏自成坮
구름 뚫고 솟은 보필봉 병풍처럼 앞에 섰고,	凌雲輔弼屛前立
은하에 꽂힌 귀인봉 자리 뒤에서 따라오네.	揷漢貴人席後來
맑은 시냇물 흘러가도 인정은 따라가지 않고,	淸水流中情不去
백구 우는 곳에서 형세가 바야흐로 돌아서네.	白駒嘶處勢方回
평평한 언덕 혈 맺힌 곳 몇 천 년이 되었는가,	平坡穴落幾千載
홀을 잡은 듯한 신선들이 안산 밖에 서 있네.	執笏仙翁案外擡[44]

우리나라 풍수지리의 시조 격인 도선선사가 지은 시라고 하니, 신뢰

---

[44] 화북면지편찬위원회, 『華東勝覽』, 「玉龍子詩」.

감이 더할 수밖에 없었을 것이다. 게다가 아래와 같은 명나라 장수 이여
송의 시까지 덧붙여져 임진왜란과 같은 혼란기에는 그야말로 피세의 낙
토로 알려졌을 것이다.

천황봉 아래 북두칠성의 정기 모인 곳,	天皇峯下七星聚
혈이 명당에 있으니 우복동이로구나.	穴在明堂牛腹洞
인간세상에서 덕을 쌓으면 백년 뒤에,	人間積德百年後
스물여덟 성씨 영화와 존귀함 같으리.	二十八姓榮貴同[45]

다 알다시피 이여송(李如松, 1549~1598)은 명나라의 장수로 임진왜란
에 참전하여 평양전투에서 승리한 인물이다. 그는 1592년 3월 모일 우복
동을 지나며 위의 시를 지었다고 한다. 화북면 시비공원에 있는 근대인
이성범(李聖範)이 지은 아래의 시를 보면, 이 지역 사람들은 근대까지
이곳을 동천복지로 여기고 있었던 듯한다.

하늘과 땅이 숨기고 감춘 십승지지,	地秘天慳十勝地
속리산 아래에 별천지가 펼쳐졌네.	俗離山下別區開
신선 찾고 승려 춤추고 용 노닌 곳,	降仙僧舞龍遊處
재난이 침범 않아 만복이 찾아오네.	災亂不侵萬福來

2. 우복동은 과연 있을까

세간에서 피난지로 알려진 우복동, 근심과 걱정이 없는 세상, 관리들
의 횡포가 없는 고을, 세상에 그런 별천지는 이 세상에 과연 있는 것일까?

---

[45] 화북면지편찬위원회, 『華東勝覽』, 「李如松詩」.

지금이야 없다고 하는 사람이 많겠지만, 예전 사람들은 대부분 그런 곳을 꿈꾸고 그리워하며 있다고 믿었다. 그러나 전통시대에도 세상의 이치를 아는 사람은 그런 곳을 믿지 않았다. 조선후기 실학자 정약용(丁若鏞, 1762~1836)은 아래와 같은 「우복동가(牛腹洞歌)」를 지었다.

속리산 동쪽에 항아리처럼 생긴 산이 있는데,	俗離之東山似甕
예로부터 그 안에 우복동이 숨어 있다 했네.	古稱中藏牛腹洞
산봉우리와 시냇물이 천 겹 백 겹 둘러싸서,	峯回磵抱千百曲
여민 옷섶 겹친 주름 터진 곳이 없는 듯하네.	衽交褶疊無綻縫
튀는 물방울과 성난 폭포는 요란하게 흘러내리고,	飛泉怒瀑恣喧豗
다래넝쿨과 가시나무가 어지러이 얽혀 길을 막네.	壽藤亂刺相牽控
동구 문은 대롱 같은 작은 구멍 하나뿐이라,	洞門一竇小如管
송아지도 배를 대야 겨우 안으로 들어간다네.	牛子腹地纔入峒
들어서자마자 가파른 절벽 오히려 어둑하지만,	始入峭壁猶昏黑
조금 깊이 들어가면 해와 달이 그 빛을 비추네.	稍深日月舒光色
평평한 시내와 끊어진 산기슭이 비추고 접하여,	平川斷麓互映帶
기름진 토양과 맑은 물은 농사짓기에 알맞구나.	沃土甘泉宜稼穡
얕고 좁은 구지(仇池)[46]와 어찌 비교할 수 있으리,	仇池淺狹那足比
어부가 배회하며 기웃거려도 찾아낼 수가 없는데.	漁子徊徨尋不得
머리 검은 노인이 백발의 자식을 꾸짖고 살아가며,	玄髮翁嗔白髮兒
희희낙락 늙지 않고 사니 참으로 장수의 마을일세.	熙熙不老眞壽域
우활한 유자는 그 말 한번 듣고 마음이 솔깃하여,	迂儒一聞心欣然
얼른 달려가 두어 마지기 밭이라도 장만하려 하네.	徑欲往置二頃田
죽장 짚고 미투리 신고 훌쩍 그곳을 찾아 떠나서,	竹杖芒屬飄然去

---

46 仇池 : 중국 甘肅省에 있는 산으로, 사방이 절벽으로 되어 있으며, 정상에는 큰 이 있다고 한다.

백 바퀴나 산 주위를 돌다가 지쳐서 쓰러졌다네.	繞山百币僵且顚
맑게 갠 날에도 비바람 소리가 들리는 듯하니,	天晴疑聞風雨響
편안한 세상에서 전쟁이 일어난 것 보는 듯하네.	世晏如見干戈纏
다투어 무주로 달려가 산골짜기 찾아 헤맸는데,	爭投茂朱覓山谷
다행히도 이 우복동과 산맥이 서로 연결되었네.	幸與此洞相接連
삼한 땅에 나라가 세워진 지 이미 오래되어서,	三韓開國嗟已久
종이 위에 누에가 꼬물거리듯 인구가 많아졌네.	如蠶布紙蕃生口
나무하고 밭 일궈 인적이 닿지 않은 곳 없으니,	樵蘇菑墾足跡交
빈산에 임자 없이 묵는 땅이 어디에 있겠는가.	詎有空山尙鹵莽
만약 외적이 쳐들어오면 상관 위해 죽어야 하니,	藉使寇來宜死長
그대들이 어찌 처자식을 데리고 숨을 수 있으리.	汝曹豈得挈妻子
또한 아내 재촉해 방아 찧어 세금을 바쳐야 하니,	且督妻舂納王稅
아! 이 세상에 우복동이 어찌 있을 수 있으리.	嗚呼 牛腹之洞世豈有[47]

이처럼 정약용은 인간이 사는 현실세계에서는 우복동이 있을 수 없다는 점을 분명히 말하고 있다.

이규경(李圭景, 1788~1856)의 『오주연문장전산고(五洲衍文長箋散稿)』에는 「세전우복동노정기변증설(世傳牛腹洞圖記辨證說)」라는 설이 있는데, 이 글에는 세상에서 전하는 「우복동노정기(牛腹洞路程記)」, 「우복동도(牛腹洞圖)」, 옥룡자(玉龍子)의 비기(祕記), 이중환(李重煥)의 『택리지』 등을 인용해 놓고 있다.

이규경은 세간에 유행하는 「우복동노정기」와 「우복동도」를 보고서 의문을 품고 "모르겠다. 옛날 사람 중에 직접 그곳을 찾아가서 이런 그림과 노정기가 세상에 전하게 된 것일까? 이 때문에 사람들을 그르치고 가산을

---

47 丁若鏞, 『與猶堂全書』 제1집, 시문집 권5, 「牛腹洞歌」.

파탄 나게 한 경우가 지금까지 얼마나 많던가. 그렇다면 이는 사람들을 속이는 함정이 아닌가. 근래 여러 사람이 우복동을 찾으러 갔다고 전하는 자가 있었다. 그러므로 나는 항상 그런 곳이 진짜 있을까 아닐까 하는 생각을 하고 있던 차에, 길을 묻고 근원을 끝까지 찾아가고 싶은 생각이 절실하였다. 그러나 노쇠하고 병이 들어갈 수가 없었으니, 한스럽고 울적할 만하였다."라고 하였다.[48]

이규경이 세상에 전하는 「우복동노정기」에 대해 변증해 놓은 설에는 아래와 같은 옥룡지(玉龍子)의 비기(祕記)가 들어 있다.

운수가 돌아오면 우복동은 우레가 석문을 깨뜨릴 것이다. 대개 석문 밖에 큰 바위가 가로놓여 있는데, 겨우 한 사람이 통행할 수 있다. 수구 (水口)에서 70리를 들어가는데, 수로는 밖으로 흐르는 것이 없다. 중국 절강성 사람 두사충(杜思忠)이 망명하여 우리나라로 왔는데, 이 산을 그려 가지고 갔다. 그 뒤 우리나라 사신이 중국에 들어가서 두사충을 만났는데 말을 하면서 심정을 극진히 했다. 그리고 속리산의 승경을 말 했다. 작별할 적에 악수하고 눈물을 흘렸다. 이 그림을 꺼내 주면서 말하 기를 '달리 나의 정을 표현할 길이 없어 이 그림을 드립니다.'라고 하였 다. 그리고서 그 곳의 지리를 말하기를 '이곳에 살면 장수와 정승이 나오 는 것이 천지와 더불어 무궁할 것입니다. 그중에 판서가 8명 배출될 것인 데 문장과 사업으로 천하를 진동할 것입니다. 그 말년에 이르러서는 신 선이 되어 하늘로 날아갈 것입니다. 그러므로 팔판동(八判洞)이라고 합 니다. 그대가 귀국하거든 그 동천을 찾아 그곳에 사십시오.'라고 하였다. 사명을 받들고 돌아온 뒤, 그곳을 찾았으나 찾을 수 없었다.

48 李圭景,『五洲衍文長箋散稿』天地篇, 地理類, 洞府,「世傳牛腹洞圖記辨證說」.

이규경이 세간에서 구해 기록해 놓은 「우복동노정기」는 다음과 같다.

　　처음 연풍(延豐) 금계(金溪) 서쪽 산양장(山陽場)에서 출발하여 고사
리(高沙里) 주점에 이르렀다. 상국 김우옹(金宇顒)의 묘소를 물었다.
그 묘소 아래 신도비 앞에서 서쪽으로 10여 리를 가니, 거대한 바위가
우뚝 솟았고, 숲 속의 나무가 구름 위로 솟구쳤다. 이로부터 또 서쪽으
로 수십 리를 가니, 폭포가 위에서 쏟아지고 있었다. 폭포 밑으로 난입
하니 오른쪽 어깨가 떨어지는 물에 젖었다. 이곳을 지나니 바위에 '우
복동(牛腹洞)' 3자가 새겨져 있었다. 또 이제독(李提督 : 李如松)이 지은
시비가 있었다. 드디어 동천 안으로 들어갔다. 평평한 언덕과 넓은 들
녘이 일망무제로 펼쳐졌다. 소응천(蘇應天)이 유람하던 장소도 있었
다. 중간에 일곱 곳에 못이 있었는데, 물고기가 없는 곳이 없다고 한
다. 이 동천은 곧 충주 남쪽, 상주 북쪽, 문경 서쪽, 청주 동쪽의 지경
이다. 또 안동의 상사(上舍) 이광일(李光逸)이 화령(化嶺)의 시장에 왔
다가 한 동자를 보았다. 그 동자는 금빛 잉어 세 마리를 가지고 시장에
서 팔고 있었다. 이 상사(李上舍)는 깊은 산골에 어찌 이런 물건이 있
을까 생각하여, 그 동자를 자세히 살펴보았다. 그 동자는 목피로 된 신
발을 신고 있었으며, 용모는 속인이 전혀 아니었다. 잉어를 판 돈 6푼
으로 떡을 사서 싸고, 나머지 돈으로는 모두 소금을 사 가지고 갔다.
이에 그의 뒤를 따라가니, 북쪽으로 수십 리를 걸어 장각동(長脚洞)에
이르렀다. 또 그곳에서 10여 리를 더 가니 폭포 밑에 이르렀다. 그 동
자는 사 가지고 온 떡을 먹었다. 풀 섶에서 도롱이를 찾아 소금을 덮어
씌우고 들어갔다. 이 상사도 따라 들어갔다고 한다. 또 연풍 복사동(伏
沙洞) 주점에서 상국 김우옹의 묘소를 물어보고, 그 묘소 밑에서부터
우거진 풀 섶 속으로 5리쯤 가자 긴 언덕이 나왔는데, 남쪽은 높고 북
쪽은 낮았다. 북쪽에서 서쪽을 바라보며 길을 가서 높은 다리를 찾았는
데 안령(鞍嶺)이 둘 있었다. 하나는 괴산으로 가는 줄기였고, 하나는

상주로 가는 줄기였는데 속리산 천황봉 남쪽 줄기였다. 오십천동(五十川洞)에서 깊은 계곡을 찾아 이 동천을 찾았는데, 상주에서 50리 거리였다. 화령(化嶺) 근처가 이곳이다. 이 동천을 찾을 때 우복동을 물었더니, 이 고장 사람들은 알지 못하였다. 또 팔판동(八判洞)을 물었더니 안다고 하면서 그곳을 가리켜 주었다고 한다.

이규경이 세간에 전해지는 「우복동도」라고 하는 그림의 내용은 다음과 같다.

그 그림은 자좌(子坐)로 손방(巽方)에서 물이 들어와 경방(庚方)으로 물어 흘러간다. 천연적으로 3층의 대(臺)가 생겼다. 동천 앞 왼쪽에는 옥룡자가 새긴 '우복동(牛腹洞)' 3자의 석각이 있다. 또 가마두정석(駕馬頭井石)이 있는데, 옥룡자가 쓴 오장비(五丈碑)가 있다. 왼쪽은 계곡인데 안현사(鞍峴寺)가 있다. 절 밖에 곡외안현(谷外鞍峴)이 있어 장곡(長谷)과 소곡(沼谷)이 되었는데, 기다란 길이 동천 앞에 굽이굽이 이어져 오장비(五丈碑) 바깥쪽과 접한다. 왼쪽으로 갑묘(甲卯 : 正東) 방위에서 물이 흘러오는데 물줄기가 30리나 이어진다. 왼쪽을 가로막은 산에 수구(水口)가 있어서 세곡(細谷)이 되었는데 기다란 길이 안산(案山) 밖을 빙 둘렀다. 소거리장(所巨里場)을 지나 굽이굽이 돌면 곧장 수철점(水鐵店)과 닿는다.

이규경은 이중환의 『택리지』에 있는 내용과 혹자의 설까지 수록해 놓았다. 그리고 나서 결론적으로 "대저 속리산(俗離山)·청화산(靑華山)·도장산(道藏山) 세 산 중에는 인적이 닿지 않은 동천이 많이 있다. 이른바 우복동(牛腹洞)이라는 곳도 이 산 속에 있을 따름이다. 동천이 깊숙하여 천만 번을 굽이돌아도 끝내 찾을 수가 없다."라고 하였으며, 또 "이곳은 반드시 하늘이 아끼고 땅이 숨겨 후인을 기다린 곳이리라. 다행히 이곳을 찾기는 하였으나, 선영을 버리고 친척과 이별하고서 좌우로 가족들을 이끌고 들어오기는 어려울 듯하다. 전후를 다 돌아보아도 끝내 이곳으로 들어올 시기는 끝내 없을 듯하다."라고 하여, 현실세계를 버리고 그런 곳에 가서 살기는 현실적으로 불가능하다고 생각했다.

그리고 마지막으로 "아, 나는 세상 사람들 중에 산중 궁벽한 곳의 빈 땅을 말하길 좋아하는 사람을 보았는데, 그들은 항산(恒産)이 없거나 의지할 바가 없는 사람들이었다. 사람들은 혹 비방을 하고 비웃지만, 그들의 마음을 공평히 헤아려보면, 억지로 은밀한 것을 찾고 괴이한 것을 행하여 그러는 것이 아니다. 참으로 텅 빈 궁벽한 곳이 있다면 노인을 부축하고 어린아이들을 이끌고서 어렵사리 들어가 황무지를 개간하고 살 것이다. 또한 그럴 힘이 없다면 말해야 무엇이 유익하겠는가."라고 하여, 현실에서 살기 어려운 사람들이 찾아들어 사는 곳으로 치부하며 신비로운 별천지로 여기지 않았다. 뒤에서 언급하겠지만, 이규경은 우복동변증설을 별도로 서술하였다.

1992년 화북면지편찬위원회에서 발간한 『화동승람(華東勝覽)』에는 무명씨의 아래와 같은 「우복동기(牛腹洞記)」가 수록되어 있다.

속리산 화녕현(化寧縣)은 천황봉이 주산이고, 주흘산이 안산(案山)이다. 동률원(洞栗院) 주막에서 30리쯤 되는 곳에서 고교(高橋) 서쪽을 찾으면 안치(鞍峙)가 있다. 그곳에서 길이 하나는 괴산으로 가고, 하나는 상주로 간다. 속리산 천황봉 큰 줄기는 지세가 오십천동(五十川洞)에서 시작한다. 석우(石隅)를 찾아 그로부터 이 동천을 찾아오는데, 상주까지 50리로 화령(化嶺) 근처이다. 동천으로 돌아올 때 우복동을 물어보았는데, 사람들이 알지 못했다. 또 팔판동(八判洞)을 물어보았는데, 동네 사람들이 모두 알았다.

중국사람 두사충(杜思忠)은 망명하여 우리나라로 온 사람인데, 이 산을 그려 가지고 갔다. 우리나라 사신이 중국에 갔을 때 두사충이 옛 정을 극진히 말하면서 명승의 경개(景槪)를 거론하였다. 작별할 적에 악수하고 눈물을 떨어뜨렸다. 소매 속에서 이 그림을 꺼내 주면서 말하기를 "달리 정을 표할 것이 없어서 이것을 드립니다."라고 하였다. 그리고 그 곳의 지리를 말하였는데, "그곳에 살면 장수와 정승이 배출되어 천지와 더불어 무궁할 것입니다. 그중에는 판서가 여덟 명 나올 것인데 문장과 사업으로 천지에 진동할 것입니다. 그리고 그들은 늙기 전에 신선이 되어 천상으로 올라갈 것입니다. 그러므로 일명 팔판동(八判洞)이라고도 합니다. 그대는 그곳으로 찾아가 사십시오."라고 하였다. 그 사신이 돌아와서 그곳을 찾았으나 찾을 수 없었다.

옥룡자(玉龍子)의 비기(秘記)에는 "운수가 돌아오면 우복동은 우레가 석문을 깨뜨릴 것이다. 대개 바위 계곡의 시내 문 밖에 큰 바위가 가로로 누워있는데, 겨우 한 사람이 지날 수 있다. 그 문으로 들어갈 적에는 손에 황촉(黃燭)을 가지고 들어가야 한다. 물을 밟고 3리를 들어가면 뒤집힌 바위가 있는데, 좌우는 모두 석벽이기 때문이다. 안에는 오장비(五丈碑)가 있는데 옥룡자의 유지(遺址)이다. 정처(正處)에는 자연스럽게 삼 층의 석대(石臺)가 있는데, 자좌오향(子坐午向)이며, 손방(巽方)에서 물이 들어와 경방(庚方)으로 빠져나가는 곳이다.

또 한 설은 다음과 같다. "우복동은 천황봉이 주산이고, 주흘산이 안산이다. 문경·함창·상주·청주·연풍·괴산·보은·충주 여덟 고을의 경계인데, 청주의 남쪽, 문경의 서쪽, 충주의 남쪽이다. 연풍 호계면 산양장(山陽場)에서 출발하여 남쪽으로 20리를 가니 고사리(古沙里) 주막이 있었다. 다시 남쪽으로 멀지 않은 곳에 김상국(金相國 : 金宇顒)의 묘소가 있었다. 그렇다면 문경 땅은 상주 북쪽에 있고, 송면치(松面峙) 북쪽에 신통비(神通碑)가 있는 것이다. 김 상국의 묘소 아래서 서쪽으로 10여 리를 가면 태산 같은 절벽이 우뚝 솟았고, 수목이 울창하여 방향을 알

수가 없다. 겨우 나무꾼이 다니는 길을 발견하여 서쪽으로 수십 리를
갔다. 석벽이 깎아지른 듯이 서 있고, 폭포가 가로로 누워 흘렸다. 폭포
를 무릅쓰고 들어갔는데 오른쪽 어깨가 조금 젖었다. 폭포 뒷면에 석실
과 가로지른 난간이 있었다. 북쪽 고개를 넘어 들어가니, 바위에 '우복동
(牛腹洞)'이라 새겨져 있었고, 또 이제독(李提督:李如松)의 석비가 있었
는데, 그가 지은 시에 '천황봉 아래 오성(五星)이 비추는 곳, 혈(穴)이
명당인 우복(牛腹) 속에 있네.'라고 하였다. 또 서쪽으로 10여 리를 가니
언덕이 평평하고 들판이 넓어 일망무제였다. 세 성씨가 사는 인가가 있
었는데, 성천(成川:성천군) 사람 여자심(呂子尋)·박회걸(朴會傑)·임덕
출(林德黜)이었다. 동천에는 일곱 개의 큰 못이 있었는데, 은빛 비늘의
물고기가 있어서 바다의 생선과 다를 바가 없었다. 남쪽으로 10여 리를
가면, 자연스런 바위가 겹겹이 서 있고, 밤나무와 배나무가 빽빽하게
늘어서 있는데, 소처사(蘇處士:蘇凝天)의 유지(遺址)이다. 다리가 있는
데, 다리 서쪽 바위에는 '방통교(傍通橋)'란 석각이 있고, 다리 동쪽 바위
에는 '요선암(邀仙巖)'이란 석각이 있다. 또 장각동이라고 하는 큰 마을
이 있다. 동쪽에서 북쪽을 향해 가면 청천창(靑川倉)·화양동·선유동·원
적사(圓寂寺)가 나오는데, 상주에서 가는 사람들은 오십도(五十島:五十
川洞)로부터 경유해 들어간다."

한국학중앙연구원 장서각에 소장되어 있는 고문서 중 「우복동기(牛腹
洞記)」(크기 19.8×108.8, 상주 연안 이씨 식산종택 소장)가 있는데, 그 내용은
다음과 같다.

조선 팔도를 두루 유람하였는데, 우복동이 삼남(三南)에서 가장 귀
하였다. 그런데 가장 귀하다는 것이 근원한 바가 어느 산 어느 물줄기
인지를 알지 못하겠다. 그래서 힘을 다해 속리산 천황봉(天皇峯)에 올
라 사방을 둘러보는데, 가지마다 옥빛으로 물들고, 잎새마다 금빛으로

장식을 했다. 산맥이 흘러내린 용(龍)을 가리키며 점검해 보니, 천리를 달려 내려왔다. 조부와 부친에 해당하는 수많은 봉우리들이 호송을 하는 커다란 형세였다.

산맥이 머리를 들이민 세 곳은 목구멍처럼 비좁고, 울룩불룩 뻗어 내린 산줄기는 천변만화하여 마디마디 맞이하고 보내는 듯하다. 모두 반듯하고 법도에 맞으며 수척하지도 비대하지도 않은데, 뻗어 내린 형세가 끝이 없다. 석존(釋尊)이 엄히 반듯하게 앉아 있는데 온갖 부처가 모시고 서 있는 듯하다. 높고 두터운 덕으로 교화가 오악(五嶽)에 미친 듯하며, 세 줄기로 갈라져서 그 위임이 온 세상에 떨치는 듯하다. 여러 자손들이 공손히 조정에 나열해 서 있는 것 같아 조금도 구차함이 없다. 화기가 무르녹고 광채가 북두성과 우두성 사이에 비치며, 우두성과 북두성 사이에 엉킨[49] 기운이 오로지 이 수많은 산줄기로 드리우고 있다.

나는 덕아(德兒)에게 말하기를 "해가 중천에 떴으니, 저 기이한 기운을 구경하고 싶구나. 나의 산행을 인도해 다오."라고 하였다. 경사지고 가파른 길에서 서로 부축하며 있는 힘을 다해 오르고 내렸다. 앞에 가는 사람은 뒤를 돌아보고, 뒤에 가는 사람은 앞사람이 부르는 소리에 응답하며 산행을 하였다. 봉우리가 두세 개 보이고 하늘에 닿은 큰 계곡이었다. 밖은 험하고 안은 아름다워 촉산(蜀山)[50]을 옮겨 놓은 듯했다. 우뚝 솟은 바위봉우리가 겹겹이 동쪽 강을 가로막고 있어서 함곡관(函谷關)[51]을 다시 보는 듯했다.

산간의 민가를 빌려 묵었다. 내가 주인에게 물으니, 이곳에서 읍치까지는 오십 리나 된다고 하였다. 누워서 뻗어 내린 산줄기를 헤아려 보니, 이곳으로 들어오는 길이 서른 개나 되었다. 견고한 성에 1천 호의 집이 있고, 10리의 비옥한 들판이 펼쳐졌으며, 삼재(三災)가 들어오

---

49 엉킨 기운 : 원문에는 '擬氣'로 되어 있는데, '凝氣'의 오자인 듯하다.
50 蜀山 : 중국 사천성에 속한 蜀 땅의 높은 산을 말함.
51 函谷關 : 중국 고대 秦나라 동쪽에 설치한 험한 관문을 말함.

지 않는다. 여기저기 흩어져 있는 수많은 바위들이 화려한 병풍을 둘러친 것 같아, 인심이 흩어지지 않는다. 성대하구나, 이 터를 하늘이 내린 것이여. 어떤 사람이 절벽으로 굳게 봉쇄했단 말인가.

내가 덕아를 불러 말하기를 "너도 이 산길을 지나왔으니, 속세의 안목으로 이런 점을 분별할 수 있더냐?"라고 하자, 대답하기를 "이곳은 산맥이 세 줄기로 뻗어 내리고, 경사진 비탈에 두 물줄기가 흐릅니다. 남북이 비록 길지만 동천이 옥가락지처럼 둥급니다. 동서남북이 바르게 위치하고, 땅은 절로 그 중앙에 의거하여 마치 공자께서 자리에 앉아 계실 적에 안회(顔回)와 맹자(孟子)[52]가 시립한 것과 같으며, 세 성인이 태어나셔서 천추토록 제사를 흠향하시는 것과 같습니다. 그러나 언제 운수가 돌아올지는 모르겠습니다."라고 하여, 나는 다음과 같이 말했다.

"하원(下元)[53] 갑자년 이후로 지운(地運)이 점점 통하니, 덕이 있는 군자가 자연히 존사(尊師)의 자리에 올라 문하에서 어진 인재를 양성할 것이다. 이때가 운수가 돌아오는 초기이다. 사신(四神)[54]이 높이 보호하고, 여덟 장수가 지위를 얻으며, 삼양(三陽)이 일어나 해와 달이 환하게 밝을 것이다. 그러면 문장가와 명필가, 신동과 귀인, 부마(駙馬) 등이 어디선가 무리지어 나올 것이다. 하고성(何鼓星)[55] 분야를 꿰뚫은 귀성봉(貴星峯)은 자리 뒤에서 축수를 올리고, 구름을 뚫고 솟은 보필봉(輔弼峯)은 병풍 밑에서 계책을 올리며, 초나라에서 귀한 장수와 한 고조를 도운 장량(張良)·진평(陳平)[56] 같은 현신이 세상에 태어나 나라를 보좌할 것이다. 매실은 곤방(坤方)과 간방(艮方) 사이에서 열매를 맺고, 봄기운은 그 안에서 이루어질 것이다. 수많은 자손들이 태어나 폭

---

52 孟子 : 『화북승람』에는 '曾'으로 되어 있으니, 공자의 문인 曾子를 가리킨다.
53 下元 : 술수가에서 60년을 九宮에 배치하여 180년을 1주기로 보는데, 그중에 세 번째 甲子가 시작되는 해를 하원이라고 한다.
54 四神 : 동서남쪽의 蒼龍·白虎·朱雀·玄武 등 四星의 정령을 말한다.
55 何鼓星 : 견우성을 말함.
56 張良·陳平 : 漢 高祖를 도운 현신.

포수가 떨어져 못을 이루듯이 번성할 것이다. 영원히 이름이 날 터전이다. 하늘에 날아오른 백학은 앞에서 날개를 드리우고, 굽이굽이 뱀이나 용처럼 뻗은 골짜기는 근원에서 물결이 아름다울 것이다. 간혹 신인(神人)이 태어나 상산사호(商山四皓)[57] 같이 되기를 기약할 것이다. 암소가 북쪽 산골짜기에서 울면 송아지가 남쪽 논밭에서 화답하는 것처럼, 자식과 부모가 자애하고 화락할 것이다. 인정이 그 안에 전해져 충신과 효자가 연이어 태어날 것이다. 구곡(九曲)이 삼대(三臺)에서 나와 하류에 모이니, 양쪽 옷깃이 소매에 합한 듯이 모두 천심(天心)을 모으고 있다. 조정에 나아가면 장수와 재상이 되고, 물러나 살면 도주공(陶朱公)[58]과 같을 것이다."라고 하였다.

덕아가 삼대(三坮) 중에서 어디가 상대(上坮)인지를 물어, 내가 답하기를 "갈라져서 맥을 숨기고 내려오다 합하여 큰 언덕이 된 것이다. 금(金)이 토(土)·목(木)과 상생하고 음·양이 교합하여 밖은 넓고 안은 좁으며, 적을 수도 있고 클 수도 있으니 큰 성인이 날 터이다."라고 하였다. 덕아가 또 자방(子方)과 오방(午方)을 물어, 나는 빙그레 웃으면서 답하지 않았다. 그리고 손을 들어 지팡이를 꽂아놓고서 등지고 방위를 그렸다.

원숭이를 보고 산새를 가리키며 쇠파리를 쫓으면서 지팡이를 끌고 산을 내려갔다. 놀랍게도 길이 읍을 하는 듯하니, 이곳은 우리 도가 번창할 터이다. 한 승려가 앞에 나타났는데, 승려들이 쓰는 초립을 등 뒤에 걸치고 있었으며, 조부와 부친을 버리고서 홀을 잡고 남쪽 관음봉을 향해 서 있었다.

대현(大賢)이 다시 태어나시면 뒤에 금빛 장막을 치고 왼쪽에는 창을 들고 오른쪽에는 북을 치며 남쪽으로 천리의 땅을 개척할 것이다.

---

57 商山四皓 : 秦나라의 학정 때 세상을 피해 商山에 은거한 네 명의 노인을 말한다.
58 陶朱公 : 춘추 시대 越나라 대부 范蠡를 말함. 월왕 勾踐을 도와 吳나라를 멸망시킨 뒤, 벼슬을 버리고 멀리 떠나 陶에 거처하면서 장사를 하여 거부가 되었다.

물은 북쪽을 둘러싸 뒤에서 공손히 등지고 있다. 나라를 도와 다스릴 법사(法士)와 사명대사(四明大師) 같은 분이 연이어 나와 해외에까지 무력을 떨칠 것이니, 어찌 아름다운 일이 아니겠는가. 또한 장구하게 지속될 이 터가 복을 주는 것이 중대(中坮)와 비견될 것이다. 하나하나 헤아려보니 운이 호남에서 비롯된다. 삼일 동안 오르내리며 보았는데, 보면 볼수록 더욱 성대했다. 목동에게 물었더니, 산명은 도장산(道長山)이고, 대명(坮名)은 강선대(降仙坮)라 했다. 덕아와 함께 서로 잡가를 부르며 화답했다.

또 말하기를 "산봉우리 매화를 날리고, 강선대 와우처럼 생겼네."라고 하였다. 또 말하기를 "중대(中坮)는 태극혈(太極穴)이 되는데 중앙에 있으며, 30호의 집을 용납할 수 있다."고 하였다. 또 말하기를 "만약 신비로운 안목이 아니면, 누가 능히 이곳을 알겠는가. 후세에 반드시 덕을 쌓아 안목을 갖춘 사람이 와서 찾을 것이다."라고 하였다.

이러한 「우복동기」는 모두 신비롭게 각색되어 독자들로 하여금 호기심을 자극하기에 충분하며, 신기한 것을 좋아하는 사람들은 그곳을 찾아가고 싶게 한다. 특히 구한말 세상이 혼란스러울 때 피난처로 제격인 우복동은 더욱 각광을 받았을 것이다. 지금도 우복동을 찾는 사람들이 있으며, 서로 자기가 찾은 곳을 자랑하기도 하니, 아직도 우리 마음속에는 영원한 동천복지 우복동이 자리하고 있는가 보다.

3. 진짜 우복동, 가짜 우복동

수많은 사람들이 우복동을 찾아 나서면서 우복동이라고 하는 곳도 다양하게 나타났다. 마치 지리산 청학동에 대해 구한말 매우 다양한 설이 나온 것과 유사하게 우복동에 대해서도 조선후기 다양한 설이 등장하였다. 그리하여 이규경은 「우복동변증설」을 썼다.

이규경은 이 글에서 도잠(陶潛)의 「도화원기(桃花源記)」에 나오는 도화원(무릉도원)에 대해 언급한 뒤, "우리나라에도 도화원과 유사한 곳이 있으니, 그 이름이 우복동이다. 그곳에 가 살기를 바라는 자들은 간절히 원하기를 그만두지 않는다. 그래서 온갖 방법으로 찾아 나서지만 끝내 찾을 수 없다. 고려 시대 쌍명재(雙明齋) 이인로(李仁老)가 지리산 청학동을 찾아갔지만 찾지 못한 것과 같다. 게다가 속인들이 가짜로 그린 우복동 그림과 찾아가는 노정기(路程記)가 있어서 그곳을 갈구하는 어리석은 사람에게 판다. 배를 두드리며 웃을 만한 일이다."라고 하여, 세간에서 유행하는 속설을 부정적으로 인식하였다.

그리고 마지막으로 "어떤 사람이 일찍이 전하는 말에 '상주와 상당(上黨 : 청주) 사이에 우복동이라고 거짓으로 새겨 놓은 곳이 있어서 허튼 꿈을 가진 사람들의 발걸음을 속이고 있다.'고 하였다. 박초수(朴初壽)가 가지고 있던 「우복동도(牛腹洞圖)」와 조정순(趙鼎淳)이 가지고 있던 「우복동노정기(牛腹洞路程記)」가 어찌 어떤 사람에게 속은 것이 아닌 줄 알겠는가."라고 하였다. 요컨대 세상에 그런 곳은 없으니 가짜라는 것이다.

이규경은 또 진짜 우복동과 가짜 우복동에 대해 변증하는 「우복동진가변증설(牛腹洞眞假辨證說)」까지 썼는데, 첫머리에 "세상 사람들이 말하는 동천복지는, 남쪽의 두류산 청학동과 북쪽의 우복동이 전해지는 복지라고 한다. 그런데 단지 그 명칭만 있을 뿐, 실제 그 공간은 없다. 예로부터 지금까지 동천복지를 두루 찾아다니다가 찾지 못하여 그 때문에 낭패를 보고 평생을 그르친 사람들이 후인들을 속이고 해친 것을 이루다 헤아릴 수 없다. 나는 일찍이 이 점을 개탄하여 혹자들의 전설을 대략 수집해서 짐짓 그 진위를 변증해 스스로 의혹을 풀려고 했다."라고 하여, 청학동과 우복동은 실제 현실공간이 아니라고 의심하였다.

이규경은 1850년 청풍(淸風)에 사는 유생 이주경(李周卿)이 이시영(李時榮) 노인 등과 우복동을 찾아 나선 이야기를 장황하게 기술해 놓았다. 현실세계의 우복동을 찾고자 한 사람들의 이야기를 직접 전한 것이다. 그 속에는 진우복동(眞牛腹洞)과 가우복동(假牛腹洞)에 대한 여러 사람들의 이야기가 등장하는데, 그들이 찾아간 곳은 대체로 가우복동으로 보고 있다.

이 글의 말미에 이규경은 다음과 같은 견해를 피력하고 있는데, 합리적 사유가 돋보인다.

> 진우복동이 낙토(樂土)였다면 박생(朴生)은 어찌하여 그곳을 버리고 나왔단 말인가. 가우복동이 악조건의 동천이었다면 일곱 집은 무슨 까닭으로 그곳에 안주해 살고 있단 말인가. 또한 우복동의 진위문제를 누가 능히 변별할 수 있겠는가. 가우복동이라고도 하고 진우복동이라고도 하는데, 진우복동이 분명하다고 하지만 사람이 거주하기 어렵고, 가우복동이 가짜라고 하지만 농사짓기에 편리하니, 단지 '진짜 우복동인가, 가짜 우복동인가?'만을 따지면서 이런 편리함을 버리고 저런 어려운 점만을 거론한다면 사람들은 모두 불가하다고 할 것이다. 지금 전하는 가우복동은 비록 이씨 노인이 없더라도 송역천(宋櫟泉 : 宋明欽)의 정사로부터 길을 물어 들어가면 거의 찾기가 어렵지 않다. 어찌 진짜냐 가짜냐를 따지겠는가.[59]

---

59 李圭景, 『五洲衍文長箋散稿』 天地篇, 地理類, 洞府, 「牛腹洞眞假辨證說」. "眞洞若爲樂地 則朴生胡爲棄出 假洞如爲惡 則七戶何故奠居 且洞之眞假 誰能辨別 而曰假曰眞 如或眞洞雖的 難可居生 假洞雖贋 便於稼穡 則但取眞假 舍此所便 就彼所難 人皆曰不可 今所傳假洞 雖無李老 自宋櫟泉亭舍 問路而入 則庶不難尋 何論眞假"

지금도 진우복동을 찾는 사람이 있고, 그곳에 들어가 사는 사람들도 있다고 하니, 그들이 이 글을 보면 진위의 문제를 어디에 기준을 두고 파악할 것인가를 다시 생각해 볼 수 있을 것이다. 진우복동은 현실세계의 공간에는 없을 수 있다. 대내외의 침략과 수탈로 고통스럽게 살던 사람들이 피난처를 찾아, 마음 놓고 편안히 살 수 있는 낙토(樂土)를 찾아 살고자 하는 소박한 소망이 우복동을 만든 것이니, 진우복동은 우리 마음속에 있는 것이 아닐까 싶다.

Ⅳ. 장암동과 장각동

1. 장암동의 명승, 오송폭포(五松瀑布)

장암동 오송폭포

화북면 소재지에서 북쪽으로 조금 올라가다가 왼쪽으로 장암리 골짜기로 접어들면 그곳이 장암동(壯岩洞)이다. 그 골짜기 안쪽에 오송폭포가 있다. 이 장암동은 속리산 문장대·문수봉·유덕봉·신선대 등에서 흘러내린 물이 모두 이 골짜기로 모여든다.

지금 장암동에 가보면 별다른 느낌이 들지 않지만, 예전에는 이곳도 백두대간 줄기의 깊숙한 골짜기였기에 난리를 피하거나 은둔하기에 좋은 곳이었다. 구한말 김득연(金得研)이 지은「장암동기(壯岩洞記)」
가『화동승람(華東勝覽)』(화북면지편찬위원회, 1992)에 수록되어 있는데,
이 글을 보면 예전 장암동의 모습을 상상해 볼 수 있다.

　　소백산맥 남쪽, 낙동강 상류 지점에 경치가 빼어난 곳이 있으니, 바로
　상주의 장암동이다. 그 지역은 가까이는 청화산에서 시작되어, 방향을
　바꾸어 고죽대(孤竹臺)가 되었다가, 또 빙 둘러 오령(於嶺)이 되고, 율치
　(栗峙)가 되었다. 용이 날고 봉황이 춤추는 듯한 산세는 소금강을 만들고
　서 곧장 남쪽으로 뻗어 운장대(雲藏臺)가 되고, 유덕봉(裕德峯)이 되고,
　천황산(天皇山)이 되었다. 천황산은 곧 속리산의 주봉이다. 한 가지가
　다시 동쪽으로 뻗어 남쪽으로 조금 내려가 피화현(避禍峴)이 되고, 갈령
　(葛嶺)이 되었으며, 조금 동쪽으로 뻗어가다가 다시 북쪽으로 올라가
　옥녀봉이 되었다. 그리고 꺾여서 뻗어 내리다 우뚝하게 솟아 도장산이
　되었다. 도장산은 청화산과 마주보고 서 있는데, 그 형세가 마치 잡아당
　긴 활과 같다. 그 중간의 온갖 가지 기이한 형상은 모두 다 기록할 수
　없다. 고죽대의 한 줄기가 꺾여서 곧장 남쪽으로 뻗어내려 구령(駒嶺)이
　되고, 승무산(僧舞山)이 되고, 강선대(降仙臺)가 되어 그곳에서 그쳤는
　데, 곧 장암동의 안산이다. 험준한 듯하면서도 아름답고, 막힌 듯하면서
　도 트여 있다. 오령에서 갈령까지 사이는 거의 15리 정도로 평평하게
　퍼져있으며, 농토가 비옥하다. 시내의 아름다운 점은, 왼쪽으로는 유덕
　봉에서 시내가 발원하여 오송정폭포가 되었다가 곧장 북쪽으로 흘러가
　오령·율치에서 나오는 물과 장암동 입구에서 서로 만나 곧장 남쪽으로
　흘러내리는 것이다.[60]

60　金得研,『華東勝覽』,「壯岩洞記」. "嶠之南 洛之上 有一形勝 卽尙州之壯岩也 之爲區
　也 近以自靑華山 折以爲孤竹坮 又環拱爲於嶺 爲栗峙 龍飛鳳舞 作小金剛 而直南爲雲
　藏坮 爲裕德峯 爲天皇山 天皇山 卽俗離之主峯也 一枝又東走 乍南而爲避禍峴 爲葛嶺
　乍東復北 而爲玉女峯 折而掘起 爲道藏山 與靑華山對峙 其形如彎弓之勢也 中間 千奇

또 화북면 소재지 시비공원에는 신현재(申鉉在)가 지은 아래와 같은 「장암(壯巖)」이라는 시가 새겨져 있는데, 이 시 역시 옛날 장암동의 모습을 연상해 볼 수 있는 좋은 자료이다.

두세 집이 모여 절로 마을을 이루었고,	兩三家屋自成村
솔과 계수나무 우거져 낮에도 어둑어둑.	松桂陰陰晝欲昏
시계 소리에 밤을 보니 마당에 달이 떴고,	掛壁鐘聲庭有月
산간 개 짖는 소리 들리니 객이 온 것이리.	亂山尨吠客臨門
당시에 가르친 방술 무엇인지 알겠구나,	當時敎術知何物
지혜로운 선비는 창가에서 고문을 읽네.	智士林窓讀古文
백발노인 노년에 할 일이 전혀 없어서,	白首殘年無所事
발을 걷고 수시로 떠가는 구름만 보네.	捲簾時望弄歸雲

장암동 안쪽에 있는 오송폭포는 오송정폭포(五松亭瀑布)라고도 한다. 아마도 폭포 주위에 다섯 그루 소나무가 있어서 그렇게 이름을 붙인 듯하다. 오송폭포에 대해 김여정(金汝靖)이라는 사람이 쓴 아래와 같은 시가 비석에 새겨져 있다.

미친 듯이 내달리고 눈 날리듯 쏟아지며,	狂奔飄雪下齊齊
산을 진동시키는 우레 소리 높다 낮아지네.	雷吼重巒高復低
세상의 시비소리 귀에 들릴까 두려워서,	恐或是非聲到耳
산을 귀먹게 하고 세인들을 미혹케 하네.	聾山又使世人迷

萬像 不可盡記 而惟孤竹圻一枝 折以直南 爲駒嶺 爲僧舞山 爲降仙圻而盡焉 卽壯岩之案山也 似險而美 似阻而曠 自於嶺 至葛嶺之間 迫近十五里而平舖 田野肥沃 至若溪澗之美 則左以自裕德峯源出 而爲五松亭飛瀑 直北而與於嶺栗峙之水 相合於壯岩之口而直南"

장암동은 속리산 동쪽 경사면에 형성된 골짜기로 예전에 피난처 또는 은둔지로 사람들이 찾아들었을 법한 동네이다.

2. 장각동(長角洞)의 명승, 장각폭포(長角瀑布)

화북면 소재지에서 상오리 장각계곡으로 접어드는 길이 나온다. 그 길로 조금만 가면 풍치가 있는 폭포가 보이는데, 그 폭포가 바로 장각폭포이다. 장각계곡은 속리산 비로봉과 천황봉에서 흘러내린 물이 모여드는 골짜기로, 중간 지점에 장엄한 칠층석탑이 있다.

화북면 소재지 시비공원에는 이승협(李承協)이 지은 아래와 같은 「장각폭포」라는 시가 비석에 새겨져 있다.

곧장 떨어지는 폭포에 골짜기는 진동하고,　　　飛流直下谷猶動
세속의 풍진을 다 씻어 푸른 물이 흐르네.　　　滌盡風塵綠水流
언덕 위 금란정 물색을 배나 아름답게 해,　　　岸上蘭亭生色倍
강호의 수많은 선비들이 찾아와 유람하네.　　　江湖多士此中遊

장각동 장각폭포

장각폭포 위에는 금란정(金蘭亭)이라는 정자가 있는데, 『화동승람(華東勝覽)』에 권오하(權五夏)가 지은 「금란정기」가 남아 있어 그 유래를 알 수 있다. 이 기문은 권오하가 임인년에 지었는데, 1902년 혹은 1962년일 것으로 추정한다. 금란정은 이 지역에 사는 12명이 뜻을 같이하여 지혜를 모으고 마음을 같이 하고 힘을 합해 지은 정자라는 뜻으로『주역』에서 그 이름을 취한 것이다. 아래와 같은 「금란정기」 앞부분을 보면 이 금란정을 지은 내력을 짐작할 수 있다.

임인년 늦은 봄에 상촌과 하촌의 동지 12인이 지혜를 모으고 마음을 같이하여 같은 목소리로 힘을 써서 속리산 밑 용추 위에 두 칸의 정자를 새로 지었다. 수십 일 만에 낙성을 하였으니, 이것이 어찌 예리한 쇠를 끊을 정도로 마음을 같이하고 난초 향기처럼 마음을 같이한다는 말이 이룩한 바가 아니겠는가. 나는 시험 삼아 제군들과 금란정에 올라 동쪽을 바라보니 어여쁜 옥녀가 예쁘게 화장을 하고서 소매를 치켜들고 춤을 추는 것 같고, 서쪽을 바라보니 깊숙한 장각동의 시내에서 냇물이 졸졸 흘러내려 거문고를 타며 옥구슬을 굴리는 것 같고, 남쪽을 바라보니 형제 같은 두 봉우리가 뿌리를 붙이고 마주 서 있는데 형이 노래하자 동생이 화답하는 것 같고, 북쪽을 바라보니 띠를 드리우고 홀을 바르게 잡고 사각의 모자를 쓴 듯한 높은 봉우리가 궁궐에서 두 손을 모으고 읍을 하는 것 같고, 정자 주변을 바라보니 까마득히 높은 소나무가 우뚝하게 치솟아 청풍이 불어오면 여와(女媧)가 마음대로 생황을 연주하는 듯하며, 그 아래를 바라보니 천 길의 하얀 폭포가 날아 떨어지며 무지개를 만들고 솥처럼 생긴 큰 구덩이에서 자식들이 끊임없이 노래를 바치는 듯하다. 이것이 이 정자의 큰 구경거리이다.[61]

---

61 權五夏, 『華東勝覽』, 「金蘭亭記」. "歲黑虎之暮春 上下村同志十二人 合謀同心 齊聲
出力 新創二間亭于俗離山下龍湫之上 閱數旬而告落 此豈非同心利臭之所致耶 余嘗

「금란정기」 말미에 금란정을 창건한 주역 12인의 이름을 모두 기록해 놓았는데, 정운당(鄭雲當), 배석봉(裵錫鳳), 남상흠(南相欽), 김호인(金好仁), 김팔홍(金八洪), 노재덕(盧載德), 이중섭(李重爕), 장재익(張在翼), 이창직(李昌稙), 김익상(金益翔), 이중형(李重亨), 이기호(李基鎬) 등이다.

試與諸君 登亭而望其東 則亭亭玉女 凝粧粉黛 如拂袖而獻舞 其西 則長角深洞 石澗淙潺 如鳴琴而憂玉 其南 則兄弟雙峯 連根對峙 如塤唱篪和 其北 則四帽高峯 垂紳正笏 如拱揖丹墀 其傍 則百丈高松 挺然特立 淸風時至 女媧之笙簧自在 其下 則千尺練瀑 飛流成虹 竅坎鏜鎝 獻子之歌鍾不絕 此則亭之大觀也"

영호남 제일의 명승, 안의삼동

Ⅰ. 안의삼동

1. 안의삼동은 어디인가

안의삼동(安義三洞)은 요즘 사람들에게 낯선 이름이다. 그것은 안의가 독립된 지방자치단체가 아니고, 함양군에 속한 일개 면이기 때문이며, 또한 안의삼동의 명승이 현대적 관광명승지로 널리 알려져 있지 않기 때문이다. 그러나 불과 1백여 년 전까지만 해도 백두대간 남쪽에서 제일의 명승으로 널리 알려진 곳이 안의삼동이었다.

안의삼동은 조선시대 행정구역으로는 안의현(安義縣)에 속한 세 동천(洞天)을 말한다. 동천은 산에 빙 둘러싸인 뻥 뚫린 공간이 있는 산 속 동네를 말한다. 그러니까 동(洞)은 시내를 중심으로 한 골짜기의 개념이라면, 동천은 그 위에 허공까지 포함하여 보는 개념이다.

안의삼동은 옛 안의현에 속한 화림동(花林洞)·심진동(尋眞洞)·원학동(猿鶴洞)을 가리킨다. 화림동은 현 함양군 안의면·서하면·서상면 일대이고, 심진동은 현 함양군 안의면 용추계곡이며, 원학동은 현 경상남도 거창군 마리면·위천면·북상면 일대이다. 백두대간 동남쪽 경사면의 북쪽에 원학동이 있고, 남쪽에 화림동이 있고, 그 중간에 심진동이 있다.

안의현은 조선시대 안음현(安陰縣)으로 불렸다. 조선 초기에 만들어진 『세종실록』「지리지」에는 안음현의 연혁에 대해 다음과 같이 기록하고 있다.

> 이안현(利安縣)은 본디 마리현(馬利縣)이었는데, 신라 경덕왕이 지금의 이름으로 고쳐 천령군(天嶺郡:함양군)의 영현(領縣)으로 삼았다. 감음현(感陰縣)은 본디 남내현(南內縣)이었는데, 신라 경덕왕 때 여만현(餘萬縣)으로 이름을 바꾸어 거창군(居昌郡)의 영현으로 삼았다. 고려시대에는 지금의 감음현으로 이름을 고쳐 현종 무오년(1018)에 합주(陜州:합천) 임내현(任內縣)에 붙였다가, 공양왕 경오년(1390)에 감음현 감무(監務)를 두고 이안현을 이에 소속시켰다. 본조에 들어와서는 태종 17년 정유년(1417) 두 현의 이름을 따서 안음현(安陰縣)으로 바꾸었다.[1]

이를 보면, 조선 왕조가 개국한 뒤 행정구역을 개편하면서 이안현(利安縣)과 감음현(感陰縣)을 합하여 이안현의 '안(安)' 자와 감음현의 '음(陰)' 자를 따서 안음현이라는 명칭이 생겨난 것을 알 수 있다. 『신증동국여지승람』에도 이와 유사하게 기록되어 있다.[2] 이안현은 현 함양군 안의면 지역이고, 감음현은 현 거창군 마리면·위천면·북상면 지역이다.

이처럼 안의삼동이 있는 안음현은 조선시대 독립된 행정구역이었다.

---

1 『世宗實錄』「地理志」安陰. "利安縣 本馬利縣 景德王改今名 爲天嶺郡領縣 減陰縣 本南內縣 景德王改名餘萬 爲居昌郡領縣 高麗改今名 顯宗戊午 皆屬陜州任內 恭讓王 庚午 置減陰監務 以利安屬之 本朝 太宗十七年丁酉 採二縣名 皆爲安陰"
2 『新增東國輿地勝覽』권31, 安陰縣, 建置沿革.

동쪽과 북쪽은 거창군과 경계를 접하였으며, 서쪽은 전라도 장수현, 남쪽
은 함양군과 경계를 접하였다. 현 경상남도 함양군 서상면·서하면·안의
면과 거창군 북상면·위천면·마리면이 그 지역에 해당한다.

안의는 조선시대 줄곧 안음현으로 불리다가, 1728년 이 지역 정희량
(鄭希亮)이 난을 일으킴으로써 현을 폐지하여 함양군과 거창군에 분속시
켰다. 그 뒤 1736년 고을 유생 이성탁(李聖擇)의 상소로 다시 독립되었
다. 또 1767년 산음현(山陰縣 : 산청군)에 사는 7세 여자 아이가 자식을
낳은 해괴한 일이 발생하여 산음현을 산청군으로 바꾸었다. 그때 안음현
도 '음(陰)'자가 들어 있다는 이유로, 왕명에 의해 안의현(安義縣)으로
고쳤다.

일제강점기인 1914년 조선총독부령에 의해 안의현을 폐지하여 원학
동은 거창군에 편입시키고, 화림동과 심진동은 함양군에 편입시켰다.
그 당시 분할하여 분속한 행정구역이 지금까지 그대로 내려오고 있다.

2. 영호남에서 으뜸인 명승

화림동·심진동·원학동은 백두대간 동남쪽 경사면에 형성된 동천으
로 산수가 빼어난 곳이다. 19세기 이조 판서까지 지낸 신좌모(申佐模,
1799~1877)는 원학동 분설담(噴雪潭)에 이르러 "참으로 알겠구나, 안의
삼동의 명승이 기이하고 빼어나기로는 영남에서 으뜸인 줄을"[3]이라고
노래하였다.

신좌모는 충청도 청원 출신으로 문과에 급제하여 벼슬살이를 하며 전
국의 명승을 두루 유람한 인물인데, 안의삼동의 경관에 대해 이처럼 감

3 申佐模, 『澹人集』 권8, 「噴雪潭」. "信知三洞勝 奇絕冠山南"

탄을 금치 못하면서 영남에서 으뜸인 명승으로 평하였다.

신좌모보다 앞 시대 심상규(沈象奎, 1766~1838)는 이러한 논평에서 한 걸음 더 나아가 "안의삼동의 명승은 영·호남에서 으뜸일세."[4]라고 하여, 안의삼동을 영·호남에서 가장 빼어난 곳으로 지목하였다. 심상규는 18세기 말 문과에 급제하여 이조판서·병조판서 등을 거쳐 우의정에까지 오른 인물이다.

신좌모와 심상규는 모두 기호 지방 사람들인데, 이들의 눈에 비친 안의삼동은 영남 또는 영·호남에서 제일 빼어난 명승으로 보였던 것이다. 이처럼 안의삼동은 조선시대 지식인들에게 남도의 가장 빼어난 명승으로 알려졌는데, 그것은 무릉도원과 같은 세속적 티끌이 없는 별천지로 인식되었기 때문이다.

조선 중기 문학가 김창흡(金昌翕, 1653~1722)은 안의삼동을 모두 유람하고 여러 편의 시를 남겼는데, 수려한 경관을 잘 표현해 내었다. 먼저 화림동을 노래한 시를 보기로 한다.

화림동 동천은 가로 막힌 것이 없는 듯, 花林洞府若無遮
너럭바위에 시내 흐르는 한 큰 집 같네. 自是巖流一大家
평상처럼 넓어서 천 명은 앉을 수 있고, 闊可胡牀千坐置
악기를 백 개나 걸어놓은 헌악처럼 크네. 宏宜軒樂百懸加
근원 있는 시내가 씻어내도 때는 남지만, 泉源淘汰猶留垢
바위 면은 갈아내도 찌꺼기는 남지 않네. 石面磨礱未遣渣
얼룩과 광채 다 드러내니 작은 국량 아닌데, 不掩瑕瑜非小局
게다가 영각사가 연하 속에 숨겨져 있음에랴. 況兼靈寺秘煙霞[5]

4 沈象奎, 『斗室存稿』, 尺牘, 「安義政座下」, "三洞之勝 甲於嶺湖"

　시인은 화림동을 반석과 시내가 잘 어우러진 하나의 큰 집에 비유하였
는데, 아마도 화림동 입구의 농월정 앞 경관을 그렇게 묘사한 듯하다.
반석이 넓게 펼쳐져 1천 명은 앉을 수 있고, 양쪽 언덕이 우뚝하여 악기
를 수백 개나 매달아 놓을 수 있을 정도로 높다랗다고 한 것은 농월정
앞의 넓고 깨끗한 경관을 잘 표현한 것이라 하겠다.

　김창흡은 또 심진동을 다음과 같이 그려냈다.

　　심진동은 굽이굽이 깊고도 그윽하니,　　　　　　尋眞數曲蘊幽奇
　　원학동은 심진동의 동생뻘로 보이네.　　　　　　鶴洞惟應弟視之
　　긴 뱀처럼 굽이치는 시냇물은 세차고,　　　　　　百折騰蛇溪亂走
　　백로가 나는 듯 한 폭포가 길게 드리웠네.　　　　半空翔鷺瀑高垂
　　벼랑에는 외로운 꽃이 가만히 웃고 있고,　　　　崖龕寂寂孤花笑
　　구름 속엔 이상한 새가 주시하며 지저귀네.　　　雲碓嘈嘈怪鳥窺
　　처음 밟는 진경이 깨달음의 길 아니어선지,　　　初地金繩非覺路
　　지팡이 짚고 돌길 걷다보니 피로하게 하네.　　　據藜困石使人疲[6]

　시인은 깊고 그윽한 심진동을 세속의 때가 전혀 없는 진경(眞鏡)으로
묘사하고 있는데, 굽이굽이 흐르는 골짜기를 긴 뱀에, 하얀 물줄기를
내뿜는 기다란 폭포를 백로가 나는 것에 비유하였다. 홀로 핀 꽃이 웃고,
괴이한 새가 처음 보는 사람을 몰래 훔쳐보는 모습은 자연 그대로의 모
습을 보여준다.

　김창흡은 또 원학동을 다음과 같이 묘사하였다.

5　金昌翕, 『三淵集』 권8, 「安陰三洞」.
6　金昌翕, 『三淵集』 권8, 「安陰三洞」.

푸른 시내 쏟아지다 간혹 고인 깊은 못들,	靑溪高瀉間深停
하얀 바위 사이사이로 굽이치는 맑은 시내.	白石橫斜與緯經
흰 물결 세찬 소리 여울물은 노기 띤 듯,	噴薄聲轟湍鼓怒
굽이굽이 깊은 골짜기엔 신령들이 깃든 듯.	逶迤勢遠谷藏靈
얼굴 비추는 꽃그늘은 깊은 숲과 다름없고,	華陰面目同幽藪
마음 밝히는 꽃동네엔 푸른 산이 안 보이네.	葩洞神情缺翠屏
산모퉁이의 너럭바위 그 중에서도 제일이니,	最是廻巖大排布
유리 같은 반석 위로 옥구슬이 뛰어 오르네.	琉璃盤上玉瓏玲[7]

김창흡은 유리 같은 하얀 시내의 반석과 그 위로 뛰어 오르는 옥구슬 같은 하얀 물방울을 원학동의 특징으로 포착하여 무릉도원의 이미지를 그려내고 있다. 그리고 얼굴을 비추는 꽃그늘이며, 마음을 밝히는 꽃동네를 상징적 이미지로 노래하고 있다.

이러한 김창흡의 시에는 무릉도원처럼 느껴지는 원학동, 진인(眞人)이 살고 있을 것 같은 심진동, 농월정 앞의 넓은 너럭바위 위로 시내가 흐르는 드넓은 화림동의 모습이 한 폭의 산수화처럼 펼쳐져 있다. 한양에 살던 안동 김씨 명문가의 후예가 안의삼동을 유람하고 이런 시를 남겼으니, 당시 안의삼동의 명승이 전국적으로 알려진 것을 알 수 있다. 명승은 아름다운 자연경관이 명인을 만나 태어나는 것이니, 김창흡 같은 명인을 만나 안의삼동은 더 빛을 발하였다.

---

7 金昌翕, 『三淵集』 권8, 「安陰三洞」.

Ⅱ. 안의삼동의 지리와 문화

1. 안의삼동의 지리 개관

원학동·심진동·화림동을 품은 안의현은 덕유산(德裕山)에서 백운산(白雲山)까지 백두대간 동남쪽 경사면에 위치하고 있다. 북쪽에는 덕유산 향적봉(香積峯)이 우뚝 솟아 있으며, 주능선이 남쪽으로 뻗어내려 남덕유산(南德裕山)이 되고, 다시 육십령을 지나 백운산(白雲山)이 된다. 동쪽으로는 북쪽에서 뻗어 내린 산줄기가 중간에 우뚝 솟아 호음산(虎陰山)이 되었다가 다시 남쪽으로 흘러내린다. 또한 중간에 남덕유산에서 한 줄기가 동쪽으로 뻗어내려 월봉산·금원산·기백산·거망산·황석산이 되었다.

원학동은 북쪽으로 덕유산, 서남쪽으로 금원산(金猿山)과 기백산(箕白山), 동쪽으로 호음산에 둘러싸인 동천이다. 화림동은 북쪽으로 남덕유산, 서쪽으로 백운산, 동쪽으로 월봉산(月峯山)·금원산·기백산·황석산(黃石山)에 둘러싸인 동천이다. 심진동은 요즘 '용추계곡'이라 부르는데 북쪽으로 금원산, 북동쪽으로 기백산, 북서쪽으로 거망산(擧網山), 서쪽으로 황석산에 둘러싸인 동천이다.

영조 때 문장가 조귀명(趙龜命)은 안의삼동에 대해 "오른쪽이 화림동이고, 왼쪽이 원학동이며, 그 중간이 심진동이다."[8]라고 하여, 백두대간을 중심에 두고 세 동천의 지형을 설명하고 있다. 이처럼 안의삼동은 북쪽에 원학동이 위치하고, 남쪽에 화림동이 위치하며, 그 중간에 심진동이 위치해 있다.

---

8 趙龜命, 『東谿集』, 권2, 「遊尋眞洞記」. "安陰三洞 名於嶺表 右爲花林 左爲猿鶴 中則尋眞也"

심진동은 골짜기가 길지만 동천이 넓지 않아 화림동·원학동에 비해 규모가 적으며, 명승도 그리 많지 않다. 안의삼동 가운데 가장 넓은 곳이 원학동이고, 가장 좁은 곳이 심진동이다. 심진동에는 안의면 상원리 용추폭포가 가장 빼어나다.

화림동은 남덕유산 영각사(靈覺寺)에서 안의면으로 흘러내리는 물줄기를 따라 형성된 긴 계곡으로, 상류인 서상면과 중류인 서하면에는 유명한 명승이 별로 없다. 서하면 송계리로부터 안의면 월림리에 이르는 계곡은 협곡으로 형성되었는데, 이 지역에 명승이 집중되어 있다.

원학동은 거창군 북상면 갈계리 계곡의 갈천동, 월성리 계곡의 명승, 두 계곡의 물이 합류해 흐르는 갈천동 아래의 여러 명승, 금원산에서 동북쪽으로 흐르는 상천리 계곡의 명승, 위천면에서 마리면으로 이어지는 시냇가의 명승 등 빼어난 명승과 선인의 유적이 매우 많다. 또 원학동에는 명승에 깃든 역사와 문화가 다른 동천보다 매우 풍부하다.

2. 안의의 풍속과 문화

조선 전기에 지은 『신증동국여지승람』에는 안의현의 풍속에 대해 "사람들이 강하고 사나우며 다투기를 좋아한다."[9]라고 하였다. 그런데 조선 후기에 만든 『여지도서(輿地圖書)』에는 "정여창(鄭汝昌)이 고을의 원을 지낸 뒤, 유현(儒賢)이 배출되어 풍속이 크게 변했다."라고 하면서 "사람들이 절의와 검소를 숭상한다.[崇節尙儉]"라고 하였다.[10]

---

9   『新增東國輿地勝覽』, 安義縣, 風俗. "强悍爭鬪"

10 『輿地圖書』, 安義縣, 風俗. "强悍爭鬪(勝覽) 〈新增〉崇節尙儉(文獻公鄭汝昌 莅縣導率之後 儒賢輩出 舊俗丕變)"

이를 입증이라도 하듯, 이중환(李重煥)의 『택리지』에는 "덕유산 동남쪽이 안음현이다. 이곳은 동계(桐溪) 정온(鄭蘊)의 고향이다."라고 하고서, 다른 언급 없이 정온의 절의(節義)에 대해서만 기록해 놓고 있다.[11]

이를 보면 안의현의 풍속은 본래 사람들의 기질이 강하고 사나워 다투기를 좋아하였는데, 조선시대 유교의 교화에 의해 절의를 숭상하고 검소함을 숭상하는 문화로 바뀐 것을 알 수 있다.

일찍부터 정여창·임훈(林薰) 같은 유학자가 거주하여 유교의 교화에 의해 풍속이 아름다운 고장으로 변화되었으며, 정온이 만년에 대명의리(大明義理)를 지킴으로써 절의의 고장으로 거듭 났다. 그러므로 안의는 산수가 아름다울 뿐만 아니라, 순후한 유풍(儒風)과 불변의 지조를 지키는 사람들이 사는 고을로 명성을 얻게 되었다.

3. 안의삼동의 문화적 특징

1) 우리나라 최고의 정자거리, 화림동

안의삼동의 명칭은 그 나름대로 특별한 의미를 지니고 있다. 화림동(花林洞)은 꽃과 초목이 어우러진 아름다운 골짜기라는 뜻이며, 심진동(尋眞洞)은 때가 묻지 않은 진경(眞境)을 찾는 골짜기라는 뜻이며, 원학동(猿鶴洞)은 은자가 벗하는 원숭이와 학이 사는 골짜기라는 뜻이다.

화림동은 안의면 소재지에서부터 시작한다. 안의면 소재지에는 정여창(鄭汝昌)이 현감을 지내면서 건립한 광풍루(光風樓)가 화려한 위용을

---

11 李重煥, 『擇里志』, 「八道總論」, 慶尙道. "德裕東南 爲安陰縣 是桐溪鄭蘊之鄕 蘊官至吏曹參判 丙子淸兵之圍南漢也 蘊以爲不可背明降淸 仁祖下城 蘊以刃刺腹而絶 其子弟納腸縫佳 久而得甦 及淸兵之回 卽還鄕 不復仕于朝"

뽐내고 있는데, 화림동의 문화를 개척한 장본인이 바로 함양 출신 정여창이다. 그는 김종직의 문하에서 소학군자(小學君子)로 이름이 났으며, 광풍제월(光風霽月)처럼 밝고 깨끗한 정신세계를 지향한 인물로, 안의에 광풍루를 창건하였다.

안의면 소재지에서 4.5㎞쯤에 위에 농월정(弄月亭)이 있다. 농월정 앞에는 너럭바위가 넓게 펼쳐져 있고, 시냇물이 그 바위 위로 흐른다. 산이 좌우에 늘어서 있으며 골짜기의 경계가 넓어 흉금을 상쾌하게 한다. 농월정은 화재로 소실되었던 것을 근래에 복원하였다.

농월정 입구에서 국도를 따라 2.8㎞쯤 올라가면 왼쪽 시냇가에 동호정(東湖亭)이 있으며, 그 앞의 시내에 해를 가리는 천막처럼 생긴 큰 바위가 차일암(遮日巖)이다.

또 1.4㎞쯤 위의 시냇가에 군자정(君子亭)이 있고, 시내 건너편에 영귀정(詠歸亭)이 있다. 군자정에서 0.5㎞쯤 위의 시내 한복판에 거대한 바위 덩어리가 솟아 있고, 그 옆에 깊은 못이 형성되어 있는데, 그 바위 위에 거연정(居然亭)이 있다.

화림동에는 산수가 빼어난 곳에 이와 같은 아름다운 정자들이 줄지어 늘어서 있다. 그리고 정자마다 산수에 은거하여 심신을 수양하며 자연의 이치에 순응하며 살고자 한 성리학적 정신지향이 투영되어 있다. 그러니까 경치 좋은 시냇가에 정자를 지어놓고 술이나 마시고 시나 지으며 음풍농월하는 유한한 삶이 아니라, 속세의 티끌이 묻지 않은 깨끗한 곳에서 심성을 수양하여 도덕적 인격을 완성하고자 한 도학자들의 정신지향이 들어 있다. 그래서 그 어느 지역의 정자거리보다 더 의미가 있다.

전라도 담양에는 면앙정(俛仰亭)·송강정(松江亭)·식영정(息影亭)·소쇄원(瀟灑園) 등 정자와 원림이 있어 정자거리로 이름이 나 있다. 그런데 그곳은 계산풍류(溪山風流)의 정자문화가 일찍 발달한 면도 없지 않지만, 가사문학(歌辭文學)의 산실이기 때문에 그런 명성을 얻게 된 것이다.

그러나 자연 경관의 아름다움으로 말하면 담양의 정자거리는 화림동만 못하다. 즉 산수 자연의 경관으로 보면, 화림동은 우리나라 최고의 정자 거리라 할 수 있다. 그런데다 화림동은 심성을 수양하는 성리학적 사유가 정자에 투영되어 있어 풍류를 노래하던 담양의 정자거리와는 의미가 사뭇 다르다. 요컨대 화림동 정자거리는 조선성리학의 정신을 그 어느 곳보다 잘 구현한 정자문화의 산실이라고 해도 과언이 아닐 것이다.

화림동에는 명승이 여러 곳 있다. 그 대표적인 곳이 초입의 농월정(弄月亭)이다. 농월정은 대부분의 사람들이 '음풍농월(吟風弄月)'에서 따온 것으로 생각하지만, 음풍농월과는 너무도 거리가 먼 이야기가 숨어 있다.

농월정은 인근에 살던 조선 중기 학자 박명부(朴明榑, 1571~1639)가 만년에 낙향하여 지은 정자이다. 박명부는 정유명(鄭惟明)·정구(鄭逑)에게 수학한 인물로, 원학동 출신 정온(鄭蘊)과 절친하게 지낸 인물이다. 병자호란 때 남한산성에서 항전하다가 청나라에 화의(和議)하기로 결정이 나자, 절친 정온이 벼슬을 버리고 낙향하여 원학동 모리(某里)에 은거하였다. 그러자 박명부도 정온처럼 벼슬을 버리고 낙향하여 두문불출하며 지냈다.

그는 시냇가에 정자를 짓고서 농월정(弄月亭)이라 명명하고, 정자 앞 시내의 못을 월연(月淵)이라 하였다. 이는 이백(李白)의 시에 나오는 전국시대 말 제(齊)나라 고사(高士) 노중련(魯仲連)의 일화를 취해 붙인 이름으로, 도가 없는 암흑 세상에 명월을 벗하며 그 도를 지키겠다는 정신을 드러낸 것이다. 즉 농월정은 음풍농월하던 장소가 아니라, 대의(大義)를 지키는 장소적 의미가 있는 곳이다.

농월정 경관

그리고 농월정 상류에 있는 군자정(君子亭)은 정여창을 기리기 위해 지은 정자이니, 그가 추구하는 정신지향인 군자다움을 다시 생각하게 하는 장소이다.

그 위의 거연정(居然亭)은 주자의 「정사잡영(精舍雜詠) 12수」 중 서시(序詩) 「정사(精舍)」에 "거문과와 독서로 보낸 사십 년, 산중의 나그네가 다 되었구나. 어느 날 띠집을 짓고 나니, 나의 천석에 너무도 평안하네. [琴書四十年 幾作山中客 一日茅棟成 居然我泉石]"라고 한 데에서 취한 것으로, 산림에 은거하여 성명(性命)을 온전히 보전하는 삶을 지향한 주자를 본받고자 하는 정신이 투영되어 있다.

이를 통해 화림동은 자연 경관이 가장 빼어난 정자거리일 뿐만 아니라, 심신을 수양하고 대의를 지키며 천인합일의 삶을 추구하는 성리학적 이념이 산수에 투영된 조선 최고의 정자거리라 할 수 있다.

2) 진경과 진인을 찾는 심진동

심진동(尋眞洞)은 진경(眞境)·진인(眞人)을 찾는 동천이라는 뜻이다. 안의삼동이 모두 무릉도원과 같은 별천지로 등장하지만, 특히 심진동은 인간의 발길이 닿지 않은 자연 그대로의 세계로 묘사되어 있다. 즉 인욕(人欲)이 개입되지 않은 천리(天理)가 보존된 세계로 인식되었다. 그래서 진경 또는 진인을 찾고자 하는 표현이 시문에 자주 등장한다.

안의면 소재지에서 3번 국도를 따라 거창 방면으로 2km쯤 올라가다 보면 용추폭포로 향하는 갈림길이 나오는데, 그 골짜기가 용추계곡으로 예전에 심진동이라 부르던 곳이다. 1726년 이곳을 유람한 조귀명(趙龜命, 1693~1737)은 심진동을 유람하고 쓴 「유심진동기(遊尋眞洞記)」에서 다음과 말하고 있다.

> 냇물을 건너 10여리를 가자 길가에 작은 바위가 있는데, '심진동(尋眞洞)'이란 세 자가 새겨져 있다. 이 바위를 지나자 비로소 평평하지 않은 반석이 나타났고, 물은 비로소 고여 있는 곳이 있었다. 5~6리를 가 부담(釜潭)에 도착했다. 큰 바위가 펼쳐져 있는데, 중간이 절벽처럼 되어 있어 느리게 흐르던 물이 갑자기 한데 모여 깊은 못으로 떨어진다. 그 절벽 같은 바위 왼쪽에 분옥뢰(噴玉瀨)라는 글자가 새겨져 있다. 또 몇 리를 가면 채옹암(菜甕巖)이 있는데, 바위가 낮아져서 가마솥 같은 못이 되었다. 이곳은 물의 형세가 더욱 거세다. 절벽 좌우에 모두 용음뢰(龍吟瀨)라는 글씨가 새겨져 있다. 또 바위가 움푹 파인 곳이 있는데, 깊이가 몇 장(丈)은 될 듯하다. −중략− 수백 보를 가서 장수사(長水寺)에 이르렀다.[12]

---

12 趙龜命, 『東谿集』 권2, 「遊尋眞洞記」. "過涉者十餘里 路傍有小巖 刻尋眞洞三字 過此石 始有盤陀 而水始有滙涵者 行五六里 抵釜潭 大石彌亘 中爲絶崖 漫流忽東下墜深潭

조귀명은 안의삼동 중 심진동만 구경을 못하여 일부러 유람을 하고 이 글을 지었다. 이 글을 보면, 심진동에는 심진동(尋眞洞)·분옥뢰(噴玉瀨)·용음뢰(龍吟瀨)라고 새긴 각자(刻字), 솥처럼 생긴 못 부담(釜潭), 김치를 저장하는 항아리처럼 생긴 시냇가의 움푹한 바위 채옹암(菜甕巖), 용추폭포, 장수사(長水寺) 등 명승과 유적이 상당히 많았음을 알 수 있다. 그런데 안타깝게도 지금은 이런 각자를 찾을 수 없다.

심진동 용추폭포

오늘날 심진동의 대표적인 명승은 용추폭포(龍湫瀑布)와 장수사(長水寺)의 일주문이다. 장수사는 폐허가 되어 일주문만 홀로 남아 있다.

16세기 원학동에 살던 임훈(林薰)의 동생 임운(林芸, 1517~1572)은 인근의 심진동을 찾아 유람하고 아래와 같은 시를 남겼다.

崖左 刻噴玉瀨 又數里 爲菜甕巖 石遜釜潭 而水勢益峻 崖左右 俱刻龍吟瀨 有石凹呀然 深可丈餘 −중략− 行數百步抵寺"

이 세상에서 내가 무엇을 일삼으리,	處世吾何事
진경을 찾으려니 길이 절로 통하네.	尋眞路自通
운무 속에 오래 묵은 표지판 보이고,	煙霞開舊標
수석은 들뜬 내 마음을 노래하는 듯.	水石奏新腔
인간세상의 누를 일찌감치 사양하고,	擬謝人間累
물외의 세계에 발자취 길이 머물리.	長留物外蹤
함께 할 수 있기를 어찌 기약하리,	安期猶可與
한 마리 학이 찬바람을 타고 오네.	孤鶴御冷風[13]

　시인은 진경(眞鏡)을 찾아 인간세상의 누(累)를 사양하고 물외의 세계에서 깨끗하게 살고자 하는 성리학적 세계관을 드러내고 있다. 임운은 형과 함께 효행이 조정에 알려져 정려가 내렸으며, 천거로 사직서 참봉을 지낸 인물이다.

　경상도 단성(丹城) 도천(道川)에 살던 오국헌(吳國獻, 1599~1672)은 심진동을 유람하면서 아래와 같은 시 2수를 지었는데, 심진동의 의미를 잘 드러내고 있다.

심진동은 내가 진(眞)을 찾아 나선 곳,	尋眞洞是我尋眞
곳곳에서 묻고 물으니 진(眞)이 있는 듯.	隨處問尋若有眞
하루 종일 찾았지만 진(眞)을 찾지 못했으니,	竟日行尋尋不得
진(眞)을 찾는 것 어찌 도심의 진(眞)이 아니리.	尋眞豈是道心眞
심진동은 내가 진(眞)을 찾아 나선 곳,	尋眞洞是我尋眞
곳곳에서 끝까지 찾아도 진(眞)은 보이질 않네.	隨處窮尋不見眞

13　林芸, 『瞻慕堂集』 권1, 「遊尋眞洞 路上口號近體一首 以示歸興」.

만약 세상 사람이 찾을 수 있는 것이라면,	若使世人尋去得
진(眞)을 찾는 것 오직 도심의 진(眞)이리.	尋眞惟是道心眞[14]

앞의 시는 28자의 짧막한 칠언절구에 심(尋) 자가 6회, 진(眞) 자가 5회 등장하고 있다. 심진(尋眞)이라는 명칭을 가지고 장난삼아 지은 시 같지만, 시인의 의경은 자못 진지하기만 하다. 하루 종일 참된 이치를 찾아 나섰지만 찾지를 못했으니, 그 진경(眞鏡)은 우리 마음속 도심(道心)이라는 것이다.

진주 출신으로 명나라가 망한 뒤 지리산 자락에 은거하며 산수가 좋은 곳을 두루 유람한 정식(鄭栻, 1683~1746)은 심진동을 아래와 같이 묘사했다.

신령의 근원이 이처럼 깊은 줄 몰랐어라,	未識靈源若此深
반평생의 맑은 유람 오늘만 못했구나.	淸遊半世莫如今
옥을 간 듯한 기이한 바위에 지팡이를 멈추고,	奇巖磨玉宜停杖
우레처럼 진동하는 폭포수에 내 마음을 씻었네.	亂瀑鳴雷却洗心
언덕 위엔 낯선 풀들 많이도 나 있고,	岸上多生初見草
숲 속에는 이름 모를 새가 가끔씩 보이네.	林間時有不知禽
승려에 끌려 선방에서 편안하게 누웠는데,	携僧穩借禪房宿
송뢰 소리 소슬하고 달은 묏부리에 걸렸네.	松籟蕭蕭月掛岑[15]

시인은 반평생의 유람에서 보지 못한 진경을 심진동을 유람하면서 느낀 듯하다. 그의 시에 등장하는 기이한 바위, 쏟아지는 폭포수, 처음 보

---

14 吳國獻, 『漁隱集』 권1, 「尋眞洞」.
15 鄭栻, 『明庵集』 권2, 「尋眞洞」.

는 풀, 이름 모를 새는 모두 세속의 티끌이 묻지 않은 것들이다. 그리고 산봉우리에 걸린 달과 송뢰 소리는 청정함 그 자체로 느껴진 듯하다.

구한말의 삼대 문장가 중 한 사람인 이건창(李建昌, 1852~1898)은 심진동을 유람하고 아래와 같은 시를 남겼다.

산에 들어와 어디서 다시 진인을 찾으랴,	入山何處更尋眞
절을 짓던 그 옛날 이미 몸을 숨겼으리.	結寺當時已隱身
구름과 안개만이 늙은 부처를 공양할 뿐,	但蓄雲烟供老佛
샘도 폭포도 다 거두어 유람객을 사양하네.	盡收泉瀑謝遊人
숲속에 치자나무 메꽃 향가 처음 피어나고,	林中薝葍香初定
나무 끝의 산목련은 자태 다시 새롭구나.	木末芙蓉態更新
서쪽 요사채서 묵는데 맑은 풍경소리 들려,	夜宿西寮淸磬發
일어나 하늘을 보니 밤하늘에 별이 가득.	起看天宇滿星辰[16]

이건창도 심진동의 이름에서 연상하여 심진동을 유람하면서 진인(眞人)을 만나고 싶은 심경을 말하고 있다. 그러나 진인은 그 어디에도 없다. 심진동에는 자연 그대로의 구름과 안개, 샘과 폭포, 치자나무와 산목련, 그리고 풍경소리와 밤하늘에 가득한 별들이 있을 뿐이다. 시인은 아마도 이런 것을 보고 듣고 느끼며 진경을 떠올렸을 것이다.

3) 은자가 숨어사는 원학동

원학동(猿鶴洞)은 위천천이 흘러내리는 물줄기를 따라 형성되어 있다. 원학동이라는 명칭에 대해 명확한 근거가 될 만한 자료는 없다. 그러나

---

16 李建昌, 『明美堂集』 권3, 「尋眞洞 隱身菴」.

대략 두 가지로 추정해 볼 수 있다.

하나는 『고문진보』에 실린 공치규(孔稚圭)가 지은 「북산이문(北山移文)」에 "초막이 텅 비어 밤에는 학이 원망하고, 산인이 떠나가자 새벽에 원숭이가 놀라네.[蕙帳空兮夜鶴怨 山人去兮曉猿驚]"라는 문구에서 연유한 말로, 은자가 숨어 사는 깊은 산중을 의미하는 것이다. 대체로 중국 고전에서는 은자가 원숭이와 학을 벗하기 때문에 원학은 은자가 사는 곳을 상징한다.

또 하나는 이건창(李建昌)이 지은 「수송대가(愁送臺歌)」에 "산마루 위의 금빛 원숭이는 나와서 축수를 하고, 이 동네의 푸른 학은 자리에 내려와 춤을 추네.[嶺上金猿出獻壽 洞中靑鶴來舞席]"[17]라고 한 것에서 추측할 수 있는데, 금원산(金猿山)의 '금빛 원숭이[金猿]'와 이 동네에 살았던 '청학(靑鶴)'이 합해져 원학동이라는 이름이 생겨났다고 하는 설이다.

원학동 입구에 있는 진동암(鎭洞巖)에서 척수암(滌愁巖)에 이르는 중간에 '학담(鶴潭)'이 있었던 것을 보면, 이 동네에 학이 살았다는 전설이 있었음을 알 수 있다. 설령 그것이 학이 아니라 백로라 할지라도, 이곳이 무릉도원이나 신선선계로 인식되었기 때문에 학이라는 이미지를 얼마든지 상상할 수 있다. 그래서 금원산에 사는 '금빛 원숭이'와 이 동네에 사는 '푸른 학'이 합해 원학동이 된 것으로 추정된다.

이처럼 원학동의 명칭은 두 가지로 추측해 볼 수 있는데, 이건창이 주장한 금원산(金猿山)의 '원(猿)' 자와 학동(鶴洞)의 '학(鶴)' 자가 합쳐져 만들어진 이름이라는 설이 현실세계의 지명에서 연유한 것이기 때문에 보다 친근감이 있다. 게다가 임훈(林薰) 같은 은군자가 사는 곳이었기 때문에 원숭이와 학 사는 무릉도원과 같은 이미지가 더해진 듯하다.

---

17 李建昌, 『明美堂集』 권3, 「愁送臺歌 寄厚卿熙叟」.

원학동 수승대 경관

원학동은 마리면 영승리의 영승 마을로부터 시작하여 진동암(鎭洞巖)을 거쳐 위천면 소재지 근처에 있는 척수암(滌愁巖)·수승대(搜勝臺)에 이르고, 다시 갈천동(葛川洞)을 거쳐 월성계곡(月星溪谷) 상류의 사선대(四仙臺 : 松臺)에 이르는 공간을 통틀어 말한다.

원학동의 중심지는 위천면 소재지로, 그곳에 원학동의 대표적 명승인 수승대가 있다. 즉 수승대가 원학동의 중심에 해당한다. 수승대를 중심에 두고 보면, 서쪽으로 금원산이 있고, 북쪽으로 덕유산이 있다. 금원산 동쪽으로 흘러내리는 시내가 산상천인데, 그 상류에 문바위와 가섭암지 및 유안청폭포(儒案廳瀑布)가 있다. 지금은 이곳에 금원산자연휴양림이 들어서 있다.

수승대 위쪽으로 올라가면, 북상면 소재지가 있는 삼거리가 나오는데, 서쪽은 월성계곡이고, 그 북쪽은 갈계리·소정리이다. 갈계리는 조선 전기 효자로 정려가 내린 임훈(林薰)·임운(林芸) 형제들이 살던 곳이다.

북상면 소재지에서 월성계곡으로 조금 올라가면 농산리 시냇가에 강선대(降仙臺)·모암정(帽巖亭)이 나오며, 강선대 마을 뒤쪽 산 중턱에 정온(鄭蘊)이 은거한 모리재(某里齋)가 있다. 또 월성계곡 창선리 시내에는 분설담(噴雪潭)이 있으며, 그 위 월성리 시냇가에 사선대(四仙臺)가 있다.

이런 원학동의 문화지리적 공간을 조선 중기 이만부(李萬敷)는 아래와 같이 묘사해 놓았다.

　　덕유산 동남쪽을 원학동이라 한다. 원학동 아래가 바로 옛 감은현(感陰縣) 관아 터이다. 동계(桐溪) 정온(鄭蘊)이 그곳에서 대대로 살았다. 마을 서쪽 작은 산은 모든 바위가 창을 세워놓은 듯이 뾰족뾰족하여 별명으로 금원촌(金猿村)이라 한다. 마을 동쪽은 큰 바위가 시내를 누르고 있는 것이 세 개 있는데, 그곳을 척수암(滌愁巖)이라 한다. 거기서 서남쪽으로 돌아 시내를 따라 1백 보쯤 가면, 비교할 만한 바위가 없을 정도로 큰 바위 하나가 있다. 그 위의 움푹 파인 곳은 돌을 채워놓아 수십 명이 둘러앉을 수 있다. 주변에는 노송(老松)도 있고 고송(枯松)도 있는데, 노송은 녹음이 짙고 고송은 세월의 빛깔을 머금고 있다. 앞의 시냇물은 깊어 검푸른 빛을 띤다. 이곳을 수송대(愁送臺)라 부른다. 옛날 이퇴계(李退溪:이황) 선생이 수송대를 수승대(搜勝臺)라 이름을 바꾸었다. 그러자 임갈천(林葛川:임훈)이 시를 지어 수송(愁送)의 뜻을 풀이하면서 '봄을 보내는 것도 시름이고 그대 보내는 것도 시름일 텐데'라는 말을 한 것이 있다. 수송대로부터 5~6리쯤 가서 석문을 지나면 갈천동(葛川洞)으로 들어간다. 동네가 다시 광활하게 펼쳐지고, 숲과 산기슭이 동네를 에워싸고 있어 한 구역의 별천지를 이루었다. 갈천이 그의 동생 첨모당(瞻慕堂)과 은거하며 사이좋게 지내던 곳이다. 이들의 두 정려가 마을 입구에 있으니, 본받을 만하다. 조금 북쪽에 병담정사(屛潭精舍)가 있는데, 임씨(林氏)의 별장이다. 다시 서쪽으로 올라가면 바위돌이 더욱 희어지고, 물은 더욱 세차게 흐른다. 상하 몇 리의 시내가 대체로 그와 같은데, 이름이 붙여진 곳으로는 첫 번째가 회암(滙巖)이다. 회암 남쪽에 모리(某里)라고 부르는 작은 골짜기가 있는데, 동계가 은거하던 유적이 있다. 두 번째가 부연(釜淵)이고, 세 번째가 외순암(外筍巖)이고, 네 번째가 내순암(內筍巖)이고, 다섯 번째가 종연(鐘淵)이고, 여섯 번째가 송암(松巖)이다. 층층의 바위는 깨끗하고, 맑은 물은 쉬지 않고 흐르며, 물가의 꽃들이 찬란하게 피었고, 새들도 한가하고 고요함을 즐겨 유람객을 따라오며 지저귄다. 다시 산기슭 하나를 넘으면 월성(月城)이란 곳이 나온다. 그 넓이는 갈천동에 비해 3분의 1밖에 되지 않고, 사는 사람도 그쯤 된다. 그 서쪽을 남령(藍嶺)이라 하는데, 원학동이 여기에서 끝이 난다.[18]

이만부는 위천면 소재지에서 척수암을 거쳐 수승대에 이르고, 다시 갈천동으로 올라간 뒤 왼쪽 월성계곡으로 들어가 송암(松巖)까지 유람하였다. 송암은 송대(松臺)로 요즘 사선대(四仙臺)라 부르는 곳이다. 이것이 조선 시대 유학자들이 찾았던 원학동의 개관이다.

이만부의「원학동기」는 원학동의 개관이라고 해도 손색이 없을 정도로 잘 정리해 보여주고 있다. 게다가 단순히 자연 경관만을 설명하지

---

18 李萬敷,『息山集』別集 권3, 地行錄 八,「猿鶴洞記」. "德裕東南曰 猿鶴洞 洞下卽感陰古治 桐溪翁之世居也 村西小山 皆石崒崪如列戟 別得名曰金猿村 東卽得大石壓流者 三 曰潑愁巖 轉西南 緣溪百餘步 又得大石無敵 石補其頂 可容數十人坐 松有老者枯者 老有厚陰 枯有古色 前俯水委會黛蓄 名曰愁送臺 昔退陶李先生 改名搜勝 葛川翁 作詩解之 有愁送春愁送君之語云 自愁送五六里 過石門入葛川洞 洞府重豁 林麓束隘 爲別一界 葛川翁與弟瞻慕堂 隱居行誼 雙旌在閭首 可式 少北有屛潭精舍 林氏別業也 更西上 石益白 水益蕩激 上下數里 大抵一體 其得名者 第一曰滙巖 南有小谷 曰某里 桐溪鳩巢在焉 第二曰釜淵 第三曰外筍巖 第四曰內筍巖 第五曰鐘淵 第六曰松巖 石層淨潔 淸流交絡 水花爛開 禽鳥亦若樂閒慕靜 與遊人偕來 又上一麓而下 則稱月城 其闊視葛川僅三之一 而人居亦然 其西曰藍嶺 猿鶴洞窮焉"

않고, 그곳에 살던 인물과 풍속, 역사와 문화까지 곁들이고 있어서 당시의 많은 정보를 전해주고 있다.

Ⅲ. 안의삼동의 주요 명승과 의미

1. 화림동의 주요 명승과 그 의미

1) 박명부의 위도정신(衛道精神)이 투영된 농월정

농월정은 인근에 살던 조선 중기 학자 박명부(朴明榑, 1571~1639)가 만년에 벼슬을 버리고 낙향하여 지은 정자이다. 박명부는 원학동에 살던 정온(鄭蘊)과 절친하게 지낸 인물이다. 병자호란 때 청나라에 화의(和議)하기로 조정의 의견이 결정되자, 박명부도 정온처럼 벼슬을 버리고 낙향하여 두문불출하였다.

그는 시냇가에 정자를 짓고 '농월정(弄月亭)'이라 이름을 하였다. 시내에는 달이 비추는 못이 있어 예전부터 월연(月淵)이라 불렀는데, 그 못에 비친 달을 보고 벗하겠다는 뜻으로 농월정이라 한 것이다.

그런데 단순히 음풍농월하겠다는 뜻으로 붙인 이름이 아니다. 박명부는 이백(李白)의 「고풍사수(古風四首)」에 "제나라에 걸출한 선비가 있었으니, 노중련(魯仲連)이 특별히 고상하고 오묘했네. 명월이 바다 속에서 떠올라, 하루아침에 광명을 열었네.[齊有倜儻生 魯連特高妙 明月出海底 一朝開光耀]"라고 한 시구를 보고서 특별히 느낀 점이 있어 그렇게 명명한 것이다.

무슨 뜻일까? 연못 속에 비친 달은 그냥 명월이 아니다. 그 옛날 노중

련의 정신을 그대로 간직한 달이다. 노중련은 전국 시대 제(齊)나라 사람
으로, 진(秦)나라가 동쪽 6국을 병합하려 할 때, 연횡(連橫)을 주장하는
조(趙)나라·위(魏)나라 사람들을 설득시키면서 "진나라 임금을 섬기느
니, 차라리 동해 바다에 빠져 죽겠다."라고 한 인물이다. 즉 무도한 세상
에 굴욕적으로 사느니, 차라리 바다에 빠져 죽어 암흑 세상에 광명을
뿌리는 명월 같은 존재가 되겠다고 맹서한 사람이다.

  이런 노중련의 정신을 후인들은 무도한 세상에 도의(道義)를 지키려는
지조로 받아들였다. 그리하여 난세에 도덕과 의리를 숭상하는 사람들이
노중련을 떠올리며 그 정신을 본받으려 했다. 그러니 노중련의 명월은
그냥 명월이 아니고, 문화를 상징하며, 자존심을 상징하며, 도덕을 상징
하며, 지조를 상징한다. 즉 무력 앞에서 굴복하지 않으려는 정신이다.
이런 정신이 없으면 그 나라의 정체성, 그 민족의 정체성은 없어지고
만다.

  박명부가 월연에 비친 달을 벗하겠다는 것은 이런 노중련의 정신이
깃든 달을 가슴속에 품은 것이다. 그러니 그가 '농월정'이라 이름을 한
것은 노중련의 정신이 깃든 명월로 자신의 정신지향을 삼아 문명을 지키
겠다는 의지를 표명한 것이다.

  그러니 '농월'이라는 말은 바람이나 읊조리고 달이나 희롱하는 음풍농
월을 가리키는 것이 아님을 분명히 알 수 있다. 요컨대 노중련의 정신으
로 암흑 세상을 비추는 명월을 벗하며 대의를 지키고자 한 고결한 정신
을 드러낸 것이다.

  이처럼 우리나라 최고의 정자거리 화림동은 초입의 농월정부터 유한
한 수작과는 거리가 먼 차가운 강물에 비친 명월 같은 정신이 깃들어
있다. 그런데 안타깝게도 오늘날에는 이런 정신을 아는 사람이 극히 드

물다. 그런 기억을 아는 사람이 없어진 것이다. 기억을 상실한 시대의 슬픈 우리의 자화상이다.

박명부는 농월정을 짓고 자신의 속내를 드러내어 표현하지 않았다. 그가 농월정에서 읊은 아래의 시를 보면 노중련의 명월을 품겠다는 의미가 전혀 드러나지 않는다.

길 가에 그윽한 별천지라 누가 표지했나,	路傍誰識別區幽
산세는 굽이굽이 돌고 물은 머무르는 듯.	山若盤回水若留
섬돌을 비춘 연못은 맑고 또한 가득하며,	暎砌池塘澄更滿
창에 서린 푸른 남기 걷혔다 피어오르네.	撲牕嵐翠捲還浮
굶주린 아이는 죽을 먹느라 울지 않고,	兒飢不慍饘糊口
찾아온 객이 첫머리 집을 어찌 싫어하리.	客至寧嫌屋打頭
변변치 못한 사람 사업이 없다 말하지 마오,	莫道散人無事業
만년에 이 골짝 차지하고 풍류를 즐긴다오.	晩專邱壑亦風流[19]

마지막 구에 자신의 마음을 살짝 드러냈지만, 그의 삶에 대해 알지 못하는 사람은, 아니 농월정을 짓고 은거한 그의 마음을 알 리 없는 사람은 그가 말하는 '사업' 또는 '풍류'를 등한하게 보고 말 것이다. 그러나 박명부가 농월정을 지은 속내를 아는 사람은 그의 사업이 무엇인지, 그의 풍류가 무엇인지를 알아차릴 것이다.

구한말 어려운 시대를 살았던 곽종석(郭鍾錫, 1846~1919)은 박명부의 그런 마음을 잘 알았던 듯하다. 그는 농월정에 이르러 현판에 걸린 박명부의 시를 보고 다음과 같이 노래했다.

19 朴明榑, 『知足堂集』 권1, 「題弄月亭」.

화림동 꽃의 협곡은 누굴 위해 그윽한가,	洞天花峽爲誰幽
새 정자에 늙은 사람 발걸음을 멈추었네.	人古亭新逸躅留
도로써 몸을 바치면 벼슬은 하찮은 것,	殉以道身簪冕薄
담담한 삶의 이치 떠가는 물과 구름 같네.	淡然生計水雲浮
모리(某里)의 청풍이 지붕 위에 닿았는데,	某里淸風隣屋角
정자 앞의 광풍제월에 원두를 사양하네.	前堂霽月讓源頭
황폐한 터에 중건함이 용이하지 않았으리,	荒墟肯構非容易
문정에 큰 유풍이 있음을 비로소 알겠네.	從覺門庭有碩流[20]

곽종석은 도를 위해 몸을 바치면[以道殉身] 벼슬은 하찮은 것으로 치부하며 물이 흐르고 구름이 떠가는 것처럼 삶의 이치를 담담히 받아들이고 있다. 그리고 그는 농월정이 정온(鄭蘊)이 은거한 모리재(某里齋)의 절의(節義)와 하나로 연결되어 있고, 또 농월정 앞의 경계가 광풍제월처럼 탁 트이고 맑고 밝아 원두를 찾아 나설 필요가 없다고 노래하고 있다.

농월정은 아마도 여러 차례 중건되었을 것이다. 그런데 19세기 중엽 중건을 하고 쓴 유후조(柳厚祚, 1798~1876)의 중건기가 남아 있어 농월정의 내력을 소상히 알려준다.

당나라 사람의 시에 "노중련은 특별히 고묘했네.[魯連特高妙]"라 하고서, 이어 "명월이 바다 밑에서 떠올라.[明月出海底]"라고 하였다. 이는 대체로 노중련처럼 대의가 특별히 높은 경우는, 오직 명월만이 거기에 해당할 수 있다는 말이다. 이 시를 지은 사람은 노중련을 아는 사람이구나! 안음현의 판서를 지낸 지족당(知足堂) 박 선생은 한강(寒岡) 정 선생(鄭先生:鄭逑)의 고제이다. 젊어서부터 경학과 문장으로 사문

---

20 郭鍾錫, 『俛宇集』 권2, 「次弄月亭板上韻」.

의 추중을 받았다. 세상에 나아가 등용되어서는, 큰 공적을 세워 혁혁
한 공이 역사에 기록되었다. 그래서 지금까지 사람들의 눈과 귀에 전하
고 있다. 그러니 내가 어찌 군더더기 말을 할 필요가 있겠는가? 공이
임금의 어가를 호종하고 남한산성에 들어가 있을 적에, 청나라와 화친
을 하자는 논의가 결정되어 더 이상 어떤 일을 할 수가 없었다. 그래서
공은 벼슬을 버리고 남쪽으로 내려와 안음현 서쪽 월연암(月淵巖) 가
에 정자를 짓고, 동생 낙여헌(樂汝軒)과 함께 늙어 죽을 계책을 삼았
다. '농월정'이라는 세 자를 특별히 바위에 새긴 것이 무슨 뜻이겠는
가? 공이 동계(桐溪) 정 선생(鄭先生:鄭蘊)과 의리를 부지한 것은 또한
당시의 노중련과 같은 것이었다. 공이 이 정자에 올라 못 위의 명월을
노중련으로 본 것인지도 모르겠다. 즉 노중련이 하나의 명월이고, 명
월이 하나의 노중련이었던 것이다. 진(秦)나라가 통일한 뒤로 중원의
세계는 모든 것이 침체되어 비린내와 먼지가 눈에 자욱해서 다시는 바
다 밑에서 떠오르는 명월의 진면목을 볼 수 없었다. 지금 공은 동해에
사는 사람으로서 존주대의로써 동해에 명월을 다시 뜨게 하였으니, 노
중련에 비해 빛이 더 있다. 얼마나 장한 일인가.[21]

이 중건기를 보면, 농월정이라는 명칭이 어떤 의미를 가지는지 분명
히 알 수 있다. 요컨대 음풍농월하는 장소가 아니라 노중련의 명월을
가슴에 품고 대의를 보전하며 변치 않고자 하는 정신을 다짐하는 장소라
는 것이다.

2) 동호정(東湖亭)과 차일암(遮日巖)

동호정은 서하면 황산마을 출신 동호(東湖) 장만리(章萬里)가 만년에

---

21 柳厚祚, 『知足堂集』 권8, 附錄, 「弄月亭重建記」.

관직에서 물러나 심신을 수련하며 노닐던 곳에 후손들이 1890년경에 지은 정자이다. 장만리는 임진왜란 때 선조를 등에 업고 의주로 피난하여 원종공신에 책록되었고, 고종 때 충신으로 정려가 내려졌다. 차일암은 해를 가리는 바위라는 뜻으로, 시내 한복판의 바위가 차일처럼 생겨서 붙인 이름이다. 이 차일암은 규모가 매우 큰 너럭바위로 시내와 어우러져 빼어난 경관을 연출하고 있다.

17세기 안의현감을 지낸 박장원(朴長遠, 1612~1671)은 동호정이 지어지기 이전에 차일암을 유람하면서 다음과 같은 시를 지었다.

참으로 아름답구나, 화림동이여,	信美花林洞
늦은 봄에 훌쩍 떠난 이번 걸음.	殘春忽此行
산바람에 거문고는 저절로 울리고,	山風琴自響
냇가 백로에 시구 도리어 이루었네.	溪鷺句還成
차가운 바위에 술기운 얼른 깨고,	冷石能醒酒
맑은 물에는 갓끈을 씻을 수 있네.	淸流可濯纓
돌아올 때 남은 흥취 있으니,	歸時有餘興
지는 해에 퉁소 소리 들누나.	落日聽簫聲[22]

이 시를 보면 시내와 산이 어우러진 아름다운 산수 속에서 밝은 시내와 차가운 바위에서 느끼는 정취가 물씬 풍겨난다. 동호정을 노래한 시는 근세 사람들이 지은 것들로 구한말 조긍섭(曺兢燮, 1873~1933)은 다음과 같이 노래했다.

---

22 朴長遠, 『久堂集』 권2, 「遊遮日巖」.

매우 좋은 산수를 옛날 엿보고서,   大良山水昔窺臨
몇 번이나 서풍 향해 흉금을 폈던가.   幾向西風豁我襟
황계폭포 하얀 방울 허공에 드리웠고, 黃瀑雪虹空外直
함벽루 빗속 운무 한 폭의 그림이었지. 碧樓烟雨畵中深
혼조의 명절로는 강씨·박씨 추중하고, 昏朝名節推姜朴
가야산의 신선들 학과 거문고를 가졌네. 倻洞神仙有鶴琴
들자 하니 동호정이 새로운 명승지라, 聞道湖亭得新勝
백구는 응당 고인의 마음을 말하리라. 白鷗應說古人心[23]

   조긍섭은 대구 출신으로 경상우도 학자들과 교유를 하였으며, 이 지역에 자주 왕래하였다. 이 시를 보면 합천의 황계폭포와 함벽루, 그리고 가야산 명승을 향한 시인의 마음이 느껴진다. 조긍섭은 새로 지은 동호정이 새로운 명승이라는 소문을 듣고 찾았던 듯하다.

   동호정은 장만리의 충성을 기리기 위해 그의 유적지에 건립한 것인데, 화림동의 다른 정자와 그 의미가 저절로 연결되어 화림동 정자거리에 충(忠)을 더하여 그 의미를 다채롭게 하였다.

3) 거연정(居然亭), 군자정(君子亭), 영귀정(詠歸亭)

   함양군 서하면 봉전리 마을 앞 시내에는 군자정·거연정 등 이름난 정자가 있다. 이 마을은 정선 전씨(旌善全氏)가 세거하는데, 화림재(花林齋) 전시서(全時敍)가 소요하던 곳에 후손들이 지은 정자가 거연정(居然亭)이다.

   군자정은 전시서의 5대손 전세걸 등이 정여창의 유적지를 기리기 위해 지은 정자로, '군자가 머물던 곳'이라는 뜻으로 붙인 이름이다. 영귀

---

23 曹兢燮,『巖棲集』권4,「寄題東湖亭 次原韻」.

정(詠歸亭)은 『논어』에 보이는 증점(曾點)이 '기수에서 목욕하고 무우에
서 바람을 쏘이고 시를 읊조리며 돌아오고자 한다.'는 말에서 취한 것으
로, 세상에 나아가기보다는 자연 속에서 온전한 삶을 살고자 하는 정신
을 드러낸 이름이다.

화림동 거연정 경관

거연정은 본래 1640년경 동지중추부사를 지낸 전시서가 서산서원을
짓고, 지금의 거연정 자리에 억새로 지은 정자였다. 1868년 서원철폐령
에 따라 서원이 훼철되자, 1872년 전시서의 7대손 전재학(全在學) 등이
서원의 재목을 가져다 지금의 정자를 지은 것이다.

1874년 기호학파의 큰 유학자 임헌회(任憲晦, 1811~1876)가 쓴 아래와
같은 「거연정기(居然亭記)」가 있어서 창건내력을 소상히 알 수 있다.

화림재(花林齋)는 도원(桃源) 전공(全公)이 들러 시를 짓는 곳으로 스스로 이름을 붙인 것이다. 일찍이 그의 선조 채미(採薇) 선생의 서산사(西山祠) 강당이었는데, 사당이 철폐된 뒤에 강당도 없어졌다. 후손 전재택(全在澤)·전재학(全在學)·전재갑(全在甲) 등이 옛 터 서쪽 수석이 빼어난 곳이라고 부르는 곳에 두어 칸 정자를 지었다. 중간은 방[室]으로 하고, 바깥은 마루[堂]로 하였다. 방안에는 옛날 현판을 걸어 놓고, 마루에는 원래의 기문에 있던 '천석에 편안하다[居然泉石]'는 말을 취하여 거연정(居然亭)이라고 이름을 지었다. 이 정자를 낙성하려 할 적에 3백 리 밖에 있는 나에게 편지를 보내 기문을 청하였다. 대체로 영남의 명승 중에 안의삼동이 가장 빼어나다. 그런데 삼동의 명승 중에서도 화림동이 최고이고, 화림동의 명승 중에서도 이 정자가 단연 으뜸이다.[24]

이를 보면, 거연정이라는 이름은 전재택(全在澤) 등이 원래 기문(記文)에 있던 '거연천석(居然泉石)'이라는 말에서 취하여 붙인 것을 알 수 있다. 원래의 기문을 누가 지었는지는 알 수 없으나, 전시서의 지향은 충분히 알 수 있다.

'거연천석'은 '거연아천석(居然我泉石)'을 줄인 것으로, 주자의 「정사잡영(精舍雜詠) 12수」 중 서시(序詩) 「정사(精舍)」에 "거문고와 독서로 보낸 사십 년, 산중의 나그네가 다 되었구나. 어느 날 띠집을 짓고 나니, 나의 천석에 너무도 평안하네.[琴書四十年 幾作山中客 一日茅棟成 居然我泉石]"에서 취한 것이다. 요컨대 거연정이라는 이름은 산림에 은거하여 산수 자연의 섭리에 따라 편안히 살고자 하는 정신지향을 드러낸 말이다.

17세기 남명 후 제일인자로 불린 진주의 하홍도(河弘度, 1593~1666)는 「방화수류과전천(訪花隨柳過前川)」이라는 시를 지었는데, 거연정 주변 바위에 '방수천(訪隨川)'이라는 각자가 새겨져 있다. 경상우도 지역에 이러한 이름이 없으며, 또 아래의 하홍도의 시를 보면, 거연정 곁의 '방수천'이라는 각자는 하홍도 등이 유람하면서 새기거나, 아니면 후인들이 그 고사를 취해 새긴 것인 듯하다. 하홍도의 시는 아래와 같다.

소년의 기상 호걸스럽고 또 장대하니,	少年之氣豪且壯
명승 찾아 가려고 떠날 채비 서두르네.	選勝直欲勤梯航
안의에서 2, 3월이 갈리는 때 만나니,	忽逢山縣二三月
인의현의 만물이 신록으로 물들었네.	山縣萬物生輝光
눈 가득한 풍경 물색 모두가 봄인지라,	滿眼景色都是春
원유할 필요 없이 시내·언덕을 거니네.	不須遠遊行澗岡
흐르는 물 따라 걸으며 시내를 지나가니,	步隨流水過溪行
시냇가 꽃과 버들 마주보고 서로 웃네.	傍川花柳相低昂
차지 않은 봄바람이 얼굴을 스치는데,	不寒來風拂面吹
나무와 꽃의 향기 끝없이 풍겨 오네.	不斷生香交樹芳
한가할 때 어찌 소년의 일 배우지 않으랴,	偸閒豈學少年事
흥이 붉은 꽃을 찾았다 푸른 버들로 가네.	興遂亂紅穿綠楊
눈과 발이 지쳤지만 또한 기뻐할 만한 일,	目勞足倦亦可喜
명예와 이익을 좇아 분주한 것보다 낫네.	猶勝奔趨名利場
사물의 이치 즐거이 보며 모두 자득하니,	樂觀物理皆自得
천기는 여기에 애초부터 없었구나.	天機於此初無藏
이 즐거움 아는 이 세상에 드물 거야,	能知此樂世所稀
익히되 살피지 않으면 상할 수 있지.	習而不察良可傷
알고 나면 반드시 자기 몸에 체득해야 하니,	知之亦必體之身
읊조리며 돌아온 증점(曾點)은 광자(狂者)가 되었네.	詠歸曾氏徒爲狂
봄이 오면 안자(顔子)를 배울 만하지,	春生顏子是可學
학문의 요점은 마음 씀이 강한 데 있네.	學之要在用心剛

아! 우리 고을 여러 분들이여,　　　　　　嗟哉吾黨二三子

어찌 이런 철에 자강하지 않으리오.　　　安得及時不自强[25]

　위의 시로 보아 하홍도는 젊은 시절 신록이 물든 음력 2월 말경에 안
의 화림동으로 유람을 한 듯하다.

　이 시의 제목이 「꽃을 찾아 버드나무를 따라 앞 시내를 건너네.[訪花隨
柳過前川]」라고 되어 있는데, 이는 송나라 때 학자 정호(程顥)의 「우성(偶
成)」이라는 시에 나오는 '방화수류과전천(傍花隨柳過前川)'에서 취한 것으
로, '방(傍)'자를 '방(訪)'자로 바꾸어 쓴 것이다.

　정호의 시에 "옅은 구름 산들바람 한낮이 다 된 때에, 꽃을 옆에 끼고
버들길 따라 집앞의 시내를 건너네. 주변 사람들 내 마음의 즐거움을
모르고서, 한창 공부할 소년이 한가로이 노닌다고 말하리.[雲淡風輕近午
天 傍花隨柳過前川 旁人不識予心樂 將謂偸閒學少年]」라고 하였다.

　이 시에 대해, 송나라 때 웅절(熊節)이 편찬하고 웅강대(熊剛大)가 주해
한 『성리군서구해(性理群書句解)』에는 "이 시는 사물을 빌어 양기가 상승
하고 음기가 소멸하여 생의(生意)가 한창 솟아나는 것을 형용한 것이다.
첫 구는 정히 양기가 밝아 승하고 음기가 탁해 소멸하는 시점이다. 둘째
구는 꽃에 의지하고 버들을 따라 한가히 앞 시내를 지나니, 생의가 융성
한 것이 나와 한 가지임을 취한 것이다. 셋째 구는 주변의 사람들이 내
마음의 즐거움을 모른다는 말이다. 마지막 구는 잠시의 시간을 타고 배
움을 한가히 하는 후생이 꽃과 버들 때문에 노닌다고 말할 것이라는 뜻
이다."라고 하였다.

25　河弘度, 『謙齋集』 권2, 「訪花隨柳過前川」.

이 시는 정호가 호현주부(鄠縣主簿)로 있을 때 지은 것인데, 『성리대전』 권39을 보면 그의 문인 사량좌(謝良佐)가 "선생이 앉아 계실 때는 흙으로 빚은 소상(塑像) 같았다. 그러나 사람을 접할 적에는 혼연히 한 덩어리 화락한 기운으로 맞이하셨다. 학자들은 가슴속의 티끌을 떨쳐버려야 시원을 열 수 있고, 견해가 있을 수 있다. 선생이 호현주부로 계실 때 지은 시에 운운하였는데, 이 시를 통해 선생의 가슴속을 보면 흡사 증점(曾點)의 일과 같다."라고 한 말이 있다.

또 청나라 때 육세의(陸世儀)가 편찬한 『사변록집요(思辨錄輯要)』에 "맹자의 '자신도 모르게 손은 춤을 추고 발을 덩실덩실 춤을 춘다.'고 한 경지나 정자의 '바람을 읊조리고 달을 희롱하며 꽃에 의지하고 버들을 따른다.'고 한 것은 모두 가슴속 가득한 천기(天機)가 겉으로 표출된 것이다."라고 하였다.

위 하홍도의 시에 "봄이 오면 안자(顏子)를 배울 만하지. 학문의 힘은 마음 씀이 강한 데 있네."라고 한 말에 주목해 볼 필요가 있다. 증점(曾點)은 공자의 제자로 다른 사람들과는 달리 봄이 오면 기수(沂水)에 가서 목욕하고 무우(舞雩)에서 바람 쏘이고 시를 읊조리며 돌아오겠다고 하였다. 이는 자연에 묻혀 심신을 수양하는 데 삶의 목표를 둔 것이다. 그런데 하홍도는 이런 증점을 지향은 높고 크지만 행실이 미치지 못한 사람을 말하는 광자(狂者)로 치부하고, 안자(顏子)를 배워야 한다고 하였다.

무슨 말인가? 안자는 공자의 제자 안회(顏回)로 극기복례를 통해 석 달 동안 인(仁)을 한 번도 어기지 않을 정도로 경지에 오른 인물이다. 그래서 마음을 쓰는 것을 강하게 해야 한다고 한 것이다. 거연정 옆의 바위에 새겨진 '방수천(訪隨川)'이라는 각자에는 이런 의미가 담겨 있는 것이다.

2. 심진동의 주요 명승과 그 의미

1) 용추

용추(龍湫)는 오늘날의 용추폭포를 말한다. 심진동 용추에 대한 기록은 그렇게 많지 않다. 이곳은 안의삼동 중에서 사람들의 발길이 가장 드물게 닿은 곳이기 때문일 것이다. 조선 중기 김창흡(金昌翕, 1663~1722)은 아래와 같은 용추를 노래한 시를 한 수 남겼다.

맑은 새벽은 구름을 뚫고 가버렸고,	淸曙穿雲去
절의 승려는 자리를 갖고 따라오네.	居僧以席從
기이한 바위는 검은 표범 걸터앉은 듯,	巖奇踞玄豹
떨어지는 폭포는 은빛 용이 매달린 듯.	瀑落挂銀龍
비단을 끌며 이리저리 춤을 추는 듯,	練曳盤旋舞
물방울을 튀기며 급히 방아를 찧는 듯.	珠揚急切舂
동행 중에 두건 벗고 흉금 펴는 이 있어,	追來有岸幘
나란히 앉아 시냇가 소나무를 바라보네.	分倚隔溪松[26]

용추의 검은 절벽을 검은 표범이 앉아 있는 것에, 폭포수를 은빛 용이 솟구치는 형상에 비유하였다. 그리고 폭포가 비단을 끌고 춤을 추는 모습으로, 폭포수가 못으로 떨어지는 것을 방아를 찧는 모습으로 형용하였다. 오늘날에도 용추폭포에 가 보면 그 장엄한 모습에 압도된다.

조선 전기 함양 출신 노진(盧禛, 1518~1578)이 「유장수사기(遊長水寺記)」를 지음으로써 용추폭포는 널리 알려지게 되었다. 노진은 이 글에서 용추 주변의 절경을 아래와 같이 묘사해 놓았다.

26 金昌翕, 『三淵集』 권8, 「尋眞洞 尋瀑」.

안의현 읍치 서쪽은 멀리 동서로 두 봉우리가 대치하고 있는데, 덕
유산에서 뻗어 내린 산줄기가 굽이굽이 내려와 만들어진 것이다. 산줄
기가 뻗어 내린 10여리 사이는 빙 둘러 굽이지고 움푹하여 한 동네가
형성되었다. 그 봉우리가 조금 솟구쳐 우뚝한 것이 지우산(智雨山)이
다. 지우산 아래에 물줄기의 근원이 있는데, 그 근원이 굽이굽이 흘러
한 곳에 이르면 천 길의 절벽이 있고, 튀어 오르는 물방울이 세차게 쏟
아져 내려 완연히 1천 자나 되는 긴 비단을 하늘에서 드리운 듯한 것이
있는데, 그곳이 바로 폭포이다. 폭포 아래에 하얀 물결이 빙빙 돌아 안
개와 운무를 서리게 하며, 하얀 기운이 하늘에 뻗혀 하늘을 볼 수 없는
곳이 바로 용추(龍湫)이다. 용추에서 골짜기 입구까지는 암석이 평평
하게 펼쳐져 있고, 시냇물이 굽이굽이 흘러 옥이 굴러가는 듯한 소리를
내는 곳이 곳곳에 있다.[27]

노진은 예조 참판을 지낸 노숙동(盧叔仝)의 증손이다. 1537년 생원시에
합격하고, 1546년 문과시험에 급제하여 경상도 관찰사, 예조 판서 등을
역임하였다. 조식(曺植)을 종유하였으며, 기대승(奇大升)·김인후(金麟厚)·
노수신(盧守愼) 등 당대 명사들과 교유한 저명한 인물이다.

1726년 심진동을 유람하고 「유심진동기(遊尋眞洞記)」를 남긴 조귀명
(趙龜命)은 옛 장수사 터에 새로 지은 팔상전(八相殿)을 둘러보고 용추
앞의 언덕에 앉아 용추폭포를 다음과 같이 묘사해 놓았다.

27 盧禛, 『玉溪集』 권5, 「遊長水寺記」. "縣治之西 遠有東西兩峯相峙 自德裕迆邐而至
蜿蜒十許里間 環屈而窮焉 爲一洞府 其峯之稍拔而峻者 智雨山也 山之下 有水源 源
逶迤蛇屈 至一處 絶壁千仞 飛流奔瀉 宛然如千尺脩練自天而垂者 瀑布也 瀑布之下
雪浪飜蹴 噴煙泄霧 白氣射天不可窺者 龍湫也 由龍湫抵谷口 巖石平鋪 溪流曲折 琮錚
然作響 在在皆是"

남여를 재촉해 용추 앞의 언덕에 이르러서, 자리를 펴고 벌여 앉았다. 대체로 폭포는 위로는 세 단계로 되어 있고, 아래로는 백여 척이나 되도록 깊다. 튀는 물방울은 눈처럼 하얗고 소리는 온 골짜기에 진동하니, 또한 내 평생 처음 보는 기이한 광경이다. 팔상전의 석봉이 정면으로 폭포의 머리를 진압하고 있어, 마치 영웅의 분발하는 기상을 돕는 듯하다. 작은 폭포 한 줄기가 옆으로 비껴 오른쪽으로 떨어지는데, 못의 표면에 떨어지고 만다. 절벽의 바위 중에 우뚝 솟아 흡사 한 구의 불상처럼 생긴 것이 있고, 또 삭발한 머리에 승복을 걸치고 곁에 서서 그 부처를 받드는 듯한 모양의 바위가 있다. 폭포수가 그 부처의 정수리에 떨어져 둘로 나뉘는데, 마치 머리 위로 흐르는 듯하다. 도끼로 깎아낸 것도 아닌데, 기이하게도 저절로 그렇게 만들어졌다. 나는 문득 이런 생각이 들었다. "불법은 중고 시대에 일어났는데, 산천이 개벽할 초기에 이미 이런 형상이 있었다. 이 또한 하늘의 운수가 먼저 정해진 것이 아니겠는가?"[28]

조귀명은 폭포를 보고 평생 처음 보는 기이한 광경이라 하였다.

2) 장수사(長水寺)

장수사는 용추 위에 있던 큰 선원이었다. 노진은 장수사의 경관을 다음과 같이 기록해 놓았다.

용추 위쪽에는 큰 사찰이 있는데 이름이 장수사이며, 불가의 선원(禪院)으로 단청이 찬란하다. 구경꾼들이 모두 이곳에서 구경을 끝낸다. 그 남쪽 한쪽 구석에 세 칸의 누각이 있는데, 거기서 용추를 내려다본다. 고목 수십 그루가 절벽에 드문드문 서 있다. 그 누각에 올라

28 趙龜命, 『東谿集』 권2, 「遊尋眞洞記」.

밖을 보면, 하늘의 은하수가 아래로 드리운 듯하여 황홀하다. 이 모습
은 흰 무지개가 빛나는 허공에 드리운 것과는 다르다. 깊은 못은 매우
깊어 검푸른 색이다. 바위 구멍은 기괴하여 경악을 금치 못하며 무어라
고 형상할 수 없다. 그러므로 여러 군의 산수의 아름다움을 자랑하는
자들은 반드시 지우산을 으뜸으로 치고, 여러 사찰의 **빼어남**을 품평하
는 자들도 반드시 장수사를 첫 번째로 일컫는다. 그러나 땅이 외지고
터가 깊숙하여 문인들이나 유사(儒士)들은 대부분 그 명승을 모른다.
먼 곳으로부터 와서 유람하는 자가 드물기 때문에 이름 또한 낯설다.[29]

이를 보면 노진은 용추폭포 위에 있는 장수사를 가장 **빼어난** 사찰로
평하고 있다. 상주에 살던 이만부(李萬敷, 1664~1732)도 심진동을 유람하
고「심진동기(尋眞洞記)」를 남겼는데[30], 주목할 만한 논평은 하지 않았다.
17세기 안의현감을 지낸 박장원(朴長遠, 1612~1671)은 장수사에서 기우
제를 지내고 돌아오는 길에 비가 내려 기뻐서 시를 짓기도 하였으니[31],
장수사와 용추는 기우제를 지내는 장소로도 이름이 있었던 것을 알 수
있다.

29 盧禛,『玉溪集』권5,「遊長水寺記」. "龍淋之上 有一巨刹 口長水 梵宮禪寮 金碧眩耀
    觀遊者 咸投此而盡賞焉 其南偏搆樓三楹 下俯巖淋 老樹數十株 扶疏絕崖 登而窺其外
    則怳乎其天漢之下垂也 異乎其白虹之映空也 深潭泓黑 巖竇怪奇 可驚可愕 殆不可狀
    故旁郡之稱山水之美者 必歸之智雨 而評諸刹之勝 必以長水爲首 然地仄而宅幽 文人
    儒士 多不識其勝 自遠而遊者 罕至 故名亦不甚着焉"

30 李萬敷,『息山集』別集 권3, 地行錄八,「尋眞洞記」.

31 朴長遠,『久堂集』권2,「長水寺禱雨歸路 雨中喜吟」.

장수사 일주문

2. 원학동의 주요 명승과 그 의미

1) 수승대(搜勝臺)에 얽힌 일화

조선 후기의 문인화가 관아재(觀我齋) 조영석(趙榮祏, 1686~1761)이 1743년 임기가 만료되어 떠날 때 남긴 것으로 추정되는 시[32]를 보면, 삼국시대 이후로는 수송대(愁送臺)로 불리다가, 조선시대로 들어와 신권(愼權)이 차지한 뒤로부터 암구대(巖龜臺)로 불렸고, 이황(李滉)이 수승대(搜勝臺)로 개명하였으며, 신권의 후손들은 선조의 호를 따서 요수대(樂水臺)라 불렀던 것을 알 수 있다. 이 외에도 수승대는 구연대(龜淵臺)·모현대(慕賢臺) 등으로 불렸다.

수승대의 가장 오래 된 본명은 수송대(愁送臺)인데, 이 명칭에 대해서

---

32 이 시는 수승대 바위에 새겨져 있으며, 옆에 "癸亥四月 趙榮祏書"라고 쓰여 있다.

는 세 가지 설이 전한다. 첫째, 신라·백제 시대 이곳에서 사신을 전송했
는데, 사신을 떠나보내는 근심을 이기지 못하여 붙여졌다는 설[33]로, 이건
창(李建昌)의 「수승대기(搜勝臺記)」에 보인다. 둘째, 수송(愁送)은 '근심을
날려 보내는 곳'이라는 뜻으로, 빼어난 경관이 사람들로 하여금 근심을
잊게 하기 때문에 붙었다는 설이다.[34] 이 설도 이건창의 「수승대기」에
보인다. 셋째, 중국으로 가는 사신을 전송하는 장소였기 때문에 수송대라
는 이름을 얻게 되었다는 설[35]로, 진주 출신 하달홍(河達弘)의 「수승대기」
에 보인다.

이런 수승대라는 명칭은 수백 년 동안 이 지역 사람들의 기억 속에
전승되었다. 그런데 1543년 이황(李滉)이 수승대(搜勝臺)로 개명을 하였
다. 그것도 현장에 직접 가보지 않고 시를 지어 보내면서 이름을 바꾼
것이다. 어찌된 일일까? 그 일화를 정리하면 다음과 같다.

이황은 1543년 1월 영승 마을에 들러 장인 권질(權礩, 1483~1545)의
회갑연에 참석했다가 수승대로 가서 임훈(林薰)·신권(愼權)을 만날 예정
이었다. 그런데 갑자기 조정으로 돌아가야 했기에 수승대로 발걸음을
옮기지 못하였다. 이황은 이들과의 약속을 지키지 못하고 서둘러 상경하
면서 수송대를 수승대라 개명하고 시를 한 수 지어 보냈다.

그 시 앞에 "안음현의 옛날 관아 터 시냇가에 바위가 있는데, 세속에서
수송대라 한다. 천석이 매우 빼어나다고 한다. 내가 이번 길에 가 볼

---

33 李建昌, 『明美堂集』 권10, 「搜勝臺記」. "或云 當新羅百濟時 兩國之使 相送于此 輒不
  勝其愁 故以稱"

34 李建昌, 『明美堂集』 권10, 「搜勝臺記」. "或云 臺之勝 使人忘愁 愁送猶送愁也"

35 河達弘, 『月村集』 권6, 「搜勝臺記」. "在昔 新羅時 送使入中國 路出臺下 列邑守宰
  至此餞行 臺以是得愁送之名"

여유가 없음을 한스럽게 여기며, 또한 그 이름이 아름답지 못함을 싫어하여 이름을 '수승대'로 바꾸고자 했는데, 여러 사람들이 모두 찬성하였다."[36]라고 하였으니, 이황은 수송대라는 이름이 아름답지 못하여 수승대로 바꾼 것이다. 이황이 지은 시는 다음과 같다.

수승대라는 이름으로 새롭게 바꾸니,	搜勝名新換
봄을 맞아 그 경치가 더욱 아름답네.	逢春景益佳
먼 숲에선 꽃들이 피어나려 꿈틀대는데,	遠林花欲動
그늘진 골짜기엔 눈이 그대로 남아 있네.	陰壑雪猶埋
명승을 보고 싶어도 가보질 못하니,	未寓搜尋眼
오직 상상의 회포만 더할 뿐이라네.	唯增想像懷
훗날 한 통의 술을 가지고 다시 와서,	他年一尊酒
큰 붓으로 운무 낀 암벽에 글을 쓰리.	巨筆寫雲崖[37]

신권은 이황이 보내온 시와 개명한 이름을 보고 매우 기뻐하였다. 그런데 임훈은 생각이 달랐다. 그는 당시 「수송(愁送)의 뜻을 풀이하여 제군에게 보임」이라는 제목의 시를 지었는데, 그 주에 "당시 퇴계 선생이 대의 이름을 수승대로 바꾸었기 때문에 이 시를 지어 그 뜻을 풀이한 것이다."[38]라고 하였다.

임훈의 이 시는 제목부터 심상치 않다. '수송이라는 의미를 풀이하여 제군에게 보여준다.'는 것은 수송대라는 이름을 잘 모르고 있기 때문에

36　李滉, 『退溪集』別集 권1, 「寄題搜勝臺」. "安陰古縣 有石臨溪 俗名愁送臺 泉石最勝 余於是行 以不暇往見爲恨 亦嫌其名之不雅 欲改 爲搜勝 諸公皆肯之"

37　李滉, 『退溪集』別集, 권1, 「寄題搜勝臺」.

38　林薰, 『葛川集』권1, 「解愁送意以示諸君」. "時退溪先生 改臺名搜勝 故作此以解之"

알려준다는 의미가 있다. 즉 이황이 수송대라는 명칭의 의미를 잘 모르고 개명했기 때문에 그 뜻을 풀이해 알려주겠다는 것이다. 임훈은 수승대라 개명한 것을 수용하지 않았다. 임훈이 지은 시는 아래와 같다.

> 꽃은 강 언덕에 가득하고 술은 술통에 가득한데,　　　花滿江皐酒滿樽
> 유람하는 사람들이 소매 맞대고 분주히 오가네.　　　遊人連袂謾紛紛
> 봄이 장차 저물려 할 때 그대도 장차 떠나려 하면,　　春將暮處君將去
> 봄 보내기 시름일 뿐 아니라 그대 보내기도 시름일 텐데.
>
> 　　　　　　　　　　　　　　　　　不獨愁春愁送君[39]

이 시도 이황의 시를 받고서 지은 것인데, 이황의 시에 차운하지 않고 독자적으로 지은 것이다. 이 시 제3구의 '그대[君]'는 이황을 가리킨다. 임훈은 기다리던 사람이 오지 않으니 몹시 서운했을 것이다. 당시는 음력 정월 초였으니, 이황이 찾아와 함께 노닐다가 늦은 봄에 떠난다면, 봄을 보내기도 시름일 뿐 아니라 그대를 보내기도 시름일 것이라고 안타까운 심경을 토로하고 있다.

이 시 제4구에는 '수송(愁送)'이라는 의미가 묘하게 깃들어 있다. '봄을 보내는 것이 시름일 뿐만 아니라 그대를 떠나보내는 것도 시름일 텐데.'라는 말은 수송의 의미를 거듭 강조한 것이다. 즉 이곳은 바로 이런 수송의 장소였다는 점을 상기시킨 것이니, '수송'이라는 뜻을 사랑하여 버리고 싶지 않았던 것이다.

'수승(搜勝)'은 '명승을 찾다'는 뜻이지만, '수송(愁送)'은 사신을 떠나보내는 애환이 깃든 역사적 용어일 뿐만 아니라, 인간 내면의 깊숙한

39　林薰, 『葛川集』 권1, 「解愁送意以示諸君」.

곳에 서린 함축된 정서를 보여주는 말이기도 하다. 임훈은 '수심에 차서 임을 떠나보내던 곳'이라는 역사적 의미를 다시 자신의 감정에 이입시켜 '수심에 찬 마음으로 벗을 떠나보내게 되었을 텐데.'라는 뜻으로 노래하였다. 그러면서 이런 깊은 뜻이 담긴 이름을 함부로 바꿀 수 없다는 자신의 속내를 은근히 드러내고 보인 것이다.

또한 이 시는 이황이 직접 와서 보지도 않고 마음대로 이름을 바꾼 것에 대해, 자신의 감정을 극도로 자제하면서 점잖게 그 의미를 깨우쳐주려는 의도도 담겨 있다. '근심을 보낸다[愁送]'는 말은 저무는 봄을 보낼 때의 정서일 수도 있고, 임을 떠나보낼 때의 정서일 수도 있다. 이런 아름다운 정서를 느낄 수 있도록 옛 이름을 그대로 두는 것이 더 의미가 있다는 점을 넌지시 말하고 있는 것이다. 자연경관이 빼어나다는 외적인 의미로 이름을 붙이는 것보다 인간의 다양한 감정을 느낄 수 있는 수송대라는 이름의 의미가 더 심장하다는 말을 작자는 하고 있는 것이다.

오숙(吳翿)은 1631년 9월 경상도 관찰사로 부임하였는데, 임기 중 관내를 순시하다가 수송대를 둘러봤고, 그때 아래와 같은 「유수송대기(游愁送臺記)」라는 글을 지었다.

척수암에서 긴 둑을 지나 수십 보쯤 가면, 수송대(愁送臺)에 이른다. 이 수송대는 시내 한 가운데 우뚝 솟아 있는데, 그 높이는 몇 길쯤 되고 길이는 높이의 두 배나 되는 한 덩어리 큰 바위다. 바위틈에서 장송(長松)이 자생하여 사면에 빙 둘러 서 있어, 상쾌한 기운이 항상 서려 있다. 바위 옆면에는 "수승대란 이름으로 새롭게 바꾸니, 봄을 맞아 그 경치가 더욱 아름답네. 먼 숲에선 꽃들이 피어나려 꿈틀대는데, 그늘진 골짜기엔 눈이 그대로 남아 있네. 명승을 보고 싶어도 가보질 못하니, 오직 상상의 회포만 더할 뿐이라네. 훗날 한 통의 술을 가지고 다

시 와서, 큰 붓으로 운무 낀 암벽에 글을 쓰리."라는 시가 새겨져 있는
데, 퇴계 선생이 임처사(林處士:林薰)에게 준 시이다. 이 시에 이른바
'이름이 새롭게 바뀌었다[名新換]'라고 한 것은, 퇴계가 '수승(搜勝)' 두
자로 이 대의 이름을 바꾸자고 한 것을 말한다. 그러자 임처사가 화답
하여 "봄이 장차 지물려 할 때 그대도 장차 떠나려 하면, 봄 보내기 시
름일 뿐 아니라 그대 보내기도 시름일 텐데."라고 하여, 예전 이름을
바꾸지 않았다고 한다.[40]

오숙은 이 글에서 이황이 수승대라 이름을 바꾼 것과 임훈이 시를 지
어 은근히 수송대라는 옛 이름이 더 의미 있기 때문에 바꾸는 것이 바람
직하지 않다는 뜻을 보인 것이라 말하고 있다. 오숙이 수승대를 찾았을
때는 임훈이 별세한 지 50년이 채 안 되는 시점이니, 이황과 임훈의 고사
를 들려주는 사람이 있어서 위와 같이 기록해 놓은 것일 것이다.

2) 임훈(林薰) 형제의 효도와 우애가 깃든 갈천동(葛川洞)

신좌모(申佐模)는 갈천동을 유람하면서 아름다운 풍속을 다음과 같이
노래했다.

안음현 동북쪽의 갈천동 골짜기에,	安陰東北葛川坪
갈천의 후손들이 독서하며 농사짓네.	葛老遺孫讀並耕
질박한 의관에는 예전 풍속 배어 있고,	簡朴衣冠多古意

---

40 吳翻, 『天坡集』 권4, 「游愁送臺記」. "自滌愁岩 過長堤數十步 到愁送臺 臺峙於溪心 而其高數仞袤倍之 渾然一塊石也 長松生於石罅 環立四面 爽氣常留 石面有刻詩云 愁送名新換 逢春景益佳 遠林花欲動 陰壑雪猶埋 未寓搜尋眼 遙增想像懷 他年一樽酒 巨筆寫雲崖 乃退溪先生寄林處士詩也 所謂名新換者 退溪要以搜勝二字 改臺名 而林處士和日 春將去處人將去 不獨愁春愁送君 仍舊不改云"

환한 얼굴 화락한 시가(詩歌)에는 여운이 있네.　　春容雅頌有餘聲
깊은 골의 원숭이와 학 누가 주인이고 손인가,　　洞深猿鶴誰賓主
외진 곳에서 형제들이 오순도순 사는구나.　　壤僻漁樵共弟兄
명승지를 찾는 데는 좋은 벗이 필요하지,　　勝地搜尋兼勝友
이 번 걸음 참으로 평생 잊지 못하리라.　　此行眞不負平生[41]

　신좌모는 임훈의 후손들이 세거하는 갈천동에서 깊은 감명을 받은 듯
하다. 그는 농사를 지으며 독서하는 사람들이 사는 고을의 풍속, 예전의
풍속이 그대로 남아 있는 질박한 복장, 밝은 얼굴에 화락한 시가를 노래
할 줄 아는 사람들, 형제들이 모여 오순도순 살아가는 생활 등을 보면서
무릉도원을 찾은 듯한 감회를 느끼고 있다. 임훈 형제는 효성과 우애로
널리 이름이 났고, 효자로서 정려까지 하사받은 사람들이다. 그런 예스
러운 풍속이 그대로 보전된 갈천동은 요순시대의 순후한 풍속을 그대로
간직하고 살아가는 곳으로 시인의 눈에 보였던 것이다.
　북상면 소재지에는 임훈(林薰)·임운(林芸) 형제의 효자정려비각이 있
다. 임훈은 60세가 넘어서도 부친을 봉양하는 지극정성을 다하여 온 고을
에 소문이 나고 조정에까지 알려져 정려가 내린 것이다.
　갈천동에는 은진 임씨(恩津林氏)가 대대로 살았는데, 임훈 형제에게
효자정려가 내린 뒤 효자마을로 거듭났다. 그래서 원학동은 자연경관이
빼어날 뿐만 아니라, 효자가 사는 동네로 그 명성을 더하게 되었다. 이런
점에서 이 두 형제는 원학동에 정신문화를 정착시키는 데 큰 공을 세운
인물이다.

41　申佐模, 『澹人集』 권8, 「過葛川」.

갈천동 효자정려각

정온(鄭蘊)이 지은 효자정려문중수기에는 아래와 같은 내용이 있다.

선생께서 실천하신 효성과 우애는 집안으로부터 향리로 펴지고, 향
리에서 수도에까지 알려졌습니다. 그래서 사람들은 모두 귀로 그 소문
을 듣고, 눈으로 그 정려문을 보고, 마음에 그 효성을 새겼으니, 정려
문의 존폐에 따라 가감된 적이 없습니다. 그러나 국가에서 굳이 드러내
영광스럽게 하는 것은 단지 아름다운 것을 보도록 하기 위함만은 아닐
것입니다. 사람들로 하여금 보고 느끼는 것이 있어 그들 고유의 양심을
드러내게 하려고 하는 것일 것입니다. 아! 누군들 부모가 없으며, 누군
들 부모의 자식이 아니겠습니까? 이 문 앞을 지나는 사람들이 우러러
보고 고개를 숙여 공경을 표하면 효도와 공경의 마음이 반드시 성대하
게 생겨날 것입니다. 한 집에 정려문을 세우지만 온 나라에 효성을 흥
기키고, 한 사람에게 정려를 내리는 것이지만 만세에 교화를 밝힌다
면, 이 문이 세도에 공이 있는 것이 클 것입니다.[42]

갈천동의 풍속과 문화는 임훈 형제에 의해 이루어진 효성과 우애로 요약할 수 있으니, 사(士)로서의 모범적인 삶의 방식을 보인 것이라 하겠다.

3) 정온(鄭蘊)이 의리를 지킨 모리재(某里齋)

북상면 소재지에서 서쪽으로 난 기다란 골짜기가 월성계곡이다. 월성계곡을 따라 1.2㎞쯤 올라가면 왼쪽 시냇가에 강선대(降仙臺)·모암정(帽巖亭)이 있다. 모암정은 시냇가에 있으며, 시내 건너편에 강선대가 있다. 강선대 뒤에 작은 마을이 있는데, 그 마을 뒤쪽으로 난 산길을 따라 약 2㎞쯤 오르면 산 중턱에 정온(鄭蘊)이 은거했던 모리재(某里齋)가 나온다.

정온은 1637년 인조가 청나라에 항복하자 벼슬을 버리고 돌아와 이곳에 은거하였다. 정온이 이곳에 은거한 것은 '모리(某里)'라는 명칭 때문이었는데, 은거하던 집의 이름도 모리재라 하였다. 모리재 왼쪽 방에는 '구소(鳩巢)'라는 현판이, 오른쪽에는 '채미헌(採薇軒)'이라는 현판이 있다. 구소는 비둘기 집이라는 뜻이며, 채미헌은 고사리를 캐 먹고 사는 사람이 사는 집이라는 뜻이다.

정온은 1636년 병자호란이 일어나자, 명나라에 대한 의리를 지켜야 한다고 주장하며 청나라와의 화친에 반대하였다. 왕을 호종하여 남한산성에 들어가 항거하다가 조정의 의논이 화친으로 정해지자, 오랑캐에게 항복하는 수치를 참을 수 없다 하여 자결을 시도하였다. 가까스로 목숨을 구한

---

42 鄭蘊, 『桐溪集』 권2, 「葛川林先生旌門重修記」. "先生孝友之行 自家施於鄕 由鄕達于國 人皆耳以聞之 目以族之 心以銘之 固未嘗加損於門之存廢也 然而國家必表而榮之者 非直爲觀美也 將使人人有所觀感 發其固有之良心也 嗚呼 孰不有父母 孰非爲父母之子 如使過斯門者 仰而觀 俯而敬 則孝悌之心 必油然而生 門一閭而興孝於一國 旌一人而明敎於萬世 則斯門之有功於世道 尙矣"

그는 관직을 버리고 모리로 들어가 대명의리를 지키다 생을 마감하였다. 그래서 모리는 대명의리(大明義理)를 지킨 상징적인 곳으로 알려졌다.

모리라는 이름에 대해서는, 정온이 지은 「모리구소기(某里鳩巢記)」에 잘 나타나 있는데, 소보(巢父)·상산사호(商山四皓)·엄광(嚴光) 등 중국 역대 은자들과 비교할 수 없는 부끄러운 사람이라고 자처하며, 비둘기의 집처럼 초라한 구소(鳩巢)에서 4년 남짓 살다가 세상을 떠났다. 이러한 정온의 삶은 미개한 오랑캐가 무력으로 문명을 압살하는 것에 대한 저항의 표시이며, 의리를 중시하는 주자학적 세계관을 실천해 보인 것이다.

정온은 명나라가 망한 뒤 청나라 책력을 보지 않았다. 그는 이런 의지를 "숭정(崇禎)이란 연호가 여기서 멈추었으니, 명년에 어떻게 다른 역서(曆書)를 펴보리. 이제부터 산사람은 더욱 일이 줄어들 터, 단지 꽃잎이나 보면서 계절 가는 것 알리."[43]라고 노래하였다.

'숭정(崇禎)'은 명나라 의종(毅宗)의 연호이다. 정온은 명나라가 망했으니 이제는 책력을 펴보지 않고 꽃잎이나 보며 계절이 변하는 것을 감지하겠다고 하였다. 무도한 청나라를 인정하지 않겠다는 뜻이다. 공자는 난신적자(亂臣賊子)가 판을 치자 『춘추(春秋)』를 지어 대의가 무엇인지를 알게 하였다. 정온 역시 그런 대의를 지키는 것이 자신의 임무라고 생각해 청나라 책력을 보지 않기로 결심한 것이다. 이는 도가 없어진 세상을 인정하기 싫다는 자존심의 표현이다. 그래서 모리재는 정온의 춘추대의 정신이 깃든 곳이 되었다.

훗날 정온을 사모하는 후학들은 모리재에 황명각(皇明閣)과 화엽루(花

---

43 鄭蘊, 『桐溪集』, 권1, 「書崇禎十年曆書」. "崇禎年號止於斯 明歲那堪異曆披 從此山人尤省事 只看花葉驗時移"

葉樓)를 지어 그 정신을 기렸는데, '꽃이 피면 봄이 온 줄 알고, 잎이
지면 가을이 온 줄 안다.'는 뜻에서 취하여 화엽루라 이름을 붙였다.

이처럼 모리재는 정온이 대명의리를 지킨 곳, 정온의 춘추대의가 깃
든 곳으로 인식되었을 뿐만이 아니다. 백이·숙제가 무력으로 은(殷)나라
를 정벌한 주(周)나라 무왕의 곡식을 먹지 않고 수양산에 들어가 고사리
를 뜯어먹다가 죽은 것처럼, 모리는 정온이 만년에 절개를 지킨 곳이기
에 백세청풍이 깃든 곳으로 인식되었다.

기호 지방의 학자 심육(沈錥)은 원학동을 유람하면서 「동계가 병자년
거처하던 곳을 모리라고 한다. 그가 지은 시의 '단지 꽃과 나뭇잎을 보고
시절이 바뀐 줄 아네.[只看花葉驗時移]'라고 한 1구만 보더라도 백세 뒤에
사람들을 벌떡 일어나게 한다.……」라는 긴 제목의 시를 지었다.[44] 이런
심육이 지은 시의 제목 보면, 정온의 절의정신이 후인들에게 어떤 영향
을 미쳤는지를 짐작하게 한다.

모리재 현판   화엽루 현판

---

44 沈錥, 『樗村遺稿』 권8, 「桐溪丙子所居 稱某里 以只看花葉驗時移一句見之 百載之下
令人起立 葛川兄弟 有高風遠韻 固宜邦人之所誦慕 而愼氏鄕祠 乃因子孫 又復揄揚
此豈可與桐溪葛川 比擬論者耶」, "澗戶初開第一關 登登强欲更蹄攀 馬蹄不慎崎嶇路
泉脉潛騰屈曲山 晉氏春秋稱某里 韋家花樹說兹間 不知香火溪邊屋 月旦評中若是班"

이진상(李震相)도 "백세의 청풍이 남아 있는 이 정사에 와서, 찬란한 중화 문명의 비단 보자기를 펴보네. 꽃잎만 보고 사신 춘추대의 정신 이 땅에 영원하니, 붉은 비단에 싼 책력 바뀌었다 말하지 마오."[45]라고 하여, 세상은 바뀌어 청나라 책력을 쓰고 있지만, 변치 않는 춘추대의 정신이 이곳에 살아 있어 백세청풍(百歲淸風)이 깃든 곳임을 강조하였다.

4) 신선이 노닌 사선대(四仙臺)

월성계곡 분설담(噴雪潭)에서 도로를 따라 5㎞쯤 더 올라가면 협곡 오른쪽에 사선대가 나오는데, 일명 송대(松臺)라고도 한다. 사선대라는 이름은 바위가 4층으로 되어 있고, 4명의 신선이 바둑을 두었다는 전설에 의해 붙여진 것이다. 송대라는 이름은 바위에 소나무가 자라나서 우뚝한 기상과 잘 어울리기 때문에 붙여진 이름이다. 하단에 '사선대(四仙臺)'라는 각자가 있는데, 경상도 관찰사 김양순(金陽淳, 1776~1840)이 썼다고 전한다.

송대라는 이름에는 두 가지 설화가 전하다. 하나는 송준길(宋浚吉)이 근처에 은거하였기 때문에 '송기(宋基)' 또는 '송대(宋臺)'라는 이름이 붙여졌다고 하는 설이다. 그러나 공식적으로 '송대(宋臺)'라는 명칭이 문헌 기록에 보이지 않기 때문에 송대(宋臺)가 송대(松臺)로 바뀌었다는 설은 미심쩍다. 다른 하나는 조식(曺植)이 노닐던 곳에 후학들이 대를 쌓고 사당을 짓고서 소나무를 심었기 때문에 송대라고 불렀다는 설인데, 허강 (許橿, 1614~1667)이 지은 「송대기(松臺記)」를 통해 확인할 수 있다.

---

45 李震相, 『寒洲集』 권3, 「某里精舍 敬次文簡公韻」.

　　이 대를 송대(松臺)라 이름 한 것은 대 위에 소나무가 있는 것을 기록해
놓은 것이다. 옛날에 물건이 있으면 곧바로 이름을 붙여 표시하여 잊지
않았다. 이 대에 송대라는 이름이 붙은 것도 이런 뜻을 취한 점이 있다.
아! 이 대의 이름이 어찌 우연히 붙여진 것이겠는가. 옛날 우리 남명(南
冥) 선생은 왕후를 섬기지 않고 물외의 세계를 노니셨는데, 일찍이 이곳
을 왕래하면서 휴식하는 장소로 삼으셨다. 선생이 돌아가신 뒤 후인들이
선생을 생각하는 마음이 지극하여 사당을 세우고 돌로 축대를 쌓고 소나
무를 주변에 심고서 송대라고 이름을 붙였다. 이 대의 이름은 이로부터
비롯된 것이다. 그런데 한번 사당이 옮겨지고 난 뒤에는 이 대가 잡초에
뒤덮이고 여우와 뱀이 깃들어 사는 곳이 되었다. 그러니 이 대에 왕래하
며 오르는 자들치고 그 누군들 애석해 하지 않았겠는가.[46]

송대(사선대) 경관　　　　　　　　　김희성의 송대도

46 許坰, 『晦溪集』 卷上, 「松臺記」. "臺 以松名者 志臺上有松也 古者 有物 卽以名之 以示
不忘 則臺之得此名者 亦有取於此義也歟 嗚呼 臺之名 豈偶然哉 昔我南冥曺先生 不事
王侯 優遊物外 嘗往來於斯 而以爲休息之所焉 及先生之沒也 後人思之至 爲之建祠
而築之以石 樹之以松 因以名之 臺之名 自此始 一自祠宇之移臺爲荒草之所蒙翳 狐虺
之所竄伏 人之往來而登玆臺者 孰不爲之歎惜也哉"

허강은 남명학파의 일원인 듯하다. 작자는 송대라는 명칭이 조식이 노닐던 곳을 후학들이 기념하기 위해 사당을 짓고 대를 쌓고 소나무를 심었기 때문에 붙여진 이름이라 하고 있다. 그렇다면 송대 주변에 사당이 있었고, 그 주변에 소나무를 심었기 때문에 송대라는 이름을 갖게 된 것이리라.

허강이 「송대기」를 쓴 해가 1664년이니, 조식을 제향 하는 사당이 이곳에 있었다는 사실을 분명히 알고 있었을 것이다. 그런데 사당이 옮겨지고 그 자리를 보존할 사람이 없어졌다는 것은 인조반정 이후 남명학파가 침체된 시대적 분위기를 말해준다. 그리하여 조식이 유식(遊息)한 장소로서 사당까지 세워 추숭하였던 옛날이야기는 사람들의 머릿속에서 서서히 잊히기 시작한 것으로 보인다. 그리고 그 인근에 기호학파 송준길이 우거함으로써 그와 관련된 이야기만 전해지게 된 것으로 추측된다.

이 대에는 송대와 사선대라는 두 명칭이 있는데, 위와 같은 기록을 참조하면 송대가 원래 명칭이었음을 알 수 있다. 사선대라는 명칭은 바위의 모양이 4개의 층층바위로 되어 있어 생긴 것인데, 조선 후기 화가가 그린 그림에 모두 '송대'로 되어 있는 것을 보면, 후대 민간에서 지어낸 이름인 듯하다.

조선시대 화가가 그린 송대도(松臺圖)가 2점 남아 있다. 하나는 김윤겸(金允謙, 1711~1775)이 그린 「영남기행화첩(嶺南紀行畵帖)」에 있는 것이다. 이 송대도는 상단에 '송대(松臺)'라는 글씨와 낙관이 있다. 이 그림은 현재 동아대학교 박물관에 보관되어 있다. 다른 하나는 김희성(金喜誠, 1699~?)이 그린 것이다. 이 그림 상단 왼쪽에 '안의송대역기심(安義松臺亦奇甚)'이라는 글씨가 있다. 그 왼쪽에 호와 낙관이 찍혀 있다. 김희성은 일명 김희겸(金喜謙)이라고도 하며, 호는 불염재(不染齋)이다. 그림은 사선대를 중심으로 그렸고, 사선대 왼쪽 옆에 소나무를 그려 넣었다.

송대를 노래한 시도 여러 편 발견된다. 구한말 곽종석(郭鍾錫)은 「송대」라는 제목으로 아래와 같은 시를 남겼다.

한 해를 돌아보면 소나무는 가을이 없네,	閱歲松無秋
산에 버티고 섰는데 바위를 움켜쥐었구나.	撑山石有力
사람들은 너의 깊은 뜻을 알아채고서,	人情知汝深
푸른 절벽에 누운 너를 걱정하지 않네.	不怕臥靑壁[47]

이 시를 보면 이 지역 지식인들 사이에서는 여전히 송대라고 일컬어진 것을 알 수 있다. 한편 송대를 민간의 설에 따라 사선대로 칭한 기록도 가끔 보이는데, 신선이 내려와 노닐던 곳으로 인식하고 있다.

---

47 郭鍾錫, 『俛宇集』 권1, 「松臺」.

1. 원전자료

郭鍾錫, 『俛宇集』(한국문집총간 제340책), 한국고전번역원.

_____, 『俛宇集』, 아세아문화사, 1983.

국역선성지발간추진위원회, 『국역 선성지』, 국역선성지발간추진위원회, 1993.

權東輔, 『惺齋集』, 한국국학진흥원 소장.

琴詩述, 『梅村集』(한국역대문집총서 제2601책), 경인문화사.

奇大升, 『高峯全集』, 성균관대학교 대동문화연구원 영인본.

金　垎, 『溪巖集』, 한국국학진흥원 소장.

金壽增, 『谷雲集』(한국문집총간 제125책), 한국고전번역원.

金養根, 『東埜集』, 한국국학진흥원 소장.

金泳斗, 『安愚集』(한국역대문집총서 제1295책), 경인문화사.

金宇顒, 『東岡集』(한국문집총간 제50책), 한국고전번역원.

金平黙, 『重菴集』(한국문집총간 제319, 320책), 한국고전번역원.

盧　禛, 『玉溪集』(한국문집총간 제37책), 한국고전번역원.

凌繼堯, 『美學十五講』, 北京大出版社, 2003.

董天工, 『武夷山志』, 문연각 사고전서.

朴世和, 『毅堂集』, 국립중앙도서관 소장.

朴　英, 『松堂集』(한국문집총간 제18책), 한국고전번역원.

朴致馥, 『晩醒集』, 炳燭契, 2003.

謝良佐, 『上蔡語錄』, 문연각 사고전서.

成汝信, 『晉陽誌』, 경상대학교 도서관 문천각 소장.

成海應, 『研經齋全集』(한국문집총간 제273~279책), 한국고전번역원.

宋達洙, 『守宗齋集』(한국문집총간 제313책), 한국고전번역원.

宋秉璿, 『淵齋集』(한국문집총간 제329책), 한국고전번역원.

宋時烈, 『宋子大全』(한국문집총간 제112책), 한국고전번역원.

申鼎周, 『陶窩集』, 한국국학진흥원 소장.

實錄廳, 『英祖實錄』, 국사편찬위원회.

_____, 『正祖實錄』, 국사편찬위원회.

安德文, 『宜庵集』, 경상대학교 도서관 문천각 소장.

王　惲, 『秋澗集』, 문연각 사고전서.

王羲之, 「蘭亭集序」, 『고문진보』.

熊剛大, 『性理群書句解』, 문연각 사고전서.

熊　節, 『性理群書句解』, 문연각 사고전서.

柳炳文, 『素隱集』, 한국국학진흥원 소장.

柳鼎文, 『壽靜齋集』, 한국국학진흥원 소장.

柳宗元, 『柳河東集』, 문연각 사고전서.

柳重敎, 『省齋集』(한국문집총간 제323책), 한국고전번역원.

柳致皥, 『東林集』, 한국국학진흥원 소장.

劉　勰, 『文心雕龍』, 문연각 사고전서.

尹心衡, 『臨齋文集』, 한국국학진흥원 소장.

李家淳, 『霞溪集』(한국역대문집총서 제1317~1318책), 경인문화사.

李　穀, 『稼亭集』(한국문집총간 제3책), 한국고전번역원.

李光地 等編, 『御纂朱子全書』, 문연각 사고전서.

李德壽, 『西堂私載』, 국립중앙도서관 소장.

李德弘, 『艮齋集』(한국문집총간 제51책), 한국고전번역원.

李晚輿, 『吾家山誌』, 청량산박물관, 2012.

李象靖, 『大山集』(한국문집총간 제226책), 한국고전번역원.

李蓍秀, 『慕亭集』, 한국국학진흥원 소장.

李野淳, 『廣瀬集』(한국문집총간 속 제102책), 한국고전번역원.

李　珥, 『栗谷全書』(한국문집총간 제44~45책), 한국고전번역원.

李頤淳, 『後溪集』(한국문집총간 제269책), 한국고전번역원.

李 瀷, 『국역 星湖僿說』, 한국고전번역원.

_____, 『星湖全書』, 여강출판사.

李鼎基, 『蒼廬集』(한국역대문집총서 제2568책), 경인문화사.

_____, 『蒼廬集』, 한국국학진흥원 소장.

李鼎秉, 『琴坡集』, 한국국학진흥원 소장.

李濟臣, 『陶丘先生實記』, 경상대학교 도서관 문천각 소장.

李宗休, 『下庵集』, 한국국학진흥원 소장.

李 滉, 『退溪集』(한국문집총간 제29~31책), 한국고전번역원.

任 埅, 『水村集』(한국문집총간 제149책), 한국고전번역원.

林億齡, 『石川集』(한국문집총간 제27책), 한국고전번역원.

林 椿, 『西河集』(한국문집총간 제1책), 한국고전번역원.

任憲晦, 『鼓山集』(한국문집총간 제314책), 한국고전번역원.

林 薰, 『葛川集』(한국문집총간 제28책), 한국고전번역원.

張錫龍, 『遊軒集』, 한국국학진흥원 소장.

鄭 逑, 『寒岡集』(한국문집총간 제53책), 한국고전번역원.

丁若鏞, 『與猶堂全書』(한국문집총간 제281~286책), 한국고전번역원.

鄭 蘊, 『桐溪集』(한국문집총간 제75책), 한국고전번역원.

鄭載圭, 『老柏軒集』, 경상대학교 도서관 문천각 소장.

鄭 栻, 『明庵集』, 경상대학교 도서관 문천각 소장.

正 祖, 『弘齋全書』(한국문집총간 제262책), 한국고전번역원.

鄭宗魯, 『立齋集』(한국문집총간 제253~254책), 한국고전번역원.

丁泰鎭, 『畏齋文集』, 한국학중앙연구원 장서각 소장.

趙 穆, 『月川集』(한국문집총간 제38책), 한국고전번역원.

趙錫喆, 『靜窩集』, 한국국학진흥원 소장.

趙性家, 『月皐集』, 경상대학교 도서관 문천각 소장.

趙星復, 『鶴坡遺稿』, 여강출판사, 1987.

趙述道, 『晚谷集』, 국립중앙도서관 소장본.

曺 植, 『南冥集』(한국문집총간 제31책), 한국고전번역원.

_____, 『南冥集』, 아세아문화사.

趙 昱, 『龍門集』(한국문집총간 제28책), 한국고전번역원.

趙 翼, 『浦渚集』(한국문집총간 제85책), 한국고전번역원.

『周禮』, 臺灣 藝文印書館 印行, 十三經注疏本.

周世鵬, 『武陵雜稿』(한국문집총간 제26~27책), 한국고전번역원.

朱 熹, 『論語集註』, 학민문화사 영인본.

_____, 『孟子集註』, 학민문화사 영인본.

_____, 『朱子大全』, 보경문화사 영인본.

_____, 『中庸章句』, 학민문화사 영인본.

_____, 『楚辭集注』(『朱子全書』 제19책), 上海古籍出版社, 2002.

_____, 『晦庵集』, 문연각 사고전서.

陳 澔, 『禮記集說』, 영인본.

崔東翼, 『淸溪集』, 한국국학진흥원 소장.

崔昇羽, 『睟窩集』(한국역대문집총서 제1607책), 경인문화사.

崔雲遇, 『香湖集』(한국역대문집총서 제2293책), 경인문화사.

河達弘, 『月村集』, 경상대학교 도서관 문천각 소장.

河範運, 『竹塢集』, 경상대학교 도서관 문천각 소장.

河受一, 『松亭集』(한국문집총간 제61책), 한국고전번역원.

河益範, 『士農窩集』, 경상대학교 도서관 문천각 소장.

河弘度, 『謙齋集』(한국문집총간 제97책), 한국고전번역원.

胡 廣 等, 『周易大全』, 영인본.

胡 廣 等撰, 『詩傳大全』, 문연각 사고전서.

洪良浩, 『耳溪集』(한국문집총간 제241~242책), 한국고전번역원.

洪仁祐, 『恥齋遺稿』(한국문집총간 제36책), 한국고전번역원.

洪致裕, 『兼山集』, 회상사, 1986.

2. 연구논저

강정서, 「퇴계의 무이도가 시인식의 한 국면」, 『동방한문학』 제14집, 동방한문학회, 1998.

_____, 「조선후기의 무이도가 시인식」, 『동방한문학』 제17집, 동방한문학회, 1999.

권석환 주편, 『한중팔경구곡과 산수문화』, 이회, 2004.

김문기, 「도산구곡원림과 도산구곡시 고찰」, 『퇴계학과 유교문화』 제43집, 경북대 퇴계연구소, 2008.

_____, 「도산구곡시의 작품 현황과 창작 경향」, 『퇴계학과 한국문화』 제45호, 2009.

_____ · 강정서, 「총론 제2장 구곡문화의 수용양상」, 『경북의 구곡문화』, 경북대 퇴계연구소, 2008.

손오규, 『산수미학탐구』, 제주대학교 출판부, 2006.

신두환, 「조선 士人의 무이도가 비평양상과 그 문예미학」, 『대동한문학』 제27집, 대동한문학회, 2007.

오이환, 『남명학의 새 연구 하』, 한국학술정보(주), 2012.

울산대곡박물관, 『자연에서 찾은 이상향 九曲文化』, 울산대곡박물관, 2010.

유준영 외, 『권력과 은둔』, 북코리아, 2010.

유홍준, 『화인열전2』, 역사비평사, 2001.

윤진영, 「구곡도의 전통과 白蓮九曲圖」, 『자연에서 찾은 이상향 九曲文化』, 울산대곡박물관, 2010.

_____, 「陶山圖의 전통과 도산구곡」, 『안동학연구』 제10집, 한국국학진흥원, 2011.

이민홍, 「「무이도가」 수용을 통해 본 사림파문학의 일양상 – 퇴계 하서 고봉을 중심으로」, 『한국한문학연구』 제6집, 한국한문학회, 1982.

이종묵, 『조선의 문화공간』 제4책, 휴머니스트, 2001.

이종호, 「한국 구곡문화 연구의 현황과 과제」, 『안동학연구』 제10집, 한국국학진흥원, 2011.

임노직, 「퇴계의 무이도사 수용과 이야순의 도산구곡 고찰」, 『동아인문학』 제20집, 동아인문학회, 2011.

정우락, 「주자 무이구곡의 한국적 전개와 구곡원림의 인문학적 의미」, 『구곡문화』, 울산대곡박물관, 2010.

_____, 「寒岡 鄭逑의 武屹 경영과 무흘구곡 정착과정」, 『한국학논집』 제48집, 계명대 한국학연구원, 2012.

조성덕, 「무이도가의 수용과 변용에 대한 일고찰」, 성균관대 대학원 석사학위 논문, 2004.

陳永雲, 『中國山水文化』, 武漢大學出版社, 2001.

최석기, 『남명과 지리산』, 경인문화사, 2006.

_____, 「安德文의 三山書院 位相鼎立과 그 의미」, 『남명학연구』 제40집, 경상대
    남명학연구소, 2013.

_____, 「도산구곡 정립과정과 도산구곡시 창작 배경」, 『한국한문학연구』 제53집,
    한국한문학회, 2014.

_____, 「武夷櫂歌 수용양상과 陶山九曲詩의 성향」, 『퇴계학논총』 제23집, 퇴계학
    부산연구원, 2014.

_____, 「郭鍾錫의 「入德門賦」에 대하여」, 『남명학연구』 제47집, 경상대학교 남명
    학연구소, 2015.

_____, 「16세기 학자들의 산수와의 소통」, 『동방한문학』 제65집, 동방한문학회,
    2015.

최종현, 「조선에 구현된 주자의 무이구곡」, 『자연에서 찾은 이상향 구곡문화』, 울산
    대곡박물관, 2010.

【ㄱ】

가섭암지 450

가우복동(假牛腹洞) 425

갈천동(葛川洞) 450, 474, 475, 477

감음현(感陰縣) 433

강선대(降仙臺) 451, 477

강정환(姜鼎煥) 300, 305, 314, 316, 318

강필효(姜必孝) 192

거연정(居然亭) 102, 104, 105, 441, 443,
    459-461

거연정기(居然亭記) 460

경렴정(景濂亭) 38, 62, 117

경림서원(慶林書院) 202, 203

경물(景物) 130

경점(景點) 84, 130

경천벽(擎天壁) 285

계부당(鷄伏堂) 42

계성(溪聲) 38

고마정곡(叩馬汀曲) 262

고산구곡(高山九曲) 52, 193, 246

고산구곡가(高山九曲歌) 53, 63, 247

고산구곡시(高山九曲詩) 53, 54, 63

고산잡영병기(高山雜詠幷記) 119

고산칠곡(高山七曲) 60

고정정사(考亭精舍) 42

곡운구곡(谷雲九曲) 54, 59, 63, 66, 67,
    247

곡운구곡도(谷雲九曲圖) 54

곡운기(谷雲記) 54, 66

공자 15-20, 29, 37, 38, 42, 45, 46, 48,
    73, 75, 87, 93-95, 104, 116, 235

곽종석(郭鍾錫) 70, 216, 233, 234, 258,
    322, 334, 455, 483

관동록(關東錄) 242

관란헌 43

관서유감(觀書有感) 22, 34, 37, 45, 46,
    61, 237, 244, 245, 287

관선재(觀善齋) 52, 246

관수유술(觀水有術) 46

광풍제월(光風霽月) 441

구경처(究竟處) 147

구곡(九曲) 49, 60, 77, 84, 85, 131, 163,
    164

구곡경영 56, 75

구곡문화 50, 60, 73, 75, 76, 85, 164, 239, 240, 245, 258, 267, 278

구곡시(九曲詩) 163

구연대(龜淵臺) 469

군자정(君子亭) 443, 459

권동보(權東輔) 117

권상하(權尙夏) 52, 53, 63, 64, 246, 247, 284, 289, 291, 302

권시중(權是中) 165, 167, 168

권질(權礩) 470

권헌기(權憲璣) 107, 228, 257

극처(極處) 145, 148, 149, 155-158, 160, 162, 245, 344

금란정(金蘭亭) 430, 431

금란정기 430, 431

금사담(金沙潭) 295, 296

금시술(琴詩述) 152, 155, 158, 159, 178, 179, 186, 188, 189, 195

금원산(金猿山) 449

금천구곡(琴川九曲) 209

기대승(奇大升) 133, 134, 136, 139-146, 148-150, 161, 466

기흥(起興) 137, 143

김광찬(金光燦) 66

김규태(金奎泰) 211, 226, 227

김덕곤(金德鵾) 146, 147

김득연(金得硏) 427

김령(金坽) 115, 117

김범(金範) 40, 240

김상헌(金尙憲) 66, 67

김수증(金壽增) 53, 54, 63, 66-68

김수항(金壽恒) 53, 66, 247, 289

김수흥(金壽興) 66

김시습(金時習) 67

김시찬(金時粲) 72

김시형(金始炯) 169

김양근(金養根) 109

김양순(金陽淳) 480

김영두(金泳斗) 155, 159, 193, 214

김원행(金元行) 306, 314

김윤겸(金允謙) 482

김인섭(金麟燮) 228, 257

김인후(金麟厚) 133, 134, 136, 139, 141, 161, 466

김중진(金中鎭) 348

김진호(金鎭祜) 228, 257, 261

김창협(金昌協) 69, 328, 346, 372, 380

김창흡(金昌翕) 53, 60, 247, 350, 392, 393, 435-437, 465

김황(金榥) 227

김희성(金喜誠) 482

【ㄴ】

낙토(樂土) 278, 368, 369, 410, 426

난정(蘭亭) 89, 91, 96

난정집서(蘭亭集序) 96-98

남간정사(南澗精舍) 383, 407

남명송(南冥松) 261

남명학파 197, 482

남한조(南漢朝) 69, 72, 265, 321-324,

339, 344, 346, 347, 356, 358, 372, 373,
393, 394, 398, 406

내선유구곡(內仙遊九曲) 319

노수신(盧守愼) 466

노중련(魯仲連) 124, 126, 442, 453-455,
457

노진(盧禛) 90, 91, 465, 467, 468

농수정사(籠水精舍) 66

농운정사(籠雲精舍) 54, 66, 247

농월정(弄月亭) 125, 127, 129, 441, 442,
453-457

농월정중건기(弄月亭重建記) 126

뇌룡정(雷龍亭) 42

능운대(凌雲臺) 303

【ㄷ】

대명의리(大明義理) 64, 65, 110, 123,
125, 127, 129, 131, 285, 478, 479

대보단(大報壇) 290

대원사(大源寺) 257

대원사곡(大源寺曲) 264, 265

대은병(大隱屏) 408

덕산(德山) 232, 233

덕산구곡(德山九曲) 199, 208, 211, 213,
215-218, 220, 225, 226, 228-233, 235,
252-259, 263, 265-267

덕산구곡도(德山九曲圖) 271

덕산구곡시(德山九曲詩) 193, 199, 213,
215-220, 225-227, 230, 233, 252-256,
258, 266, 268

덕산복거(德山卜居) 42, 122, 241

덕산서원(德山書院) 211, 249

덕천구곡(德川九曲) 211

덕천서원(德川書院) 193, 198, 203,
211, 255, 257, 258

덕천팔경(德川八景) 212

도가주해(櫂歌註解) 51, 141, 143, 145,
151, 245

도구대(陶丘臺) 257

도구대곡(陶丘臺曲) 260

도림구곡(道林九曲) 63

도산구곡(陶山九曲) 55, 152, 153, 164-
166, 169-181, 183-188, 191, 192, 194-
196, 198, 199, 213-217, 226, 230, 235,
247, 258, 267

도산구곡시(陶山九曲詩) 137, 152-154,
160-162, 165, 173-175, 179, 185-191,
193-195, 199, 213, 214, 216-218, 226,
233, 252

도산도(陶山圖) 168-171

도산서원(陶山書院) 198, 243

도산잡영(陶山雜詠) 15, 42, 49, 61

도선국사(道詵國師) 410

도선선사 411

도연명(陶淵明) 112

동선유구곡(東仙遊九曲) 59, 69, 320,
342

동선유동(東仙遊洞) 70, 321, 322, 330,
334, 339, 340, 344-348, 350, 373

동중서(董仲舒) 265

동천(洞天) 77, 84, 85, 124, 131, 432

동천구곡(洞天九曲) 276

동천구곡문화 277

동천문화 276, 278

동천복지(洞天福地) 368

동호정(東湖亭) 441, 457, 459

두류만학문(頭流萬壑門) 256

둔산정사(屯山精舍) 69, 321

【ㅁ】

만동묘(萬東廟) 288, 290-294

만절필동(萬折必東) 289

망천(輞川) 109

맹자 16, 19, 29, 31, 38, 43, 46, 75, 236

면상촌(面傷村) 257

면상촌곡(面傷村曲) 264

명산(名山) 89

명소(名所) 91, 92, 131

명승(名勝) 78-85, 88, 91, 92, 130

명인(名人) 89, 91, 92, 131

모리(某里) 124, 125, 129, 479

모리구소기(某里鳩巢記) 478

모리재(某里齋) 451, 456, 477, 479

모암정(帽巖亭) 451, 477

모현대(慕賢臺) 469

묘처(妙處) 145, 146, 148, 149, 151, 155-158, 160, 162, 245

무이구곡(武夷九曲) 46, 50, 51, 209, 213, 217-219, 225, 226, 230, 232, 233, 239, 253-255, 258, 263, 266, 278-280, 344

무이구곡도(武夷九曲圖) 15, 49, 51, 52, 245, 246

무이구곡시(武夷九曲詩) 254, 255

무이구곡총도(武夷九曲總圖) 280

무이도가(武夷櫂歌) 15, 23, 34, 35, 45, 46, 49-51, 53, 54, 56, 74, 75, 133, 134, 136-139, 141, 143, 144, 148-150, 154, 163, 164, 189, 190, 238, 239, 245-247, 278, 281

무이산(武夷山) 88, 279

무이산 총도(武夷山總圖) 52, 246

무이서원도(武夷書院圖) 52, 246

무이정사(武夷精舍) 21, 23, 24, 42, 49, 52, 210, 237, 280

무이정사잡영(武夷精舍雜詠) 15, 23, 45, 46, 49, 74, 75, 238

무이지(武夷志) 15, 49, 51, 52, 245

무흘구곡(武屹九曲) 51, 52, 59, 209

무흘정사(武屹精舍) 43, 51

문바위 450

미연서원(眉淵書院) 206

민영석 376

민우수(閔遇洙) 386

민우식(閔禹植) 373, 376, 378-380

민정중(閔鼎重) 288, 289, 301

민진원(閔鎭遠) 284, 289

【ㅂ】

박명부(朴明榑) 126, 129, 442, 453-455

박윤원 306

박장원(朴長遠) 458, 468
박치복(朴致馥) 225, 228, 257, 258, 261
박현규(朴顯奎) 203
방수천(訪隨川) 104, 462, 464
방화수류정(訪花隨柳亭) 105
배대유(裵大維) 262
백세청풍(百歲淸風) 480
백운동(白雲洞) 257, 258, 261
백운동곡(白雲洞曲) 260
백운동십이곡(白雲洞十二曲) 60
별천지 278
병천(瓶泉) 380-382, 388, 389, 407
병천정사(瓶泉精舍) 346, 381-385, 387,
  389, 407, 409
북산이문(北山移文) 449
분설담(噴雪潭) 451, 480
비(比) 138-140, 142, 143, 148, 149, 160,
  161, 246
비덕(比德) 94, 97, 99, 110, 116-118,
  131

【ㅅ】
사량좌(謝良佐) 101, 103, 464
사선대(四仙臺) 450-452, 480, 482
사우정(四友亭) 373, 376, 380
사적(史蹟) 78, 79, 81, 130
산림은거 15, 40, 42, 50, 75, 237, 240
산색(山色) 38
산색계성(山色溪聲) 37-39, 47, 48, 62,
  63, 74, 75

산수시 136
산수심미의식 96
산수지락(山水之樂) 19
산수지취(山水之趣) 28, 29
산음현(山陰縣) 434
산천재(山天齋) 41, 122, 241, 257, 258,
  263
산천재곡(山天齋曲) 262
산해정(山海亭) 42
삼산구곡(三山九曲) 216, 233, 235, 252,
  266
삼산구곡시(三山九曲詩) 197, 199, 208,
  213-215, 217, 226, 227, 229, 230, 252,
  253, 258, 266, 267
삼산서원(三山書院) 193, 216, 217, 226,
  230, 249, 251, 253, 266, 267
상류암(上流庵) 264
상정(橡亭) 262
생의(生意) 101, 103, 463
서경시 136
서선유구곡(西仙遊九曲) 59, 69, 72, 320
서선유동 323, 324, 326, 328, 329, 332-
  334, 336, 344, 345
서찬규(徐贊奎) 348
석담정사(石潭精舍) 43
석문정서(石門亭序) 120
선성지(宣城誌) 165-168
선유구곡(仙遊九曲) 68-70, 72, 265,
  319, 322, 329, 340, 344, 359
선유구곡시(仙遊九曲詩) 336, 339

선유동(仙遊洞) 69, 70, 319, 320, 339, 344

선유동기(仙遊洞記) 332, 362

선유동잡영 347

선유동팔영시 328

선유팔경(仙遊八景) 323, 326, 327

선취정신(仙趣精神) 68, 73, 75

성수침(成守琛) 26, 40, 240

성여신(成汝信) 55, 209, 247, 264

성운(成運) 26, 40, 240, 327

성해응(成海應) 65, 301, 304

세심정(洗心亭) 257, 263

소식(蘇軾) 86, 87, 91

소학군자(小學君子) 441

속도산구곡(續陶山九曲) 193

송객정(送客亭) 257, 258

송객정곡(送客亭曲) 264

송규렴(宋奎濂) 53

송근수(宋近洙) 290

송달수(宋達洙) 312

송대(宋臺) 480, 483

송대(松臺) 452, 480

송대기(松臺記) 480, 482

송대도(松臺圖) 482

송래희(宋來熙) 290

송명흠(宋明欽) 346, 361, 385-387

송문흠(宋文欽) 381, 385, 409

송병구(宋秉俅) 390

송병선(宋秉璿) 290, 328, 363, 365, 389

송병순(宋秉珣) 290

송시열(宋時烈) 52-54, 63-65, 127, 149, 150, 161, 246, 247, 285, 289, 291-293, 296, 297, 302, 304, 309, 328, 344, 348

송암(松巖) 452

송요좌(宋堯佐) 381-385, 407, 409

송인(宋寅) 326

송주석(宋疇錫) 53

송준길(宋浚吉) 344, 348, 480

송치규(宋穉圭) 312

송환기(宋煥箕) 309

송흠학(宋欽學) 312

수구행주(水口行舟) 21, 45

수사(修辭) 137

수석정(漱石亭) 176, 192

수송대(愁送臺) 469-474

수송대가(愁送臺歌) 449

수승대(搜勝臺) 450, 452, 469-472, 474

수승대기(搜勝臺記) 470

시적수사 137

신권(愼權) 469-471

신기질(辛棄疾) 85, 86

신명구(申命耉) 212

신명사도(神明舍圖) 36

신석우(申錫愚) 203

신정주(申鼎周) 157, 159, 214

신좌모(申佐模) 434, 435, 474, 475

신필정(申弼貞) 345

심미관(審美觀) 98, 99, 109-111, 130, 131

심미의식 83, 107, 108

심미형태 84

심상규(沈象奎) 435

심육(沈錥) 479

심진동(尋眞洞) 90, 91, 432-434, 436-440, 444-448, 465, 466, 468

심진동기(尋眞洞記) 468

십사곡승처(十四曲勝處) 166, 167, 181

십이곡(十二曲) 60

쌍룡계곡 367, 376

쌍룡구곡(雙龍九曲) 371, 373, 390

쌍룡구곡시(雙龍九曲詩) 373, 377

【ㅇ】

아송서(雅頌序) 44

안덕문(安德文) 198, 209, 210, 215-217, 230, 249-251, 253, 266, 267

안음현(安陰縣) 433, 434

안의 432

안의삼동(安義三洞) 432-435, 437-440, 445, 453

안의현(安義縣) 432-434, 439, 440

안회(顔回) 103, 104, 116, 464

암구대(嚴龜臺) 469

암서재(嚴棲齋) 53, 293, 295, 297, 328

암서헌(嚴棲軒) 40, 240, 241, 296

양사언(楊士彦) 409

양호(羊祜) 86, 87

엄광(嚴光) 88

역동서원(易東書院) 182

연비어약(鳶飛魚躍) 32, 34, 37, 48, 61-
63, 74, 75, 243

연좌암(宴坐巖) 407, 408

영귀정(詠歸亭) 441, 459

영남삼선생(嶺南三先生) 198

영지산(靈芝山) 408

예안구곡(禮安九曲) 164, 166, 168

예안십사곡(禮安十四曲) 164, 168

오가산지(吾家山誌) 168, 170, 171

오건(吳健) 264

오곡(五曲) 60

오국헌(吳國獻) 446

오담곡(鰲潭曲) 182, 183

오송정폭포(五松亭瀑布) 428

오송폭포(五松瀑布) 426, 428

오숙(吳翻) 473, 474

오장(吳長) 44

옥산구곡(玉山九曲) 55, 185, 192, 196, 198, 213-217, 230, 235, 248, 267

옥산구곡시(玉山九曲詩) 192, 194, 199, 213, 214, 216-218, 226, 233, 252

옥산사(玉山祠) 206

옥산서원(玉山書院) 55, 185, 190, 194, 196, 198, 215

옥하정(玉霞亭) 69, 321, 339, 373

와룡암(臥龍巖) 304

왕운(王惲) 86, 87

왕희지(王羲之) 89, 91, 96, 98

외선유구경(外仙遊九景) 72, 73, 324, 333, 334, 339

외선유구곡(外仙遊九曲) 320

외선유동(外仙遊洞) 72, 324, 350

요산요수(樂山樂水) 15, 18, 19, 21, 24, 29, 31, 37, 46, 73, 94-96, 110, 116, 131, 235, 278

용유동(龍遊洞) 367, 370, 371, 390-394, 398

용추(龍湫) 465

용추계곡 432

용추폭포(龍湫瀑布) 444, 445, 465, 466, 468

용하구곡(用夏九曲) 63

우복동(牛腹洞) 278, 346, 366, 368, 369, 371, 390, 409-411, 413, 416, 423, 426

우복동가(牛腹洞歌) 412

우복동기(牛腹洞記) 417, 419, 423

우복동노정기(牛腹洞路程記) 413-415, 424

우복동도(牛腹洞圖) 413, 416, 424

우복동변증설(牛腹洞辨證說) 424

우복동진가변증설(牛腹洞眞假辨證說) 424

우성(偶成) 101, 463

우음(偶吟) 28, 43, 242

우의(寓意) 137, 140, 142, 143, 145, 148

우제삼수(偶題三首) 22

우탁(禹倬) 182

운곡잡영(雲谷雜詠) 70, 321, 339

운영담(雲影潭) 287

운한각(雲漢閣) 289, 290, 299

웅강대(熊剛大) 21, 103, 463

원두처(源頭處) 35-37, 107, 123, 237

원학동(猿鶴洞) 242, 369, 432-434, 436-440, 448-452, 469, 479

원학동기 452

월성계곡(月星溪谷) 450, 477

월연(月淵) 442, 453, 454

유범휴(柳範休) 151

유병문(柳炳文) 155, 158, 159, 214

유상조(柳尙祚) 202

유수송대기(游愁送臺記) 473

유심진동기(遊尋眞洞記) 444, 466

유심춘(柳尋春) 201, 202

유안청폭포(儒案廳瀑布) 450

유자휘(劉子翬) 41, 240, 295

유장수사기(遊長水寺記) 465

유정문(柳鼎文) 158, 159

유종원(柳宗元) 88

유중교(柳重敎) 128

유척기(兪拓基) 289

유치호(柳致皡) 159, 214

유협(劉勰) 138

유화양동기(遊華陽洞記) 314, 316, 318

유후조(柳厚祚) 126, 202, 203, 456

육세의(陸世儀) 464

윤심형(尹心衡) 53, 299

율곡학(栗谷學) 53

은구재(隱求齋) 24, 52, 238, 246

은선암(隱仙岩) 72

읍궁암(泣弓巖) 293, 295

이가순(李家淳) 155, 157, 159, 214

이강년(李康秊) 72, 336

이강준(李康準) 348

이건창(李建昌) 448, 449, 470

이곡(李穀) 26

이규경(李圭景) 366, 413, 416, 417, 424, 425

이긍익(李肯翊) 387

이녕(李寧) 326, 328

이담(李湛) 15, 52, 246

이덕수(李德壽) 113

이도추(李道樞) 261

이만부(李萬敷) 362, 390, 451, 452, 468

이만수(李晩秀) 169

이만여(李晩輿) 168, 170

이만용(李萬用) 70, 322, 339, 344, 348

이백(李白) 126, 453

이상정(李象靖) 60, 119

이시수(李蓍秀) 151, 155, 158, 159, 183, 193, 214

이안현(利安縣) 433

이야순(李野淳) 55, 150−155, 159, 171−−196, 199, 201, 202, 213, 214, 217, 218, 226, 230, 233, 247, 248, 252, 256, 258, 266

이언적(李彦迪) 196, 198, 213, 215, 248

이여(李畬) 53

이여송(李如松) 411

이원조(李源祚) 209

이유(李維) 69, 321, 346, 347

이이(李珥) 27, 28, 43, 52−54, 63, 242, 246

이이순(李頤淳) 55, 152−156, 159, 172−175, 179−181, 183, 186, 187, 189, 190, 194, 195, 214, 247, 248

이익(李瀷) 13, 88, 149, 150, 161, 391

이인구(李寅九) 348

이인로(李仁老) 277

이재(李縡) 69, 70, 289, 321, 322, 339, 346, 348

이정기(李鼎基) 156, 159, 184, 185, 190, 195, 199, 214

이정병(李鼎秉) 156, 159, 214

이제두(李齊杜) 127

이제신(李濟臣) 257, 260

이종휴(李宗休) 151, 155, 157, 159, 192, 214

이중경(李重慶) 55, 247

이중환(李重煥) 370, 440

이진상(李震相) 480

이천(伊川) → 정이(程頤)

이천봉(李天封) 44

이항(李恒) 40, 240

이항로(李恒老) 128, 290

이현익(李顯益) 384

이황(李滉) 13, 15, 30, 35, 38, 40, 42, 44, 49, 51, 52, 55, 61, 88, 100, 133−137, 139, 143−146, 148−151, 155, 156, 159−162, 164, 198, 215, 284, 327, 469−474

이휘녕(李彙寧) 202

이희조(李喜朝) 53
인물기흥(因物起興) 51, 133-137, 139-
    141, 143, 144, 148, 160, 161, 245
인지당(仁智堂) 23, 52, 237, 238, 246
인지지락(仁智之樂) 19, 21, 24, 29, 31,
    37, 42, 46, 73, 75, 96, 100, 110, 116-
    120, 131, 235, 238, 278
임방(任埅) 165
임상주(任相周) 66
임억령(林億齡) 26
임운(林芸) 451, 475
임천서원(臨川書院) 203
임춘(林椿) 25
임헌회(任憲晦) 104, 128, 290, 460
임훈(林薫) 26, 107, 242, 440, 449, 451,
    470-475, 477
입덕문 257, 258, 262
입덕문곡(入德門曲) 261
입도차제(入道次第) 51, 134-137, 139,
    143, 148, 155, 160, 245

【ㅈ】
자사 16, 20, 32, 38, 46
장각동(長角洞) 367, 429
장각폭포(長角瀑布) 429, 430
장만리(章萬里) 457, 459
장석룡(張錫龍) 109
장소 83, 84
장수사(長水寺) 90, 445, 467, 468
장암동(壯岩洞) 367, 426, 428, 429

장암동기(壯岩洞記) 427
장항동(獐項洞) 264
재거감흥이십수(齋居感興二十首) 25,
    44, 239
재도시(載道詩) 136
적벽(赤壁) 86, 91
전강구곡(前江九曲) 209, 210
전세걸 459
전시서(全時敍) 459
전재택(全在澤) 104, 461
전재학(全在學) 460
전적벽부 87
전통 경점(傳統景點) 130
전통 명승 77, 81, 85, 130, 131
절의정신 479
정경세(鄭經世) 69, 320, 345, 346, 350
정구(鄭逑) 43, 51, 55, 136, 209, 245,
    247, 442
정기(鄭琦) 227
정명정신(正名精神) 75
정사경영 52
정사잡영(精舍雜詠) 101, 104, 461
정상관(鄭象觀) 388
정식(鄭栻) 209, 213, 217-219, 225, 226,
    230, 253-255, 258, 266, 447
정약용(丁若鏞) 14, 113, 412, 413
정여창(鄭汝昌) 439-441, 443
정온(鄭蘊) 123, 129, 440, 442, 451, 453,
    456, 476-478
정유명(鄭惟明) 442

정이(程頤) 88

정인홍(鄭仁弘) 123

정재규(鄭載圭) 125

정조(正祖) 44, 45

정종로(鄭宗魯) 347, 351, 352, 372, 393-395, 398, 406

정태진(丁泰鎭) 70-73, 265, 322-325, 330, 333, 334, 339, 342, 359

정현(鄭玄) 138

정호(程顥) 101, 104, 105, 463, 464

정호(鄭澔) 53, 289, 291

제갈량(諸葛亮) 67, 304

제화양구곡(題華陽九曲) 306

조경(趙璥) 332, 333

조귀명(趙龜命) 438, 444, 445, 466, 467

조긍섭(曺兢燮) 458, 459

조덕상(趙德常) 200

조도시(造道詩) 136

조도정신(造道精神) 60, 61, 75

조목(趙穆) 38

조석철(趙錫喆) 92, 120

조성가(趙性家) 107, 228, 257, 258, 261

조성복(趙星復) 152, 158, 159, 177, 178, 186, 188, 195

조술도(趙述道) 150-152, 155, 156, 159, 161, 171, 176-179, 186-188, 195, 214

조식(曺植) 13, 14, 36, 40, 41, 44, 55, 60, 61, 88, 100, 115, 121, 122, 193, 198, 211, 216, 232, 240, 241, 466, 480, 482

조영석(趙榮祏) 469

조욱(趙昱) 26, 40, 240

조익(趙翼) 133, 136, 140-143, 161

조종암(朝宗巖) 127-129

종천서원(宗川書院) 200, 201

주돈이(周敦頤) 38, 62

주렴계(周濂溪) → 주돈이(周敦頤)

주세붕(周世鵬) 38, 39, 62

주자(朱子) → 주희(朱熹)

주희(朱熹) 15, 16, 18, 20-22, 24, 37, 38, 40-45, 46, 49-52, 74, 75, 85, 88, 93, 94, 96, 101, 104, 138, 163, 190, 237-239, 241, 242, 251, 254, 281, 287, 296

죽림정사(竹林精舍) 21

즉물기흥(卽物起興) 139

증점(曾點) 18, 37, 42, 46, 74, 75, 94-96, 101, 103-105, 107, 110, 116, 119, 140, 235, 341, 460, 464

진도차제(進道次第) 139

진동암(鎭洞巖) 449, 450

진보(陳普) 51, 141, 143, 245

진우복동(眞牛腹洞) 425, 426

【ㅊ】

차일암(遮日巖) 441, 457

창신(暢神) 97, 99, 108-112, 131

채봉암(蔡鳳巖) 136

채영진(蔡永震) 348

채운사(彩雲寺) 303

척수암(滌愁巖) 449, 450, 452

천광운영(天光雲影) 34, 37, 48, 61, 63,

74, 75, 243-245

천광운영대(天光雲影臺)　32, 34, 62, 243, 244

천연기념물 78-81, 130, 131

천연대(天淵臺)　32, 33, 62, 243, 244

천인합일(天人合一)　19, 20, 22, 25, 36, 44, 45, 47, 48, 76, 96, 105, 108, 110, 118, 121, 123, 131, 163, 235, 240, 242

첨성대(瞻星臺)　301, 303

청량정사(淸凉精舍)　175, 189

청량지 175

청신쇄락(淸新灑落)　109-111, 113, 115, 131

청학동(靑鶴洞)　278, 368, 369, 410

최동익(崔東翼)　155, 159, 160, 193, 214

최북(崔北)　89, 90

최승우(崔昇羽)　152, 155, 157, 159, 178, 179, 188, 189, 195

최영경(崔永慶)　263

최운우(崔雲遇)　28, 30

최익현(崔益鉉)　290

최치원(崔致遠)　91, 277, 344

최한기(崔漢綺)　47

춘추대의(春秋大義)　68, 125, 479

취성정(醉醒亭)　257

취성정곡(醉醒亭曲)　263

칠곡(七曲)　60

칠송정(七松亭)　326

칠송팔경(七松八景)　327

【ㅌ】

탁영대(濯纓臺)　262

탁의(托意)　142

탁흥우의(托興寓意)　134, 135-137, 143, 144, 148, 160, 246

탕척흉금(蕩滌胸襟)　110, 111, 114, 131

태극도설(太極圖說)　38

태연(苔淵)　260

태화오곡(太華五曲)　60

퇴계구곡(退溪九曲)　164

퇴계구곡시(退溪九曲詩)　192, 194

【ㅍ】

파곶(巴串)　305

파천(巴川)　305

포천구곡(布川九曲)　59, 209

풍경　83, 84

풍영정(風詠亭)　263

풍영지취(風詠之趣)　18, 46, 74, 75, 95, 110, 119, 236

【ㅎ】

하겸락(河兼洛)　206

하달홍(河達弘)　114, 470

하대관(河大觀)　201

하범운(河範運)　154, 155, 159, 193, 197-208, 211, 213-220, 222, 225-227, 229, 230, 233, 234, 253-256, 258, 266, 267

하범일(河範一)　201

하삭(河鑠)　201

하세응(河世應) 211, 212

하수일(河受一) 103, 107

하옥(河鋈) 201

하익범(河益範) 121-123, 309

하진(河溍) 200, 229

하항(河沆) 263

하홍도(河弘度) 102-105, 107, 116, 201,
  461, 463, 464

학담(鶴潭) 449

학소대(鶴巢臺) 305

학천정(鶴泉亭) 70, 339, 346-349, 361

학천정기(鶴泉亭記) 363, 365

한천정사(寒泉精舍) 20

허강(許壃) 480, 482

허격(許格) 127-129

현수산(峴首山) 86

홍경모(洪敬謨) 112

홍양호(洪良浩) 92, 111

홍우원(洪宇遠) 103

홍인우(洪仁祐) 28, 242

홍치유(洪致裕) 72, 73, 265, 324, 325,
  328-330, 336, 339

화림동(花林洞) 100, 432-443, 453, 454,
  463

화림재(花林齋) 104

화양구곡(華陽九曲) 52, 59, 63, 64, 66,
  246, 276, 283, 284, 287, 300, 306, 312,
  316, 318

화양동(華陽洞) 53, 63, 65, 69, 309, 321

화양서원(華陽書院) 288, 291

환장암(煥章庵) 290, 293, 298-300

황강구곡(黃江九曲) 52, 246

회란석(廻瀾石) 407

회암(晦庵) 20, 41, 42, 241, 295

효자정려문중수기 476

후적벽부 87

흥(興) 138-140, 142-144, 148, 149, 151,
  160, 161, 245, 246

최석기(崔錫起)

1954년 강원도 원주에서 출생.
성균관대학교 한문교육과 졸업. 동 대학교 대학원 문학박사.
한국고전번역원 연수부 및 상임연구원 졸업.
한국고전번역원 국역실 전문위원.
경상대학교 한문학과 교수(1989~현재).
한국경학학회 회장 역임.
주요 저역서로 『성호 이익의 시경학』, 『한국경학가사전』, 『조선시대 대학도설』, 『조선시대 중용도설』, 『조선시대 대학장구 개정과 그에 관한 논변』, 『조선선비의 마음공부, 정좌』, 『유교경전과 경학』, 『남명학의 본질과 특색』, 『조선후기 경상우도의 학술동향』, 『선인들의 지리산 유람록』(1~6), 『선인들의 지리산 기행시』(1~3) 등이 있다.

선인들의 산수 인식과 동천구곡 문화

2020년 5월 27일 초판 1쇄 펴냄

지은이 최석기
펴낸이 김흥국
펴낸곳 도서출판 보고사

책임편집 이순민
표지디자인 손정자

등록 1990년 12월 13일 제6-0429호
주소 경기도 파주시 회동길 337-15 보고사 2층
전화 031-955-9797(대표), 02-922-5120~1(편집), 02-922-2246(영업)
팩스 02-922-6990
메일 kanapub3@naver.com / bogosabooks@naver.com
http://www.bogosabooks.co.kr

ISBN 979-11-5516-157-9 93910
ⓒ 최석기, 2020

정가 34,000원